KB273828

동사, 구문, 그리고 의미

동사, 구문, 그리고 의미

정 주 리

국학자료원

이 책은 국어 동사의 의미를 연구한 책이다. 그 바탕은 나의 학위논문인 '국어 보문동사의 통사·의미론적 연구'로 꾸몄고 거기에 의미연구를 위한 새로운 방법론의 색깔을 칠했다. 한참 전 학위논문을 쓸 때에 나는 동사의 범주 중에서 반드시 절 성분을 요구하는 동사들이 있다는 데 관심을 가졌다. 그리고 그 동사들을 보문동사라고 이름 짓고 그 의미와 구문적인 특성을 고찰하였다. 그런데 지금 와서 다시 생각해 보니 보문동사라는 용어가 적절한 것은 아니라는 생각을 하게 되었다. 보문동사라고 하면 보문을 취하는 구문적 특징이 잘 드러나는 용어이긴 하지만, 상대적으로 동사의 의미적 특성은 전혀 드러나지 않는 한계가 느껴졌다. 더구나 보문동사라는 용어는 이전부터 '-싶다'나 '-말다'와 같이 보문을 취해야 하는 의존동사를 일컫는 것으로 이미 사용되고 있는 것이라서 오해가 있을 수도 있는 것이었다. 그래서 이번에 전반적으로 논문을 다듬으면서 이 용어를 '명제동사'로 바꾸었다. 명제동사는 말 그대로 명제성을 요구하는 동사라는 뜻이다. 그리고 이 명제성은 통사적으로 절 성분을 갖춘 구문으로 실현된다. 책의 1부는 이런 명제동사의 의미와 구문적 특성을 살피는 데 할애하였다.

2부는 의미연구의 적절한 연구방법을 모색하기 위한 일종의 고민이며 시론이다. 그 고민은 틀 의미론과 구문문법의 이론 틀 안에서 이루어졌다.

틀 의미론적 관점이나 구문문법은 '언어 지식은 광의의 지식이다'라고 하는 인지 의미론의 관점에서 이루어진 것들이다. 이런 접근에서는 문장의 의미를 결정하는 요소가 언어내적인 것과 외적인 것으로 구분되지 않는다.

　의미의 실재를 연구하는 학자들에게 무엇이 의미이고 무엇은 의미가 될 수 없는가 하는 구분이 모호할 때가 참 많다. 지나치게 의미를 규칙화하면 감칠맛이 다 빠진 인공 언어가 되기 쉽고, 맛을 다 갖춘 의미를 보여주려고 하면 연구 자체가 이루어지기 어려울 수도 있다. 의미에 영향을 주는 요소를 어디까지 반영해야 하는지는 매우 까다로운 문제이다. 무엇을 선택하든지 의미를 산뜻하게 설명하는 것이 쉽지 않은 현실에서 틀 의미론이나 구문문법은 의미의 현실성을 살리면서도 설명력을 제공할 수 있다. 더욱이 동사가 특정 구문안에서 기본 의미 외에 다른 의미로 해석이 될 때 그 구문을 단순한 통사 형식 이상의 의미를 가진 실체로 인식함으로써 동사 의미에 대해 좀더 유연한 논의를 할 수 있다. 이 책에서는 그런 이론들을 모색하는 차원에서 여러 가지를 적용해 보았다.

　이 글을 쓰게 되고 보니 새삼 나는 참 복이 많은 사람이라는 생각이 든다. 어머니 같은 지도교수님이신 박영순 선생님과 형제자매 같은 선배, 동학, 그리고 후배들을 만났고, 거기에서 학문의 자세를 키울 수 있었다. 또한 늘 곁에서 격려와 충고를 아끼지 않는 남편 고형진 선생과 끝없이 예문의 주인공이 된 두 딸은 내게 사랑의 힘과 지혜를 가르쳐주었다. 그리고 나의 작은 결실 하나도 늘 세상의 가장 큰 자랑으로 여겨주시는 어머님과 아버님이 계셨기에 나는 용기와 인내를 잃지 않을 수 있었다. 이 모든 분들께 마음을 다한 사랑과 감사를 드린다.

2004년 5월　정 주 리

1부
명제동사의 의미와 구문 특성 연구

2부
동사의미 연구를 위한 이론 탐구

1부
명제동사의 의미와 구문 특성 연구

1. 논의를 위한 문제제기와 배경

1.1 연구의 목적과 방법

이 연구는 국어 동사 연구에서 명제동사라고 명명할 수 있는 동사의 범주가 설정되어야 함을 주장하고 명제동사의 구문 특성과 의미 특성, 그리고 동사의미와 구문의 상관관계를 밝히는 데 목적을 두고 있다.

먼저 국어 동사 중에는 문장의 주어나 목적어를 반드시 절의 형태로 실현하는 동사 무리가 있다는 것을 인식하는 것에서부터 논의를 출발한다. 지금까지 국어 연구에서는 필수적으로 내포절을 취하는 동사들에 관한 논의는 주로 '-싶다'나 '-말다'와 같은 보조동사들을 대상으로 이루어졌다. '-싶다'나 '-말다'는 단독으로 문장을 구성할 수 없는 보조동사의 성격을 가지므로 이들 동사에는 반드시 동사 보어, 혹은 동사 보문 구조가 필수적으로 선행한다. 이러한 보조동사의 특성에 대해서는 그동안 통사적, 의미적인 관점에서 충분한 연구가 이루어졌다. 그런데 이 책에서는 이러한 보조동사와는 달리 자립 동사들 중에서 동사의 의미적 특성에 의해 필수적으로 보문을 취하는 동사가 있다는 것을 밝히고 이에 대한 통사·의미론적인 고찰을 하려고 한다.

지금까지의 국어 동사분류는 대개 문장 내에서의 목적어 실현여부를 기준으로 하여 자동사와 타동사라는 두 개의 유형을 설정하는 것이 원칙이었다. 그러나 실제 개별 동사들의 구문구조에 있어서는 목적어 실현여부만으로는 동사구문의 특성을 충분히 설명할 수 없다. 명제 동사[1]는 바로 그러한 동사군으로서 보편적인 자동사, 타동사와는 다른 문법적인 행동을 나타낸다.

일반 자·타동사들이 개체명사를 대상으로 문을 범주화할 수 있는 데 비하여 명제동사는 개체를 대상으로 문을 실현시키지 못하고 필수적으로 내포절을 실현하여야 문이 성립된다. 이러한 구조적인 특성은 명제동사가 가지고 있는 의미적 특성에 의한 것이다.

이 책에서는 명제동사의 구문 특성이 명제동사에 속하는 각 동사들의 의미특성에 따라 나타나는 현상으로 보고 명제동사의 구문구조와 의미구조를 연계하여 논의를 진행할 것이다.

이 논의는 크게 두 가지 방향으로 작업이 이루어질 것이다.

첫째는 구문구조를 중심으로 명제동사 각각의 의미특성을 살피는 작업이다. 문은 동사가 가지는 의미구조에 따라 고유한 구문구조가 선택된다. 명제동사에 속하는 각 동사들도 그들이 가진 고유한 의미구조

---

1) 여기서 필수적으로 내포절을 취하는 동사를 명제동사로 부르기로 한다. 이는 이들 동사가 명제성의 내용절을 가지는 의미 특성을 반영하고 다른 한편으로는 전통적으로 보문을 취하는 보조동사와 구별하기 위한 용어이다.

에 따라 각각의 특성화된 구문구조로 연결되는데, 본고는 이러한 구문
구조의 고찰을 통해 명제동사 각각의 의미와 의미의 연결 양상을 살펴
볼 것이다. 특히, 각 동사의 논항구조와 논항들의 의미역 관계를 중심
으로 각각의 의미특성을 분석할 것이다. 동사의 논항구조는 결국 동사
의 의미구조를 통사적으로 실현하기 위한 기본적인 골격을 제공한다.
그리고 각각의 논항에 할당된 의미역은 논항들 사이의 의미 관계를 나
타내며 그들 사이의 결속관계를 나타내는 지표로 역할 한다. 동일한 논
항구조에서도 논항들 사이의 의미역 유형이 달리 설정되기도 하는데,
이 때 이러한 의미역 관계는 그대로 문 구조에 제약을 가져온다. 명제
동사의 각 구체 동사들이 갖는 의미구조는 해당 동사의 논항구조와 논
항들의 의미역 관계를 유형화함으로써 그 기본적인 구문구조를 기술할
수 있을 것이다.

둘째는 명제동사의 의미특성이 내포절 구조에 미치는 제약관계를
중심으로 통사구조와 의미의 상관성을 살피는 작업을 진행할 것이다.
명제동사는 필수적으로 내포절을 범주화하는 동사인데, 내포절의 구조
는 상위 명제동사의 의미특성에 따라 구조적 제약을 받는다. 특히 내포
절을 상위문에 연결하는 보문소의 결합은 상위 명제동사의 의미특성에
의해 직접적으로 제약을 받는 부분이다. 그 중에서 {-음}과 {-기}는 상
위 명제동사와의 결합양상이 상당히 대립적인 분포를 나타내는 형태소
들로서 이러한 대립현상은 그간 학자들 간에 논의의 대상이 되기도 하
였다. 그간의 선행 업적을 바탕으로 하되, {-음}, {-기}의 제약 문제를
상위 명제동사의 의미자질과 관련하여 정리해보면 좀더 설득력 있는
설명을 할 수 있을 것으로 기대한다. 또 {-음}, {-기}의 상위동사에 의
한 결합제약 양상에 대한 통시적 변화 과정도 살펴볼 것이다. 이러한

통시적인 고찰은 {-음}, {-기}와 관련된 문제뿐만 아니라 전체적인 관점에서는 명제동사의 범주가 통시적으로도 설정되는 것이 타당하다는 것을 방증해 줄 것이다.

이 책은 동사의 통사적 실현인 구문이 동사의 의미구조와 긴밀하게 관련되어 있음을 보이고자 하는 것인데, 이러한 논의는 Jackendoff(1990)에 그 이론적인 바탕을 두고 최근에는 Goldberg(1995)의 구문문법에서도 관점을 새롭게 하는 데 도움을 받았다. Jackendoff(1990)는 개념구조(Conceptual structure)라고 부르는 동사의 의미구조 안에 통사적 구조로 형식화되는 구문 정보뿐만 아니라 의미해석을 위해 수반될 수 있는 모든 의미자질들까지도 명세함으로써 가능한 모든 통사구조를 설명하고 있다. 그리고 Goldberg는 구문이라는 통사적 단위가 단순히 논항구조의 결합체가 아니라 고유한 의미를 가지고 있다는 점을 주장하여 우리가 문장의 의미로 해석하는 것은 구체적인 동사의 의미가 적절한 구문에 융합하여 생산되는 것이라고 하였다. 그리고 이러한 구문의 선택은 관습적으로 이루어진다는 점을 아이들의 언어습득 과정을 통하여 보임으로써 언어 현상이 인지 경험의 한 과정이라는 것을 분명히 하고 있다.

기존의 의미연구가 기술적인 형식화가 어렵다는 인식 때문에 언어 연구에 있어서 다른 영역들에 비해 분석적 고찰이 다소 미약한 것이 사실이다. 이러한 상황에서 볼 때, Jackendoff(1990)의 동사 개념구조를 형식화한 구조적인 기술방법과 Goldberg의 구문 개념의 적용은 의미연구에 시사하는 바가 크다고 할 것이다. 이 책은 이러한 방향에서 연구를 진행하여 언어의 의미와 구조가 대응되는 모습을 명제동사를 중심으로 그 가능성을 검증하려는 것이다.

1.2 선행연구 및 문제제기

동사와 관련된 지금까지의 연구는 크게 두 가지로 나누어 볼 수 있다. 첫째는 특정 유형의 구문 형식을 고찰하면서 관련된 동사들의 제약 현상을 다루는 것이다. 이 같은 관점에서는 논의를 진행하는 중에 부분적으로 명제동사의 하위범주화 논의가 진행되기도 하지만 본래의 연구 목적이 특정 구문의 분석에 있으므로 동사 중심의 자세한 고찰은 이루어지기 어려웠다.

또 한 부류의 연구는 개별동사들에 대한 고찰을 수행하는 방법이다. 개별동사들에 대한 연구를 보면, 국내에 격문법 이론이나 결합가 이론이 소개된 1970년대에는 주로 의미역 설정 문제나 종류에 대한 논의가 주류를 이루다가 1980년대에 들어와서는 낱말밭 이론과 생성문법 이론을 중심으로 하는 동사의 의미분석에 충실한 연구가 이어지게 된다(최호철. 1993:12). 그러나 이러한 연구도 주로 의미기능이 다양한 보조동사를 대상으로 하거나 특정 동사에만 논의가 집중되는 등 자료의 편향성이 드러난다[2]. 따라서 앞으로 계속적인 동사 연구를 통해 국어 동사의 전체적인 고찰이 보완되어야 할 필요를 느낀다.

이 책에서 논의하려고 하는 명제동사에 대한 지금까지의 연구도 거의가 구문론의 입장에서 논의되어 왔다. 명제동사는 문장 성분으로서 절을 취하는 일련의 동사를 지칭한다. 이 동사들은 전통적으로 보문이라는 구문유형 속에서 언급되었고 또 일부는 심리동사 구문과 인용동사 구문 연구를 통해 고찰되기도 했다. 그러나 명제동사를 동사의 특정

---

2) 지금까지 이루어진 동사의 의미영역별 및 개별적 연구 일람은 최호철(1993), "현대 국어 서술어의 의미연구"에 요약적으로 제시되어 있다.

한 한 유형으로 설정하여 전체적인 조망한 연구는 아직까지 이루어지지 않았다. 이와 같은 배경에는 여러 가지 이유가 있을 수 있겠는데, 아마도 가장 큰 이유는 과연 명제동사라고 묶을 수 있는 동사의 자연군이 존재하는가하는 의문 때문일 것이다.

현재의 문법에서는 문장의 내포를 이루는 두 가지의 기제로 관계화에 의한 내포와 보문화에 의한 내포를 설정하고 있다. '관계화'와 '보문화'는 똑같이 관형절로 기술되어 있고 그 둘은 단지 내포절 속에 동일 명사구가 있느냐 없느냐의 차이만 있을 뿐이라고 하고 있다. 관계절과 보문은 문 성립의 필요정도가 분명히 다르다. 관계절은 단순한 수식기능을 하지만 보문은 문 성립의 필수성분으로서의 기능을 한다. 지금까지 이같은 차이점을 부각하지 않았고, 문 성분으로서 '내포절'을 필수적으로 요구하는 일련의 동사들에 대해서도 관심을 기울이지 않았다고 생각된다.

다음의 선행연구 고찰에서 이러한 문제점을 찾아보도록 할 것이며 또 명제동사의 유형설정이 필요함을 주장할 것이다.

먼저 특정 동사 구문을 대상으로 한 것 중에서 보문 혹은 내포절의 특성을 논의한 것부터 살펴보기로 하자. 보문이 상위문의 명사구를 보충하는 문장일 때에는 명사구 보문이라고 부르고, 상위문의 동사구를 보충할 때에는 동사구 보문이라고 불러왔다. 여기서의 주된 논의는 명사구 보문에서 보문소의 의미가 있느냐 없느냐 하는 것과 동사구 보문에서 무엇을 보문소로 설정할 것인가에 초점이 맞춰지고 있다. 또한 보문소3)가 무엇인가에 따라 내포문의 사실성에 차이가 난다고 설명하고

---

3) 상위문에 삽입된 내포문의 형태소에 대해 통상적으로 '보문소' 혹은 '보문자'라고 불러왔는데 여기서는 '보문소'를 택하여 사용하기로 한다.

있다. 이 방향의 연구는 이맹성(1968), 이홍배(1970), 양인석(1972), 남기심(1974), 성광수(1976), 차현실(1981), 조일영(1984), 홍종선(1983), 장경희(1987) 등이 있다.

내포절을 상위문에 연결시키는 장치, 즉 각각에 대한 선행연구는 개관은 다음 2장에서 논의를 진행시키면서 자세하게 다루도록 하고 여기서는 내포절의 구조와 관련된 몇몇 논문들을 살펴보기로 한다.

이맹성(1968)은 문의 명사화(Sentence Nominalization)를 주로 다루어 '-다는 것', '-는 것', '-음', '-기', '-느냐' 등의 예를 제시하고 있는데, '-고' 내포문은 제외시키고 있다. 주요 견해는 전체 문장(주문장)의 술부 동사가 operator가 되어 operand로서의 내포문을 명사화하는 역할을 하며, 명사화된 내포문을 전체 문장의 주어나 목적어로 정한다고 본다. 또한 술부동사가 무엇이냐에 따라 문장의 불구화가 결정된다고 보았다.

이홍배(1970)에서는 국어에서 명사구 보문(NP Complementation)만을 인정하고 있다. 목적어와 주어 명사구의 위치에 내포되는 보문을 기저에서 명사구 마디에 지배되는 S로 설정하고 네 가지 형태의 보문, '한이 철수가 갔다고 말했다', '--갔느냐고 말했다', '--가라고 말했다', '--가자고 말했다'로 가르고 있다. 보문 안의 문장 어미는 상위 수행동사에 의해서 결정된다고 보아 수행문 이론을 전적으로 보문화에 받아들인다. 명사보문이 서술문 '-다'에서 나오는 것으로 본 이맹성(1968)과는 달리, 보문을 이루는 명제는 서술, 의문, 명령, 제의 등의 심층에서 출발하는 것으로 보았다.

양인석(1972)에서는 Fillmore의 격문법 테두리 안에서 일련의 보문 구성을 모두 명사구 보문으로 보아 기저의 목적격으로 삼았으며 보문자들을 심층구조의 요소로 취급하고 있다. 즉 '가고를 싶다', '읽어를 주다', '살게를 되다'와 같이 구성된다고 한다. 이들 보문 구성이 복합동사를 이룬다고 말하고 하위동사의 의미자질이 상위동사의 의미자질에 동화된다는 자질 동화규칙을 설정하고 있다. 또 '-고', '-어', '-게'등의 보문소를 심층구조 요소로 설정하고 이들은 상위동사에 의해 예측되지 않는 의미의 독자성을 주장한다.

박병수(1974)에서는 '하다' 동사와 관련된 보문구조를 주로 취급하고 있으며 '-어', '-게', '-고' 보문소와 연결된 보문은 동사보문으로 '-듯', '-척', '-는 것', '-터', '-줄', '-뿐' 등에 연결된 보문은 명사구 보문으로 보았다. 또 모든 보문소들을 의미 있는 심층요소로 두었다. 주관동사(심리동사)를 '-어' 보문소와 관련하여 고찰하였고, 반드시 일인칭 주어만이 올 수 있다는 표면구조 제약을 두고 있다.

남기심(1987)에서는 보문을 한 문장이 다른 문장 안으로 내포되는 과정을 이르는 말이라고 규정하고 그 형태를 중심으로 완형보문과 불구보문으로 구별하였다. 특히 그는 완형보문[4](보문이 표면구조에서 시상의 접미사와 함께 종결어미까지를 온전하게 보존하는 것이라고 규정)을 대상으로 보문자, 명제동사 및 명제명사 등 내면구조의 생성규칙을 밝히고 있다. 또 완형보문을 이끄는 동사들을 <자발적>, <대외적>, <언어적> 자질로 구분하여 해당 목록을 제시하였다.

장경희(1987)의 논의는 보문이 상위문의 명제동사나 보문 유형에 따라 의미의 차이가 나는 점에 주목하였다. 사실, 보문은 의미론적 관점에서 내포된 문장의 의미가 상위동사에 따라 다르다는 것은 일찍부터

---

4) 남기심(1987:28)에서는 완형보문 속에 간접 인용구문을 포함시키고 있다. 그의 논의에 의하면 완형보문은 보문자 '-고'가 선택되는데 간접 인용보문도 '-고'가 선택되는 점이 둘의 동일성을 말하는 것이라고 한다.

인식되어 왔다. Kiparsky & Kiparsky(1971)의 영향을 받아 완형보문과 불구보문을 내용의 <사실성>으로 구분한 논의가 있었는가 하면 다른 한편으로는 경험의 <직접성>을 들어 의미의 차이를 설명하려고 한 논의도 있었다.5) 장경희(1987)에서는 이러한 <사실성>이나 <직접성>으로는 설명되지 않는 예들에 주목하면서 명제명사나 명제동사를 사건, 발화, 정보 등으로 유형화할 것을 제안하였다. 남기심(1974)에서 완형보문과 불구보문의 차이를 경험의 직접성과 간접성으로 파악한데 대해 불구보문은 사건을 대상으로 하고 완형보문은 발화나 정보를 대상으로 함을 논의하였다.

　안명철(1992)은 국어 보문을 일부 성분 문에만 국한된 것이 아니라 접속문이나 근문(root sentence)을 포함하는 포괄적인 것으로 규정한다. 그리고 보문소는 문장의 모든 위치에서 명제문을 문장의 한 성분으로 끌어들이는 통사적 장치라고 한다. 그의 논의에서는 보문소를 기존의 어말어미와 동일한 것으로 처리하였다. 또 보문의 기능을 단순한 사실성 여부로 판정한 기존의 논의에 대해서 이를 사건의 양태적인 모습으로 파악하고 {-것}보문을 사건보문, {-고}보문을 내용보문으로 설정하였다.

　다음은 인용구문을 대상으로 한 선행연구들을 살펴보기로 하자. 인용구문은 그 형식이 완형보문과 동일하게 실현된다. 형태가 같으면 하나의 범주로 설정하려는 형식론의 입장에서는 인용구문을 보문구문과 구분하지 않고 같은 것으로 취급하여 논의한다. 따라서 명제동사에 대

---

5) 이익섭·임홍빈(1983:283)에서는 '-는' 구성과 '-다고 하는' 구성에 대해 전자를 직접적인 경험을 나타내는 직접 보문구성이라 하고 후자를 간접적으로 얻은 경험을 나타내는 간접보문으로 설정하고 있다.

한 고찰이 때로는 인용구문의 연구에 섞여있는 경우가 발견된다. 인용은 표현된 발화 형식을 그대로 제3자에게 전달하는데 필요한 구문형식이다. 여기서는 발화의 명제적인 내용보다는 발화된 언어형식에 관심을 둔다. 그것을 직접적으로 인용하느냐, 간접적으로 인용하느냐의 차이에 따라 직접인용과 간접인용 구조로 나뉜다. 특히 {-고}로 이끌리는 간접인용 구조는 발화동사의 보문구조와 구별이 되지 않는 특성이 있다. 그러나 인용문은 문의 특수한 구조에 관심을 기울인 것이라면 보문은 동사의 논항으로서 논의되는 것이다. 따라서 본고에서는 인용과 보문을 구분하고자 한다.

현대국어의 인용구문을 다룬 업적으로는 김인성(1971), 이상복(1983), 이필영(1993) 등이 있다. 이들은 주로 인용구문의 통사적 구조를 밝히고 직접 인용문에서 간접 인용문으로 전이되는 과정에 대해 논의하고 있다. 특히 이필영(1993)에서는 인용구문에 대한 종합적인 고찰을 하고 있을 뿐 아니라 인용구문 속에 보문을 포함하고 있다는 점에서 우리의 주목을 끈다. 그의 논의에 의하면 인용구문은 언어형식을 표현대상으로 하여 그것을 표현하는 것이다. 이 말은 일반 다른 구문이 사태나 정보를 대상으로 하는데 비해 인용구문은 사태나 정보를 직접적으로 대상으로 하는 것이 아니라 그것을 표현한 언어형식을 대상으로 한다는 점을 암시한다고 한다. 그리고 여기서 표현된 언어형식은 반드시 외적으로 발화된 것만을 한정하는 것이 아니라 내적인 발화까지도 포함하는 개념이라고 한다. 따라서 이같은 개념 속에는 동사의 여러 유형이 동시에 포함되게 된다. 그는 인용구문을 이루는 동사들을 그 의미유형에 따라 '발화동사'(말하다, 보고하다, 주장하다…), '해독동사'(듣다, 읽다…), '사유동사'(생각하다, 알다, 믿다,…), '심리동사'(느끼다, 결심하다, 걱정하다,⋯⋯)로 구분하고 그에 따른 구문유형을 고찰하고 있다.

그 밖의 구문론적 관점에서 이루어진 동사연구는 특별한 의미자질을 공유하는 동사군들이 나타내는 통사형식을 주목한 것이다. 여기서는 명제동사와 관련이 있는 심리동사 구문과 인지동사 구문을 중심으로 살펴보겠다.

심리동사는 내적 경험을 대상으로 하는 동사군이다. 경험이나 심리라는 범주 자체가 상당히 철학적인 문제일 뿐만 아니라 정의하기도 어려운 것이라서 그런지 그것의 문법적 실현 범주인 심리동사도 광범위한 영역에 걸쳐 있다. 김홍수(1993)은 심리동사의 범주를 설정하기 위해 우선 경험의 내용을 의미론적, 화용적, 상적 특성으로 나누어 고찰하고 있다. 그리고 이러한 경험을 나타내는 심리동사를 크게 (1)경험의 특징적 기준이 잘 적용되고 일차적 기준도 확인하기 쉬운 부류, (2)특징적 기준이 적용되지 않고 일차적 기준도 내적으로만 확인할 수 있는 부류, (3)통사·의미적으로는 기준이 적용되지 않고 어휘·화용적으로 경험의 논리를 상정할 수 있는 준 심리동사 부류, (4)심리동사에서는 제외되었지만 경험의 상황과 관련되는 심리동사 관련부류로 나누고 있다. 이렇듯 심리동사의 부류가 넓은 의미영역에 걸친 만큼 구문유형도 다양하게 소개되고 있다. 형용사-자동사 구문, 타동사-피동사 구문, 보문구문, 그외 관련구문으로 구분하여 각각의 통사적, 의미적, 화용적 의미까지도 상세하게 기술하고 있다. 특히 '느끼다', '보다', '생각하다' 동사를 보문구문을 이루면서 판단, 평가의 의미 외에 경험적 특성을 드러내는 심리동사 구문의 한 유형으로 설정하였다.

우형식(1993)은 인지동사와 관련하여 그 구문적 특성을 밝히고 있다. 인지의 사고행위를 지각, 감각, 사고로 하위분류하고 이들을 다시 적극적인 것과 소극적인 것으로 그 정도에 따라 나누어 해당 어휘항목을 제시하였다. 특히 인지동사가 내적 행동성을 띨 때에는 타동구조를 이루는데 행동성이 약할 때는 자동구조를 이룬다고 하고 또 인지동사가 판단이나 평가의 의미를 띨 때에는 '-로'와 같은 격 성분이나 '-다고'의 인용절 등이 통합된다고 하였다. 그의 논문에서는 보문구조를 따로 세우지 않고 명사절이나 부사절로 처리하고 있다.

다음은 특정 동사어휘들을 대상으로 통사·의미론적 고찰을 수행한 연구를 살펴보기로 하겠다. 이 분야의 연구는 앞서 고찰한 구문적 연구보다 동사의 어휘적 자질에 중점을 두고 있다는 사실이 주목된다. 여기에서는 특히 동사의 의미자질이 어떻게 통사구조에 반영되는지를 논의한 것을 대상으로 하겠다.

그런데 지금까지의 연구에서 명제동사를 하나의 특정 동사군으로 포착하여 기술한 연구는 없었다. 다만 다른 동사들의 특성을 살피는 과정 중에 부분적으로 명제동사에 속하는 동사의 언급이 있었을 뿐이다. 따라서 여기에서는 명제동사에 대한 직접적인 고찰이 아니더라도 본고의 논의를 위해 필요하다고 생각되는 것을 대상으로 하였다.

김영희(1977)에서는 단언 서술어 문장의 주절과 보문명제와의 의미론적 관계인 단언적 특성이 통사론적으로 어떻게 반영되는가 하는 의미론적 제약에 관하여 살펴보고 있다. 통사론적 현상의 많은 부분이 동사의 단언적 특성에 근거한 의미론적 제약을 받는다고 하였다. 즉 주절 주어의 보문 명제에 대한 태도가 적극적 관여냐 소극적 관여냐에 따라 부정의 범위, 주절 내리기 피동문 구성, 부사화 등의 통사적 양상이 다르게 실현됨을 보이고 있다.

김일웅(1984)은 결합가 이론을 격문법 이론의 틀 속에서 적용하여 국어의 서술어가 필수적으로 취할 수 있는 명사항의 수와 의미적 역할과의 관계에 따라 심층에서의 격을 설정하고, 나아가 서술어의 통사적·의미적 분류를 위한 시도를 하고 있다. 여기서는 서술어의 명제성분을 임의격으로 설정하고 '말하다'류의 발화동사가 대상격으로 문장을 취할 수도 있다는 점을 보이고 있다.

이기동(1991)은 '하다' 동사의 다양한 쓰임을 고찰하고 있다. 인지문법의 이론적 틀 속에서 '하다' 동사를 완전동사로서의 쓰임과 불완전동사로서의 쓰임으로 구분하고 각각의 통합 명사 유형을 제시하면서 각 유형에 Langacker(1987)의 인지문법의 모형에 의거한 의미모형을 제시하였다.

양정석(1992)은 구체적인 동사 분석을 통해 동사의 두 가지 어휘구조, 즉 통사구조와 의미구조를 밝히고 있다. 많은 경우에 이 두 가지 어휘구조 중에서도 어휘 의미구조가 어휘 통사구조에 근원이 된다고 하면서 각 동사의 의미구조를 Jackendoff(1990)식 자질표기를 하고 있다. 출현 빈도순으로 통계처리가 된 3000여개의 동사를 자료로 제시하고 있다.

최호철(1993)은 의미론적 관점에서 국어 동사 중 단음절어 어휘를 대상으로 의소를 정하고 있다. 사전의 용례에 들어있는 다양한 의미를 하나의 추상적인 의소로 설정함으로써 단어형성이나 문장형성의 근간이 되는 원리를 제시하고자 하였다.

이상의 선행연구들을 살펴보면 명제동사의 논의가 다양한 영역에 걸쳐 있음을 알 수 있다. 심리동사 구문 연구에서도 언급되고, 인용동사 구문 연구에서도 다루어지고, 그 밖의 동사 의미영역에서도 포함되었다. 지금까지 문법에서는 명제동사를 동사의 한 하위유형으로 설정

하여 고찰한 것이 아니라 보문이라는 통사형식에 초점을 맞추어 구문
구조의 특성을 밝히기 위한 방향으로 작업이 진행되어 왔다고 할 수
있다. 따라서 어떤 동사들이 내포절의 논항을 갖추어야 하는지에 관심
을 두지 않고 보문의 특성이 무엇인가에 중심을 두어왔다고 말할 수
있다. 물론 논의의 과정 중에 부분적으로 어떤 동사들이 보문을 이루는
지 제시되긴 했지만 여전히 주변적인 성격을 벗어나지 못했다.

보문에 대한 연구는 구문구조에 대한 자세한 논의와 더불어 그러한
통사적 형식을 공유하는 동사군을 밝히는 작업으로 이어져야만 바람직
할 것이다. 이는 국어 동사의 하위범주화 작업을 위하여도 필요하다.
그러나 지금까지의 연구는 이러한 명제동사를 따로 설정하지 않고 인
지동사와 심리동사, 인용동사 등 모두에 걸치는 포괄적인 속성으로 간
주하였다. 이 말은 명제동사를 따로 설정할 필요가 없을 만큼 그것은
각각의 동사구조에서 수의적으로 취할 수 있는 형식으로 인식해왔다는
것을 말한다. 그러나 동사의 어휘의미의 차이가 구문 형식의 차이를 가
져온다는 원칙6)에 따르면 보문이라는 특정 구문유형을 이루는 동사군
을 포착할 수 있을 것이다. 명제동사는 심리와 경험과 단언과 관련된
명제성을 요구하는 의미특성을 가진다. 이러한 의미내용들을 별개의
동사류에 속한다고 설명하는 것보다는 공통된 하나의 동사군으로 묶어
통합된 논의를 하는 것이 문법의 일관된 기술을 보여줄 수 있다.

동사를 내재논항의 유무에 따라 자동사, 타동사로 구분하는 전통적
인 문법기술도 형태적인 기준을 적용한 결과라는 것을 상기하면서 본
고는 명제동사의 하위유형 설정도 특별한 구문 형식의 특성을 가진 것

---

6) Givon,T.(1984:64)에서 뿐만 아니라 Jackendoff(1990)의 논의는 바로 이러한 원칙
  아래 동사의 개념구조를 밝히려는 논의를 하고 있다.

이므로 범주 설정이 타당하다는 것을 주장할 것이다.

1.3 논의의 구성 및 연구방향

여기서는 먼저 명제동사의 구조와 의미에 대하여 대표적 예문을 중심으로 논점을 제시할 것이다.

언어의 의미를 밝히기 위한 대상은 형태소에서부터 시작하여 단어, 문장, 담화 텍스트에 이르는 차원별 범위를 갖는다. 두 기호 사이의 서로 다른 시차특성을 구성자질로 보는 최소단위 형태소와 그 형태소를 기반으로 하는 단어는 문법의 최소단위이다. 그리고 문장은 단어의 결합을 기반으로 한 최소한의 정보단위이다.[7] 그리고 담화는 화자·청자가 한 가지 화제, 사건, 주제에 대하여 교환하는 언어 단위로서 대개 두 개 이상의 문장으로 구성된 것을 말한다.[8] 여기서 문이 최소한의 정보단위라는 사실에 초점을 맞추어 문장을 대상으로 논의를 진행시키려고 한다.

발화된 하나의 문장은 어떤 형태이든지 완결된 하나의 정보를 청자에게 전달하게 된다[9]. 발화된 문장이 충분하지 못한 정보를 담고 있거

---

7) '정보'라는 말은 단어의 총체적 결합으로 나타내지는 하나의 사태를 표현하는 것으로 사용한다. 정보의 하위유형은 '무엇이 어떠하다', '무엇이 어찌한다', '무엇이 무엇이다' 등의 구분이 있다.

8) 박영순(2004) p.17.

9) 박영순(1985:35)에서는 '문 또는 문장에 대해 정의하기를, "문장은 최소한 하나의 주어와 하나의 서술어를 가진 언어형식으로서 몇 개의 단어가 일정한 규칙으로 배열되어 있으며, 확실하고도 완결된 어떤 의미를 전달할 수 있어야 하며 마침표 등 하나의 문장이 끝났음을 나타내는 일정한 부호로 마무리 지어져야 한다."고 쓰고 있다.

나 두 가지 이상의 정보를 동시에 전달할 때 청자는 올바른 정보를 얻을 수가 없다.

한 문장을 의미론적으로 받아들이기 어렵게 만드는 요인은 간단히 말하면 서로 어울리지 못하는 단어들을 결합시켰거나 아니면 요구되는 성분을 빠뜨렸거나 하는 결함에서 발생된다. 전자는 동사의 '선택제약(Selectional restriction)'으로[10] 의미연구에 반영되었고, 후자는 동사의 논항구조 및 결합가에 대한 논의를 통해 문장의 구성성분을 밝히는 작업에서 드러났다.

여기서는 그러한 작업과 연구를 더욱 발전시켜 명제동사라고 지칭할 수 있는 일련의 동사군들에 대해 살펴보기로 한다. 먼저 구체적인 예문을 통해 명제동사라는 동사의 유형설정이 타당한지를 검토해 보기로 하자.

(1) ㄱ. 철수는 [복순이와 결혼한 것을] 후회한다.

　　ㄴ. 소대장은 [부하들에게 철수하라고] 명령했다.

　　ㄷ. 나는 [예희가 건강하기를] 바란다.

위의 동사들은 전통적으로 타동사로 분류되었던 것이다. 전통적인 자동사, 타동사의 구분은 동사가 목적어를 취하느냐, 안 하느냐의 구분

---

10) 김민수(1964:185)에서는 구문특성을 내속특성과 문맥특성(contextual feature)으로 구분하였다. 내속특성은 보통(common), 유정(animate), 추상(abstract), 인간(human) 등 비문 배제를 위한 선택제한에 필요한 장치로, 문맥특성은 엄밀하위범주화특성(strict subcatagorization)과 선택특성(selectional feature)으로 구분하였다. 전자는 타동사 특성([+NP])과 같은 환경, 후자는 내속특성으로 비문을 배제하는 환경을 각각 가리키며 이 세 종류가 구문특성으로 기록되어야 한다고 하였다.

에 의한 것이다. 전통적인 기준에 따른다면 <후회하다>, <명령하다>, <바라다>는 여타의 다른 타동사들과 차이가 없는 것으로 간주된다. 그런데 다음 예문을 보자.

(2) ㄱ. 예희가 빵을 먹는다.
    ㄴ. 예희가 머리를 빗는다.
    ㄷ. 예희가 노래를 부른다.

위 (2ㄱ,ㄴ,ㄷ)의 '빵, 머리, 노래,'는 각각의 동사에 의해 목적격을 받는 명사구들이다. 그런데 앞선 (1) 예문에서는 이에 해당하는 성분이 하나의 명사구가 아니라 절의 형태를 취하고 있음에 주목하여 보자. 만약 위 (1)에 들어있는 내포절을 다른 하나의 명사구로 대치시켰을 때 어떠한 결과가 일어나는지 살펴보기로 하자.

(3) ㄱ. ? 길남이는 결심을 후회한다.
    ㄴ. ? 소대장은 작업을 명령했다.
    ㄷ. ? 나는 예희를 바란다.

위의 예문은 그 문장만으로는 청자에게 완결된 정보를 제공할 수가 없다.[11] 위의 예문에 이어서 다음과 같은 의문을 제기할 수 있는데 이

---

11) 여기서 '완결된 정보'라고 하는 것은 하나의 문장이 전달할 수 있는 기초정보를 의미한다. 사실 한 사태의 정보를 어디까지 제공해야 충족되었다고 할 수 있는지에 대한 한계를 세우기는 모호한 문제이다. 언어외적인 문맥 정보를 계속해서 보충한다면 그 정보는 더욱 상세하게 되겠지만 여기서는 그러한 화용적인 정보는 논의의 대상으로 하지 않겠다. 여기서의 '완결된 정보'는 한 문장

러한 의문은 바로 문장의 정보가 불충분함으로 야기되는 물음이다.

(4) ㄱ. 길남이가 어떤 결심을 후회해?

    ㄴ. 소대장이 작업을 어떻게 하라고 명령한 거야?

    ㄷ. 예희가 어떻기를 바라는거야?

위의 의문은 (3)의 문장만으로는 채워지지 않는 정보의 요청이다. 이는 바꾸어 말하면 <후회하다>, <명령하다>, <바라다>와 같은 동사들은 그 문장 안에 위와 같은 의문사항들을 충족시켜 발화될 때만이 완결된 의미를 나타냄을 뜻한다. 이 같은 정보의 완결성은 동사의 어휘자질에 따라 다르게 나타난다. 단지 목적어를 취하느냐의 여부를 보여주는 자질표기 방법으로는 설명할 수 없는 언어 현상임을 보여주는 예이다. 이는 또한 문장 구성성분들 간의 성립 여부를 논하는 선택제약으로도 설명되지 않는 문제이다. 왜냐하면 기존의 선택제약 원리는 문장 성분들 사이의 의미자질의 상호 연관성을 따지는 것으로서 예를 들면 다음과 같은 비문에 관련된 문제인 것이다.

(5) ㄱ. *예희가 꿈을 마신다.

    ㄴ. *예희가 책을 빗는다.

위 예문들의 비문성은 성분들 간의 의미충돌로 야기되는 문제이다. 즉 '마시다', '먹다'라는 동사는 <+식용성, +구체물>을 대상으로 하

안의 동사와 그 동사가 요구하는 필수성분들의 정보를 합친 것을 대상으로 함을 밝혀둔다.

는 의미자질이 들어있는데, 표현된 '꿈'이라는 명사는 <+개념성, +추상성>의 자질의 낱말이다. 따라서 특별한 화용적 상황을 전제하거나 아니면 문학적인 기교인 경우 외에는 이처럼 상충되는 두 성분의 결합은 비문을 생성시키지 않을 수 없다.

그러나 위 (3)의 비문성은 이러한 기존의 선택제약으로 설명하기에는 불충분하다. 의미론적 선택제약 원리는 문장 구성성분사이에 작용하는 일종의 의미론적 공기에 관한 것으로서 간단히 말하자면 어떤 성분에는 어떤 의미를 가진 성분이 결합할 수 있다는 단어의 내용에 관한 규정이다. 따라서 어떤 성분이 어떤 형태로 결합되어야 하는지는 설명하지 않는다. 위 (3)의 비문성은 기존의 선택제약 원리를 어김으로써 나타난 것이 아니라 기존의 선택제약으로는 포괄할 수 없는 어휘자질이 포함되어 있기 때문이다. 따라서 잠정적으로 국어 동사들 중에는 이 같은 어휘자질을 공유함으로써 절 성분이 필수적으로 필요한 자연군이 있음을 가정할 수 있다. 그러한 동사들의 목록을 제시하고 우리의 잠정적인 가정을 검토해 보기로 하겠다. 따라서 우리의 첫째 논의는 여타의 동사들과 분리하여 '명제동사'를 설정하고 그 기준을 세우는 일이다.

다음으로, 설정된 '명제동사'의 구조와 의미를 깊이 천착하는 것에 초점이 맞춰질 것이다. 명제동사로 설정된 동사들이 일반 다른 타동사나 자동사와 다른 점은 공통적으로 개체를 대상화하지 못하고 명제내용을 대상으로 하는 데 있다. 그런데 개별적으로는 각각의 구문구조에 필요한 논항의 유형과 수에 따라 몇 가지의 하위유형으로 나눌 수 있다.

예를 들면 다음과 같은 논항구조의 차이가 주목된다.

(6) ㄱ. 길남이는 [복순이와 결혼한 것을] 후회한다.

ㄴ. 소대장이 [부하들에게 진격하라고] 명령했다.

ㄷ. [영이가 시험에 합격한 것은] 당연하다.

위의 동사들은 모두 문장의 성분으로 명제성[12]을 요구하는 점에서는 동일하지만 각각의 구체적인 논항구조는 다르다. <후회하다>는 행위자와 명제내용을 나타내는 것으로 문의 구조가 이루어지지만 <명령하다>는 행위자와 행위의 대상, 그리고 행위내용을 요구하는 동사이다. 그러나 <당연하다>와 같은 동사는 명제내용만이 범주화되는 구조를 나타낸다. 이 같은 논항구조는 문 성분을 결여하였을 때 나타나는 비문성으로 검증할 수 있다.

또 내포절의 주어가 상위절의 성분과 결속되는 통제의 양상으로도 명제동사의 유형을 구분할 수 있다.[13] <후회하다>같은 동사는 내포절의 주어가 필수적으로 상위문의 주어와 동일지시 되는 관계에 있으므로 내포절의 주어는 PRO로 나타날 수 있다. 그러나 <명령하다> 같은 동사는 내포절의 행위 주체가 상위절의 목적어와 필수적으로 동일지시 되는 의미구조를 나타내므로 상위절의 목적어는 필수적으로 범주화되어야 한다. 그러나 <바라다> 같은 동사는 내포절의 동사가 수의적으로 통제관계를 형성하는 경우이다. 이렇듯 동사의 의미구조에 따른 통제관계의 모든 양상을 유형화하여 논의할 수 있을 것이다.

명제동사의 논의에서 관심을 가져야 할 부분 중의 하나는 명제 도입

----

12) '명제성'은 사태나 발화를 지칭하는 개념인데 2.2.1에서 자세히 다룰 것이다.

13) 촘스키의 표준문법에서는 이를 '동일명사구 탈락'이라는 규칙으로 설명하였고, GB이론에서는 '통제이론'으로 이같은 현상을 설명하고 있다. 전자는 개별적 규칙의 차원이고 후자는 통합적 원리의 차원이라는 점에서 각각의 문법이 지향하는 성격이 다르지만 그 내용은 같은 것임을 알 수 있다.

장치인 선택제약에 관한 것이다. 명제동사는 그 의미특성에 따라 내포
절에 결합되는 보문소에 제약을 나타낸다. 가장 보편적인 결합 보문소
인 {-음}, {-기}, {-것}, {-고}를 중심으로 그 제약 양상을 살펴보려고
한다. 논의 과정 속에서 이들 형태소가 가지고 있는 고유 의미특성에
대해서도 아울러 설명할 수 있으리라고 본다.

    (7) ㄱ. 길남이는 복순이와 {결혼한 것을, 결혼함을, *결혼하기를, 결
          혼하였다고,} 후회했다.
       ㄴ. 소대장은 부하들에게 {진격할 것을, *진격함을, 진격하기를,
          진격하라고,} 명령했다.
       ㄷ. 나는 예희가 {건강할 것을, ?건강함을, 건강하기를, *건강하
          라고} 바란다.

위의 예문은 내포절 어미, 혹은 보문소의 결합에 있어서 상위동사에
따른 제약이 있음을 보여주고 있다[14]. <후회하다>는 앞서 언급한 바
와 같이 이미 일어났던 구체적인 사건이나 상황을 전제로 한다. 이 같
은 의미자질은 '-기'의 추상적 의미와 충돌이 되므로 부적절한 것으로

---

14) '것', '-음(ㅁ)', '-기', '-도록', '-려고', '-게' 등 보문소로 설정할 수 있는 형태는
    매우 다양하다. 이들 어미는 형태론적 지위가 다른 요소들이지만 모두 상위문
    속에 내포절을 결합시키는 동일한 기능을 수행한다. 따라서 여기서는 동일한
    지위를 부여하기로 한다. 본고에서는 이들 보문소 각각에 대한 형태론적인 분
    석은 하지 않기로 하겠다. 다만 기존의 연구들에서 학자들마다 약간씩 차이를
    보이고 있는 보문소들에 대해 포용적 자세를 취할 것이다. 그리고 이러한 보문
    소들과 상위동사의 결합양상이 어떠한가를 통해 상위동사의 의미자질을 구명
    해 보려고 한다. 보문소 각각에 대한 자세한 연구는 이맹성(1968), 이홍배(1970),
    양인석(1972), 박병수(1974), 조일영(1984) 등을 참조하기 바란다.

판단된다. 다른 동사들에 대해서도 의미특성과 보문소의 공기에 대해 의미론적인 설명을 할 수 있을 것이다. 또 보문소 중에서 의미적 대립 성으로 주목을 받아온 {-음}, {-기}에 대해서 공시적·통시적 고찰을 수 행한다. 이러한 고찰을 통해서 {-음}, {-기}와 더불어 {것}, {-고}의 발 달을 아울러 조망할 수 있을 것이다.

2. 명제동사의 범주와 특성

2.1 명제동사의 개념 및 범위

동사는 인간의 현상 사태 인식의 범주화에 따른 양상이 어떠한가에 따라 몇 가지의 큰 갈래로 나누어진다. 문법 연구에서 동사의 범주화에 대한 필요성은 매우 필요한 일이다. 특히 국어처럼 문장의 구조를 동사 의 유형에 의존하는 서술어 중심 언어(predicate prominent language)에 있 어서는 동사의 체계적인 범주화는 그대로 국어 구문구조의 유형을 밝 힐 수 있는 기초 작업이 되므로 동사의 체계적인 범주화가 더욱 절실하 다. 그러나 동사의 전체 체계를 하나의 원리에 따라 일목요연하게 체계 화하는 작업은 결코 쉬운 일이 아니다. 우리의 세계에 대한 인식 양상 이 단선적이지 않을 뿐만 아니라, 이를 범주화한 동사의 양상도 여러 면에 걸쳐 복합적으로 나타나기 때문이다.

동사의 범주 유형화를 위해서는 적절한 방법론이 필요하다. 지금까 지 국내외 많은 학자들에 의해서 그 방법적 모색이 다각도로 이루어졌 다. 그런데 이러한 방법은 크게 두 가지의 방향으로 나누어 볼 수 있다.

하나는 동사의 의미적 특성을 중심으로 구분하는 것이고 다른 하나는 동사의 통사적 특성을 중심으로 유형을 분류하려는 것이다.

이 장에서는 동사의 의미적 특성을 중심으로 한 유형 분류와 통사적 특성을 중심으로 한 유형 분류의 각각을 고찰하여 보고 그들의 분류가 안고 있는 문제점을 살펴보도록 하겠다. 그리고 이러한 논의를 통해 동사의 전체 체계를 이해하기 위해서는 동사의 통사적 자질과 의미적 특성이 별개의 범주원리로서 설정될 것이 아니라 하나의 원리 안에 적용될 수 있음을 이끌어 낼 것이다. 특히 이 과정에서 명제동사의 설정이 타당함을 보일 것이다.

2.1.1 동사의 유형 분류

동사의 유형 분류를 의미적인 특성에서 시도한 Chafe(1976)의 논의를 살펴보기로 하자. Chafe는 사태 인식 양상의 범주를 물음의 유형으로 설정하여 분류하고 그에 대한 응답을 동사의 유형으로 삼는 척도로 설정하였다.[1]

---

1) 다음은 물음의 검증형식에 따른 Chafe의 모델이다.
  Q 1 어떻습니까?
  Q 2 무슨 일이 생겼습니까?
  Q 2' 무슨 일이 생깁니까?
  Q 3 그에게 무슨 일이 생겼습니까?
  Q 4 그이가 무슨 일을 했습니까?
  Q 5 무슨 일이 생겼습니까?
  Q 5' 그에게 무슨 일이 생겼습니까?
  Q 6 뭐가 옵니까?
  Q 6' 날씨가 어떻습니까?
위 물음으로 가능한 응답의 유형으로 설정한 동사유형을 보면 Q1은 상태동사 (stative verbs), Q2·Q2'는 비상태동사(nonstative verbs), Q3은 과정동사, Q4는 행위

아울러 이를 국어 동사 분류에 적용시켜 타당성을 검증하고 있는, 천기석(1984:28)의 논의를 살펴보기로 하자.

(1) ㄱ. 그 꽃은 예쁘다. (상태동사)

ㄴ. 그 꽃이 피었다. (과정동사)

ㄷ. 영이가 노래를 불렀다. (행위동사)

ㄹ. 영이가 아이를 울렸다. (행위과정동사)

ㅁ. 날씨가 덥다. (상황동사)

ㅂ. 비가 오고 있다 (상황행위동사)

위의 예문들은 각각 다음의 질문을 전제로 한 것이라고 하고 있다.

(2) ㄱ. Q 1. 어떻습니까?-- 상태

ㄴ. Q 2. 무슨 일이 생깁니까?-- 과정

ㄷ. Q 3. 그 사람이 무엇을 했습니까?-- 행위

ㄹ. Q 4. 날씨가 어떻습니까?-- 상황

즉, (1)의 응답문은 (2)의 질문이 단독으로 혹은 결합되어 표현된 것이라고 보고 있다. 그런데 국어에서 (2ㄹ)은 (2ㄱ)의 일부분이 되므로 독립된 한 유형으로 설정할 필요가 없다. 따라서 국어에서 동사분류 형태는 결국 다음의 네 가지 질문으로 귀결시켰다. 각각의 질문을 자질로 표기한 것을 함께 제시한다.

동사(action verbs), Q5·Q5'는 과정 행위동사(process action verbs), Q6·Q6'는 상황동사(ambient verbs)로 설정하고 있다.

(3) ㄱ. Q1-무엇이 어찌하다.   Q[NP[+animate]   [VP[+V,+activity]

　 ㄴ. Q2-누가 어찌하다.   Q[NP[+human,+agent]   [VP[+V,+actional]

　 ㄷ. Q3-무엇이 어떠하다.   Q[NP[+animate]   [VP[+V,+stative]

　 ㄹ. Q4-누가 어떠하다.   Q[NP[+human]   [VP[+V,+stative]

그리고 이러한 질문의 유형을 다음과 같은 구체적 예문에 적용시켜 각각이 어느 질문에 대한 대답으로 가능한 것인가를 검증하고 있다.

(4) ㄱ. 강물이 흐른다.

　 ㄴ. 개가 짖는다.

　 ㄷ. 영이가 운다.

　 ㄹ. 철수가 영이를 때렸다.

　 ㅁ. 하늘이 파랗다.

　 ㅂ. 철수가 빠르다.

위 (4ㄱ,ㄴ)은 질문 유형 (3ㄱ)에, (4ㄷ,ㄹ)은 질문유형 (3ㄴ)에, (4ㅁ)은 질문유형 (3ㄷ)에, (4ㅂ)은 질문유형 (3ㄹ)에 각각 대응된다고 하였다.

결국 그의 논의는 동사류를 크게 상태동사와 비상태동사의 자질로 구분하고 비상태동사를 다시 행위성[+actional]과 동작성[+activity]로 구분한 것이다.[2] 그런데 분류된 동사 유형에 설정된 자질들이 범주적인

---

2) 천기석(1984:59)에서 동사의 체계를 상태동사와 동작동사로 나누고 그 각각의 하위범주를 다음과 같이 설정하고 있다. 동사의 전체체계를 의미의 유형으로 구분해보려고 했다는 데에 의의가 있다. 참고적으로 그 하위범주를 제시한다. 동작동사-수여의미, 소유의미, 이동의미, 부정의미, 비교의미, 상접의미, 조종의미, 보류의미, 가변의미

것과 속성적인 것이 혼합되어 있다는 문제점이 있고 또 위의 네 가지
유형에 속하지 않는 부류가 있다는 문제점이 있다.

(5) ㄱ. 도둑이 잡혔다.
    ㄴ. 나무가 굵어졌다.

위 (5ㄱ)은 비상태동사이면서 상태성을 나타내고 있고, 또 주어가 [+
유정성] 자질을 가진 명사구지만 행위성[+actional]을 나타내지는 않는
다. 즉 비상태동사의 경우에서 주어가 유정성 자질을 가진 명사구로 실
현되었다고 하더라도 행위성[+actional]을 반드시 나타내는 것이 아니므
로 자질표기의 문제점을 안고 있다. 또 (5ㄴ)도 상태동사이면서 동작성
을 나타낸다.
'잡히다'와 '굵어지다'와 같이 기본적인 동사 자질에서 변화된 동사
의 경우, 동사의 자질을 어떻게 설정할 것인가는 논의의 여지가 있다.
천기석(1984)의 범주설정을 따를 경우 이들 동사는 어느 범주에도 속하

그리고 그 범주의 하위에는 속성적 변별성에 따라 세분된 하위 범주를 설정해
놓고 있다. 수여의미를 다시 대상물 제공, 소유이전, 수혜자 격하, 행위자 시인,
수혜자 기여, 요구와 결정으로, 소유의미는 단순 소유, 전체소유, 도구조건, 내
재활동, 체내공급, 수혜자 손실, 추상 소유, 이동의미는, 유생이동, 무생 이동
등으로 각각의 하위영역을 구분하고 있다.
상태동사도 마찬가지로 속성의 차이에 따른 하위영역을 구분하고 있다.
상태동사-도량상태, 평결(評決)상태로 크게 이분하고 이를 다시 하위 영역으로
나누었다.
도량상태-기본도량의미(장단, 광역, 경중, 수량, 척도), 부차도량의미(강세, 선조,
시각)
평결상태-추론의미(판별, 능력, 미추, 존재), 감각의미(청각, 후각, 미각, 촉각,
온각, 통각, 인체감각, 감정)

지 않는 것으로 분류된다. 이에 대해 접사가 결합된 동사는 기본적인 동사 범주에 속하지 않는 것이라고 할 수도 있다. 그러나 동사가 우리의 사태 인식에 대한 양상을 범주화한 것이라면 피동이나 사동과 같은 구조도 틀림없이 인식 양상의 한 면이라고 할 수 있다. 문제는 동사를 이처럼 의미론적인 관점으로 분류할 때, 자질 표기가 전체 동사의 의미적 속성을 포함할 수 있도록 설정되어야 한다는 점이다.

의미적 관점에서 동사를 분류할 때 '상태동사'와 '동작동사'로 구분하는 것보다는 '상태적' 요소가 있는 동사, '동적'인 요소가 있는 동사로 구분함이 옳을 것 같다. '상태적' 요소가 있다 함은 동사의 통사적 범주와는 무관하게 동사가 가지는 의미적 속성을 중요시한 개념이다. '굵다'가 사물의 상태를 나타내는 동사지만 '굵어지다'는 동작성을 포함하고 있다. 이때 '굵어지다'는 '동적(동적)인 요소, 즉 여기서는 '과정'의 의미요소가 들어 있는 것이라고 말할 수 있다. 이렇게 함으로써 접사가 결합된 동사어휘까지도 모두 동사의 의미론적인 분류 영역 안에 포함시킬 수 있다.[3]

이와 비슷한 관점에서 논의한 박선자(1990)의 분류를 참고해보자. 박선자(1990:p.124-125)에서는 현상, 사태에 대한 물음으로 제일 먼저 떠올릴 수 있는 것은 존재 여부에 대한 것으로서 특정 존재의 있고 없음에 대한 물음이라고 하였다. 그리고 이 '있-물음'에 상관되는 풀이씨는 '있다', '없다'뿐이라고 하였다. 이러한 존재표현의 풀이씨는 시간 내적

---

3) Quirk et, al. (1972)에서는 동사의 의미체계 유형을 '상태요소(stative elements)'가 있는 동사와, '동적인 요소(dynamic elements)'가 있는 동사로 이분할 수 있다고 하였다. 그리고 각각의 하위범주로 다음과 같은 요소를 설정하고 있다.
동적동사　:[활동성], [과정성], [감각성], [사건 변환성], [순간성]
상태성동사:[내적 감각인지], [관련성]

분포에 있어서 진행이나 끝남의 상바탕과는 공기하지 못한다고 한다.

또 다음으로 현상의 존재를 규정하는 물음이 있다. 이는 확정되지 않은 대상에 대하여 대상의 범위를 잡아주거나, 주어진 대상이라면 그 자체가 무엇인지를 밝혀주는 '이-물음'이다. 이는 '무엇'이 물음말의 중심이 되고 이에 대한 응답표현은 'N + 이다'로 실현된다. 이는 존재 자체이므로 어떤 상적 속성도 지니지 못한다. 즉 존재를 잡아준다는 것은 시간 내적 분포를 가지지 않고 시간과는 무관한 개념이기 때문이다.

또 현상사태 가운데 일이나 속성 또는 모습에 대한 물음으로 '어찌하-, 어떠하-물음'이 있다[4]. 여기서 일에 대한 물음인 '어찌하-물음'은 다시 한정성의 여부에 따라 '무엇하-'와 '어찌하-'로 나누고, 상태나 속성에 대한 물음은 '어떠하-물음'으로 잡는다. '일'에 대한 물음만이 비한정 물음이 가능한 까닭은 일이나 현상에서의 움직임은 일의 주체 또는 움직임의 주체가 어떤 일을 할 것인지 예측할 수 없는 경우가 있기 때문이다. 이에 반하여 사태의 모습이나 속성에 대한 물음은 한정 물음만이 가능한데, 이는 현상 사태의 모습이나 어떠함은 반드시 모습이나 어떠함의 임자항이 주체여야 한다는 존재의 대상 영역이 존재론적으로 결정되어 있기 때문이다. 또한 일이나 움직임의 주체는 일이나 움직임의 영역에 속하지 않는데 반하여, 모습이나 속성의 주체는 어떠함의 대상 영역 안에 있는 대상 자체이므로 대상으로서의 주체가 필수적으로 결정되어 있어서 논리적으로 대상이 한정된다는 것이다.

또 현상의 내적 속성이나 외연의 바뀜 그 자체를 물음의 영역으로 하는 경우가 있는데 이는 '어찌되-물음'이다. 이를 하나의 물음유형으

---

4) 김광해(1983:122)는 이를 비한정 의문사로서 이들의 공통적 속성을 '서술성'으로 정하고 있다.

로 잡은 것은 앞서 설정한 물음에 대한 응답으로서는 '되다' 풀이씨가
도출되지 않기 때문이다. 그러나 현상 가운데 일이나 모습, 속성과는
다르게 내포적 속성이 달라짐도 함의하는데 'X의 상태에서 Y의 상태로
바꾸어짐'에는 달라짐의 속성과 함께 달라진 또는 바꾸어진 결과도 아
울러 뜻한다. '어찌되-물음'의 응답표현은 '되다'로만 가능한데 '되-'는
바뀜의 속성 그 자체로서 상바탕 그 자체의 의미론적 특성을 가지고
있으므로 우리말에서는 상적 특성을 드러내는 도움풀이씨로 전용되어
쓰인다.

박선자(1990)에서는 Chafe(1970)의 '물음 응답법'을 응용하여 국어 동
사 체계를 유형화하고 있는데, 그의 논의가 천기석(1984)과 다른 것은
동사의 의미유형별 분류가 통사적인 구조 양상과도 연관되는 것임을
설명하고 있는 점이다. 물음의 갈래와 그에 따른 응답 유형으로서 풀이
씨의 유형을 갈라보면 '어찌하- 물음'(일), '어떠하-물음'(상태나 속성),
'있-물음'(존재 여부), '이-물음'(존재 규정), '되-물음'(존재 바뀜)으로 나
눌 수 있다.

국어의 모든 동사는 이 다섯 가지 바탕 가운데 어느 하나를 의미론
적으로 함의하고 있다. 개별 동사는 이 큰 갈래의 포괄동사들 아래서
각각 개별의미를 더함으로써 분화된다고 할 수 있다.

그런데 동사의 어휘항목은 제일 먼저 의미자질이 주어지는데 그 의
미자질은 단순한 의미정보가 아니라 문장의 짜임새를 결정하는 구문적
인 정보까지를 담고 있다. 따라서 문장구조에 필요한 항목 수나 자질,
그리고 다른 성분과의 형태소 제약까지를 통제하게 된다. 동사의 의미
자질에 따른 분류가 보다 확고한 타당성을 얻으려면 분류가 통사적인
구조의 차이를 나타낼 수 있는 분류가 되어야 할 것이다. 이런 관점에

서 김영희(1977)와 홍재성(1987)이 주목된다. 김영희(1977)는 Hooper의 단언적(assertive) 의미가 통사론적 현상들과 긴밀하다는 주장에 의거하여 국어 단언동사들의 의미자질이 통사적 모든 양상에 어떻게 반영되는지를 살피고 있다.

김영희(1977)에 따르면 <주장하다>류는 보문의 내용에 대해 주체의 적극적 관여(strong commitment)를 보이는 동사로, <믿다>나 <생각하다>와 같은 경우를 단언의 강도가 약한 소극적 관여(weak commitment)를 보이는 것으로, <가능하다>나 <모르다>와 같은 동사는 비단언동사로 분류한다. 이들 단언성의 차이는 통사론적 제 양상에 긴밀하게 관련되어 있음을 보인다. 비단언동사인 경우 '나는 그가 성실한 것을 모른다'를 '*내가 모르기를 그가 성실하다'와 같은 주절내리기가 적용되지 않는다고 하였다. 또 강한 단언동사인 경우 '나는 철호가 여기에 왔다고 말하지 않았다'는 부정의 영역이 보문에 미치기는 하되 보문을 완전히 부정하지는 못하나, 약한 단어동사인 경우에는 '나는 철호가 왔다고 생각하지 않았다'는 주절의 부정이 보문의 내용을 부정함으로써 '나는 철호가 오지 않았다고 생각했다'로 인식된다고 하였다. 또 보문의 서술어가 상위절의 부사어로 상승되는 양상에서도 약한 단어 서술어는 이동이 이루어지지만 강한 단어 서술어는 이루어지지 않음으로써 '*나는 그를 성실히 주장했다'는 성립되지 않음을 보인다.

또 피동문 구성에서도 약한 단언 서술어인 경우는 '-에게'가 도입되고 강한 단언 서술어인 경우는 '-에 의해서'로 표지됨을 보인다.

홍재성(1987)은 국어 동사의 특수한 구문들에 대해 그와 유사한 다른 구문들과의 비교를 통해 구문의 특성을 밝히는 방법을 쓰고 있는데, 예를 들면 '철수는 영희와 서로 먼저 광주에 가려고 했다'와 같은 경쟁 구문의 경우에 그와 유사한 구문과 비교해볼 때 '서로'를 필수적으로 사용하여야 한다는 점, 'V-려고 하다'와 같은 의도구문에서만 사용할 수 있다는 점, '-려고 하다'에 올 수 있는 동사는 항상 비상태동사여야 한다는 점', 'N$_0$ N$_1$'는 항상 유정명사로서 대칭관계에 있다는 점 등을 들고 있다. 그러한 구문적 특성이 구문의 의미적 특성에 의해 제약되는 것임을 보인다.

동사를 통사적인 자질에 따라 구분하고자 했던 것은 전통적인 문법 이론에서 일반적으로 행해졌던 방법이었다. 동사를 통사적인 구조 특성에 따라 구분한 것은 의미적 자질에 의한 동사 분류보다 과학적 객관성을 얻기가 쉽다. 왜냐하면 분류된 동사가 만들어내는 문장의 구조가 동사의 유형적인 차이를 분명히 보여주기 때문이다. 통사적 동사 분류에서 가장 일반적인 방법은 해당 동사가 가지는 문장 구조의 특성을 중심으로 유형화하는 것이다. 주로 그 동사가 가지는 결합가나 명사구의 결합양상을 중심으로 논의한다.

국어 문법연구에서도 동사 분류에 대한 언급은 최초의 국어문법서라고 할 수 있는 유길준(1910:15-17)에서부터 엿보인다. 아직 체계화되지는 않은 것이지만 자동과 타동의 구별, 주동과 피, 사동의 구별인식이 있었다. 그 이후 박승빈(1935:207-211)에서는 동사 분류에 대한 비교적 새로운 시각을 보여주는데, 자동사와 타동사의 구분을 설명할 뿐 아니라, 자동사와 타동사의 병용에 관한 것, 동류목적어에 의한 자동사의 타동사화, 외형상 타동사처럼 쓰인 자동사, 타동사의 자동사로의 사용, 목적어를 둘 요구하는 타동사, 불완전 타동사를 설정하고 있다. 이는 문장성분의 형태적 표지보다는 문장내의 의미적 기능을 중요시한 것으로 평가된다. 즉, 격조사 {-을}이 실현되었다고 하더라도 모두 목적어로 볼 수 없다는 것, 또 타동사 구문에서도 {-을} 대신에 다른 조사가 쓰일 수 있다는 점 등을 직관적으로 인식하였다.

조사의 의미에 대한 인식은 홍기문(1947)에서도 보인다. 그는 소위 목적어 역할을 하는 명사들을[5] 동원 명사, 시간, 순서 및 횟수, 방향, 원인적 대상으로 세분하여 그 차이를 설명함으로써 자동사와 타동사의 차이를 구분하고 있다.

자동사와 타동사의 분류에서 가장 중요한 변별적 요인이라고 인식 되어 온 {-을}은 문법체계 내에서 다른 무엇보다도 큰 비중을 가진 것 으로 다루어져 왔다. 그러한 일반적인 인식과는 달리 정렬모(1946)에서 는 동사분류를 하면서 {-을}을 중심으로 동사 분류를 꾀하던 그 때까 지의 일반적인 시각을 벗어나서, 동사에 결합하고 있는 명사구를 같은 비중으로 처리하여 '기댈성 동사', '보탤성 동사', '더불성 동사', '여길 성 동사', '떠날성 동사'로 구분하고 있다. 이러한 인식은 동사의 명사 구 결합 성격을 중심으로 한 분류를 시도한 것으로서 동사의 구조적인 특성을 실제적으로 반영하려고 한 것이다. 이러한 동사의 명사구 결합 을 분류의 기준으로 세우려고 했던 점은 김동식(1993)에서도 찾아볼 수 있다.

김동식(1993)에서는 국어의 격조사들이 대등하게 취급되어야 함을 주장한다. 국어의 격조사들이 서로 차이를 갖는다고 볼만한 통사적인 이유가 없음을 밝히고 국어의 문형을 주어-목적어 동사 등으로 전제하 는 데서 벗어나고자 하였다. 또 이들 조사가 결합된 명사구들은 문장구 성에 필수적인 성분이 아니라 화자가 상황을 표현하고자 할 때 선택할

---

5) 그는 이를 '객격명사'라고 명명하였다.

수 있는 가능성을 가진 것이라고 정의하였다. 그리고 이러한 명사구 기능의 같고 다름은 그에 결합된 조사의 통용 가능성이나 조사에 선행하는 명사의 어휘적 성격에 의해서라고 하고 있다. 이러한 기본적 전제 하에서 동사와 결합하는 명사구의 유형을 중심으로 국어 동사의 유형을 21가지로 유형화하고 있다. '이-명사구'를 허용하는 동사로는 주체 대상성 동사와 변화성 동사, '을-명사구'를 허용하는 동사로는 대상성 동사, 목적 행위성 동사, 동족목적성 동사, 대상 자격성 동사, 대상 수단성 동사, 대상 결과성 동사, 대상 귀착성 동사, 대상지향성 동사, 대상 이탈성 동사, 대상 영역성 동사, 대상 상호성 동사, 기타 명사구 허용동사로는 장소성 동사, 단순 이탈성 동사로 구분하여 제시하고 있다.

김동식(1993)에서는 국어 동사를 그와 결합하는 명사구의 유형에 따라 구분하고 있으나, 결합하는 명사구의 유형이 상황에 따른 화자의 선택에 따른 것이므로 동사의 기본적인 논항구조와는 별개로 이루어지고 있다.

(6) ㄱ. 영이가 밥을 먹었어.
    ㄴ. 영이가 먹었어.

(7) ㄱ. 영이가 도서관에 갔어.
    ㄴ. 영이가 갔어.

일반적으로 볼 때 (6ㄴ)은 (6ㄱ)의 구조에서 '밥을'이라는 목적어가 생략된 구조로, (7ㄴ)에 대해서는 어떤 성분도 생략된 것이 아니라는 그 동사가 가지는 원래의 문장으로 인식하는 데 대해 그는 (6ㄴ)과 (7ㄴ)을 똑같이 적격한 문장으로 보며, 유독 (6ㄴ)에 대해서만 문장의 생략이라고 해석할 이유가 없는 것으로 보았다. 즉 문장에서 쓰이지 않은 성분은 생략된 것이 아니라 본래의 구성에서 문장화되지 않은 것으로 보는 것이 타당하다고 한다. 그의 논의는 상황적 의존성이 큰 국어의 특성을 고려해볼 때, 일견 의미가 있는 것으로 보인다. 그러나 언어연구를 할 때 무엇을 대상으로 할 것인가 하는 점은 무척 중요한 문제이다. 한 동사가 기본적으로 보유하고 있는 논항 구조란 그 동사의 보편적, 일반적 용례에서 정의할 수 있는 결합 명사구에 관한 것이다. 그러나 그러한 기본적인 논항구조가 실제 쓰임에 있어서는 항상 문장화되는 것은 아니다.[6] 그렇다고 하여 기본적인 논항구조를 인정하지 않는 것은 또 다른 문제일 것이다. 국어에서 주어가 생략된 문장이 많이 쓰인다고 해서 국어의 문장구조에는 주어가 없다고 말하는 것에 무리가 따르듯이 동

---

6) 이는 언어의 두가지 속성, 즉 구어와 문어의 차이를 무시하고 있다. 조경임 (1993:22-24)에서는 구어와 문어의 문법적 특성에 대해 다음과 같이 설명하고 있다.

   첫째, 문어에서는 비교적 고정어순이 나타나지만 구어는 자유어순에 가깝다.
   둘째, 문어에서는 조사의 출현이 필수적이나 구어에서는 조사가 생략되어도 문장이 성립된다.
   셋째, 문어에서는 문장성분이 생략되는 경우가 없으나 구어에서는 상황에 따라 문장 성분이 생략되는 경우가 많다.
   넷째, 문어에서는 미완 문장이 사용되는 경우가 거의 없으나 구어에서는 대화 상황에서 미완 문장이 많이 쓰인다.
   다섯째, 문어에서는 복문이 사용되는 경우가 많으며 문장의 길이가 일반적으로 긴 것이 특징인데 구어에서는 단문이 쓰이는 경우가 많으며 문장의 길이도 일반적으로 짧다.
   여섯째, 문어에서는 장형 부정(-지 않다, -지 못하다)이 사용되는 경우가 많으나 구어에서는 동사나 형용사 앞에서 '안'이나 '못'이 사용되는 경우가 많다.
   일곱째, 문어에서는 이중부정의 표현이 강조의 의미로 사용되는 경우가 비교적 많으나 구어에서는 이중 부정이 사용되지 않고 긍정이 사용되는 경우가 많다.

사의 기본적인 논항구조를 인정하지 않는 것도 이와 같은 맥락에서 문
제점을 지적할 수 있겠다.

그 외에 동사 분류의 특이한 논의로는 박양규(1985)의 이른바 '재귀
동사'에 대한 것이다.[7] 박양규(1985:361)는 서술어가 지배하는 항들간
의 관계를 대칭성(symmetry), 재귀성(reflexivity) 등의 관계개념으로 설정
하여 논의한다. 대칭성이나 재귀성은 2항 술어들을 유별하는 척도로
보았다. 가령 재귀성을 척도로 할 때 2항 술어의 관계는 다음과 같이
어느 한 유형에 속하게 된다.

(8) 재귀적(reflexive) 관계: 관계 R은 모든 개체가 자신에 대하여 이 R
    의 관계에 있으면 재귀적 관계이다.
(9) 반재귀적(irreflexive) 관계: 관계 R은 어느 개체도 자신에 대하여
    이 R의 관계에 있지 않으면 반재귀적 관계이다.
(10) 비재귀적(non-reflexive) 관계: 관계 R은 자신에 대하여 이 R의 관
    계에 있는 개체도 있고 그렇지 않은 개체도 있으면 비재귀적 관
    계이다.

예를 들어 '벌리다', '다물다, '감다' 등은 현재적이건 은재적이건 그
문장의 주어와 공지시적인 명사가 들어있는 동사들로서 제귀동사에 속
한다고 보았다. 이에 비해 '빌다'나 '훔치다' 등은 오히려 재귀성분을
거부하고 비재귀적 구성에만 실현되었으며 반재귀동사라고 할 만하다.

---

7) 동사의 재귀적 특성울 중심으로 논의한 것은 정렬모(1946)에서도 보인다. 그는
   동사를 귀착성 동사와 귀착성 아닌 동사로 구분하고 있는데, '귀착성 동사'란
   여기에서 말하는 '재귀성 동사'와 비슷한 유형을 나타낸다.

그러나 '가리다', '비비다' 등은 비재귀동사에 속한다고 하였다. 이들 동사들은 목적어의 생략에 있어서 차이를 보이는데 재귀동사는 목적어 없이 실현되어 자동사로 다루어지기도 하는데, 이 때 목적어의 출현여부에 상관없이 거의 동일한 의미로 해석되는 특징을 보인다고 하였다.

(11) A가 {A의, *B의} 입을 다물었다.

즉 위의 (11)은 전형적인 재귀구성문으로서 여기에 쓰인 '다물다'는 재귀동사라고 할 수 있다. 이 구문은 재귀적 성분을 생략하여도 그 의미는 동일하다는 것이다.

(12) A가 입을 다물었다.

그리고 재귀적 성분은 위의 (12)처럼 항상 목적어 성분에 한정되는 것이 아니라 처격 성분에도 나타날 수 있다고 하였다.

(13) A가 {A, *B}의 가슴에 책을 안았다.

동사의 재귀성을 자연언어 동사의 분류의 한 척도로 사용한 것은 새로운 시각이라고 하겠다. 그리고 이러한 재귀성의 특성이 한 동사에 관련된 특유의 성질이 아니라 일련의 대상들을 통하여 순환적으로 적용할 수 있는 기준이라면 동사분류의 한 유형으로 의미가 있다고 할 것이다. 문제는 이러한 특수한 분류가 기존의 동사분류와 어떻게 관련되는지에 대한 설명이 있어야 할 것 같다. 동사의 부분적 유형 설정이 국어 동사 전체 체계를 이해하는 데 어떤 도움을 줄 수 있는지가 고려되어야 하기 때문이다.

그의 논의에서는 예를 들어, '숨다, 서다, 돌다…' 등과 같이 항상 자동사로만 쓰이는 동사들에 대해서도 'A가 A의 몸을 숨다' 등과 같은 구조의 재귀적 관계를 상정할 수 있다고 한다. 이러한 논의는 기존의 자동사와 타동사의 이분적 분류가 갖는 배타성을 완화하면서 동사의 의미적 특성을 중요시한 것으로 평가할 수 있겠지만, 위와 같은 동사의 구조는 표면구조로 나타나지 않는 억지의 기저 구조를 상정해야 하는 문제가 있다.

지금까지 동사분류에 대한 논의를 간략하게 살펴 보았다. 동사분류는 의미론적인 관점에서 이루어진 것과 통사적인 관점에서 이루어진 것으로 크게 나눌 수 있었다.

동사의 의미적 특성을 중심으로 유형분류를 시도한 논의들은 설정된 분류 유형이 다분히 주관적인 의미자질에 의한 것이라는 점에서 객관성을 얻기가 힘든 경우가 있었다. 또 분류된 동사유형들이 어떤 통사적 구조화를 이루는지를 말해주지 못한다. 동사 분류의 중요한 목적은 동사의 구조적 형태를 밝히는 데 있는데 의미적 분류는 그러한 구조적인 면의 고찰을 간과하고 있다. 동사의 의미적 분류가 객관적인 타당성을 가진 분류가 되려면 의미적 분류에 따른 동사의 유형들이 구조적으로도 어떤 공통적 특징을 나타내는지를 고찰하여 논의해야 할 것이다.

그런 점에서 동사를 통사적인 구조의 차이로 유형화하는 것은 보다 엄밀한 의미에서 유형화를 이루는 것이 된다. 그러나 통사적 분류는 설정된 유형이 공통적으로 어떤 의미적 특성을 공유하는지는 나타내지 않는 경우가 많다.

본고에서는 동사의 분류가 기본적으로 통사적인 구조 유형을 중심으로 이루어져야 한다는 데서 논의의 출발점을 삼는다. 동사의 특정 무리가 공통적으로 어떤 구조적 특성을 공유하면 그 동사의 무리는 의미적 공통성이 있는 동사 유형으로 설정될 가능성이 있다. 명제동사는 문성분으로 내포절을 취하는 일련의 동사들을 지칭하는데, 이러한 구조적인 특성은 동사가 가지는 의미구조를 반영하는 것이다.

동사의 의미와 구조는 서로 밀접한 관련을 맺고 있다.8) 동사의 통사적 특징은 그 동사가 가지고 있는 어휘정보에 의한다. 그런데 동사의 어휘정보란 바로 동사의 의미구조를 바탕으로 설정된다. 여기서는 명제동사의 특정한 의미구조를 살펴보고 그러한 의미구조가 만들어내는 통사적인 특징을 살펴보기로 하겠다.

---

8) Jackendoff(1990)은 동사의 의미구조를 보다 상세하게 구조화시킴으로써 통사적인 구조화의 양상을 예측할 수 있게 하였다. 기존의 동사 어휘항목(lexical entry)이 비문을 제약하기 위한 선택제약과 구문정보만을 다루고 있는 것에 비해 동사의 개념구조(conceptual structures)안에 모든 정보를 다 구조화시킬 것을 논의한다. 특히 문의 개념구조가 동사를 중심으로 결정됨을 인식하고 다음과 같은 유형을 설정한다.
   a. [Event GO ([   ], FROM([ ]) Path TO ([ ])
   b. [State BE ([ ], [Place   ])
   c. [Event STAY ([ ], [Place   ])
동사의 개념구조 안에 통사적으로 투사될 수 있는 모든 정보를 구조화시킴으로써 동사의 의미구조가 그대로 통사구조에 대응관계를 이루도록 하였다. 뿐만 아니라 잠재적으로 나타날 수 있는 항목까지 개념구조 안에서 도식화하고 있는데, 예를 들면 시간, 처소 부사어 등을 동사의 개념구조 안에 범주화시키고 이들이 구조화되었을 때는 적당한 의미해석을 받을 수 있도록 연결규칙을 설정해 놓고 있다. 동사 개별적인 의미구조를 대상으로 하지만 통사론의 X'식형(X'-Schema)과 같이 보편화시킬 수 있음을 보였다.

2.1.2 명제동사의 범주 설정

여기서는 동사의 어휘구조가 통사구조와 어떤 상관관계를 가지고 나타나는지를 살펴보는 데 목적이 있다. 특히 필수적 내포절을 취하는 명제동사의 어휘구조를 살피고, 해당 명제동사가 구조화하는 문장구조의 고찰에 집중할 것이다.

국어 복합문의 유형은 상위문이 하위문을 관할하는 방식에 따라 두 가지로 구분된다. 상위문이 하위문을 다른 교점을 거치지 않고 직접적으로 관할하는 직접 관할과 상위문이 하위문을 명사구나 동사구를 통하여 관할하는 간접관할의 방식이 있다. 전자를 통칭 '접속문 구성'이라 하고 후자를 통칭 '내포문 구성'이라고 한다.

보문화는 이 구분에서 내포문 구성에 속한다. 내포문 구성은 다시 명사구를 통해 이루어지는 명사구 내포문 구성과 동사구를 통해 이루어지는 동사구 내포문 구성으로 하위 분류된다.

그런데 국어에서 필수적 내포절을 취하는 구문 형태는 다음의 경우가 있다.

(14) ㄱ. 나는 영이가 집에 가게 했다.

　　ㄴ. 나는 고향에 가고 싶다.

　　ㄷ. 영이는 아이에게 집에 가라고 설득했다.

　　ㄹ. 아이는 집에 가기를 바랬다.

위의 두 구문은 모두 서술기능을 보완한다는 점에서 동일한 통사적 기능를 수행한다. 권재일(1990:20)에서는 (14ㄱ,ㄴ,ㄷ)은 동사구 내포문 구성으로 보았고 (14ㄹ)을 명사구 구성으로 보았다. 그는 '싶다', '말다'와 같이 종전에 보조동사라고 불리던 동사와 '-고'로 이끌려지는 내포절을 동사구 보문으로 설정하였다. (14ㄹ)과 같이 '-음', '-기'는 명사구 보문으로 설정하고 있다. 그러나 본고에서는 (14ㄱ,ㄴ,ㄷ,ㄹ)을 모두 동일한 명사구 보문으로 간주한다. (14ㄱ)의 '-고' 내포절은 상위동사 '설득하다'로부터 대상 의미역을 받고 있고 (14ㄹ)의 '-기' 명사화절도 상위동사 '바라다'로 부터 대상 의미역을 받고 있다. 이 두 구문은 의미상 서로 변환할 수 있는 구조로서 동일한 명사구 보문의 기능을 수행한다.9)

특히, (14ㄱ,ㄴ)은 전통적으로 필수적 내포절을 이루는 것으로 여겨져 온 보조동사 구문들이다. 이들 보조동사들은 자립적으로는 문장을 구성할 수 없으므로 그 앞에는 동사 보족어가 필수적으로 실현될 것을 요구한다. 그런데, 본고에서는 이같은 보조동사 구문에서 나타나는 필

---

9) 예문에 나타난 '-아', '-게','-지','-고'에 대해 부사형 어미(최현배 1971)라고 하는 견해와 동사구 보문소 (박병수 1974, 황병순 1979, 이익섭·임홍빈 1983, 권재일 1990)라고 보는 견해, 명사구 보문소로 보는 견해(이홍배 1970, 양인석 1972, 김영희 1987)가 있다. '-아', '-게', '-지', '-고'보문을 {-음}이나 {-기}의 보문과 같은 명사구 보문으로 인정하는 견해를 김정대(1990:132)에서 살펴보기로 하자. 그는 '-고'를 포함하여 '-아', '-게', '-지' 등을 다음과 같은 이유를 들어 명사구 보문소로 설정하고 있다.
첫째, '아, 게, 지, 고' 뒤에 격조사가 결합된다.
둘째, '아, 게, 지, 고'의 지배(government)를 받는, 말 전체와 이들이 통합된 구성이 분열문(sentence cleft) 구성을 받을 수 있다.
셋째, 이들이 관여하여 통사론적 구성이 형태론적 구성으로 인식되는 절차가 명사가 관련한 절차와 완전히 일치한다.
김정대(1990)의 논의에서는 부사형 어미 '-고'로 한정시켰지만 본고에서는 인용의 '-고'에도 그 논의를 확대할 수 있을 것이라고 본다. 김영희(1987:128)에서도 이같은 견해가 개진되었다.

수적 내포절 형태는 다루지 않겠다. 이들 보조동사 구문의 특성은 보조동사가 가지는 의미구조에 의한 것이기보다는 이들 동사의 비자립적인 특성에 따른 것이라고 할 수 있다. 주지하다시피 이들 동사들은 자립적으로는 문장을 구성할 수 없는 의존형태이다. 따라서 이들 보조동사 앞에는 필수적으로 동사 보족어가 범주화하게 된다. 이러한 특성은 본고에서 다루려고 하는 명제동사가 필수적 내포절을 이루는 것과 유사한 형태를 보이고 있지만 두 구조는 구분되어 고찰할 필요가 있을 것이다.

본고에서는 다루려고 하는 명제동사는 자립동사들로서 그 자체로 문장을 구성할 수 있는 형태들이다. 이들 동사들이 필수적 내포절의 형태로 문장 성분을 범주화시키는 것은 동사의 의미구조적인 특성에 따른 것이다. 그리고 이러한 의미구조적인 특성이 개체명사를 취하는 다른 자동사나 타동사와 구분되어 하나의 동사 유형으로 설정될 필요가 있다.

지금까지는 국어에서 필수적 내포절을 이루는 문법현상을 보조동사 구문으로 한정하여 통사적·의미론적인 고찰을 해왔다. 그리고 그러한 연구의 덕택으로 보조동사에 대해서는 상당한 연구가 진행되었다. 본고에서는 이러한 보조동사 구문의 구조적인 특성보다는 자립동사의 구문을 중심으로 그 특성을 살펴보려고 하며 그 중 필수적 내포절을 취하는 일련의 명제동사들에 대한 통사적 의미론적인 고찰을 수행한다.

또 다음과 같은 내포절 결합구조를 보자.

(15) ㄱ. 나는 운동하기를 좋아한다.

ㄴ. 나는 그녀를 좋아한다.

ㄷ. 나는 아이스크림을 좋아한다.

(16) ㄱ. 철수가 영이에게 자기를 도와달라고 호소했다.

　　ㄴ.*철수가 자기를 호소했다.

　　ㄷ.*철수가 가방을 호소했다.

(15ㄱ)은 <좋아하다>의 목적어가 명사절로 취해진 복합문 구조이다. 그러나 '좋아하다'는 절 성분 외에 개체명사로도 목적어를 표지할 수 있다. 그러나 (16)의 경우에는 <호소하다>동사가 일반 다른 명사들로는 목적어를 나타낼 수 없음을 보여준다. 이는 <호소하다>동사가 <좋아하다>와는 달리 필수적으로 내포절을 취하는 동사임을 말한다. 따라서 (15ㄱ)과 (15ㄴ)은 동일한 구조를 나타내지만 (15ㄱ)은 수의적인 내포절을 이루는 동사로서 필수적 내포절을 이루는 (16ㄱ)과 구분된다. (16ㄱ)은 개체 명사를 목적어로 취할 수 없는 명제동사이다.

또 본고에서는 기존의 체언화와 보문화의 통사상의 구분에 집착하지 않는다. 일반적으로 국어에서 내포절을 이루는 구조로는 관계화와 보문화, 명사화(nominalization)의 세 가지를 설정하고 있다. 이들 중 관계화와 보문화는 기저의 한 문장이 '-은', '-을'과 같은 관형형 어미에 의하여 뒤에 오는 명사나 명사구를 수식하게 되는 통사적인 절차를 말한다. 그리고 '명사화'는 기저의 한 문장이 보다 큰 문장 속에서 명사, 혹은 명사구와 동일한 통사적 기능을 수행하게 되는 것을 말한다.[10)]

예를 들면 다음과 같은 구문구조이다.

(17) ㄱ. 내가 읽은 책은 참 재미있더라.

---

10) 이익섭·임홍빈(1983:270-285)에서는 관계화와 명사구 보문화를 관형화로 분류하여 명사화와 이분되는 대립적 구조로 설정하고 있다.

ㄴ. 네가 책을 읽은 사실이 놀랍다.

ㄷ. 누구나 봄이 돌아오기를 기다린다.

위의 (17ㄱ)은 관계관형화의 구조로, (17ㄴ)은 명사구 보문화의 구조로, (17ㄷ)은 명사화의 구조로 볼 수 있다. (17ㄱ,ㄴ)은 둘 다 성분 명사가 관형절 수식을 받는 구조적 동일함 때문에 동일한 통사기제로 설명되고, 이와는 달리 (17ㄷ)의 명사화는 관형절 수식을 받는 명사구가 범주화되는 것이 아니라 내포되는 문장이 그 자체로 명사 상당어구로 변화되어 실현되는 통사적인 기제이다. 이러한 통사적인 구분은 각 구문의 통사적인 절차를 설명하기 위한 것으로서 문법의 중요한 부분을 이룬다.

그런데 명제동사는 명제내용을 대상화할 수 있는 절의 구조로 (17ㄴ)과 (17ㄷ)의 구문형식을 동사에 따라 모두 취할 수 있다.

(18) ㄱ. 누구나 봄이 오기를 기다리고 있다.

ㄴ. 나는 그녀가 정직한 것을 믿는다.

(18ㄱ)은 명사화의 기제로 보문을 취하고 있고 (18ㄴ)은 소위 형식명사라고 불리는 {-것}을 꾸미는 명사구 보문의 형식으로 보문을 취하고 있다. 그러나 이들 구문은 모두 상위동사의 명제논항을 범주화한 구조이다. 명제동사의 의미특성에 따라서는 이 두 구조를 다 내포절로 취하는 것도 있다. 따라서 우리의 논의에서는 보문의 통사적 기저 구조가 다르다는 데 주목하기 보다는 이들 구조가 동일한 기능을 수행하는 데 관심을 가지고 논의할 것이다. 이들 구조는 모두 보문으로 인식되고,

또 {-기}와 {-것}, {-고}는 모두 내포절을 상위문에 연결하는 보문소로 설정된다.

다음 절에서는 명제동사의 의미론적 특성에 대해 살펴보기로 한다.

2.2 명제동사의 특성

2.2.1 명제 대상성

명제동사는 필수적으로 절을 취하는 동사를 말하는데, 이들 명제동사가 일반 자동사나 타동사와는 어떻게 다른지 구체적으로 살펴보기로 하자.

(19) ㄱ. 영이가 철수를 사랑한다.

　　　ㄴ. 영이가 자기는 철수를 사랑한다고 주장했다.

(19ㄱ)은 행위자인 '영이'가 대상자인 '철수'에게 '사랑'이라는 행위의 관계를 형성하는 의미구조를 나타내고 있고 (19ㄴ)은 행위자인 '영이'가 '철수를 사랑한다'는 명제를 대상으로 하여 주장이라는 발화행위를 수행하고 있는 것이다. 따라서 위 (19ㄱ)의 타동사문은 [철수가 영희를 사랑하다]는 단선적 의미를 진술하는 데 비해 (19ㄴ)의 명제동사구문은 [철수가 [영희를 사랑하다] 고 주장하다]는 복선적인 사태를 나타낸다. 또 일반 개체를 논항으로 하는 타동사문에서는 주체의 행위가 직접적으로 대상자에게 미치는 동작적인 행위성을 나타내지만, 명제동사구문에서는 행위대상자에게 직접적인 행위를 미치는 것이 아니라 약속

이나 명령, 후회 등의 발화적 행위성을 지시한다.

> (20) ㄱ. 철수가 수업시간에 손을 들었다.
>   ㄴ. 선생님이 철수에게 [손을 들라고] 충고했다.

(20ㄱ)에서 행위주체인 철수에 의해 대상인 손이 움직여진 행위를 나타내고 있지만, (20ㄴ)에서는 행위주체인 선생님에 의해 행위를 받는 것은 철수이지만 구체적인 움직임이 이루어진 사태를 나타내지는 않는다. 이 두 구조를 분열문 구성을 통해 의미구조를 해석해 보자.

> (21) ㄱ. 철수가 수업시간에 든 것은 '손'이었다.
>   ㄴ. 선생님이 철수에게 충고한 것은 '손을 들라는 것' 이었다.

(21ㄱ)은 동사와 직접 관계를 맺고 있는 것은 개체대상인 '손'이지만 (21ㄴ)에서 동사와 관계를 형성하는 것은 '손을 들라'는 발화내용이다. 개체 타동사는 동사의 직접적인 행위를 받는 사람이나 사물과 같은 개체대상이 범주화하는 것이지만, 명제동사는 행위를 포괄하는 발화나, 사태를 나타내는 명제가 대상화된다.

자동사 구문에서도 개체와 명제의 구조적인 차이성이 발견된다.

> (22) ㄱ. 영이는 정직하다.
>   ㄴ. 영이가 정직한 것은 확실하다.
>   ㄷ.*영이는 확실하다.

(22ㄱ)은 '영이'라는 개체의 속성을 나타내는 것이고 (22ㄴ)은 '영이의 속성'에 대한 평가이다. 즉 (22ㄱ)의 구조는 <정직하다>가 [영이]라는 개체를 대상으로 범주화한 구조이고, (22ㄴ)은 <확실하다>라는 서술어가 [영이가 정직하다]라는 명제를 대상으로 범주화한 구조이다. (22ㄴ)은 일차적으로는 [영이가 정직하다]라는 내포절의 의미구조가 있고 이차적으로는 [[영이가 정직하]ㄴ 것은 확실하다]]라는 상위문의 의미구조가 겹쳐진 복합적인 의미구조를 이룬다. 여기에서 상위문의 서술어인 <확실하다>가 명제가 아닌 개체를 대상으로 취할 수 없음은 (6ㄷ)과 같은 비문의 생성이 이를 예증한다. 따라서 상태를 나타내는 형용사 범주로 (6ㄱ)과 (6ㄴ)을 통합하는 것보다는 구조적으로 다른 동사 범주로 설정하는 것이 마땅하다고 할 것이다. 왜냐하면 명제동사들은 개체를 대상으로 한 행위를 나타내는 일반 자동사나 타동사와는 달리 명제를 대상으로 하는 의미구조 특성을 나타내기 때문이다.

2.2.2 구문 특성

명제동사는 일반 개체 타동사나 자동사와는 달리 의미론적으로 명제를 대상으로 한다는 점을 앞서 설명하였다. 여기서는 명제를 범주화하는 명제동사의 논항 형태에 대해 살펴보기로 한다.

(23) ㄱ. 영이가 빵을 먹는다.

　　　ㄴ. 소녀가 살며시 웃는다.

위 (23ㄱ)은 전형적인 타동사 구문으로서 행위의 주체(영이)와 개체

대상인 '빵'이 동사(먹다)의 논항으로서 범주화되었고, (23ㄴ)은 전형적인 자동사 구문으로서 행위주체인 '소녀'만으로 논항이 범주화되었다. 이 문장들은 이들 논항이 실현됨으로써 동사가 요구하는 정보가 충족된다. 이들 동사들에 있어서 행위의 주체와 행위를 당하는 대상이 문의 정보를 충족시키기 위한 필수논항들이다. 경우에 따라서는 이들 문장이 수식구조를 삽입시켜 확대구조를 이룰 수도 있으나 그 경우에도 문이 성립하기 위한 필수적인 정보는 이들 논항들이 범주화됨으로써 성립한다.

(24) ㄷ. 해질 무렵 영이는 김이 모락모락 나는 갓 구운 빵을 맛있게
         냠냠거리며 먹는다.

발화자의 태도에 따라 얼마든지 문의 정보가 확장될 수 있으나, 위와 같은 구조에서도 '먹다'라는 동사의 어휘구조를 완성시키기 위해서는 '먹는 행위'를 할 수 있는 '유정성(+animate)'의 행위자와 먹히는 대상11), 즉 먹을 수 있는 목적어만이 필수적으로 요구되는 성분이다. 한 동사의 어휘구조 속에는 그 동사가 필요로 하는 논항의 수와 자질 등이 명세화되는데 그러한 구조가 동사에 따라 유형화된다. <먹다>는 개체를 대상으로 행위를 하는 동사로서 행위자와 행위의 개체대상을 범주화함으로써 문의 의미기능은 성공적으로 수행되며, <웃다>는 행

---

11) Jackendoff(1990:182)는 기본적으로 타동사 구문을 사역성(CAUSE)으로 범주화시키고 있다. 타동사 구문을 사역성으로 파악하는 것은 타동사의 두 논항, 즉, 행위자와 대상의 관계를 개념적으로 좀 더 강화시키기 위한 것이다. 즉, 타동사의 의미구조는 행위를 하는 주체와 그 행위의 영향을 입는 대상 간의 관계임을 명시하고 있다.

위의 주체만을 범주화함으로써 문의 정보가 이루어진다.[12]

종래 문법에서는 이처럼 동사가 행위의 주체와 행위의 대상인 개체를 대상으로 취하는 것을 타동사로, 행위의 주체만으로 문이 성립하는 것을 자동사로 분류해왔다. 그리고 동사가 취하는 개체의 의미적 속성은 동사의 구체적인 의미내용에 따른 선택제한으로 설명하였다. 그런데 명제동사는 이러한 기준만으로는 구조적인 설명을 할 수가 없다.

(25) ㄱ. 영이는 철수를 천재라고 간주한다.

ㄴ. 영이는 철수를 바보로 여긴다.

ㄷ. 영이는 김씨를 이중인격자라고 폭로했다.

위의 <간주하다>, <여기다>, <폭로하다>는 문장의 성분으로 내포절을 필수적으로 취해야하는 동사들이다. 위 동사들은 현재 사용되고 있는 사전에는[13] (25ㄱ)을 자동사로, (9ㄴ,ㄷ)은 타동사로 규정해놓고 있다. 그러나 이들 동사가 (23ㄱ,ㄴ)의 개체 타동사, 자동사들과는 구조적인 차이를 갖고 있음은 다음의 예문을 통해서도 명증된다.

(26) ㄱ. *영이는 간주했다.

ㄴ. *영이는 철수를 바란다.

---

12) 최호철(1993:269)에서는 <먹다>에 대해 두 개의 어소를 설정하고, <먹다1>는 '귀가 먹다'의 구문에 나타나는 의미로 쓰이는 것을 말하는데, 이에 대해 <<지정격(귀) /막히다>>로 설정한다. 본고와 관련된 것은 <먹다2>의 구조로서 이에 대해서는 <<작위격(사람) 피위격(음식) / 입을 통하여 뱃속으로 들여 보내다>>로 설정하고 있고, <웃다>에 대해서는 <<지정격(사람) / 소리를 내며 얼굴을 활짝 펴다>>로 설정하고 있다.

13) 김민수외 3인 편(1991). 「국어대사전」 금성출판사.

ㄷ. *영이는 김씨를 폭로했다.

<간주하다>동사를 <울다>와 같은 자동사의 범주로 보고 행위주체만으로 문을 구성하게 되면 (26ㄱ)과 같은 비문을 만든다. 또 <바라다>, <폭로하다>를 개체 타동사의 범주로 인식하고 위와 같이 문을 생성시키면 역시 비문이 된다. 이들 동사들은 일반 개체 자동사나 타동사와는 구조적으로 다른 논항을 취하고 있음을 알 수 있다. 이들 동사들은 명제를 범주화하는 절 논항을 취해야 하는 동사들이고, 절 논항이 필수적인 문 구성 성분이다.[14] 이는 단문에서 '되다, 아니다, 닮다,..' 등의 동사들이 보어를 필수적으로 취해야 하는 것과 같은 이치이다. 이를 명제동사의 <서술성>이라는 어휘자질로 설정하고자 한다. 명제동사는 개체동사들과는 달리 그 의미구조에 사태에 대한 서술이 필수적으로 요구되는 동사이다. 사태가 서술되기 위해서는 일정한 주·술 관계를 표현하는 서술양식이 필요하다. 이러한 서술양식은 시상 접미사와 함께 종결어미까지를 온전하게 보존하고 나타나는 완형보문과 그렇지 못한 불구보문으로 나누어진다.[15] 예를 들면 다음과 같은 경우이다.

---

14) 한 문장 안에서 어떤 성분이 필수적이냐 부가적이냐 하는 지위를 결정하는 일은 상당히 어려운 문제이다. 하나의 원리로 동사 전체의 필수성분을 결정할 수 있는 일반화를 이루기가 어렵다. 더군다나 국어처럼 이동이나 생략이 비교적 자유로운 언어에서 동사의 필수성분에 대한 논의는 더욱 어려운 점이 있다. 따라서 동사의 필수성에 대한 논의는 어휘 개별적으로 이루어져야 한다. 그러기 위해서 먼저 한 동사가 참여하는 구문구조의 유형에 대한 분석을 시도하고 거기에서 그 동사의 어휘구조를 추출한다. 추출된 동사의 어휘구조는 기본적으로 동사에 필요한 의미성분의 자질과 유형을 제시하게 된다. 이렇게 성립된 의미성분이 그 동사에 필수적인지 아닌지를 검증하기 위해서는 해당성분을 생략해 보았을 때 그 문장이 의미적으로 완전한지를 따져봄으로써 살펴볼 수 있다. 양정석(1992)에서도 이같은 점이 논의되었다.

(27) ㄱ. 나는 영이가 정직함을 믿는다.

ㄴ. 우리나라 국민이면 누구나 통일이 되기를 희망한다.

ㄷ. 나는 시험에 합격하기 위해 열심히 노력했다.

위의 구문은 상위 명제동사의 내포절이 모두 시상 어미와 문의 종결 어미가 생략된 {음}, {-기}, {-기 위해}와 같은 형태소로 나타나는 불구 보문을 형성하고 있다. 이 구조의 내포절에는 완결적인 서술어미가 나타나 있지는 않으나, 행위의 주체와 이를 서술하는 성분의 관계를 개념 화할 수 있는 형식을 이룬다. 내포절의 서술은 완형보문 구조에서는 더 욱 명확하게 나타난다.

(28) ㄱ. 나는 철수가 돌아왔다고 생각했다.

ㄴ. 갈릴레이는 지구가 돈다고 주장했다.

ㄷ. 영이는 철수를 사랑했었다고 고백했다.

위의 구문들은 내포절의 서술어가 시상 어미 뿐 아니라 서법 어미까 지도 모두 결합시킨 완형보문구조를 나타내고 있다. 불구보문이 다양 한 보문소를 결합시키는 데 비하여 완형보문은 {-고}가 유일한 보문소 로 결합된다. {-고}로 이끌리는 완형보문에서 내포절의 주체와 동사의 관계가 더욱 명확하게 서술된다.

그런데 명제동사의 내포절은 이처럼 항상 개체와 이를 서술하는 동 사가 모두 범주화되는 구조로만 나타나는 것은 아니다. 명제동사의 대

---

15) 보문의 형식을 완형보문과 불구보문으로 구분하여 정의한 것은 남기심((1973) 에 의한다. 여기서는 잠정적으로 그의 용어를 사용하기로 한다.

상논항이 다음과 같은 구조로도 실현된다.

(29) ㄱ. 나는 {지난 일을, 과거를, 그러한 선택을…} 후회했다.
　　 ㄴ. 그는 {그녀의 무죄를, 결백을, 지구의 자전을…} 주장했다.

위의 (29ㄱ)은 상위동사의 논항이 NP범주로 실현되어 있다. 여기에 실현된 명사들은 모두 사건이나 사태를 지시하는 명제명사들로서 수식 어구의 수식을 받음으로써 의미가 완전해진다. 이들 명제명사가 위의 구문과 같이 쓰였을 때는, 담화상의 전제된 발화가 없이는 완전한 의미를 전달하지 못한다. 즉, 담화가 이루어지는 문맥 안에서 이미 지시하는 내용이 무엇인지가 제시되어야 완전한 의미를 나타내는 문이 될 수 있다. 따라서 (29ㄱ)은 문장 차원의 의미구조에서는 완전한 의미를 나타내는 것이라고는 할 수 없다. <후회하다>가 명사 범주로 실현된 경우에도 수식절을 필수적으로 요구하는 명제명사로 실현된다는 점은 이 동사가 개체를 대상으로 하지 않고 명제를 대상으로 하고 있음을 의미한다. <후회하다>가 명제명사로 실현되는 경우를 제외하면 <후회하다>는 명제를 서술화시킨 내포절의 구조를 취한다. <후회하다>의 논항이 명제명사로 범주화된 경우나 내포절로 범주회된 경우나 모두 명제를 대상으로 하는 절 의미구조를 가진다는 점은 동일하다.

(29ㄴ)의 경우에서 명제동사의 문장 성분은 명사구로 실현되어 있다. 범주화된 내포성분은 구체적인 동사가 실현되어 있지 않으므로 절이라고는 할 수 없다. 그런데 의미구조에 있어서는 명사구와 절이 동일한 해석을 받는다. 즉, (29ㄴ)의 '그녀의 무죄'라는 내포 명사구는 주·술 관계를 보이는 것으로서 '그녀가 무죄이다'라는 내포절의 의미구조를 갖

는다. 이는 소유 관계나 단순한 수식을 나타내는 관형구조와는 다르다.
즉, (29ㄴ)은 주어와 서술어의 관계를 나타내는 명사구로서 서술어의
구체적인 동사가 생략된 구조이다. 그리고 이는 내포절로 범주화된 문
과 동일한 의미해석을 나타낸다.
　또 다음을 보자.

(30) ㄱ. 소대장은 부하들에게 {철수를} 명령했다.
　　　ㄴ. 시민들은 정부의 {식수환경 개선}을 요구했다.
　　　ㄷ. 영이는 철수에게 {보험해약}을 통지했다.

(31) ㄱ. 소대장은 부하들에게 {철수하라고} 명령했다.
　　　ㄴ. 시민들은 정부에게 {식수환경을 개선해 달라고} 요구했다
　　　ㄷ. 영이는 철수에게 {보험이 해약되었다고} 통지했다.

　(30)의 구조는 (31)의 구조에서 내포절의 동사가 생략된 구조로서 동
일한 의미내용을 이룬다. (30)의 구조에 대해 (31)의 구문과 같이 내포
된 구조의 동사를 복원시킬 수 있는 것은 상위동사의 의미특성이 내포
구조에 영향을 미치기 때문이다. (30ㄱ)은 상위동사 <명령하다>의 [+
명령]의 수행적 의미특성으로 인해 내포절의 동사가 '-하라'의 명령형
서법을 지닌 구문으로 복원될 수 있고, (30ㄴ)은 상위동사 <요구하다>
의 [+지시]적 의미특성으로 인해 (30ㄱ)과 마찬가지로 내포절이 '-하라'
의 명령의 서법을 지닌 절로 복원된다. 또 (30ㄷ)은 상위동사 <통지하
다>가 지니는 [+진술]적 의미특성으로 인해 내포절은 평서법의 '-다'
로 복원된다. 이러한 복원구조에 대한 예측은 문법적인 직관에 해당하

는 것으로서 결코 다음과 같은 예문으로 나타나지 않는다.

(32) ㄱ. *소대장은 부하들에게 철수하다고 명령했다.
    ㄴ. *시민들은 정부에게 식수환경을 개선해주다고 요구했다.
    ㄷ. *영이는 철수에게 보험이 만기되라고 통지했다.

따라서 명제동사의 논항이 명사범주로 나타났을 경우에도 상위동사의 의미자질에 따라 서법요소나 구체적인 동사까지도 복원할 수 있는 문법직관을 가지고 있다고 할 수 있다.[16]

그런데 상위동사가 <명령하다>나 <요구하다>와 같이 수행동사인 경우는 내포절의 논항이 동사로 복원되는 데는 변항이 작용하지 않는다. 이들 동사들은 내포절의 구조에 시제소나 양태소의 결합이 제약되므로 동사를 복원하는 과정에 시제와 양태의 결합여부로 인한 의미차이가 발생하지 않는다. 그러나, <통지하다>와 같은 [+진술성]을 나타내는 동사의 경우에는 내포절에 시제소나 양태소가 수의적으로 결합될 수 있으므로, 이 때 내포된 논항을 동사로 복원시키는 데에는 변항이 작용할 수 있다. 예를 들면 다음과 같은 경우이다.

(33) ㄱ. 영이는 철수에게 보험만기를 통지했다.
    ㄴ. 영이는 철수에게 보험이 만기되었다고 통지했다.

---

16) 명제동사의 내포논항이 구체적인 동사를 생략할 수 있는 경우는 범주화된 명사가 서술성 명사를 이루는 경우이다. 서술성 명사는 자체로 논항을 가질 수 있는 의미적 성격을 가지고 있는 명사범주를 말한다. 이들 서술성 명사는 의미적으로는 어떤 다른 뜻도 가지지 않는 기능동사류와 결합하여 복합술어를 이룸으로써 선행하는 논항에 의미역을 할당할 수 있는 통사적 자질을 갖게 된다.

ㄷ. 영이는 철수에게 보험이 만기될 것이라고 통지했다.

ㄹ. 영이는 철수에게 보험이 만기되겠다고 통지했다.

(33ㄱ)에 대해 복원가능한 구조는 (33ㄴ,ㄷ,ㄹ)과 같다. 이들 복원가능한 구조는 각각 '-었'-, '-을-', '-겠-'과 같은 시제소와 양태소가 결합될 수 있다. 그러나 이들 변환가능한 구조에 있어서 공통적으로 [보험 만기]라는 명제내용이 추출된다. 김민수(1983:131-132)에서는 문을 서술내용과 서술형식으로 구분하면서 서술내용은 객체의 사실을 나타내는 '명제'이고 서술양식은 주체의 표현을 나타낸다고 하였다.[17] 이러한 관점에서 볼 때 논항간의 의미는 '명제'에 해당하고 어미에 나타나는 시제나 상, 서법 요소는 서술양식에 해당한다. 이를 명제동사 구문에 적용시켜 보면 (33ㄱ,ㄴ,ㄷ,ㄹ)의 논항간의 의미인 [보험 만기]는 하나의 공통된 명제로 성립한 것이고 구체적인 시제소와 양태소의 결합은 주체의 표현 양식을 나타낸 것이라고 할 수 있다.

본고는 명제동사 구문을 살펴보면서 명제동사는 논항이 필수적으로 서술화되어야 하는 특성을 지니고 있으며 이를 [서술성]이라는 자질로 설정하였었다. 그러나 (33)의 구문을 통해 명제동사 구문은 내포절이 반드시 서술화되지 않고도 논항으로 범주화될 수 있음을 살펴보았다. 이 경우에 명사로 범주화된 논항의 의미구조는 내포절의 구조와 동일한 의미해석을 갖는 것이며 또 내포절로 복원될 수 있는 경우이다. 이

---

17) 김민수(1983:132)에는 서술작용은 서술의 내용을 현실과 연결시켜서 표현한다는 뜻이며 현실과 연결시킨다는 말은 객체의 표현인 서술내용을 주체의 표현인 서술양식에 의하여 가부간 낙착짓는다는 뜻이라고 밝히고 있다.
<u>소가 풀을 먹고 있 지 않았느냐?</u>
　　서술내용(事理)　　　서술양식

는 상위동사의 의미특성에 의해 논항들간의 의미관계가 예측되기 때문이다. 우리가 문법적인 직관에 의해 예측할 수 있는 것은 이들 논항들간의 의미관계, 즉 명제이다. 따라서 명제동사의 논항 특성을 필수적인 [명제성]으로 설정한다. 이 [명제성] 자질은 서술화된 내포절을[18] 이루는 것이 기본적인 형태지만 내포절의 동사가 예측가능한 의미구조일 경우는 서술성을 띤 명사로 실현되기도 한다. 그리고 이 때 복원할 수 있는 내포절의 구조는 상위동사의 유형에 따라 서법과 시제 양태 결합에 제약을 나타낸다.

또한 내포절의 보문소도 상위동사의 유형에 따라 다르게 결합되어 복원된다.

(34) ㄱ. 영이는 시험 합격을 원했다.

ㄴ. 철수는 자기의 무죄를 주장했다.

위 구문을 절의 구조로 서술화시켜 보면 결합될 수 있는 보문소의 제약이 나타난다.

(35) ㄱ. 영이는 시험에 {합격하기를, 합격할 것을, *합격함을} 원했다.

ㄴ. 철수는 자기가 {*무죄이기를, ?무죄인 것을, 무죄임을} 주장했다.

---

18) 여기서 본고는 명제동사의 내포절을 필수적 내포절이라고 명명하여 관형절과 같은 일반 수식절과 구분하기를 제안한다. 필수적 내포절로서의 구분은 명제동사와 같은 구문에서 내포절이 문장의 하나의 논항으로서 기능함을 명시하기 위함이다. 이와는 달리 관형절은 문의 확장구조에 따른 수식절로서의 기능이 주어질 뿐이다.

<원하다>에 결합되는 보문은 {-기}로 이끌리는 절이 가장 적절하며, <주장하다>에는 {-음}이 결합된다. 보문소의 결합은 상위동사의 의미적 특성과 각각의 보문소가 갖고 있는 고유한 의미자질과 선택제약적 관계를 이루기 때문이다. 특히 보문소 {-음}과 {-기}는 이러한 자질이 대립적인 양상을 나타내고 있으므로 동사결합에 있어 상보적인 제약관계를 보인다.

이러한 보문의 의미적인 특성과 제약관계를 절을 달리하여 논의하기로 한다. 특히 {-음}과 {-기}의 의미적 대립성을 중심으로 고찰할 것이다.

2.3 명제절의 특징

여기에서는 명제절의 구조에 대해 살펴본다. 먼저 명제절과 주절을 이어주는 통사장치인 보문소에 대해 고찰할 것이다. 보문소에 대한 연구는 주로 변형문법의 이론을 국어에 도입, 적용하는 과정에서 보문소 자체에 대한 연구보다는 보문법연구의 일환으로 보문소의 의미여부, 보문소의 통사적 자격, 보문소의 생성·도출 등이 다루어져 왔다.

이 각각의 문제는 아직도 잘 정리가 되지 않은 상태에서 논란의 여지를 남겨놓고 있다. 이홍배(1975)는 보문소 논의에서 문제되는 것을 다음과 같이 밝히고 있다. 「…우리나라 말에 NP complementation과 VP complementation이 둘 다 있는가, complement sentence는 어떤 head noun이나 Rosenboum이 한 것처럼 it와 유사한 것이 있으면서 NP의 지배를 받는가? 아니면 홀로 지배를 받는가? 또 complementizer를 심층구조에 넣어야 하는가 그렇지 않으면 변형규칙에 의해 삽입해야 하는가.

이 토론과정에서 남기심은 {-음}, {-기}, {-아/-어}, {-고}, {-게}, {-지}와 형식명사를 모두 보문소로 보고 있으며 이러한 보문소들 사이에 분명히 의미차이가 있다고 주장한다. 즉 보문소는 심층구조에서 주어져야 한다는 입장이다. 이와 같이 보문소를 심층구조에서부터 있었다고 주장하는 견해는 각 보문소들의 고유한 의미가 있다는 것을 전제로 하고 있다. 보문소를 기저에서 생성되는 것으로 보는 학자들은 양인석(1972), 남기심(1974), 박병수(1974), 성낙수(1976) 등이 있다. 이와 반대로 보문소가 변형부에서 삽입된다고 보는 견해가 이홍배(1970), 염선모(1975), 양동휘(1976)등의 논의로 이들은 보문소의 의미가 없다고 보는 것이다. 이 중 이홍배(1070)의 경우 보문소를 {-고}, {-것}, {-기}, {-어}, {-음}으로 설정하고 보문의 통사적 자격은 NP로 보문소의 생성도출은 변형부로 생각하고 있다. 그의 논의의 특이한 점은 수행문 분석(Performative analysis)의 개념을 도입하고 있다는 점이다.

보문소의 의미차이를 논의하는 자리에서 가장 주목을 받는 것은 보문소 {-음}과 {-기}의 의미차이에 관한 것이다. 이를 한번 살펴보기로 하자.

최현배(1961)에서는 일찌기 {-(음)ㅁ}을 제 1명사형으로서 움직임, 그것을 관념적으로 가리키는 이름꼴이라 하였고 특히 지시 명사형이라고 하였다. {-기}는 제 2명사형으로 둘째 이름꼴, 즉 움직임의 나아감을 가리키는 이름꼴로서 진행성 명사형이라 명명하였다. 장석진(1966)에서는 {-음}을 형식적 문어적·추상적·관념적·질적으로 {-기}를 비형식적·구어적·구체적·사실적·양적으로 의미특성을 규정하고 있고, 임홍빈(1974)에서는 {-음}과 {-기}를 오관을 통해 지각될 수 있는가의 여부로 구분하여 {-음}은 [+존재, +대상화], {-기}는 [-존재, -대상화]로 규정하

였다. 채완(1979)에서는 {-음}을 구체적이고 일회적인 사건에 {-기}를
계속적이고 반복적인 일반화된 개념에 그 범주를 설정했다. 양동휘
(1975)에서는 {-음}을 [+사실성]으로, {-기}를 [+기대성]으로 심재기
(1980)에서는 {-음}을 [+결정성], {-기}를 [-결정성]으로 규정하였고 권
재일(1982)에서는 {-음}을 [+결정성·+대상성]으로 {-기}를 [-결정성,-기
대성]으로, 홍종선(1983)에서는 {-음}을 원시국어의 {-m}에서 기원한
것이라고 하면서 그 의미를 현재라는 기저의미에서 출발한 [국시성, 순
간성, 당시성, 현장성]으로, {-기}를 비시제적 성격의 역사성에 근거하
여 현재의 상황을 나타내기보다 통시적 관점에서 동작이나 상태 그 자
체에 대한 단순한 명사화로 작용한다고 하였다. 이승욱(1989)에서는 {-
음}을 [완료적 선시성], {-기}를 [미완적 후시성]을 각각 그 의미자질로
하고 있다고 하였다.

　{-음}, {-기}에 관해 논의된 지금까지의 연구들을 정리하면 다음과
같다.

[표 1] : 보문소 {-음}, {-기}의 의미특성

연구목록	{-음}의 의미	{-기}의 의미
최현배(1965)	관념적·지시적 명사형	움직임·진행성 명사형
장석진(1966)	형식적·문어적·추상적·관념적·질적	비형식적·구어적·구체적·사실적·양적
임홍빈(1974)	+존재·+대상화	-존재·-대상화
채완(1979)	구체적·일회적 사건	계속적·반복적 개념
양동휘(1975)	+사실성	+기대성
심재기(1980)	+결정성	-결정성

연구목록	{-음}의 의미	{-기}의 의미
권재일(1982)	+결정성·+대상성	-결정성·-기대성
홍종선(1983)	시제성·현장성·순간성	비시제성 행위성
이승욱(1989)	완료적 선시성(先時性)	미완적 후시성(後時性)

지금까지의 보문소 {-음}과 {-기}의 의미차이에 대해 논의한 연구업적들을 종합해보면 두 가지의 계열로 나누어짐을 알 수 있다.

한 계열은 {-음}을 추상적이며 관념적인 것으로, {-기}를 구체적으로 보았으며, 다른 한 계열은 {-음}을 구체적 대상적인 것으로, {-기}를 관념적인 것으로 보고 있다. 똑같은 형태소를 가지고 이렇게 상반된 의미를 규정하게 되는 것은 무엇 때문일까? 그것은 논의된 {-음}, {-기}의 의미가 결합되는 상위동사에 따라 2차적으로 획득된 의미를 나타내기 때문일 것이다. 따라서 이러한 논의를 할 때, 어떤 한 형태소의 의미가 그 자체의 의미인지 아니면 다른 형태소와의 결합에서 얻어지는 2차적인 의미인지를 구별할 필요가 있을 것이다. 앞으로 기왕에 밝혀진 보문소의 의미를 잠정적으로 유보해 놓고 실제 예문에서 각 상위동사와의 제약관계를 통해 보문소의 의미를 규정하는 작업을 진행할 것이다.[19]

---

19) 상위동사와의 결합관계에서 보문소의 논의를 한 것으로는 권재일(1982)와 조일영(1984)가 있다. 특히 조일영(1984:33)에서는 보문소와 공기하는 상위동사를 다음과 같이 나타내고 있다.
　{-음}명사化 내포문에만 나타나는 동사
　 -1. 감각적 인지행위를 나타내는 동사(보다, 듣다, 느끼다)
　 -2. 인식적 인지행위의 동사(알다, 모르다, 인식하다)
　 -3. 단언성의 동사(말하다, 주장하다, 발표하다)
　 -4. 발견하다류의 행동동사
　 -5. 상태동사의 일부(유감이다, 사실이다...)

우리의 문법직관에 의하면 어떤 보문소가 어떤 동사와 더 공기하기 쉽
다면 거기에는 두 문법형태 사이에 결합을 유도하는 어떤 공통자질이
들어있다고 추측해 볼 수 있다. 따라서 {-음}, {-기}의 의미도 그러한
결합관계의 다양한 용례를 통해 귀납적으로 정리할 수 있을 것이다. 다
음 장에서 그러한 귀납적 논의를 통하여 {-음}, {-기}의 공통점과 차이
점을 논의해 보고자 한다.

　보문소에 관련된 문제 중의 하나는 보문소의 목록 선정에 관련된 문
제라고 생각된다. 무엇을 보문소로 설정할 것인가 하는 문제는 논의의
관점에 따라 대상으로 하는 형태소의 종류에 차이가 있다. 보문이란 상
위문의 한 성분을 의미적으로 보충하기 위해 삽입되는 내포구문이다.
문장이 그보다 상위의 주 문장(matrix sentence)에 연결될 때는 반드시 문
장 끝에 연결되기 위한 장치가 실현된다. 보문은 보문소의 실현을 통해
상위문에 명사구나 동사구의 한 성분의 의미형성에 관여한다.[20] 이때

　{-음}과 {-기}명사화 내포문에 모두 나타나는 상위동사
　　-1. 행동동사(기대하다, 바라다, 원하다, 기다리다, 권하다, 요구하다, 당부하
　　　　다, 자랑하다)
　　-2. 상태동사(특히 주관동사),일부의 행동동사(때문이다, 물론이다, 다행이다,
　　　　확실하다)
　{-기}명사화 내포문에만 쓰이는 상위동사
　　-1. 쉽다, 어렵다, 마련하다 등이 관용적 표현일 때
　　-2. 상위문 동사가 내포문 동사와 같을 때(하다'로 대치가 가능할 때)
　　-3. 강조의 의미일 때(가기는 간다, 오기는 온다 등의 예).

20) 조일영(1984:5-6)에서 제시된 보문소의 특성은 다음과 같다.
　　①보문과 주문을 연결한다.
　　②보문과 둘 이하의 종속부와 하나의 중심부로 된 동심구성을 이루어 그 뒤의
　　중심어를 꾸민다.
　　③보문소는 의미를 가지고 주문의 의미형성에 관여한다.
　　위의 ①은 보문의 내포적 속성을 ②는 보문이 보문소를 머리어(head noun)로 하
　　는 절 구성을 이룸을 ③은 보문소가 의미를 갖고 있음을 각각 설명하고 있다.

보문소의 범위를 어디까지로 정할 것인가가 학자마다 이견을 보인다. 앞서서 명제동사 구문을 논의하면서 보문을 구조화하는 데 있어서 다양한 어미들이 실현됨을 보았다. 보문소의 문법적 기능이 보문을 상위문에 연결하는 데 있다는 정의에 따르면 보문구조에 실현되었던 모든 어미가 보문소의 범주에 속한다. 그런데, 그러한 어미들의 형태론적 범주는 동일하지가 않다, 예를 들면, {-음}과 {-기}는 선행 구조를 명사 상당어구로 전환시키는 명사화 접사로서의 형태론적 위치를, {-것}은 관형절 수식을 통해 의미적 보충을 받는 명제명사와 같은 범주로서, {-고}는 완형 보문을 이끄는 인용조사의 성격을 가지고 있다. 또 다른 연결어미들은 부사형 어미들과 동일한 형태를 나타낸다. 이들 어미들은 각각의 형태론적 분석이 다르게 나타나지만, 통사적 기능의 공통성으로 볼 때, 보문소의 범위에 모두 포함시킬 수 있을 것이다. 다만 여기서는 보문의 구조에 나타나는 특수한 어미형태들은 다루지 않을 것이다, 동사에 따라 가장 보편적으로 나타나는 보문소 {-것}, {-기}, {-음}, {-고}를 중심으로 의미특성과 결합의 제약 관계를 상위동사의 의미특성과 관련하여 살펴볼 것이다.

2.4 명제명사

동사와 마찬가지로 명사 중에도 필수적으로 수식을 받아야 의미를 나타낼 수 있는 것들이 있다. 이들은 자립적인 의미기능이 없으므로 의존명사의 범주에 속할 것이나, 단독형을 이루고 있으므로 의존명사와는 구별된다.[21] 명제명사 구문은 다음과 같이 명제명사와 보문소로 이

---

21) 명제명사와 의존명사(불완전 명사)는 문장의 성분으로 쓰일 때 관형절의 수식

루어지는 문 구조를 이룬다.

(36) ㄱ. 나는 철수가 합격했다는 소식을 들었다.

　　 ㄴ. 영이와 철수가 결혼했다는 소문이 있다.

　　 ㄷ. 아무도 철수가 범인이라는 사실을 몰랐다.

위의 '소식', '소문', '사실'은 선행하는 관형절 구성의 수식을 받음으로써 문장의 의미를 나타낼 수 있는 명사들이다. 선행하는 수식성분이 없을 때 이들의 의미구조는 완전한 의미기능을 수행하지 못한다.

(37) ㄱ. *나는 소식을 들었다.

　　 ㄴ. *영이는 소문을 냈다.

　　 ㄷ. *아무도 사실을 몰랐다.

한 문장의 발화는 완결된 정보를 나타내야 되는데 위 (20)의 문장들은 앞의 전제된 의미내용이 없으면 의미가 완전하게 전달되지 못한다.

을 받음으로써 의미가 완전해질 수 있다는 공통점이 있다. 예를 들면 다음과 같은 구조이다.
　ㄱ. 나는 철수가 결혼했다는 소문을 들었다.
　ㄴ. 나는 철수가 결혼 할 줄 몰랐다.
위의 두 문장은 각각 명제명사 '소문'의 목적어로 쓰인 구조와 의존명사 '줄'이 목적어로 쓰인 구문의 구조이다. '소문'과 '줄'은 각각 문장 안에서 자립적인 의미기능을 하지 못하므로 반드시 관형절 구조를 이루어 쓰인다. 그런데 '소문', '소식' 등과 같은 명제명사는 자립형을 이루는 어휘항목으로 사전에 등재되어 있지만 '줄', '리' 등의 의존명사는 자립형을 이루지 못한다.

따라서 이들 명사는 필수적으로 선행하는 관형절의 수식을 받아 의미를 보충하게 된다. 명제명사로는 사실, 진실, 약점, 잘못, 불상사, 죄, 전력, 소식, 증거, 명제, 보도, 의견, 제안, 명령, 예상, 이유, 모습, 진의, 목적 등이 있다.

명제명사 구문이 관형절의 수식을 받아 의미를 보충한다는 점에서는 다음의 관계화 구조와 형태적으로 유사하다.

(38) ㄱ. 영이는 어제 자기 집에 온 아이를 만났다.

　　 ㄴ. 철수는 시를 사랑하는 사람에게 구혼했다.

　　 ㄷ. 나를 버리고 가시는 님은 십 리도 못가서 발병난다.

위의 예문들은 문장의 주어, 목적어, 처격어의 명사구 성분이 각각 그 앞에 이를 수식하는 관형절의 꾸밈을 받고 있다. 이들 구문은 앞서 다룬 (19)와 마찬가지로 [S [NP]]수식구조를 보인다. 이러한 구조적인 동일성에 의해 보문화와 관계화는 구분되지 않고 처리되었다.[22] 그러나 박영순(1985:85)에서도 지적하였듯이 관계화와 보문화는 몇 가지 특성에서 분명히 구분되는 범주이다.[23]

첫째, 관계절에는 심층구조에서 수식되는 NP와 동일한 NP가 들어

---

22) 권재일(1990:25)에서는 관계절과 보문이 두드러진 통사적 제약의 차이가 거의 없다면서 두 범주를 동일한 관형화 내포문으로 설정하고 있다.

23) 박영순(1985:86-87)에서는 국어 관계절의 구조적인 특징에 대해 자세히 고찰하고 있다. 국어는 수식하는 절이 수식을 받는 NP 앞에 놓이는 S-NP 구조의 언어로서 영어의 NP-S와는 대조되는 양상을 보인다고 하였다. 국어는 영어와 같은 관계대명사가 없고 대신 시제를 나타내는 형태소 '-는', 과거를 나타내는 '-던', 그리고 미래의 '-고'가 관계소 구실을 함을 지적하였다.

있다. 그러나 보문에는 동일한 NP가 없는 것이 대부분이다.

둘째, 관계절은 문의 확장구조에 의한 부가적인 수식절이지만 보문은 해당 NP의 의미기능을 보충하는 필수적 수식절이다. 따라서 관계절은 선행 수식구 없이도 NP의 의미기능이 완전한데 비해 보문의 NP는 완전 의미기능을 하지 못한다.

셋째, 관계절의 NP는 선행절과의 제약이 없으나 보문의 NP는 선행절과의 결합제약을 나타낸다.

국어는 영어의 관계대명사 구실을 하면서 삽입절을 모문의 성분으로 연결해 주는 것이 시제를 나타내는 형태소인데, '-은', '-는', '-을'의 세 가지를 설정할 수 있다.[24] 이들에 의해 삽입절은 모문에 연결될 뿐만 아니라 시제를 나타내게 된다. 그런데 이들 형태소가 관계절과 보문에서 보이는 결합제약 현상이 다르다. 결론부터 말하면 관계절 내에서는 이들 형태소들과 수식 받는 명사 결합에 제약이 없으나 보문에서는 결합되는 명사가 무엇이냐에 따라 결합제약이 나타난다.

(39) ㄱ. 영이는 자기 집에 {온, 오는 ,올} 아이를 만났다.

　　ㄴ. 나는 열심히 {공부한, 공부하는, 공부할} 학생을 찾는다.

　　ㄷ. 영이대신 철수가 모임에 {나갈,*나가는,*나간} 필요가 없다.

---

24) 관형화 내포문 어미는 학자에 따라 그 형태소가 약간씩 차이를 나타낸다. 본고는 권재일(1990:43)의 견해를 따른다. 이익섭(1983:271)에서는 '-는'을 '-느'와 '은'의 결합으로 분석함으로 독립적인 형태소로 인정하지 않지만, 현대국어에서 '-느-'는 더 이상 분석되지 않는 형태소로 처리함이 옳을 듯하다. 또 고영근(1983:147)과 박영순(1985:87)에서는 '-던'을 하나의 형태소로 설정하고 있는데, '-던'은 '-은'의 결합으로 처리한다. '-느-'와는 달리 현대국어에서도 '-더-'는 회상을 나타내는 시제어미로 쓰이고 있기 때문이다.

ㄹ. 영이가 그곳에 {간,*가는,*갈}동기는 밝혀지지 않았다.

위 (39ㄱ,ㄴ)는 관계절 구성으로서 수식하는 절과 수식 받는 명사 사이에 관계소의 결합제약은 나타나지 않는다. 그런데 이와는 달리, (39ㄷ,ㄹ)은 명제명사 구문으로서 관계소와 명제명사 '필요', '동기' 사이에는 분명한 결합제약이 보인다. 이처럼 명제명사가 그 앞의 선행되는 수식절의 구조에 제약을 나타내는 것은 명제명사가 가지고 있는 의미특성 때문이라고 하겠다.[25]

명제명사는 각각의 의미특성에 따라 전제하는 내용에 특색을 나타낸다. 강범모(1983:60)은 명제명사의 의미적 특성을 [서술성]과 [명제성]의 기준으로 구분하고 있다. 예를 들어 '행위, 광경'은 [+사실성]·[-명제성]의 자질을, '사실'은 [+사실성]·, [+명제성]의 자질을, '소문'에는 [-사실성]·[+명제성]을, '소문'에는 [0사실성]·[+명제성]으로 구분하고 있다.[26] 이들의 각기 다른 의미특성은 서술어 결합과의 제약을 나타내고 보문소 결합에도 제약을 나타낸다고 하였다.

---

25) 이익섭·임홍빈(1983:281)에서는 명제명사 구성이 관계구성과 비교하여 특히 그 명제명사가 불완전명사일 때 그 보문을 포함한 상위문에 대하여 일정한 문법적인 성분으로만 쓰이는 경향이 강할 뿐만 아니라 일정한 부류의 모문동사와만 어울리는 강한 경향을 가지고 있음을 논의하였다. 가령, '줄'이 이르는 보문이 목적어 구성으로만 쓰인다든지, 또 그것이 '알다', '모르다'와 같은 인식동사와만 공기한다든지 하는 것이 그것이다.

26) 강범모(1983)의 논의에서 [0사실성]은 보문소의 선택에 따라 사실성의 여부가 결정됨을 의미한다. 예를 들면 다음과 같다.
   ㄱ. 미국 대통령이 저격당했다는 소식을 들었다. [-사실성]
   ㄴ. 미국 대통령이 저격당한 소식을 들었다. [+사실성]

(40) ㄱ. {-는}만 취하여 사실보문을 가짐

　　 : 행위, 용기, 모양, 소리, 진의, 이유,...

　　ㄴ. {-는} 또는 ‘-고 하는’을 취하여 사실보문을 가짐

　　 : 사실, 진실, 약점,...

　　ㄷ. ‘-고 하는’만 취하여 비사실 보문을 가짐

　　 : 소문, 명제, 보도,...

　　ㄹ. {-는}과 함께 사실 보문 ,‘-고 하는’과 함께 양면성 보문을 가짐

　　 : 죄, 전력, 사건, 소식,...

　명제명사 구문이 그의 의미특성에 의해 이처럼 구문상의 결합제약 양상을 나타내는 것은 본고의 논의에서 살펴볼 명제동사 구문의 성격과 유사하다. 명제동사 구문도 상위 명제동사의 유형에 따라 내포절의 구조와 보문소의 결합에 제약을 나타낸다. 명제명사와 명제동사 구문에 대한 논의는 단순한 수식절이 아닌 성분절을 취하는 데 따른 의미적 통사적 제약이라 설명할 수 있다.

3. 명제동사의 어휘구조 특성 및 유형

3.1 명제동사의 논항구조 특성

　앞에서 명제동사의 어휘구조의 내용을 <서술성>, <명제성>의 특성으로 목록화하여 그 각각을 살펴보았다.

여기서는 이러한 어휘구조를 견지하는 동사의 목록을 제시하고 그 각각의 의미구조를 살펴보겠다. 명제동사의 어휘구조는 공통적으로 행위자와 행위 대상 행위의 내용 서술을 범주화할 것을 요구하지만 동사의 개별적인 의미자질에 따라 그들이 나타내는 문 구조는 조금씩 차이를 나타낸다. 문의 기본적 구조는 동사의 어휘구조가 지정하는 논항들의 의미역 관계에 의해 그 위치와 형태가 정해진다. 이러한 일반적 원칙에 따라 판단할 때, 명제동사로 지정된 많은 동사군들이 기본적으로 명제동사의 기본구조를 견지할 것으로 보인다.

그런데 명제동사의 구조화된 문장구조를 살펴보면 문장유형이 몇 갈래로 유형화할 수 있다. 명제동사의 개별 의미자질의 특성화가 서로 조금씩 차이 있는 구문구조를 실현시킨다. 이는 개별 동사들의 의미자질이 문장구조에 반영되고 있음을 보이는 증거라고 하겠다.[1] 다음은 그러한 동사들의 개별 의미자질을 중심으로 구문유형을 설정해보기로 하자. 특히 상위동사의 의미특성이 문 구조의 논항 설정에 어떻게 작용하여 구조화시키는가 하는 점을 먼저 살펴보고 또, 보문소의 결합제약이 상위동사의 의미와 혹은 내포절의 의미와 어떤 상관관계를 맺고 있는가 하는 점을 중심으로 문의 구조를 살펴보도록 한다.

---

1) 화자가 한 동사에 가지고 있는 인식을 범주화하여 명시한다는 것은 사실 어려운 작업이다. 언어인식이란 다분히 철학적, 심리학적인 대상으로 세세한 모든 영역까지 범주화시키기는 어렵다. 더군다나 개개인이 지니고 있는 언어인식을 대상으로 할 때는 범주화의 작업이 거의 불가능하다. 따라서 우리의 대상은 언제나 추상적이고 집단적이며 정적인 것만을 대상으로 한다.(이는 Saussure(1959:13)에서 언급된 이래, 공시 언어학의 대상으로 여겨지고 있다.) 동사에 대해 기술할 때도 그 동사에 대해 지니고 있는 언중들의 직관적인 의미구조에 관심을 갖는다. 특히 그 의미구조가 사태에 대한 화자의 인식을 표상한 문의 구조에 직접적인 영향을 미칠 때 그 의미구조는 매우 유의미한 것으로 간주된다.

3.1.1 [NP₁ [NP₂ [s- [V-다]]]] 형[2]

동사의 어휘구조를 설정하기 위한 구체적인 연구는 먼저 비문에 대한 원인을 밝히는 과정 속에서 이루어진다. 구조화된 문장이 우리의 직관상 적격하지 못한 것으로 판정되거나 무언가 부족하다고 느끼는 부분이 있다면, 그것에 대한 원인을 밝히고 또 보충되어야 할 성분이 무엇인지를 밝힌다. 이러한 작업을 통해 그 문에 필수적으로 포함되어야 할 성분이 무엇인지를 귀납할 수 있으리라고 본다.

동사마다 다양한 어휘구조는 일반화된 하나의 원리에 의해서 처리될 수 있는 대상이 아니다. 개개의 구조화된 문장 분석을 통해 귀납적으로 귀결해야 한다.

다음은 명제동사에 속하는 동사들의 구문구조를 제시한 예문들이다.

(1) 영이는 철수에게 [열심히 공부하라고] 설득했다.

(2) 어머니는 아이를 [버릇이 없다고] 나무라셨다.

(3) 회사는 철수에게 [시험에 합격하였음을] 통지하였다.

(4) 영이는 [자기는 잘못이 없다고] 주장하였다.

(5) [영이가 우승하는 것이] 확실하다.

(6) 나는 [영이와 결혼한 것을] 후회한다.

(7) 나는 [영이가 시험에 합격하기를] 바란다.

(8) 나는 [영이가 정직하다고] 믿는다.

위의 명제동사구문들은 상위동사의 의미특성에 따라 각기 다른 구

---

2) [NP₁]는 주어성분, [NP₂]는 목적어나 여격어, [v-]는 보문, [V-]는 상위동사를 각각 나타내는 기호이다.

문구조를 보이고 있다. 모두 보문을 취하고 있다는 점에서는 명제동사로서의 공통성을 유지하고 있으나 세부적인 논항의 성격과 의미역 구조에 차이를 보인다.[3]

위의 구문에 나타난 논항들의 의미관계는 해당 구문의 상위동사가 각 논항에 배당하는 의미역이 무엇인지를 살펴봄으로써 규명할 수 있을 것이다. 각 논항의 설정은 기본적으로 동사의 어휘구조에 따른 통사적 범주설정이다.

먼저 [NP₁ [NP₂ [s- [V-]]]] 유형에 속하는 동사들을 살펴보기로 하자.

이 동사유형이 속하는 동사로는 <설득하다>, <경고하다>, <보고하다>, <나무라다>, <약속하다>, <충고하다>, <명령하다>, <통지하다>, <통보하다> 등의 동사로서 모두 누가 누구에게 무엇을 전하였는가 하는 공통의 의미기능을 나타낸다. 따라서 이들 동사들은 행위를 하는 주체와 주체의 행위가 미치는 행위대상, 그리고 행위내용의 논항을 갖는다. 필요한 논항성분을 생략하였을 때는 다음과 같이 비문으로 생성되거나 문의 정보가 불충분한 문장으로 판정된다. 이 중 대표적인 몇 개의 동사를 중심으로 비문 검증을 해보도록 하자.

(9) ㄱ. *[영이는] [열심히 공부하라고] 충고했다.

ㄴ. *[영이는] [철수에게] 충고했다.

ㄷ. [영이는] [철수에게] [열심히 공부하라고] 충고했다.

---

3) 명제동사의 내포된 보문에 하나의 의미역(여기서는 Theme)을 할당할 수 있는 것은 보문의 범주적 자질을 [+N]으로 파악할 수 있기 때문이다. 보문이 명사적 성격을 띠고 있는 것은 여러가지 면에서 뒷받침될 수 있는데 여기서는 자세한 논의는 생략하겠다. 보문의 명사적 성격을 규정한 논의로는 홍종선(1986)과 고창수(1992), 김정대(1990)를 참고하기 바란다.

(10) ㄱ. ?[어머니는] [아이를] 나무라셨다.

　　　ㄴ. *[어머니는] [버릇이 없다고] 나무라셨다.

　　　ㄷ. [어머니는] [아이를] [버릇이 없다고] 나무라셨다.

　(9ㄱ)은 <충고하다>의 [행위대상]이 실현되지 않음으로써 의미적으로 불완전한 문장이 만들어졌고 (9ㄴ)은 [행위내용]이 구체적으로 실현되지 않음으로써 비문이 되었다. <충고하다>류의 동사구조에서는 [행위자]와 [행위대상], [행위내용]이 필수논항임을 알 수 있다. 이 세 논항의 범주화로 <설득하다>가 이루는 문의 정보가 완결된 (9ㄷ)은 적격한 것으로 보인다.

　<나무라다>의 구문도 [행위자]·[행위대상]·[행위내용]으로 어휘구조가 구성된다. 이러한 논항들이 통사적으로 실현되지 않으면, 이 또한 정보적으로 완전하지 못한 문장이 만들어진다. 위 (10ㄱ,ㄴ) 예문은 각각 <나무라다>의 설정된 논항 중에서 [행위내용]과 [행위대상]을 범주화하지 못한 구조이다. 두 구문 모두 의미론적으로 정보가 불충분하다는 것이 판정된다. 그러나 두 구문의 비문성에는 정도의 차이가 나타난다. 앞서 <설득하다>의 구문에서는 두 논항의 삭제가 비슷한 정도의 비문성을 초래하였다. 그런데 <나무라다>구문에서는 [행위내용]을 결여한 (10ㄴ)보다 [행위대상]이 결여된 (10ㄷ)이 훨씬 비문의 정도가 심한 것으로 보인다. 이를 논항들의 의미역 관계로 설명할 수 있을 것이다. 다음 절에서 이러한 문제를 자세히 개진하기로 한다. 여하튼, <나무라다>동사의 어휘구조는 기본적으로 [행위자]·[행위대상]·[행위내용]으로 구성되며 이들 논항의 정보로 문의 의미가 구성된다.

　<통지하다>도 문의 구조를 분석해보면 [행위자]·[행위대상]·[행위

내용]이 범주화된다. 이러한 세 개의 논항 설정이 타당한지는 다음의
예문 검증을 통해 알 수 있다.

(11) ㄱ. *[회사는] [영수에게] 통지하였다.
    ㄴ. *[회사는] [영수가 시험에 합격하였음을] 통지하였다.
    ㄷ. [회사는] [영수에게] [그가 시험에 합격하였음을] 통지하였다.

위 (11ㄱ)은 [행위내용]이 결여됨으로써 완전하지 못한 구문으로 생
성되었고 (11ㄴ)은 [행위대상]을 결여함으로써 문의 정보가 불충분하게
되었다. <통지하다>도 <누구에게>통지하였는지 또 <무엇을>통지하
였는지가 <통지하다>의 의미구조에 필수적으로 필요한 논항들이다.
<통지하다>도 [행위자]와 [행위대상]·[행위내용]이 필수적으로 요구되
는 동사임을 알 수 있다.

요컨대, NP₁이 NP₂에게 S_{comp} V-다 형의 구조를 보이는 명제동사들은
동사의 의미역 관계에 따라 구조의 유동성이 나타난다고 할 수 있다.
이를 다음 절에서 명제동사의 의미역 관계 논의를 통해 좀 더 상세하
게 살펴볼 필요가 있을 것이다.

3.1.2 [NP₁ [s-[V-다]]] 형

이 부류에 속하는 동사로는 <주장하다>, <후회하다>, <뉘우치
다>, <부정하다>, <우기다>, <생각하다₂>, <믿다>, <기대하다>,
<가정하다>, <간주하다>, <바라다>, <믿다₂> 등의 동사로서 사태에
대해 평가, 판단, 욕구 등을 나타낸다. 따라서 행위를 하는 주체와 사태

에 대한 평가의 내용을 담은 행위내용이 필수적 논항으로 설정된다. 몇
몇 동사를 중심으로 이들 동사구문의 의미구조를 살펴보도록 하자.

(12) ㄱ. *[영이는] [영수를, 약속을…] 주장하였다.

ㄴ. ?[영이는] [철수에게] [비행기가 빠르다고] 주장하였다.

ㄷ. *[영이는] [철수에게] 주장하였다.

ㄹ. [영이는] [비행기가 빠르다고] 주장하였다.

위 (12ㄱ)은 <주장하다>의 어휘구조가 일반 명사를 대상으로 성립
할 수 없음을 보이고 있다. 개체를 대상으로 하는 명사나 혹은 추상명
사라 하더라도 문의 구조로 실현되지 않으면 성립되지 못한다는 것을
보여준다.[4] 또 (12ㄴ)의 구조에서 볼 때, <주장하다>는 주장의 내용이
무엇인지가 의미구조의 중심을 이루는 데 반해 누구에게 주장하는 것
인가는 수의적인 정보일 뿐이며, 행위대상의 범주화는 오히려 문을 어
색하게 만들기도 함을 알 수 있다. 따라서 [행위자]와 [행위내용]만으로
범주화된 (12ㄹ)은 적격한 문을 이루나 [행위대상]만으로 구조화된 (12
ㄷ)은 비문이 생성되었다.
　　<생각하다₂>의 의미구조도 [행위자]·[행위내용][5]으로 논항 구조가

---

4) <주장하다>의 [행위내용]으로 설정되는 내포절이 때로는 문 범주가 아닌 명
　　사범주로서 문장해석을 받는 수가 있다. '영이는 철수(撤收)를 주장하였다'의
　　경우가 그것인데, 이 때 '철수'는 동사성 명사이기 때문에 가능한 일이다. 그런
　　데 '약속'은 명제명사로서 내용절의 보충을 받지 않으면, 그 자체만으로는 약
　　속의 내용이 무엇인지를 전혀 나타내지 못한다.

5) 본고에서는 보문의 내용이 행위적인 것인지, 상태적인 것인지에 대해서는 구분
　　하지 않는다. 이는 논항구조의 통합적인 유형 설정을 위한 것인데, 보문이 나
　　타내는 의미 차이는 의미역 관계를 논하는 자리에서 보다 세분화될 것이다.

이루어짐을 확인하도록 하자.

(13) ㄱ. [영이는] [철수를] 생각한다₁.
     ㄴ. [영이는] [철수가 정직하다고] 생각한다₂.
     ㄷ.*[영이는] [철수를] 생각한다₂.
     ㄹ. [영이는] [철수를ᵢ [tᵢ 정직하다고] 생각한다₂.

<생각하다>는 두 개의 어휘구조를 가지는 동사임을 살피고 이를 <생각하다₁>와 <생각하다₂>로 구분하여 설정하였다. (13ㄱ)은 행위주체가 개체대상을 '그리워하다'라는 의미를 나타낸다. 이를 <생각하다₁>의 구조를 설정하였다, 그러나 (13ㄴ)은 행위주체가 어떤 대상에 대한 판단이나 평가를 내리는 행위이므로 판단내용이 범주화되어야 한다. 이를 <생각하다₂>로 설정하였다. <생각하다>가 판단의 의미를 나타낼 때 개체대상을 범주화한 구조는 (13ㄷ)과 같이 비문성을 나타낸다. 그런데 <생각하다>는 내포절의 구조가 (13ㄹ)과 같이 변환된 구조로도 실현될 수 있다. 이러한 구조적 변환에 대해서 문법학자들 간에는 적잖은 논의가 있어왔다. 통사론적 관점에서는 (13ㄹ)의 구조에서 '철수'에게 격을 할당하는 격 부여자가 무엇인지에 대해, 또 (13ㄴ)이 (13ㄹ)처럼 변환생성 되는 현상에 대해 통사적인 원리로 설명하려고 했다. 그 중 하나의 방법으로 내포절의 주어가 상위문의 목적어로 인상되었다는 명사구의 이동으로 설명하려는 논의가 있었는가 하면, 기저 구조에 두개의 동일한 명사구를 설정하고 하나를 수의적으로 삭제하여 표면구조로 도출시킨다는 원리로 이를 설명하기도 하였다. 그리고 최근에는 이를 하위문에서 의미역을 할당받은 성분이 상위문에서 목적격을

할당받는 예외적 격표시 현상으로 설명하고 있다.6) 각각의 설명방법은 설명의 차이가 있기는 하지만 공통된 특성을 나타내는 것 같다. 위의 이동이 일어나는 환경이 보문의 서술어 자질에 의한 것임을 밝히고 있다. 보문의 서술어가 상태동사이거나 명사구 서술어일 경우에 내포절의 주어는 목적어로 수의적 실현이 가능하다. 이를 격여과(Case Filter)의 원리를 준수하는 범위 내에서 설명하자면 단순한 명사구 이동으로 설명하는 것보다는 예외적 격표시(Exceptional Case Marking, ECM) 현상으로 설명하는 것이 보다 설득력 있게 보인다. 일반적으로 하나의 모든 어휘적 명사구는 격을 받아야 하고 그것도 하나의 격만을 받아야 한다는 격여과 원리를7) 위반하지 않으려면 보문의 주어는 격을 받지 않는

---

6) 이를 기저구조에서 수의적인 탈락을 거쳐 상위절로 이동되었다고 보는 견해는 임홍빈(1979)와 이광호(1988)에서 나타난다. 이광호(1988:129-130)에서는 이에 대해 다음과 같이 설명하고 있다.
"상위문의 판단동사 '-고 믿는다'류에 내포되는 문장은 그 동사가 [+stative]자질을 갖추거나 서술 명사구일 때만 수의적 삭제가능한 목적어-주어 동지표문이 형성된다."
또 이를 주어-목적어 이동으로 보는 견해는 김영희(1985)에서 주목된다. 그는 '영희는 철수가 정직하다고 믿는다'를 기저구조로 보고 인상이 적용하여 '영희가 철수를 정직하다고 믿는다'의 구조로 생성됨을 논의하였다.
이 문제에 관련한 또 하나의 방향은 이를 예외적 격표시(ECM) 현상으로 다루려는 입장이다. 이는 김기화(1994), 시정곤(1994)에서 보인다. 김기화(1994)는 주어의 초점화 현상에 따른 주어 인상으로 처리하였고 시정곤(1994)에서는 보문의 주제어가 CP의 SPEC자리로 이동하였다고 보고, 보문(CP)의 SPEC 자리를 주어-목적어 인상을 위한 자리라고 하였다.
이들 각각에 대한 장단점의 논의는 고광주(1994)에서 자세히 개진되었다. 고광주(1994)는 동사의 비대격성(unaccsativity)으로 이러한 현상을 설명하고 있다. 그에 따르면 논항구조에서 상태성에 속하는 논항만을 갖는 비대격동사는 외재논항을 결여하고 있으므로 심층구조의 목적어가 대격을 배당받지 못하며 따라서 격여과를 위반하지 않기 위하여 CP의 SPEC자리로 이동한다고 하였다.

7) 한학성(1990), 『GB통사론』, 한신문화사, p65.

자리로 설정되어아 하고 이를 보문 서술어의 자질로 설정할 수 있다.
시정곤(1994:226)에서는 보문 서술어가 상태동사이거나 '-이다'일 때,
선행 명사구는 일반적으로 주제어로 실현됨을 보이고 따라서 격을 받
기 위해 보문의 SPEC자리로 이동하여 상위동사로부터 목적격을 할당
받는다고 하였다. 이러한 논의는 보문의 서술어가 상태동사나 '-이다'
로 실현되지 않았을 경우에는 보문의 주어 이동이 일어나지 않는 것으
로 논증된다고 할 것이다.

(14) ㄱ. [영이는] [철수가 뛰었다고] 생각했다.
ㄴ.*[영이는] [철수를] [tᵢ 뛰었다고] 생각했다.

(14ㄴ)은 보문의 서술어가 동작동사로 살현되었고 선행명사구는 주
격을 할당받으므로 이동이 일어날 수 없다.
<간주하다>의 논항구조에 대해서도 동일한 설명을 할 수 있다.

(15) ㄱ. [나는] [철수가 부자라고] 간주했다.
ㄴ. [나는] [철수를] [tᵢ 부자라고] 간주했다.
ㄷ.*[나는] [철수를] 간주했다,
ㄹ. [나는] [철수를] [tᵢ [ti부자로] 간주했다.
ㅁ.*[나는] [철수가 부자로] 간주했다.

<간주하다>의 경우도 논항구조는 [행위자]와 [행위대상]으로 구조
화된다. (16ㄷ)이 비문으로 생성된 것은 행위내용에 대한 서술이 이루
어지지 않았기 때문이다. 그런데 이 경우에 내포절의 서술어는 부사어

화하기도 하는데 (16ㄹ)의 구조는 이를 보여준다. 그러나 이 때의 부사
어화는 보문의 주어가 목적어로 이동을 한 후에 이루어질 수 있다.[8] 보
문의 주어가 이동을 하지 않은 절 내에서 서술어는 부사어화 할 수 없
는데 (15ㅁ)의 비문성은 이러한 결과이다.

<후회하다>의 논항구조를 살펴보기로 하자. <후회하다>는 행위의
주체와 대상이 되는 후회의 내용, 즉 행위내용으로 의미구조가 실현된다.

(16) ㄱ. [나는] [영이와 다툰 것을] 후회하였다.

ㄴ.*[나는] [영이를] 후회하였다.

ㄷ. [나는] [내가 너무 고지식한 것을] 후회하였다.

ㄹ.*[나는] [나를ᵢ [tᵢ 너무 고지식한 것을] 후회하였다.

(16ㄱ)은 행위의 주체와 보문으로 범주화된 행위내용이 범주화됨으
로써 문의 의미구조가 충족되었다. 그러나 (16ㄴ)은 <후회하다>동사가
내용절이 아닌 개체명사구가 왔을 때는 의미적으로 충족되지 않음을
보인다. (16ㄷ)과 (16ㄹ)의 관계는 <후회하다>의 경우 보문 내의 주어-
목적어 이동이 일어나지 못함을 의미한다. 내포절의 주어-목적어 상승
은 보문의 구조가 완형보문인 경우에 한정되어 일어난다. 일반적으로
{-고}는 사실성을 나타내는 동사의 보문구조로는 쓰일 수 없는 것으로

---

8) 김영희(1988:152-153)에서는 보문의 서술어가 상위동사의 의미적 특성에 따라
 제약성을 나타낸다고 하였다. 적극적 단언성을 나태내는 <주장하다>류 동사
 의 경우는 보문의 서술어가 부사화되기에 적합하지 않으나 <생각하다>류와
 같은 소극적 단언성의 경우 보문의 서술어는 수의적으로 부사어화할 수 있음
 을 논의하였다. 이 때의 부사어는 다른 부사어들에서 보이는 이동성이 전혀 없
 으며 생략 또한 불가능한 필수성분임을 논의하였다. 전자를 양상 부사어로, 후
 자를 판단 부사어로 구분하였다.

보인다.

그러나 <후회하다>와 같은 사실성 명제동사에서도 {-고}보문을 설정할 수 가 있는데, 다음과 같은 구조가 그 예이다.

(17) [나는] [내가 너무 고지식한 것이ᵢ [tᵢ 어리석었다고] 후회하였다.

<후회하다>도 사태에 대한 평가판단의 행위를 수행하는 언어행위로서 개념구조상 판단의 {-고}보문을 형성할 수 있으나, 이의 통사적인 실현은 수의적 성격을 띤다.9) 그리고 (17)의 경우 다음과 같이 구조변환이 가능하다.

(18) [나는] [내가 너무 고지식한 것을ᵢ] [tᵢ어리석었다고] 후회하였다.

이 경우 이동이 되는 성분은 명사구가 아니라 절 전체 성분이다. 이러한 결과를 통해 명제동사의 내포절이 명사구와 같은 범주로서 논항적 성격을 가지고 있음을 알 수 있다.

<바라다>동사의 논항구조 검증을 해보자. <바라다>는 아직 일어나지 않은 사태를 대상으로 주체의 욕구를 표현하는 동사이다. 여기서도 행위주체와 <욕구>의 내용인 [행위내용]절이 필수적인 논항이다.

___

9) 본고는 기본적으로 동사의 의미구조를 Jackendoff(1990)의 논의에 의거하여 설정한다. 그에 의하면 동사의 개념구조는 통사적인 하위범주화 자질뿐만 아니라 추론적(inference) 의미에서 나타낼 수 있는 자질까지도 포함시킨다. 따라서 기존의 논의에서 동사의 의미해석에는 꼭 필요한 성분이면서도 논항으로 설정하지 못했던 성분들에 대해 구조적으로 범주화할 수 있는 체계를 형성하였다.

(19) ㄱ. [나는] [예희가 건강하기를] 바란다.

　　ㄴ.*[나는] [{예희를, 빵을, 돈을}] 바란다.

(19ㄱ)은 <바라다>의 의미구조가 행위주체와 행위내용의 범주화로써 완결된 정보를 나타낼 수 있음을 보인다. (19ㄴ)은 일반 개체명사구를 대상으로 취하지 않음을 보인다. 뿐만 아니라 <바라다>동사는 {-고}보문으로 구조화되지 않는다. 이에 대해 의미역 구조에서 상세하게 살펴볼 것이다.

요컨대, [NP₁ [s-[V-다]]] 구성을 보이는 동사는 다시 그들이 결합하는 동사의 의미역 관계와 내포절의 결합구조에 따라 몇 가지의 유형으로 설정될 수 있을 것이다. 크게는 <생각하다₂>류, <후회하다>류, <바라다>류로 구분할 수 있을 것이다. 이를 의미역 관계에서 좀 더 상세하게 논의하도록 하겠다.

3.1.3 [s-[V-다]] 형

[행위내용]절만을 범주화시킴으로써 의미구조가 이루어지는 동사로는 <확실하다>, <유감이다>, <어렵다₂>, <당연하다>가 해당한다. 이들 동사는 주어성분만을 취하는 동사들인데 이때의 주어는 개체명사구로 범주화되지 않고 절 성분만이 올 수 있다. 이는 이들 동사들이 개체의 속성을 나타내는 것이 아니라 사태를 대상으로 한 화자의 평가와 판단 행위를 수행하기 때문이다.

(20) ㄱ. *[영이는] 확실하다

　ㄴ. *[철수는] 당연하다.

　ㄷ.　[영이가 우승하는 것은] {확실하다, 당연하다……}

　(20ㄱ)은 <확실하다>가 개체 명사를 대상으로 할 수 없음을 나타내고, 마찬가지로 (20ㄴ)은 <당연하다>가 개체를 대상으로 문장을 이룰 수 없음을 보인다.

　그러나 다음과 같이 절이 아닌 구조로도 문장이 이루어지는 경우가 있다.

　(21) [영이의 우승]은 확실하다.

　이는 내포절의 명사가 동사성 명사인 경우에 한하여 명사는 동사와 결합하지 않고도 서술적인 의미를 나타낼수 있다. (21)을 (20ㄷ)과 동일한 의미구조를 나타내는 것으로 본다.

　지금까지 명제동사의 어휘구조를 유형별로 살펴 보았다. 각 유형의 대표적인 동사구문을 중심으로 논항설정의 타당성을 검증하였다. 명제동사라고 무리지어지는 일련의 동사들이 공통적으로 보이는 특성은 문의 한 성분으로 절을 취한다는 데 있다. 동사에 따라서 문의 구조에 [행위대상]과 [행위내용]이 필수적으로 나타나야 하는 경우가 있는가 하면 [행위내용]만으로 문의 정보적 역활을 완수시키는 경우도 있었다. 이러한 개별적인 문 구조의 차이는 각 동사가 갖고 있는 개별적인 의미자질에 기인한다. 다음은 이러한 동사의 개별적인 의미차이가 논항구조의 의미역 관계에서는 어떻게 나타는지를 살펴보고, 이를 문의 구조적 제약과 관련시켜 보도록 하자.

3.2 논항의 의미역 구조 유형

　명제동사는 필수적으로 취하는 논항의 수에 따라 세 가지의 유형으로 설정되었던 바, [행위자], [행위대상], [행위내용]을 취하는 3항 동사류와 [행위자], [행위대상]의 두 개의 논항만을 취하는 동사류와 [행위내용]만으로 의미구조를 이루는 1항 동사류가 있었다. 이들 동사들은 공통의 논항구조를 가지고 있으면서도 구조화되는 문장의 특성에서는 개별적인 차이를 나타내고 있다. 논항들의 의미역 관계, 내포절의 결합 양상, 내포절의 의미해석에 있어서 동사의 구체적인 의미특성이 긴밀하게 관련되어 있음을 암시받았다. 여기에서는 이러한 보다 의미적인 특성들이 통사구조와 관련되는 모습을 살펴보려고 한다.

　먼저 논항구조에서 3항 동사류로 분류되었던 동사들을 대상으로 논의를 진행시키기로 하자. 명제동사군에서 3항 동사류는 의미역 관계와 내포절의 의미구조 차이를 기준으로 <설득하다>류와 <나무라다>류, <통지하다>류로 구분할 수 있다. 논의의 편의상 분류에 대한 타당성은 분류된 각 동사유형의 특성을 고찰해 나가는 과정에서 다시 살피기로 한다.

3.2.1 [[행위격] [수행격] [대상격]] 형

　<설득하다>는 행위주체가 부적절한 것이라고 판단하는 사태나 행위에 대하여 행위대상자로 하여금 개선 또는 시정하도록 지시하는 언어행위이다. 이 때 행위대상자는 사태나 행위에 직접적으로 관련된 사람으로서 사태 개선을 할 능력이 있다고 믿어지는 사람이다. 이러한 발화가 이루어지기 위해서는 [행위자]와 [행위대상] 그리고 [행위내용]이 필수적이다. 그리고 이들 논항에는 [행위격]·[수행격]·[대상격]이 할당

된다.

이들의 의미관계는 행위내용을 나타내는 내포절의 주어가 상위문 (matrix sentence)의 목적어와 동일지표되는 관계를 이룬다. 이러한 논항들의 의미역 관계는 내포절의 주어가 공범주인 PRO로 설정될 수 있다.

(22) [영이는$_i$] [철수에게$_j$] [PRO$_j$ 열심히 공부하도록] 설득했다.

위의 구조에서 내포절의 공범주 주어를 '그'로 삽입시켜 보면, '그'와 '철수'가 서로 동일지표됨으로써 자연스러운 해석을 받는다.

(23) [영이는$_i$] [철수에게$_j$] [PRO$_j$ 열심히 공부하도록] 설득했다.[10]

그런데 위 구조에서 상위문의 목적어를 생략하여 나타내면 문의 의미는 완전하지 못하게 된다.

(24) *[영이는$_i$] [PRO$_j$ 열심히 공부하도록] 설득했다.

위의 문장은 [행위대상]으로서의 '철수를' 또는 '철수에게'가 삭제되고 [행위내용]을 나타내는 내포절로만 구조화시켜 본 문장이다. <설득

---

10) 이는 촘스키의 결속조건 B (대명사는 그것의 지배범주안에서 자유로와야 한다)를 만족하고 있다. 지배범주(governing category)의 정의는 다음과 같다:(Haegeman 1991:31):
A에 대한 지배범주는 A와 그것의 지배자, 그리고 접근 가능한 주어(Accessible subject)/대주어(SUBJECT)를 포함하는 최소영역이다. 여기서는 내포절이 최소의 지배범주가 된다. 따라서 대명사 {그}는 이 지배범주 밖에서 선행사와 동지표되고 있으므로 결속조건을 만족시킨다.

하다> 동사의 의미적 자질에서 [행위대상]과 [행위내용]은 둘 다 명시적으로 범주화될 때 비로소 문의 해석이 자연스러워진다.

또 내포절의 주어를 상위문의 목적어와 다른 대상으로 삽입시켰을 때도 문의 해석은 자연스럽지 못하게 된다.

(25) *[영이는$_i$] [철수에게$_j$] [민호가$_k$ 열심히 공부하도록] 설득했다.

이는 설득당하는 사람과 구체적인 내포절의 행위를 수행하는 사람이 서로 다른 사람으로 설정되어 있다. 말하자면 '영이'는 '철수'를 설득하여 '민호'가 공부하도록 만든다는 의미구조인데 논리적인 의미해석이 어렵다. 화용적으로 그러한 문맥의 상정이 가능한 경우(예를 들어, '민호'가 누구의 말도 듣지 않고 오직 '철수'의 충고만 수용하는 경우와 같은 상황일 때)라고 하더라도 이러한 문의 구조로는 그 의미가 전달될 수가 없다. 이 때는 다음과 같이 문이 변환되어야 할 것이다.

(26) [영이는$_i$] [철수에게$_j$] [민호가$_k$ 열심히 공부하도록] [PRO$_j$충고하라고] 설득했다.

위의 의미구조는 공부하는 주체는 '민호'지만, 그 일을 하게 만드는 이는 '철수'이고 또 '철수'에게 그러한 일을 하도록 만드는 이는 '영이'이다. 결국 이 구조는 내포절이 두개 삽입된 구조를 보인다. 그렇지만 이 구조에서도 설득을 당하는 대상은 '철수'이고 또 <설득하다>의 직접지배를 받는 동사 <충고하다>의 주체는 '철수'로서 동일인임에 틀림이 없다. 따라서 <설득하다>의 구문에서 상위문의 목적어와 내포절의 주어는 동일지시되는 의미관계를 맺고 있음을 알 수 있다.

<설득하다>의 구문은 다음과 같이 변환구조를 이룰 수도 있다.

(27) ㄱ. 영이는 철수를 열심히 공부하도록 설득했다.

　　　ㄴ. 영이는 철수에게 열심히 공부하라고 설득했다.

위의 변환구조는 [행위대상]이 '철수에게'로 실현되기도 하고 '철수를'로 실현되기도 하였다. 통사적 표지 실현이 무엇이든지 논항의 기본적인 의미역관계는 변화되지 않는다. 즉, 통사적 격표지에 상관없이 '철수'는 상위동사의 어휘구조에서 수행격을 받고 있다. 그리고 내포절 어미 '-도록'이나 '-하라고'는 모두 행위의 수반을 나타내는 어미로써 <설득하다>의 의미구조를 명시한다.

요컨대, <설득하다>는 [행위자]와 [행위대상], [행위내용]이 모두 범주화하여야 의미적으로 정보가 충족되는 3항 술어이다. 또 설정된 논항들의 의미역 관계는 매우 긴밀하다. [행위대상]은 상위 명제동사로부터 [수행격]을 받고 있고 [행위내용]은 내포절 전체에 [대상격]을 받는다.

이 부류의 동사에는 <호소하다>, <충고하다>, <이르다>, <타이르다>, <부탁하다>, <지시하다>, <명령하다>, <말하다₂>, <만류하다>, <요청하다>, <요구하다>, <빌다>, <허락하다>, <권하다> 등이 있다.

3.2.2 [[행위격] [대상격] [원인격]] 형

<나무라다>류 동사도 <설득하다>류와 같은 [행위자] [행위대상]

[행위내용]으로 구조화된 논항을 취한다. <나무라다>는 행위대상이 잘못된 행위나 일을 한 것에 대하여 비난하는 언어행위이다. 따라서 이 동사의 의미구조가 완전하게 실현되려면 <나무람>의 행위를 하는 주체와, 행위가 미치는 대상, 그리고 <나무람>의 구체적인 행위내용이 명시되어야 한다. 그런데 설정된 논항들의 의미관계는 <설득하다>류의 동사구조에서 보이는 그것과는 차이가 난다. <설득하다>류는 행위의 대상이 직접적으로 그의 행동이나 생각을 변화시키는 데 참여하도록 영향을 미치는 것인데 반하여 <나무라다>류의 동사 의미구조는 이미 일어난 행위로 인한 결과로 대상을 나무라는 것이다. 즉 어떤 잘못을 저질렀기 때문에 누구를 나무라는 의미구조이다. 여기서 [행위대상]은 <나무라다>로 부터 [대상격]을 받고 [행위내용]은 [원인격]을 할당받는다.[11]

　[대상격]은 논항위계에서 상위에 속하지만 [원인격]은 이보다는 하위 의미격이다. 상위의 의미격은 하위의 의미격보다 동사구조에 더 긴밀한 성분이다. <나무라다>의 문장구조에서 보면, <나무람>의 대상은 동사구조에서 보다 중요한 논항이 되고, 행위의 원인이 되는 내포절의 명제내용은 보다 부차적인 성분이라고 할 수 있다. 이같은 논항간의 계층관계는 문장의 구문구조에도 영향을 미친다.[12]

---

11) <나무라다>류의 동사 의미역 구조에서 [행위내용]이 동사로부터 원인격을 받는다는 점은 다음의 변환구조를 통해서도 확인된다.
　　ㄱ. 선생님은 철수를 늦게 왔다고 나무라셨다.
　　ㄴ. 선생님은 철수더러 왜 늦었느냐고 나무라셨다.
　위의 ㄱ은 <나무라다>류 동사의 기본 문 구조인데 이를 수사적으로 표현하면 ㄴ과 같은 구조를 생성시킬 수 있다. 이를 보면 보문의 [행위내용] <나무람>의 원인이 됨을 알 수 있다.

12) 의미역 위계는 Jackendoff(1972:43)에서 제안되었다. 그의 제안에 따르면 논항구

(28) ㄱ. [어머니는] [아이를ᵢ] [PROᵢ 버릇이 없다고] 나무라셨다.

ㄴ. [어머니는] [아이를] 나무라셨다.

위의 (28ㄱ)은 <나무라다>의 기본적인 문 구조이다. 여기에서 (28
ㄴ)은 [행위내용]을 삭제하여 [행위대상]만으로 구조화시켜 본 것이다.
이 문장은 <나무람>의 의미내용이 구체적으로 제시되고 있지는 않으
나 <나무라다>의 동사 자체에 전제된 의미를 상정할 수 있다. 일반적
으로 <나무라다>는 잘못된 행위나 일에 대한 질책행위이므로 그 내용
의 구체적인 것은 어휘화를 통하여 알 수 있지만 잠재논항으로13) 나타
나더라도 그 함의된 내용은 짐작할 수 있다. 즉, <나무라다>는 그의
의미구조에 [잘못된 행위나 일]을 [행위대상]으로 하여금 고치도록 하
는 의미구조를 이루고 있으므로, 이미 <나무라다>동사의 추론적
(inference) 개념구조 속에 [행위내용]에 대한 암시가 내포되어 있다고 할
것이다. 따라서 다음과 같은 문장은 <나무라다>의 의미구조에 어긋나
는 문장이 될 것이다.

(29) *[어머니는] [나를] [잘했다고] 나무라셨다.

조란 특정한 의미역에 대한 정보가 아니라 논항들의 상대적인 우위성
(prominence)에 대한 정보를 나타내는 것이다.

13) 양정석(1992)에서는 개별동사들의 어휘구조를 분석하기 위해서는 항상 그 동사
어휘가 참여하는 구문구조의 유형에 대한 분석을 우선적으로 선행해야 한다고
하고 있다. 즉 해당 동사와 관련된 문장의 통사적 특징을 먼저 분석하고 거기
에서 어휘구조를 추출하여야 한다는 입장을 견지하고 있다. 본고에서도 명제
동사의 어휘구조를 유형화하는데 있어 문장의 구조분석을 우선적으로 수행하
였다.

위의 문장은 동사가 가지고 있는 추론적 함의내용과 행위내용절의 의미내용이 서로 모순되는 의미적 결과를 가져오므로 올바른 문장으로 성립되지 못한다. 이처럼 동사의 통사구조는 통사적 어휘자질 뿐만 아니라 추론적 자질까지도 긴밀하게 관련되어 제약을 미친다.

완전한 정보의 충족성이라는 관점에서 보면, 위 (28ㄱ)의 예문은 행위의 대상과 행위의 의미내용이 모두 어휘화된 구조보다는 충족성의 정도가 낮다. 그러나 다음 (29)의 경우보다는 충족도가 높다고 하겠다.[14]

(29´) *[어머니는ⱼ] [PROⱼ 잘못했다고] 나무라셨다.

위의 예문은 <나무람>의 대상이 결여되어 있고 내포절만 나타난 경우이다. '철수'는 동사로부터 대상 의미역을 받고 있고 내포절은 원인 의미역을 받고 있다. 의미역의 계층성으로 볼 때, 대상 의미역은 원인 의미역 보다 우위에 있는 성분이다. 상위 의미역 성분은 동사의 어휘구조에서 하위의 의미역 성분보다 더 필수적인 성분이다. 따라서 상

---

14) 술어의 논항구조는 자체의 내적 구조를 가지며 그것은 여러 방법으로 술어의 문법적 행동에 영향을 미친다는 논항구조의 우위성 이론(prominence theory)을 문의 비문성을 설명하는 데 적용할 수 있다. 만약 동사가 의미역 x,y,z …ⱼ를 결정한다면 의미역 계층에서의 최하위 의미역이 성분 구조에서의 최상위 논항에 연결되고 최하위 의미역은 최하위 논항에 연결된다. 의미역의 위계는 그 동사의 어휘구조와 상적 특성에 의해 계층이 정해진다. 즉 동사의 의미특성으로부터 도출되는 것이다. 따라서 동사의 의미에서 가장 두드러진 것이 가장 우위의 의미역을 받게 된다. 이는 문 구조에서 가장 우위의 의미역이 어휘화하지 않을 때 더 하위의 의미역이 어휘화하지 않는 것 보다 더 큰 비문성을 초래한다는 해석을 내릴 수 있다. 이같은 논의는 Jackendoff(1990)에서도 언급되었다. 논항들의 의미역 위계에 대해서는 학자들마다 조금씩 다르긴 하지만 대체적으로 외재 논항인 행위자(agent)를 최우위에 설정하고 그 다음은 경험자(experiencer), 도착점(goal), 대상(theme)의 순서를 정하고 있다.

위에 있는 의미역 성분이 문 구조에서 어휘화하지 않았을 때는 하위의 의미역 성분이 어휘화하지 않은 경우보다 의미의 불완전성이 심하다고 할 것이다.

요컨대, <나무라다>류의 동사는 [행위격] [대상격] [원인격]으로 의미역 관계가 이루어진다. 이 부류의 동사로는 <다그치다>, <말하다 ₂>, <놀리다>, <깔보다>, <꺼리다>, <부추기다> 등이 있다.

3.2.3 [[행위격] [도달격] [대상격]] 형

<통지하다>는 행위주체자가 어떤 정보나 소식을 대상자에게 전달하는 언어행위로서 전달자인 [행위주체]와 전달을 받는 [행위대상], 그리고 전달하는 정보나 소식을 범주화한 [행위내용]이 필수적이다. 이 동사도 앞서 논의한 <설득하다>류나 <나무라다>류와 동일한 3항 술어 명제동사이다. 그러나 이들 설정된 논항간의 의미역 관계가 앞의 두 경우와는 또 다른 양상을 보여준다.

<통지하다>는 대상자는 정보나 소식을 전달 받는 행위대상은 상위동사로부터 [도달격]을 받고 [행위내용]은 상위동사의 [대상]으로서의 의미격을 받는다. 이 두 논항 간의 의미관계는 앞의 두 동사류와는 달리 상호 의미적인 긴밀함이 적다. 통지를 받는 대상인 [행위대상]과 [행위내용]의 참여자, 혹은 경험자로서 그 행위를 직접 실행한 사람이라는 의미적인 제약성이 없다. [행위대상]이 [행위내용]의 직접적인 수행자가 아닌 경우에도 그에게 정보전달이 이루어질 수 있다, 이는 앞서 살펴본 <설득하다>나 <나무라다>류 동사가 [행위대상]과 [행위내용]이 주-술 관계로서 밀접한 의미적 관계를 보이는 것과는 비교가 된다. 따

라서 <통지하다>구문에서 통지를 받는 대상은 임의적으로 선택될 수 있다. 다음의 변환구조는 이러한 의미적 특성을 설명해 준다.

(30) ㄱ. [회사는] [철수에게ᵢ] [PROᵢ 시험에 합격했다고] 통지했다.
　　 ㄴ. [회사는] [민호에게ⱼ] [철수가ᵢ 시험에 합격했다고] 통지했다.
　　 ㄷ. *[회사는] [철수가 시험에 합격했다고] 통지했다.
　　 ㄹ. *[회사는] [철수에게] 통지했다.

　<통지하다>의 구문은 기본적으로 (30ㄱ)과 같이 정보를 전달받는 대상이 처격어로 실현되고 정보내용은 대격형으로 실현되는 구조를 갖는다. 그리고 내포절의주어가 보이지 않는 주어인 PRO로 설정되었을 때 상위절의 목적어 NP와 동일지시 관계를 맺음으로써 자연스러운 의미해석을 받는다. 그런데, 이러한 통제관계가 필수적인 현상이 아니므로 (30ㄴ)과 같이 내포절의 PRO위치에 다른 어휘적 명사구가 출현할 수도 있다. 이 경우 내포절의 주어와 상위문의 목적어는 동일지시 되지 않는다. 즉, 시험에 합격한 사람은 '철수'이지만 그러한 정보를 전달받는 사람은 제3자인 '민호'로 설정되어 있다. <통지하다>구문에서는 [행위대상]과 내포절의 주어가 의미론적으로 동일해야 된다는 제약은 없기에 이 구문은 자연스러운 의미해석을 받을 수 있다. 그러나 (31ㄷ)은 적격하지 못한 문으로 판단되는데, 이는 [행위대상]이 명시되지 않고, [행위내용]만을 범주화시킴으로써 문 정보를 불완전하게 만들고 있다. (31ㄹ)은 <통지하다>구문이 [행위자]와 [행위대상]으로만 범주화됨으로써 무엇을 통보하였는지가 불분명하게 되었다. <통지하다>동사에서 [행위대상]과 [행위내용]은 필수적으로 범주화되어야 함을 알 수

있다.

<통지하다>구문에서 [행위대상]은 '-을'표지로 실현되지 않는다. 예
를 들면 다음과 같은 경우인데, 이러한 격표지 제약이 <설득하다>나
<나무라다>구문에서는 보이지 않는다.

(31) ㄱ. 영이는 철수에게 집에 일찍 가라고 설득했다.

ㄴ. 영이는 철수를 집에 일찍 가도록 설득했다.

ㄷ. 어머니는 아이에게 편식 좀 하지 말라고 나무랐다.

ㄹ. 어머니는 아이를 편식하지 말라고 나무랐다.

ㅁ. 영이는 철수에게 보험이 만기되었다고 통지했다.

ㅂ. *영이는 철수를 보험이 만기되었다고 통지했다.

위의 예문에서 보듯이 동일한 3항 술어 동사들이지만 격표지 실현
에 있어서 제약상이 다르게 나타난다. <설득하다>와 <나무라다>에
서는 행위대상자가 격표지 실현에 있어서 <통지하다>보다는 자유로
워 보인다. <통지하다>의 [행위대상]은 통지의 행위가 도착되는 도달
격(goal)을 받는 성분인데, 이때는 격표지 {을/를}과 결합하는 것이 적절
하지 않다. {을/를}은 소위 '목적격 표지'라고 부르는 것으로서 대상
(theme)격을 받는 성분에 지표되는 것이 일반적이다. <설득하다>나
<나무라다>구문의 [행위대상]은 행위주체의 행위에 의해 영향을 받는
대상자들이다.[15) 소위 처격표지로 불리는 '-에게'보다 목적격 표지 '-

---

15) 본고는 <설득하다>에서 [행위대상] 논항을 [수행격]으로 설정하였다. [수행격]
    은 <설득하다>의 의미구조를 중요시한 것에서 설정된 용어이다. <설득하
    다>의 [행위대상]은 상위동사로부터 대상격을 받는 성분이면서 동시에 내포절

을'이 더 강한 제약성을 나타내는 것은 '-을'이 구조격과 관련되어 있기 때문이다. 이러한 격표지 제약현상은 동사의 의미역 관계가 구조적 제약성을 나타내는 것이라고 수 있다.

요컨대, <통지하다>류의 동사는 [행위자]·[행위 대상]·[행위 내용]으로 구조화되는 3항 술어이면서 설정된 논항들의 의미관계가 [행위격]·[도달격]·[대상격]으로 나타난다. 여기에 속하는 동사로는 <보고하다>, <전하다>, <제안하다>, <고백하다>, <경고하다>, <말하다₂> 등이 속한다.

3.2.4 [[행위격][대상격]] 형

필수적 내포절을 취하는 명제동사 중에서 [행위자]와 [행위내용]을 논항으로 취하는 2항 술어는 <주장하다>류, <후회하다>류, <바라다>류, <믿다>류가 있다. 이들은 공통적으로 논항을 두 개 취하는 동사부류들이다. 특히 이들 동사들은 앞서 살펴본 3항 술어와는 다르게 [행위대상]을 범주화하지 않는 특성이 있다. 즉 이들은 사람이나 사물 등 개체적 존재를 명세화하지 않고 사태나 현상의 속성만을 동사의 필수적 논항으로 삼는다. 그리고 [행위내용]을 나타내는 내포절은 상위동사로부터 대상격(theme)을 할당받는다.

<주장하다>는 행위주체가 어떤 사건이나 사태, 행위에 대하여 자

의 행위를 수행하는 수행자 기능을 한다. 우리는 이러한 내포절과의 의미적 관련성을 중요시하여 [수행격]으로 명명하였다.
이같은 현상은 영어에서도 나타나는 바, 보편적인 언어현상이라고 할 수 있다.
I persuade {John} [to leave]
위의 예문에서 <John>은 상위동사 persuade로부터 대상격을 받고 있지만 동시에 내포절의 행위자로서의 의미를 갖는다.

신의 생각이나 믿음을 강하게 나타내는 언어행위이다. 따라서 <주장하다>의 의미구조가 완전하게 실현되자면 [행위주체]와 주장의 내용인 [행위내용]이 실현되어야 할 뿐 아니라 [행위내용]이 적극적인 단언성16)을 갖도록 구조화되어야 한다.

(32) ㄱ. 명숙이는 길남이가 범인임이 틀림없다고 주장하였다.
     ㄴ. ?명숙이는 길남이가 범인일 수도 있다고 주장하였다.

(32ㄱ)은 사태에 대한 행위주체의 강한 믿음을 표현함으로써 <주장하다>의 의미특성이 잘 드러나고 있지만 (32ㄴ)의 경우에는 행위주체가 사태에 대한 적극적인 판단을 보류하고 있으므로, 이 경우 <주장하다>보다는 소극적 단언성을 갖는 <생각하다>로 실현되는 것이 더 적절하다고 할 수 있다.

추론적인 의미자질로 볼 때, <주장하다>의 개념구조에서도 [행위대상]을 받는 NP가 설정될 수 있으나 이는 통사적 범주화가 수의적인 잠재논항적 성격을 갖는다.

그럼 다음 문장을 통해 <주장하다>의 의미구조를 살펴보도록 하자.

---

16) 김영희(1988:138)에서는 단언성의 동사들이 단언되는 보문의 내용에 대하여 가지는 태도를 기준으로 다음과 같이 동사를 분류하고 있다.
강한 단언 서술어-공언하다, 선언하다, 우기다, 이르다, 장담하다, 주장하다, 말하다, 단정하다.
약한 단언 서술어-간주하다, 느끼다, 믿다, 보다, 생각하다, 여기다, 추측하다, 취급하다.
이들 동사들은 보문의 내용에 대하여 적극적 관여냐, 소극적 관여냐의 태도 차이를 가지면서 동시에 보문의 내용에 대해서는 비사실성을 나타낸다.

(33) ㄱ. [영이는ᵢ] [PROᵢ 잘못이 없다고] 주장하였다.

　　ㄴ. *[영이는] [{민호를, 잘못을}] 주장하였다.

　　ㄷ. [영이는ᵢ] [철수에게] [자기는ᵢ 잘못이 없다고] 주장하였다.

　　ㄹ. *[영이는] [철수에게] 주장하였다.

　　ㅁ. *[영이는] [주장하였다]

　　<주장하다>는 (33ㄱ)에서 나타난 것처럼 대상으로 할 수 있는 것이
사태나 사건에 관련된 행위자의 생각이다. (33ㄴ)처럼 사람을 대상으로
한 구조는 이루어질 수 없을 뿐만 아니라 추상명사인 경우에도 내용절
의 보충이 없으면 완전한 의미를 해석할 수 없다. (33ㄷ)은 [행위대상]
과 [행위내용]이 모두 범주화한 구조인데 완전한 문의 의미를 이룬다.
그러나 [행위대상]만을 범주화하고 [행위내용]을 범주화시키지 않은
(33ㄹ)은 적격한 문을 이루지 못한다. 이를 [행위내용]의 범주화만으로
적격한 문을 이루는 (33ㄱ)과 비교해 보면 <주장하다>의 의미구조에
서 [행위내용]은 필수적인 성분이고 [행위대상]은 수의적 성분임을 알
수 있다. 물론 이 두 논항들이 모두 범주화되지 않은 (33ㅁ)은 비문으로
나타났다.

　　<주장하다>의 경우 내포절의 주어는 상위절의 주어와 동일지시될
수도 있고 문맥에서 상정되는 다른 어휘적 NP로 설정될 수도 있다.

(34) ㄱ. [명숙이는ᵢ] [PROᵢ 성실하다고] 주장하였다.

　　ㄴ. [명숙이는ᵢ] [자기가ᵢ 성실하다고] 주장하였다.

　　ㄷ. [명숙이는ᵢ] [유범이가ⱼ 성실하다고] 주장하였다.

<주장하다>는 (34ㄱ)과 같이 상위절의 주어와 동일지시 관계를 이루는 통제현상을 나타내고 이 때는 내포절의 주어에 재귀사 '자기'가 올 수도 있다. 뿐만 아니라 의미적으로 주어와 동일지시 되지 않는 다른 어휘적 NP인 '그녀 자신'이 PRO 위치에 나타날 수도 있다.

또 내포절의 구조에서 주어-목적어 이동이 일어날 수 있다.

(35) ㄱ. [명숙이는] [유범이가 성실하다고] 주장했다.

　　ㄴ. [명숙이는] [유범이를ᵢ [tᵢ성실하다고]] 주장했다.

(35ㄱ)의 구조에서 내포절의 주어인 '유범이'는 CP의 SPEC자리인 초점위치로 이동할 수 있다. 그러나 내포절 서술어의 수의적인 부사어 되기 현상은 일어나지 않는다.(김영희(1988:150))

(36) *[명숙이는] [유범이를 [성실하게]] 주장했다.

이 경우 '성실하게'는 판단적인 의미와 양상적인 의미를 동시에 나타내는 중의적 해석구조를 갖는다.

요컨대, <주장하다>류의 동사는 [[행위자] [행위 내용]]으로 구조화되며 [행위내용]은 상위동사에서 대상격의 의미역을 할당받는다. 여기에 속하는 동사로는 <우기다>, <증언하다>, <증명하다>, <예언하다> 등이 있다.

<후회하다>는 행위주체가 어떤 사태나 일에 대하여 자신의 선택을 잘못이라고 느끼는 언어행위이다. 따라서 <후회하다>의 동사 어휘구

조가 성립하기 위해서는 '후회하는' 주체와 '후회'의 명제 내용이다. 이 동사의 어휘구조 면에서 <주장하다>류의 어휘구조와 비슷하다. <주장하다>류의 동사도 앞서 제시했던 바와 같이 행위자와 행위내용만을 어휘항목으로 구조화시키고 있는 동사이다. 또한 이들 동사는 논항의 의미역 관계에 있어서도 같은 의미구조를 갖는다. <후회하다>동사에서도 [행위내용]을 나타내는 내포절은 상위동사로부터 대상격의 의미역을 할당받는다.

(37) ㄱ. [나는ᵢ] [PROᵢ 철수와 결혼한 것을] 후회한다.
     ㄴ. [나는] [내가 철수와 결혼한 것을] 후회한다.
     ㄷ. *[나는] [영이가 철수와 결혼한 것을] 후회한다.

<후회하다>는 내포절의 주어와 상위절의 주어가 동일지시 되는 의미구조를 이룬다. 그리고 이러한 관계는 필수적인 통제관계를 이룬다. 따라서 내포절의 PRO위치에는 상위절의 주어를 동일지시 하는 어휘적 명사구가 올 수는 있으나 (37ㄱ의 경우), 임의적인 다른 명사구가 왔을 때는 비문으로 생성된다.(37ㄴ의 경우) 이러한 필수적인 주어 통제관계는 앞서 살펴본 <주장하다>류 동사와 구별된다. 또 <후회하다>는 내포절의 의미내용이 사실성을 띠고 있다는 의미적 특성이 있다. 다음 장에서 이러한 의미적 특성이 또 문의 구조적 양상에 어떻게 영향을 미치는지 논의할 것이다.

요컨대, <후회하다>류의 동사 어휘구조는 [행위자]·[행위 내용]으로 구조화되며, 각각의 논항에는 [행위격]과 [대상격]이 할당된다. 이 같은 어휘구조를 보이는 동사에는 <뉘우치다>, <보류하다>, <포기

하다>, <인정하다>, <부정하다>, <기억하다> 등이 있다.

<바라다>동사는 어떤 일이나 행위가 이루어지기를 희망하는 것이므로 행위의 대상으로 삼는 것은 역시 명제 내용이다. 따라서 이 동사에서도 필수적인 논항은 [행위자]와 [행위내용]이다. 그리고 각각의 논항에는 [행위격]과 [대상격]이 할당된다. 이를 의문문 검증을 통해 그 의미격의 타당성을 검증할 수 있다.

(38) ㄱ. [나는ᵢ] [영이가ⱼ 행복하기를] 바래.

ㄴ. *너는 누구를 바라니?

ㄷ. 너는 무엇을 바라니?

(38)은 <바라다>동사의 기본적인 의미구조를 나타낸 구문인데, (38ㄱ)과 (38ㄴ)은 이를 응답 의문문으로 설정하여 본 것이다. 이 때 내포절의 한 성분인 '영이가'만을 의문항으로 대치시킨 (38ㄱ)은 부적합한 것으로 나타나고, 내포절 전체를 의문사로 대치시킨 (38ㄴ)의 구조는 적합한 것으로 나타난다. <바라다>동사도 위의 <후회하다>동사 구문과 마찬가지로 내포절 전체가 하나의 문장 성분으로 대격을 할당받고 있음을 알 수 있다.

또한 <바라다>동사에서는 내포절의 PRO가 상위절의 주어와 수의적 동일지시를 이루는 통제양상을 보여준다.

(39) ㄱ. [나는ᵢ] [PROᵢ 합격하기를] 바란다.

ㄴ. [나는ᵢ] [영이가ⱼ 합격하기를] 바란다.

내포절의 행위를 수혜 받는 사람이 자기자신이기를 원할 수도 있고 다른 어휘적 NP로 설정될 수도 있다. 그런데 내포절의 서술어가 나타내는 의미에 따라 통제양상이 달라지기도 하는데, 예를 들면 다음과 같은 경우이다.

(40) ㄱ. ?[나는ᵢ] [PROᵢ 똑똑하기를] 바래.
　　 ㄴ. [나는ᵢ] [영이가ⱼ 똑똑하기를] 바래.

내포절의 동사가 개체의 속성을 나타내는 경우 내포절의 주어가 화자와 동일시되면 오히려 의미적으로 어색한 문장이 된다. 그러나 화자와 다른 인물로 설정되면 의미연결이 매끄럽다. 이는 통사적인 자질에 관련된 것이기보다는 동사의 추론적 의미자질에 관련된 양상이라고 할 것이다.

요컨대, <바라다>류의 동사는 [행위자]·[행위내용]으로 구조화되며, 이들 논항에는 각각 [행위격]·[대상격]이 할당된다. 여기에는 <원하다>, <소망하다>, <갈망하다>, <기대하다> 등의 동사가 있다.

<바라다>동사와 <후회하다>동사의 차이점은 <바라다>동사가 아직 일어나지 않은 사태를 대상으로 나타내는 행위자의 기대이므로 보문의 내용이 사실성과는 무관함 것인 데 비하여 <후회하다>는 이미 일어난 사실을 대상으로 하므로 사실성을 갖는다는 데 있다.

<믿다₂>[17]는 행위주체가 어떤 사태에 대하여 내려진 판단이나 의

---

17) <믿다>동사는 두 가지 어휘구조를 보인다. <믿다₁>은 일반 타동사의 어휘구조를 갖는 것으로서, '나는 하나님을 믿는다'의 구문과 같은 구조를 이룬다. 여기서 행위의 대상은 사실내용이 아니라 개체 대상을 지칭한다. 그러나 <믿다

견을 사실인 것으로 여기는 행위이다. 이 동사의 의미구조를 이루기 위해서는 행위주체인 [행위자]와 믿음의 내용을 범주화한 [행위내용]이 요구된다.[18] 그리고 이들 논항에는 [행위격]과 [대상격]의 의미격이 배당된다. 의문문 검증을 통해서 <믿다₂>의 의미구조가 무엇을 대상으로 하는지를 살펴보자.

> (41) ㄱ. [나는] [인간이 선하다는 것을] 믿는다.
>   ㄴ.*너는 누구를 믿니?
>   ㄷ. 너는 무엇을 믿니?

<믿다₂>가 대상으로 하는 것은 개체가 아니라 내포절이 나타내는

₂>는 행위 대상으로 명제 내용을 취한다. 본고의 논의와 관련있는 것은 이 <믿다₂>이다. 최호철(1993:218))에서는 {믿다}를 단일한 어휘구조로 보고, <<작위격(사람) 피위격(사실) /의심하지 않다>>로 어휘격을 설정하였다. 그의 논의에서는 본고에서 설정한 <믿다₁>을 인정하지 않고 있다. 그러나, <믿다>동사는 행위대상이 개체냐, 사실이냐에 따라 분명히 구분되며, 이는 통사구조에 반영된다. 영어에서도 'trust', 'believe'의 의미차이는 그들의 통사구조를 다른 양상으로 구조화시킨다. <믿다₁>은 영어의 'trust'와 같은 어휘구조를 이루는 것으로서 일반 타동사문으로 사상된다. <믿다₂>는 영어의 'believe'와 같은 어휘구조로서 보문을 취한다.

18) 심리동사나 인지동사의 주어는 엄격한 의미에서 행위자라고 할 수는 없다 그들은 내적인 심리상태를 겪는 주체이므로 오히려 경험자(experiencer)라고 해야 할 것이다. 그러나 본고에서는 구문의 통사현상을 일괄적으로 논의하기 위해서 행위자와 경험자의 의미적인 차이를 구분하지는 않겠다. 이는 구문의 통사현상을 논의하는 데 있어서 행위자와 대상간의 의미관계를 공통적으로 포착하기 위함이다. 우형식(1990)에서는 타동사류의 행동성을 외적 행동성과 내적 행동성으로 나누고 인지동사를 후자에 속하는 것으로 보았다. 그 또한 인지동사가 일반 타동사 구문들에서 보이는 것과 마찬가지로 행위자와 대상의 의미관계로 범주화되고 있음을 전제하고 있기 때문이다.

명제이다. 따라서 (41ㄱ)의 원인격 의문문으로 (41ㄴ)처럼 내포절의 주어만을 대상으로 함은 부적합하지만 내포절 전체를 의문항으로 하여 명제적 내용을 묻는 (41ㄷ)이 적합하다.[19]

또 <믿다2>의 구조에서도 내포절의 주어-목적어 이동이 일어난다.

(42) ㄱ. [나는ᵢ] [철수가ⱼ 정직하다고] 믿는다.

ㄴ. [나는ᵢ] [철수를ⱼ [tⱼ 정직하다고] 믿는다.

<믿다>구문에서 내포절의 주어는 초점자리로 수의적 이동이 가능하다. 그런데 이 동사에서도 <주장하다>와 마찬가지로 내포절의 서술어 되기 현상은 성립되지 않는 듯이 보인다.[20]

---

19) Ross(1967:70)는 NP에 의해서 관할되는 S, 즉 복합 명사구(Complex NP)로부터는 어떤 성분도 이동이 불가능함을 발견하고 이를 복합 명사구 제약이라고 명명하였다. 그에 의하면 다음과 같은 wh-이동은 모두 이 제약조건을 위배하므로 비문법적이라는 것이다.
* COMP [S John doubts [NP the fact [S' that Mary kissed who]]
* COMP [NP The evidence [S' that who was drunk]] will be presented]
보문도 하나의 명사구 절을 이루는 것으로 위의 제약을 적용하면 그 절 안의 어떤 성분도 내포절 밖으로 wh-이동을 할 수 없다.

20) 김영희(1988:152)에서는 <생각하다>, <믿다>와 같은 약한 단어 서술어에서는 내포절의 서술어가 수의적으로 부사어화할 수 있음을 논의하고 있다. 그러나 우리가 살펴본 바에 의하면 내포절의 부사어화 현상은 상위동사의 단언성에 의한 것이 아니라 내포절 서술어의 의미적 특성과 관련된 문제이다. 예를 들어 다음과 같은 문장의 변환에서
ㄱ. 그는 영이가 예쁘다고 생각했다.
ㄴ.*그는 영이를 예쁘게 생각했다.
ㄷ. 그는 영이가 기특하다고 생각했다.
ㄹ. 그는 영이를 기특하게 생각했다.
내포절 서술어의 부사어화가 각기 다른 적절성을 보이는 것은 이들 내포절의 동사가 나타내는 의미적 특성에 의한다. '착하다'는 대상중심의 속성을 나타내

(43) ?나는 철수를 정직하게 믿는다.

내포절의 서술어가 부사어화한 (43)의 구조는 중의적인 해석구조를 갖는다. '정직하게'가 문장의 양태성을 더하는 양태 부사어의 해석을 받을 수 있고, 또 한편으로는 상위동사의 판단기능을 하는 판단 부사어로서의 해석이 가능하다. 따라서 이는 내포절과는 별개의 독립된 성분이라는 것을 뒷받침한다. 이 같은 변환구조의 결과를 토대로 '영이는 철수를 정직하다고 믿는다.' 의 구조는 일반 타동사 구문으로서, 상위문의 목적어 '철수를'이 범주화되고 거기에 양태적인 수식어구 '정직하게'가 삽입된 구조라고 말할 수 있다. 따라서 이는 명제동사 구문에 포함되지 않는다.[21]

요컨대, <믿다$_2$>류 동사는 행위자와 행위내용으로 어휘구조를 이룬다고 할 수 있으며, 이들의 의미역 관계는 [[행위격] [대상격]]으로 이루어진다. 이 부류에 속하는 동사는 <생각하다$_2$>[22], <판단하다>, <추측하다>, <상상하다>, <상기하다>, <가정하다>, <간주하다>, <여기다> 등이 있다.

는 형용사라면 '기특하다'는 화자 중심에서 개체의 속성을 나타내는 형용사이다. 따라서 '착하다'보다는 '기특하다'가 사어화한 (ㄹ)이 훨씬 적절한 의미해석을 낳는다.

21) 명제동사 구문은 동사의 어휘구조에 필수적으로 내포절을 취해야 하는 동사 구문을 이른다. 동사의 필수논항 중 내포절을 취하는 경우가 아닌 이처럼 문의 양태적 의미를 더하는 수식어구로서 문에 절이 포함되는 경우는 명제동사의 범주에 포함되지 않는다.

22) <생각하다>도 <믿다>와 같이 두 가지의 어휘구조를 보인다. <생각하다$_1$>는 개체를 대상으로 하는 것이고 <생각하다$_2$>는 여기에서 논의된 명제동사로서 명제내용을 대상으로 하는 것이다.

3.2.5 [대상격] 형

<확실하다>류의 동사는 행위의 내용만 필요로 하는 1항 술어이다,
이들 동사는 '무엇이 어떠하다'의 의미구조를 이루는 것으로서 동사 앞
의 논항은 행위격이 아니라 대상격을 받는다. 동사 앞의 선행하는 보문
은 화자의 판단의 대상이 된다. 따라서 이들 동사는 추론적 의미자질로
판단을 수행하는 화자의 행위가 잠재되어 있다고 할 수 있다. 따라서
다음과 같이 주절 앞에 화자의 판단이 이루어지는 삽입구를 형성할 수
있다.

(44) ㄱ. [영이가 우승하는 것은] 확실하다.
     ㄴ. 내가 보기에, [영이가 우승하는 것은] 확실하다.

이들 동사들이 모두 사태에 대한 판단을 나타내는 동사이므로 판단
행위를 수행하는 절이 문의 의미해석 구조에서는 필수적이나 통사적
형식화는 수의적이다. 이들 동사에서 가장 중요한 부분은 판단의 내용
이다. 판단의 행위자는 잠재적인데, 마치 수동구문에서 행위자가 수의
적으로 나타나는 것과 같다. 이러한 구조적인 특성은 다른 심리 형용사
들이 개체 명사를 대상으로 속성을 나타낼 수 있는 것과는 구분된다.

(45) ㄱ. 영이는 {아름답다, 예쁘다, 정답다, 사랑스럽다……}
     ㄴ. *영이는 {확실하다, 가능하다, 쉽다, 어렵다……}

그런데 동사의 의미적인 특성에 따라 판단행위로 삽입될 수 있는 문

의 구조가 다르다.

(46) ㄱ. 내가 판단하기에는,

　　　영이가 우승하는 것은 {어렵다, 확실하다, 당연하다…}

　　ㄴ. 내가 믿기에는,

　　　영이가 우승하는 것은 {*어렵다, 확실하다, 당연하다…}

　객관적 판단을 하는 '판단하다' 동사의 경우 <어렵다>, <확실하다>, <당연하다>는 결합이 자연스러우나, 주관적 판단을 하는 '믿다'의 경우 부정적인 판단을 내리는 <어렵다>는 부적절한 것으로 보인다. <믿다>는 대개 긍정적인 판단을 함의하는 것이므로 <어렵다>라는 부정적 판단 동사와는 결합이 자연스럽지 않은 것으로 보인다. 이들 동사들에 있어 판단을 내리는 주체는 일인칭으로 제약된다.

　요컨대, <확실하다>류의 동사 어휘구조는 [명제내용]만으로 구조화되며 주어 보문을 이룬다. 그러나 동사의 개념구조에서는 판단의 행위절을 설정할 수 있는데,이는 의미해석을 위해 필수적인 성분이다. 보문의 [명제내용]은 동사의 판단대상을 나타냄으로써 [대상격]을 설정할 수 있다. 이 부류의 동사로는 <쉽다>, <어렵다>, <가능하다>, <미안하다>, <마땅하다>등이 속한다.

　다음 장에서는 논항구조와 의미역 기준에 따라 분류된 명제동사의 각 유형들에 대해 상세한 고찰을 시도할 것이다. 각 유형에 속하는 대표동사들을 중심으로 이들 동사의 통사적 의미론적 특성을 상술할 것이다.

4. 명제동사 구문의 구조적 유형 특성

4.1 구조적 유형 설정의 구분 기준

앞에서 명제동사의 어휘구조와 논항구조에 대해 살펴보았고 그 결과 이들 동사들이 나타내는 통사구조가 몇 가지의 유형으로 나누어짐을 보았다. 통사적인 구조의 차이는 이들 동사들이 가지고 있는 논항들의 의미역 관계의 차이에 의한 것이라는 사실도 아울러 고찰하였다.

동사의 논항구조와 의미역 관계는 동사의 기본적인 어휘구조를 이루는 자질들이다. 그런데, 동사 어휘구조에는 논항구조와 의미역 관계뿐만 아니라 동사가 구조적인 변환에 시차성을 나타내는 상세 의미자질을 포함하고 있다. 따라서 동사를 대상으로 한 고찰은 먼저 동사의 논항구조를 살피고 다음으로는 설정된 논항들이 동사로부터 어떠한 의미역을 받고 있는지를 살피는 작업으로 이어진다. 그리고 이러한 기본적인 구조의 확립된 기반위에서 각 동사의 개별적인 의미특성을 고찰하기 위한 상세의미 정보에 대해 고찰할 것이다.

동사의 상세 의미정보는 매우 의미론적인 자질들이지만, 그들을 살펴보기 위한 우리의 작업은 구조적인 고찰에서 이루어질 것이다. 앞서서 동사의 논항구조와 그들의 고유한 의미역 관계가 해당 동사의 기본구조를 확립한다고 했다. 여기서 다룰 상세 의미정보는 문 구조의 여러 변환구조의 생성에[1] 관여한다. 특히 필수적 내포절을 취하는 명제동사에서는 그러한 변환구조의 양상이 보문소의 결합양상을 중심으로 나타

---

[1] 동사의 변환구조라는 것은 동사가 기본적으로 전달하는 문의 정보에 차이를 나타내지 않는 범위내에서 이루어지는 문의 변환을 말한다.

나게 된다. 상위동사의 의미적 특성자질은 내포절의 의미적 유형을 규정할 뿐만 아니라, 보문소의 결합에도 영향을 미친다.

이 장에서는 먼저 각 명제동사를 몇 가지 기준에 의해 유형화하고 각각의 특성을 상세하게 고찰할 것이다. 또 구조적 기준에 의해 설정된 명제동사의 유형을 실제 화자들의 인식을 조사하여 그 타당성을 검증할 것이다.

4.1.1 내포절의 구조적 특성 기준

명제동사의 구문구조는 두 가지 관점에서 고찰된다. 하나는 범주화된 내포절의 구조를 살펴보는 것이고 다른 하나는 상위문의 구조를 살펴보는 것이다. 명제동사 구문의 내포절은 상위 명제동사의 의미적인 특성에 따라 구조적 실현이 다르게 나타나는데, 주로 보문소 결합관계나 내포절 내의 시제소 결합제약과 같은 양상으로 대표된다. 그리고 상위문과 내포절과의 관계는 상위문의 한 성분과 내포절 주어의 의미론적 결속관계를 중심으로 살펴볼 수 있을 것이다. 이는 '동일 명사구 제약'의 한 현상으로 설명할 수 있다. 또 내포절의 의미내용이 상위동사에 의해 어떻게 전제되는지를 살펴볼 수 있다.

먼저 보문소의 결합양상을 살펴보기로 한다.

명제동사의 내포절은 상위동사의 의미특성에 따라 그 서법이 결정되며 이러한 서법에 보문소도 제약적으로 결합된다. 2장에서 보문소의 범위와 종류에 대해 기술하였다. 보문소는 내포절을 상위문에 연결시키는 연결어미로서의 기능을 할 뿐만 아니라 내포절의 내용을 표상하는 의미적 기능을 담당하는 형태소이다. 특히 보문소의 의미특성에 대해서 지금까지 많은 학자들이 언급해왔다. 이러한 연구의 덕택으로 특정 보문소에 대해서는 상당한 연구가 진척되었고 또 어느 정도 그 의미규명이 이루어졌다. 그러나 문제는 이러한 보문소의 의미연구가 보문소 자체만을 대상으로 한 협소한 영역에서 이루어졌다는 점이다. 보문소의 의미를 문 구조의 전반적인 관계성 속에 놓고 문장의 의미적 특성과 해당 보문소의 결합관계에 주목하여 그 의미적 자질들을 귀납시킬 필요가 있다고 본다.

여기서는 일차적으로 보문소 {-음}, {-기}, {것}, {-고} 등의 결합양상을 상위동사의 의미특성과 관련하여 논의하겠고, 이차적으로는 내포절의 명제 내용적 성격에 따라 특성화되는 내포절의 구조 양상에 대해서 살펴보기로 한다.

보문소 {-음}과 {-기}는 지금까지 그 의미적 대립으로 학자들 간에 가장 많이 언급되었던 보문소이다. 이 두 형태소는 상위동사의 특성에 따라 그 분포제약이 가장 확연하게 나타난다. 따라서 우리의 논의는 이 두 보문소의 결합이 이루어지는 동사 부류와 그렇지 않은 부류를 구분하고, 또 이 두 보문소의 결합이 둘 다 이루어지지 않는 동사 부류와 둘 다 허용하는 동사류를 구분할 것이다. 그러한 동사결합 양상을 살펴봄으로써 보문소 {-음}, {-기}의 의미특성을 규명할 수 있을 것이다.

그런데 보문소 {-것}과 {-고}는 그 결합양상이 확연한 대립을 이루지 않으며 제약보다는 결합이 이루어지는 경우가 많다. 그러나 동사의 의미특성에 의해 특히 제약되는 동사류가 나타난다. 또한 이를 중심으로 {-것}과 {-고}의 의미자질을 살펴볼 수 있을 것이다.

다음은 내포절의 의미구조에 관련된 동일 명사구 제약의 원리를 적용하여 명제동사의 구문구조를 유형화하는 작업이다.

명제동사의 내포절의 구조는 통제이론(Control Theory)을 적용시켜 좀 더 가시적으로 설명할 수 있다. 명제동사 구문의 의미구조를 해석할 때 중요한 문제는 내포된 보문의 의미를 제대로 해석하는 일일 것이다. 특히 보문의 주어가 외현적으로 나타나지 않았을 때 그 주어의 해석은 전체 명제동사 구문의 해석을 가름하는 일이 된다. 이때 보문의 나타나지 않은 주어는 상위동사의 의미적인 특성에 의해 상위절의 주어와 동일지시되거나 아니면 목적어와 동일지시 되는 해석을 받게 된다.

표준문법에서 내포절의 삭제된 주어는 '동일 명사구 탈락(Equi-NP Delition)'이라는 변형규칙으로 설명되었었다. 그러나 이러한 변형규칙으로는 삭제된 동일 명사구가 동사의 의미적인 특성에 따라 다르게 지시되는 것을 포착하지 못하였다. 즉, 동일 명사구가 상위절의 주어와 동일시되는 것인지 아니면 목적어와 동일시되는 것인지에 대해 하나의 원리로 통합적인 설명을 하지 못하고 개별적 설명을 할 뿐이었다. 이러한 전통문법이 가지는 설명적 불충분성을 보완한 '지배 결속이론(Government and Binding Theory:GB)'에서는 내포절의 '보이지 않는 주어' 자리에 추상대명사 PRO를 설정하고 이 PRO의 지시 관계를 밝히는 작업을 통합적으로 하게 되는데, 이러한 원리를 '통제이론(Control Theory)'이라고 명명했다. 말하자면 GB의 통제이론은 PRO와 그의 선행사와의 지시 관계를 밝히는 이론이다. 이러한 통제이론의 적용으로 내포절의 의미론적 지시 관계에 대한 구조적인 설명을 할 수 있을 뿐 아니라 PRO의 다양한 지시 관계도 포착할 수 있게 되었다.[2]

---

2) GB의 통제이론은 80년대 중반 이후 '결속이론(Binding Theory)'에 흡수 통합되어 그 자체 영역은 축소되었다. 결속이론은 내포절의 없어진 주어 PRO의 선행사 지시 관계를 밝히는 것뿐만 아니라 통사적 구문 내의 다른 모든 선행사-지

이러한 통제이론을 적용하여 명제동사구문의 구조를 밝히면 해당 논항의 설정 타당성을 가시화할 수 있다.

먼저 다음의 예문을 보도록 하자.

(1) ㄱ. 영이는ᵢ [철수에게ⱼ] [ₛ PROⱼ 열심히 공부하라고] 설득했다.

    ㄴ. 어머니는ᵢ [아이를ⱼ [ₛ PROⱼ 버릇이 없다고] 나무라셨다.

위 동사들은 내포절의 보이지 않는 주어인 PRO가 상위문의 목적어와 동일지시(co-reference)되는 관계를 보인다. 즉 상위동사가 행하는 발화내용의 대상자는 상위문의 범주화된 목적어 NP이고 그 목적어 NP는 내포절의 보이지 않는 행위주체로서 둘은 의미적으로 동일인을 나타낸다. 이러한 관계를 '목적어 통제동사'라고 명명한다.

그런데 이들 목적어 통제 관계는 필수적으로 적용됨으로 다음과 같이 목적어가 범주화되지 않았을 때는 비문으로 생성된다.

(2) ㄱ. 영이는 철수에게 [열심히 공부하라고] 설득했다.

    ㄴ. *영이는ᵢ [ₛ PROⱼ 열심히 공부하라고] 설득했다.

시관계를 밝히는 이론으 로 통합된 원리 체계를 갖는다. 촘스키(Chomsky)는 선행사와 그의 지시관계를 세가지 로 구분해놓고 있다. Chomsky(1981:118)참조
  A. 조응사는 그것의 지배범주 안에서 구속된다.
  B. 대명사는 그것의 지배범주에서 자유롭다.
  C. 어휘적 표현은 자유롭다.
여기서 조응사의 대상이 되는 것은 재귀사, 상호대명사, 명사구 흔적, PRO 등을 들 수 있고, 대명사에 속하는 범주로는 대명사와 PRO가 있다. 또 지시적 표현에는 고유명사와 변항이 속한다. 여기서 보면 PRO는 조응사와 대명사의 자질을 공유하는 것으로 나타난다.

ㄷ. *어머니는ᵢ [s PROⱼ 버릇이 없다고] 나무라셨다.

　내포절의 PRO와 동일지시 될 수 있는 선행 명사구가 문 구조 안에 범주화되지 않음으로써 (2ㄴ,ㄷ)의 PRO의 의미적 해석이 불가능하게 되었다. 또 이들 구문에 또 다른 어휘적 NP를 PRO자리에 설정하게 되면, 이것 또한 역시 비문으로 생성된다.

(3) ㄱ. *영이는 철수에게ᵢ [s 영수가ⱼ 열심히 공부하도록] 설득했다.
　　ㄴ. *어머니는 아이를ᵢ [s 친구가ⱼ 버릇이 없다고] 나무라셨다.

　위의 구문은 어떤 화용적인 담화 맥락을 상정하지 않으면 (예를 들면 (3ㄱ)의 경우에 영수가 철수의 말만 듣는 상황이라서 철수로 하여금 영수를 공부할 수 있도록 하라고 설득하는 것과 같은 경우) 구조적으로 받아들일 수 없는 문장이다. 이들 <설득하다>나 <나무라다>동사는 모두 필수적으로 목적어 통제가 되는 동사들이기 때문이다.³⁾ 따라서 이 동사에서는 [행위내용]의 범주화뿐만 아니라 PRO의 선행사로서 상위문의 목적어가 필수적으로 요구되는 논항구조를 갖는다.
　다음은 주어 통제현상을 나타내는 구문을 살펴보기로 하자.

---

3) Williams(1980)에서는 의무통제의 속성을 다음과 같이 구정하고 있다.
　a. 어휘적 NP는 PRO자리에 나타날 수 없다.
　b. 선행사는 통제된 PRO를 先行한다.
　c. 선행사는 통제된 PRO를 성분 통어한다.
　d. 선행사는 주체적, 문법적으로 유일하게 결정된다.
　e. 선행사는 반드시 있어야 한다.

(4) 나는ᵢ 아이에게ⱼ [ₛ PROᵢ 장난감을 사주겠다고] 약속했다.

<약속하다>는 상대방에게 어떤 행위를 하겠다고 말하는 언어행위
이다. 화자의 [의도성]이 나타나는 동사이다. 따라서 내포절의 PRO는
주어와 동일지시 관계를 이루는 주어 통제구문을 이룬다. 만약 내포절
의 PRO 자리에 다른 어휘적 NP가 나타나면 비문이 된다.

(5) *나는 아이에게 [아저씨가 장난감을 사주겠다고] 약속했다.

주어의 의도적 행위를 나타내는 내포절에 다른 어휘적 NP가 나타나
면 의미적으로 수용할 수 없는 문장이 된다. <약속하다> 구문에서는
내포절의 PRO가 필수적으로 주어 통제를 나타냄을 알 수 있다. 그런데
이 동사는 다음과 같이 문의 구조를 변환시켜 나타낼 수도 있는데, 이
때는 내포절의 주어인 PRO가 복수통제 현상을 나타낸다.

(6) 나는ᵢ 아이에게ⱼ [ₛ PROᵢ+ⱼ 다음 주 일요일에 대공원에 가자고] 약
　　속했다.

위의 구문은 청유의 서법으로 나타나고 있는 바, 내포절의 PRO는 상
위절의 주어와 목적어가 함께 호응하는 복수통제 구문을 이룬다. (4)와
(6)을 비교해보면 국어에서는 내포절의 어휘요소에 따라 통제의 유형이
영향을 받음을 알 수 있다. 그러나 내포절의 서법은 결국 상위동사의
의미적인 특성에 의해 실현되는 것이므로 이 같은 현상을 모두 동사의
의미적인 특성에 의한 것으로 규정할 수 있을 것이다. <약속하다>와

같은 동사는 화자의 의도적인 행위를 강조하여 나타낼 때는 내포절에 평서형으로 나타나지만 행위의 동행적 수반을 나타낼 때는 청유의 서법을 취할 수 있는 동사이다. 이때 그에 따르는 내포절의 PRO 지시 관계가 다르게 나타난다.

지금까지는 내포절의 통제 현상이 필수적으로 일어나는 경우를 살펴보았다. PRO가 상위절의 주어 혹은 목적어와 필수적 통제를 나타내는 경우에 내포절에는 다른 어휘적 NP가 나타날 수 없다는 것을 하나의 제약으로 설명하였다.

다음은 통제가 필수적이지 않은 동사의 경우를 살펴보기로 하자.

(7) ㄱ. 나는 합격하기를 바란다.

　　ㄴ. 나는$_i$ [$_s$ PRO$_{i/k}$ 합격하기를] 바란다.

위의 (7ㄱ)은 <바라다>동사구문이고 (7ㄴ)은 이를 LF형태로 나타낸 것이다. 이 구문을 해석해 보면 <바라다>의 내포절 행위의 주체가 '나'일수도 있고 자의적인 또다른 NP를 상정할 수도 있다. 따라서 (7ㄱ)의 구문은 (7ㄴ)과 같은 구조로 중의적 해석이 가능하다. 이 경우는 내포절의 주어인 PRO가 상위절의 선행사와 필수적 통제관계를 이루지 않는다.[4] 내포절의 PRO위치에는 또다른 어휘적 NP가 나타날 수 있

---

4) Williams(1980)에서는 이를 비의무통제(Non-obligatory control)이라 명명하고 다음과 같이 그 속성을 밝히고 있다.
　　ㄱ. 선행사는 필요하지 않다.
　　ㄴ. 만일 선행사가 존재하면 성분통어할 필요가 없다.
　　ㄷ. 선행사는 S를 뒤따를 수 있다.
　　ㄹ. 선행사는 유일하게 결정되지 않는다.

다.[5]

　(8) 나는 [영이가 합격하기를] 바란다.

　이를 비의무적 통제 현상으로 구분하여 필수적으로 일어나는 경우
와 구분하기로 한다.
　목적어의 통제가 필수적으로 일어나지 않는 경우를 살펴보기로 하자.

　(9) ㄱ. 회사는 철수에게 합격했음을 통지했다.
　　　ㄴ. 회사는$_i$ 철수에게$_j$ [$_s$ PRO$_{i/j/k}$ 합격했음을] 통지했다.

　(9ㄱ)은 <통지하다>의 기본적인 문 구조를 보이는 것이고 (9ㄴ)은
이의 해석구조를 LF(Logical Form)로 표시한 것이다. <통지하다>는 어
떤 대상자에게 사태나 상황에 대한 정보를 전해주는 언어행위이다. 따
라서 전해주는 행위자와 전달 받는 대상자, 그리고 전하는 내용이 필수
적으로 범주화될 것을 요구한다. 이 때, 통지의 내용은 내포절로 범주
화된다. 그런데 내포절의 PRO는 그 지시 관계가 중의적으로 해석될 수

　　　ㅁ. 어휘적 NP가 PRO위치에 나타날 수 있다.
　위의 속성들은 한마디로 비의무통제인 경우에는 선행사가 의무적으로 범주화
될 필요가 없으며 선행사가 나타나더라도 성분통어(C-command)와 같은 구조적
인 제약을 받을 필요가 없다는 것과, 일반 명사구가 PRO위치에 나타날 수도 있
음을 의미한다. 따라서 이 구문에서는 PRO의 중의적인 의미해석이 가능하다.
5) 도영종(1988:47)에서는 준의무적 통제의 경우, 목적어와 동일 지시관계를 이루
　는 경우와 문맥에서 상정될 수 있는 어떤 다른 어휘적 NP와 동일지시될 수 있
　다고 하였다. 이 때 내포절의 PRO자리에는 어휘적 NP가 나타날 수 있고, 선행
　사는 나타나야 하지만 중의성을 띤다고 하였다.

있다. PRO가 상위절의 목적어와 동일지시 관계를 나타내는 경우와 PRO가 문맥적으로 상정할 수 있는 자의적 NP와 동일지시 관계를 나타내는 경우를 상정해 볼 수 있다. <통지하다>의 의미적 특성 때문에 나타나는 선행사와 내포절의 PRO 사이에는 필수적인 통제관계가 성립하지 않음을 알 수 있다.

이를 비의무적 목적어 통제 현상으로 명명하여 필수적으로 목적어 통제를 이루는 동사들과 구분하기로 한다.

또 명제동사의 내포절은 상위동사의 의미특성에 의해 시제소 결합 양상이 다르게 구조화된다. 내포절의 시제소 결합 양상도 또한 명제동사의 구조를 살펴볼 수 있는 하나의 기준으로 설정할 수 있다. 다음의 예문을 보자.

(10) ㄱ. 나는 영이가 학교에 가기를 바랐다.

ㄴ. 나는 영이가 학교에 갔기를 바랐다.

<바라다>는 미래의 사태나 상황이 자신의 기대대로 변화하기를 희망하는 기대를 나타낸다. 내포절의 내용은 상위문 동사의 발화시점을 기준으로 시제 해석을 받게 된다.[6] (10ㄱ)과 (10ㄴ)은 둘 다 상위동사의 시점이 과거로 나타나면서 내포절의 시제소 결합에는 시차성을 갖도록 구조화시켜 본 구문이다. (10ㄱ)은 상위문의 과거시제를 기준으로 미래

---

6) 권재일(1990:70)에서는 내포문 구성에서의 시제법 원리를 다음과 같이 정리하고 있다.
  내포문 구성에서의 시제법 원리: 내포문 구성에서 하위문의 시제법은 상위문의 시제법에 지배를 받는다.

의 일을 나타낸다. 같은 논리로 (10ㄴ)은 내포절에 과거 시제소 {-었-}
이 결합되어 있으므로 과거시를 기준으로 하여 과거의 어떤 한 지점의
일을 나타낸다고 할 수 있다. 그런데 상위문과 내포절에 쓰인 시제소의
해석은 다르게 보인다. 상위문의 시제는 {-었-}이 과거시제를 나타냄과
동시에 완결된 상황을 표현하는 양태성을 가지고 있는 데 반하여[7] 내
포절에 나타난 {-었-}은 과거 시점이기는 하지만 완결된 상황이 아닌
미완적인 사태를 지시한다. 이는 <바라다>구문이 나타내는 의미특성
과 보문소 {-기}의 의미특성이 강하게 작용하기 때문이다.

이러한 현상을 통해서 관찰될 수 있는 사실은 보문 구조에 나타난
시제 형태소들은 시제성은 어느 정도 유지되지만 양태성은 상실된다는
것이다. 이러한 현상을 일으키는 것은 바로 상위동사의 의미특성과 보
문소의 의미제약에 의한 것이라고 할 수 있다. 내포절의 시제소 결합양
상은 다음과 같이 시제소 결합이 제약되는 현상을 통해서 보다 잘 설
명할 수 있다.

  (11) ㄱ. *나는 영이가 가겠기를 바란다.
       ㄴ. *나는 영이가 가더기를 바란다.

위의 예문들은 시제소 {-겠-}과 {-더-}를 각각 내포절에 삽입시켰을
때 비문으로 생성됨을 보여준다. 왜 {-었-}은 내포절 결합이 이루어지

---

7) 허웅(1983:242)에서는 국어 시제법(때매김법)의 체계를 두 가지의 관념적인 대
　립성으로 나타내고 있는 바, 곧 현실적인 것과 그렇지 않은 것, 결정적인 것과
　그렇지 않은 것을 설정하고 있다. 이 경우 {-었-}은 완결된 사태나 상황을 제시
　하는 시제소이다.

고((10ㄴ)의 경우) {-겠-}과 {-더-}는 결합이 제약되는 것일까? 이러한 현상을 상위동사의 의미특성과 보문소의 의미특성에 의한 결합제약으로 설명할 수 있을 것이다. {-겠-}과 {-더-}는 양태적 의미가 강한 형태소들이다. {-겠-}은 미래에 대한 추측이나 짐작을 나타내거나 화자의 의지를 나타낸다. 그리고 {-더-}는 경험적 사실을 새로이 지각하는 양태의미를 지닌다.[8] <바라다>동사는 미래의 사태에 대한 화자의 바람이지만 의도성을 가진 것이 아니라 단순한 기대만을 나타내는 언어행위이다. 따라서 내포절에는 단순한 기대의 내용이 진술되게 된다. 그런데 (11ㄱ)과 같이 내포절에 화자의 강한 의도성을 나타내는 {-겠-}이 결합되면 비문으로 생성된다.

또 {-더-}는 경험적인 사실에 대한 지각을 나타내는데, 이미 완결된 사태를 대상으로 한다. 그러나 <바라다>동사는 앞으로 일어날 사태를 대상으로 하는 것이므로 [-더]의 결합은 제약된다.[9]

---

8) {-겠-}의 양태성에 대해서는 신창순(1972), 남기심(1972), 서정수(1977), 장경희 (1986)에서 논의되었다. 부분적으로 약간의 차이는 있지만 이들은 공통적으로 {-겠-}이 미래시제가 될 수 없는 것으로 보았다. 특히 장경희(1986:40)에서는 {-겠-}의 핵심 의미를 [짐작]이라는 양태소로 설정하고 문맥에 따른 의미특성을 세분하였다. 그리고 김차균(1980), 임홍빈(1982), 장경희(1986) 등이 {-더}의 [회상]시제성을 부인하고 양태성을 주장한다. 장경희(1986:60)에서는 {-더-}의 특이한 통사제약 현상(동일 주어 제약, 비동일 주어 제약, 시제상의 제약)을 설명하면서 핵심 의미 설정을 검증하고 있다. 이러한 검증을 통해서 {-더-}의 핵심 의미를 [지각]으로 설정하였다.

9) 권재일(1990:67)에서는 복합문 어미의 시제제약을 다음과 같이 정리하고 있다.
   원리 1
다음의 조건으로 문법 기능이 중복 수행되면, 시제어미의 결합이 제약된다.
<조건>: ① 구성성분이 긴밀한 통합 관계에 있을 때.
        ② 어미의 의미특성에 시제의 특성이 포함되어 있을 때.
   원리 2
어미의 의미특성과 시제어미의 특성이 서로 어긋나 있을 때는, 시제어미의 결

그런데 {-고}로 이끌리는 완형보문에서는 이 같은 시제소의 결합제
약이 없는 것으로 나타난다.

(12) ㄱ. 철수가 영이에게 가겠다고 말했다.
    ㄴ. 철수가 영이에게 간다고 말했다.
    ㄷ. 철수가 영이에게 갔다고 말했다.
    ㄹ. 철수가 영이에게 가더라고 말했다.

{-고}보문소는 주어의 발화행위를 옮기는 것 외에 어떤 다른 의미적
특성이 존재하지 않는다. 위의 <말하다>동사 구문에서는 시제소의 결
합에 별다른 제약이 없는 것으로 보인다. 그런데 완형 보문에서도 다음
과 같은 예문을 살펴보면 결과는 다르게 나타난다.

(13) ㄱ. 경찰은 길이 {미끄럽다고, 미끄러울 것이라고, *미끄러웠다
      고} 경고하였다.
    ㄴ. 철수는 자기가 {장학금을 탄다고, 장학금을 탈 것이라고, 장
      학금을 탔다고} 뻐겼다.

<경고하다>는 완형보문을 취하는 동사이지만 (12)의 예문과는 달리
보문의 시제소 결합에 제약을 보인다. 즉, 내포절에 과거시제는 결합되

___

합이 제약된다.
명제동사 구문의 시제소 결합에서 나타나는 제약은 원리 2에 따른 제약 현상
이라고 볼 수 있다. 명제동사 구문은 상위동사의 의미특성에 의해 내포절의 어
미, 즉 보문소의 결합이 제약되고 또 선택되어진 보문소의 의미특성 자질에 의
해 시제소의 결합이 제약되는 것이라고 볼 수 있다.

지 않는다. 이는 <경고하다>동사의 의미특성 (앞으로의 상황에 대한 주의)에 기인한 것이다. 그러나 <뻐기다>동사는 앞으로의 일에 대한 것이나 또는 이미 이루어진 상황에 대한 것을 모두 대상으로 할 수 있으므로 시제소 결합에는 별다른 제약을 나타내지 않는다.

명제동사 구문을 논의하면서 이 같은 시제소 결합관계도 하나의 기준으로 설정할 수 있을 것이다.

4.1.2 내포절의 의미론적 특성 기준

명제동사의 의미특성을 살펴볼 수 있는 기준은 말 그대로 내포절의 명제적 특성을 들 수 있다. 내포절은 상위 명제동사의 의미특성에 따라 의미론적으로 전제하고 있는 내용이 다르게 나타난다. 종래에 명제동사 구문을 논의하면서 가장 많은 관심 영역 중의 하나는 보문의 [사실성]에 관한 논의였다. Kiparsky & Kiparsky(1971)에서는 "that" 보문소가 결합된 보문이 '사실성(factivity)'을 갖느냐 아니하냐 하는 의미론적 특성에 따라 서술어를 사실적 서술어(factive predicate)와 비사실적 서술어(non-factive predicate)로 하위분류하였다. 거기에서 논의된 바에 따르면 보문의 사실성 여부는 화자가 그 보문에 대해 참명제로 전제하느냐 아니 하느냐에 관계되며, 이러한 의미적 관계가 보문을 포함한 문장 전체의 통사론적 특성을 제약하는 주요 원인이라고 하였다.[10]

국어에서도 이같은 보문의 사실성 전제의 개념을 받아들여 보문의 구조를 설명하려고 하였다. 국어에서는 보문의 사실성 여부가 주로 보문소의 결합양상에 따라 나누어진다고 설명하고 있다. Yang(1972:13-15)

____

10) 김영희(1988:133)를 참고로 하였다.

에서는 보문소 {-고}와 {-것}의 의미특성을 비사실적(non-factive)인 것과
사실적(factive)한 것으로 구별하였고, 남기심(1973:9-28)에서는 불구보문
소인 {-것}의 의미특성은 Yang(1972)과 동일하게 파악하였으나 {-고}보
문소는 보문에서 진술된 행위나 상태 혹은 사건이 반드시 사실이어야
함을 전제하지는 않는 것으로 파악하였다. 그리고 그는 사실성을 전제
하는 보문이 아닌 경우는 평서법의 '-다'가 나타날 수 없으며, 보문소
{-음}, {-것}등이 제약된다고 하였다.

(14) ㄱ. 영이는 철수가 {결혼한 것을, 결혼하였음을, *결혼하였다고}
　　　　인정했다.
　　ㄴ. 나는 영이가 {*결혼한 것을, *결혼하였음을, 결혼하였다고}
　　　　단언했다.

(14ㄱ)은 보문의 내용이 화자에 의해서 사실적인 것으로 전제되는
구조로서 {-고} 보문소의 결합은 제약되는 것으로 나타난다. (14ㄴ)은
이와는 반대의 내용으로서 보문의 내용은 화자에 의해 사실성의 전제
를 보장받지 못하는 비사실성 보문으로서 {-것}과 {-음}의 결합이 제약
된다. 이러한 예들에서는 사실성에 의한 보문소의 결합제약이 있다는
것은 타당한 것으로 보인다.
　그런데 다음과 같은 예문을 보면 사실성의 개념이 보문소의 특성에
만 의존하는 것이 아니라 상당히 화용적인 것으로 해석될 수도 있음을
알 수 있다.

(15) ㄱ. 영이는 자기는 절대로 그곳에 가지 않았음을 주장하였다.

ㄴ. 갈릴레이는 법정에서 그래도 지구가 자전함을 역설하였다.

위 (15)는 보문소가 {-음}으로 실현되었지만 보문의 사실성에 대해
서는 별개의 해석이 가능하다. (15ㄱ)은 보문의 사실성이 전제되는지의
여부가 명확하지 않다.[11] 그런데 (15ㄴ)은 보문의 내용이 사실로서 받
아들여진다. Yang(1972)나 남기심(1974)의 논의를 토대로 하면 보문소의
의미특성이 사실성의 여부에 따라 보문에 제약적으로 실현된다. 그러
나 보문소의 제약현상에는 보문의 사실성 자질뿐만 아니라 상위동사의
의미특성, 상황적인 맥락이 함수관계로 폭넓게 작용한다. 우리가 보문
의 내용을 사실성 자질에만 집중하여 보문소의 제약양상을 논의한다
면, 거기에서 얻어지는 것이 매우 적다. 보문소의 결합 양상은 상위동
사의 의미특성에 의해 제약적인 결합양상을 나타내는 것이며, 보문의
사실성 판단은 그 중 하나의 함수로서 보문소의 결합에 참여하는 것이
다. 예를 들어 <후회하다>동사와 같이 순사실적 동사인 경우에만 사
실성 자질이 그대로 보문소의 결합제약을 일으키는 변항으로서 기능하

---

11) <주장하다>류 동사에 대해 남기심(1973)과 김영희(1988:136))는 {-음} 보문소
와 결합하지 못한다고 하지만, 필자가 보기에는 {-음}의 결합이 받아들일 수
있는 것으로 보인다. 그들의 논의에서는 보문소의 결합을 보문의 사실성 전제
와의 관련 속에서 분명한 차이를 보여주려고 한 것이므로 사실성을 갖지 못하
는 모든 동사들에 대해 {-음} 보문소의 결합제약을 설정하고 있다. 그러나 명
제동사와 보문소의 결합은 [사실성] 자질에 의해서만 결정되는 것이 아니다.
뿐만 아니라 우리는 보문소 {-음}의 의미특성을 여러 용례검증을 통하여 [+완
료적] [+상태성]의 의미자질로 설정하여 논의하였다. 만약 남기심(1973)의 논
의대로 사실성 전제 동사들이 {-음}과의 결합을 선호한다면 그것은 {-음}이 가
지고 있는 대상 한정의 기능에 의한 것이라고 보인다. 대상이 한정된다는 것은
이미 완료된 사태나 상황에 대한 것으로 [실제성]을 부차자질로 획득할 수 있
기 때문이다. 그리고 이러한 [실제성] 자질은 동사의 의미와 융합하여 [사실성]
의 자질로 해석될 수 있다.

지만 다른 동사들에서는 복합적인 변항들에 의해 보문소의 결합이 영
향을 받는다. 따라서 한 동사내에서도 보문소의 결합은 다중적으로 실
현될 수 있다. 예를 들어 (15)의 명제동사는 {-고}보문으로도 실현될 수
있다.

(16) ㄱ. 영이는 자기는 절대로 그곳에 가지 않았다고 주장하였다.
     ㄴ. 갈릴레이는 그래도 지구는 돈다고 역설하였다.

위의 예문들은 <주장하다>, <역설하다>의 내포절을 완형보문으로
구조화시켜 본 것인데, 사실성의 판단에는 위의 (16ㄱ,ㄴ)과 차이를 보
이지 않는다. 이 동사들은 사실성에 대해서는 중립적인 동사들이다. 이
들 동사의 내포절의 의미내용을 해석하기 위해서는 발화자(=주체)의
보문내용에 대한 태도와 보문의 명제 내용적 성격을 고려해야 한다.[12]
즉 발화시 현재 자명한 사실로서 검증될 수 있고 또 화자도 그러한 명
제를 사실명제로 인식하는가, 아니면 그러한 실증이 어려워서 평가 판
단의 대상이 되는가에 따라 사실성 여부가 결정된다.

안명철(1993:59)에서는 보문의 의미를 화자의 시점에 놓여있는 사건
들의 존재 유형이나 사건과 사건과의 관계를 나타내는 것들로 파악하
고 있는데, {-것} 보문을 사건보문으로 {-고} 보문을 판단내용보문으로
파악하고 있다. 또 장경희(1987:495)에서는 불구보문을 사건을 범주화

---

12) McCawley(1978)에서는 일본어 보문소의 동사에 따른 선택을 이런 양태의미의
    관점에서 설명하고 있는데 거기서는 지식을, 감각경험을 통해 얻어지는 것, 논
    리적 추리를 통해 얻어지는 것, 다른 출처에 의한 것으로 나누어 보문의 유형
    에 적용하고 있다(김흥수(1993:209)에서 재인용).

하는 사건명사로, 완형보문절을 발화나 정보를 범주화하는 것으로 하위유형을 구별하였다. 또한 완형보문의 의미를 사실성의 관점에서만 논의하던 것을 지양하고 명제명사나 명제동사의 의미적 특성, 그리고 인간의 해석 작용에 의해 상세화된다고 하였다.

실제로 보문의 각각의 의미는 모두가 사건들의 제반 양태적 모습과 관련된 것이다. 이러한 관점에서 보문의 의미를 파악할 때 사실성이라는 것은 사실에 대한 인식이 아니라 사건이 어떤 시점에서 어떤 모습으로 존재하는가를 인식하고 있는데 있다고 해야 할 것이다. 사실성의 의미는 목적어가 나타내는 사건이 과거나 현재의 시점에서 확실성을 띨 때 자연히 부여되는 것이다.

보문의 사실성 전제 여부를 통사론적 구조로 해명하려고 시도했던 Kiparsky & Kiparsky(1970)의 논의는 Karttunen(1971,1973)에 의해 좀 더 의미론적 고찰이 이루어지게 되었다. 그는 보문의 긍정, 부정 변형을 통해 화자의 보문에 대한 믿음이 어떻게 변화되는지를 살피고 있다.

(17) ㄱ. 철수는 모임에 나간 것을 후회하였다.
　　　→철수는 모임에 나갔다. 그는 그 사실을 후회하였다.
　　ㄴ. 철수는 모임에 나간 것을 후회하지 않았다.
　　　→철수는 모임에 나갔다. 그러나 그는 그 사실을 후회하지 않았다.

<후회하다>는 상위동사에 부정어구를 삽입하여 부정변형을 하더라도 보문의 내용은 여전히 참인 명제로 나타난다. 이 경우, {-고}보문을 취할 수 없는데, 이는 <후회하다>가 객관적으로 존재하는 세계에

대한 화자의 경험을 전제로 하고 있기 때문이다. 이런 동사를 사실적 동사로서 분류한다.[13] 또한 이러한 동사의 내포된 전제를 의미론적 전제라고[14] 하여 상위동사의 부정이 보문의 명제 성격에 직·간접으로 영향을 미치는 다음의 경우와 구분한다.

(18) ㄱ. 선생님은 길남이를 수업시간에 떠든다고 나무라셨다.
　　　→ [길남이는 수업시간에 떠든다(T)] 선생님은 그런 길남이
　　　　를 나무랐다.
　　ㄴ. 선생님은 수업시간에 길남이를 떠든다고 나무라지 않으셨다.
　　　→ [길남이는 수업시간에 떠든다(T) 혹은 떠들지 않는다(F)]
　　　　선생님은 길남이를 나무라지 않았다.

위 <나무라다>는 (18ㄱ)과 같이 상위문이 T로 나타나면 보문의 내용도 T로 나타나지만 상위문을 부정변형을 해보면 보문의 내용은 T가

---

13) 심재기·이기용·이정민(1984:174-175)에서는 전제의 부정여부를 통한 동사의 분류를 제시하고 있다.

14) 박영순(1994:168)에서는 의미분석에 따른 논리체계를 前提, 含意, 同意, 矛盾의 네 유형으로 설정하고 있다. 여기서는 대조적인 논리체계를 나타내는 전제와 함의를 정리해 본다. 전제는 주문장 S1의 진위에 관계없이 S2는 언제나 참(T)이 되는 논리관계를 말하고, 함의(Entailment)는 주문장 S1의 의미가 T라면 S2도 T가 되지만 S1이 F이면 S2는 T나 F가 되는 논리관계라고 정의하고 있다.
전제에 대한 관점은 두가지의 방향에서 고찰된다. 하나는 위의 경우와 같이 진리치의 조건으로 문과 문, 문과 명제, 문과 발화와 명제간의 관계로 파악하고자 하는 태도의 전제관계로서 이를 의미론적 전제라고 한다. 또 하나의 부류는 화용론적 관점에서의 전제를 바라보는 것이다. 여기서는 전제를 주어진 화맥(speech context)에서 화자와 청자가 갖는 공통의 정보, 혹은 발화수행의 적절성 조건으로 간주한다(이승명(1990:102 참조).

되거나 F가 된다는 것을 보여준다. 이런 것을 주절과 하위절이 함의 관계에 있다고 한다. 보문의 의미내용은 이처럼 상위동사의 의미자질에 의해 인식의 양태가 다르게 나타난다. 그런데 기본적으로 이런 논리적인 의미관계는 단언으로 나타나는 보문구조에서만 성립된다. 보문의 구조가 평서형의 서법을 취하지 못하는 동사에서는 보문의 진리치를 따질 수가 없다.[15]

(19) ㄱ. 김소위는 부하들에게 진격하라고 명령했다.

　　　→ [부하들이 진격하다]의 전제는 확정되지 않은 명제이다.

<명령하다>류 동사는 앞으로의 사태에 대한 행위를 요구하는 것이므로 발화의 시점에서는 그러한 행위의 실현여부는 확정되지 않는다.

상위동사와 보문소의 결합제약 양상을 명제동사의 각 유형이 갖고 있는 인식의 양태에 관련하여 논의할 수 있을 것이다.

4.2. 명제동사의 유형적 특성

이 절에서는 앞서 설정한 관점에서 명제동사의 유형을 분류하여 각각의 유형에 대해 통사적 의미론적인 고찰을 하는 데 목적이 있다. 명제동사는 논항구조와 의미역의 유형에 따라 8 가지의 하위유형으로 분류되었다. 각각 설정된 명제동사의 유형에 대해, 첫째 보문소의 결합제약 현상, 둘째 동일 명사구 탈락 현상, 셋째 시제소 결합제약 현상 넷

---

80) 강범모(1983:53)에서는 '사실성' 또는 사실적이란 실현적인 단언 명제에만 적용할 수 있는 술어로서 '말하는 이가 사실(참)으로 믿음'을 의미한다고 정의하였다.

째, 의미론적 논리 해석의 관점에서 각각의 유형을 고찰하고 또 각 동사가 가지는 상세한 의미론적 자질에 따라 통사구조의 변환양상이 어떻게 달라지는지를 아울러 논의할 것이다. 편의상 각 유형은 대표적인 동사들을 제시하여 나타낸다. 이러한 명제동사의 구문구조 고찰을 통해 궁극적으로는 동사의 의미구조가 통사구조에 미치는 제약관계를 명시하는 데 목적이 있다.

4.2.1 〈설득하다〉류

<설득하다>는 그 논항구조가 [행위격]·[수행격]·[대상격]으로 구조화된다. 여기서는 이러한 논항구조를 갖는 동사들을 대상으로 보문소의 결합제약 양상과 그들 동사의 개별적인 상세 의미정보가 어떻게 문의 구조에 영향을 미치는지를 논의하겠다. 특히 상위동사의 상세 의미정보는 내포절의 형태와 서법을 결정하는 중요한 변항으로 역할한다.
<설득하다>류 동사는 행위의 요구가 지시되는 동사이다. [행위지시성]의 의미특성은 내포절의 서법을 결정짓는 역할을 한다.

(20) ㄱ. 시민들은 정부에 물가를 안정시키라고 {요구했다, 부탁했다, 명령했다, 지시했다, 권했다}.
　　 ㄴ. *시민들은 정부에 물가를 안정시킨다고 {요구했다, 부탁했다, 명령했다, 지시했다, 권했다}.
　　 ㄷ. *시민들은 정부에 물가를 안정시키자고 {요구했다, 부탁했다, 명령했다, 지시했다, 권했다}.
　　 ㄹ. *시민들은 정부에 물가를 안정시키냐고 {요구했다, 부탁했

다, 명령했다, 지시했다, 권했다}.

　명제동사에 삽입되는 내포절의 기본서법은 {-고} 보문과 같은 완형
보문 구조에서 나타난다. 보문소 {-고}는 다른 보문소들과는 달리 내포
절의 어미를 온전히 보존한 채 상위동사에 결합되기 때문이다.[16] 따라
서 {-고} 보문의 내포절 형태는 상위동사의 의미특성에 따라 결합되는
내포절의 서법이 어떠한 것인지를 표상하는 구실을 한다.
　위의 기본서법을 나타내는 네 가지의 내포절 형태 중에서 <설득하
다>류 동사는 [명령]의 서법과 가장 자연스러운 결합을 이룬다. 이는
이들 동사들이 공통적으로 대상에게 어떤 행위를 시키는 의미를 공유
하고 있음을 구조적으로 보여준다.
　다음은 이들 동사의 보문소 결합 관계를 살펴보도록 하자.

---

16) 보문소의 발화시점이 다르게 적용되는 것을 활용하여 명제동사의 의미특성을
　　설명할 수 있을 것이다. {-고}는 주어의 시점에서 발화된 행위나 사건을 다른
　　사람에게 전달하는 특성을 지닌 보문소이므로 {-고}가 결합할 수 있는 동사는
　　일차적으로 [발화성 동사]에 한정될 것이다. 따라서 {-고}보문소의 결합여부로
　　상위동사의 의미특성을 범주화시킬 수 있다. 남기심(1974:30-34)에서는 명제동
　　사의 자질을 구분하여 명시하면서 [+완형보문]동사와 [-완형보문]동사를 구분
　　하고 있다. 그가 말하는 '완형보문'이란 우리의 논의에서 언급된 바대로 내포
　　절의 문말어미를 온전하게 보존하고 있는 형태를 말한다. {-고}보문이 그 경우
　　이다.
　　[+완형보문] 동사로는 <듣다, 믿다, 느끼다, 추측하다, 생각하다, 작정하다, 상
　　상하다, 보다, 확신하다, 설명하다, 신고하다, 고소하다, 발표하다, 보고하다, 말
　　하다, 여쭙다, 묻다, 외치다, 떠들다, 증언하다, 되묻다, 반문하다, 이르다, 논평
　　하다, 우기다, 예언하다, 대답하다, 단언하다, 선언하다, 쓰다, 적다, 손짓하다,
　　신호하다,...>등을 들었고 [-완형보문]동사로는 <원하다, 바라다, 알다, 지지하
　　다, 쉽다, 어렵다...>등을 제시하였다.

(21) ㄱ. 영이는 철수에게 운동을 하라고 설득했다.

　　　ㄴ. 영이는 철수에게 운동을 할 것을 설득했다.

　　　ㄷ.?영이는 철수에게 운동을 하기를 설득했다.

　　　ㄹ.*영이는 철수에게 운동을 함을 설득했다.

<설득하다>류는 행위대상인 [수행자]로 하여금 어떤 행동의 변화를 유도하는 동사로서 내포절의 명제 형태는 명령의 서법양상을 나타내는 것이 특징이다. 이들 동사는 공통적으로 보문소 {-고}, {-것}에 대해서는 결합이 자연스럽게 이루어지고 {-기}와도 어느 정도 결합이 이루어지나 {-음}과는 결합이 어색한 것으로 보인다.

그런데 내포절의 동사를 다음과 같이 나타내면 보문소의 결합양상이 다르게 나타난다.

(21) ㄱ. 영이는 철수에게 운동을 해야됨을 설득하였다.

　　　ㄴ.*영이는 철수에게 운동을 해야되기를 설득하였다.

(21)과 (22)의 두 예문을 통하여 <설득하다>류 동사의 의미특성과 보문소의 결합제약을 살펴보기로 하자. <설득하다>는 발화자가 대상자로 하여금 화자의 의도한 행위를 수행해주기를 바라는 발화행위이다. 따라서 <설득하다>의 [발화성]자질은 {-고}보문을 자연스럽게 구성하며 기본적인 서법은 명령을 나타낸다. 또 선행동사와의 결합에 제약성을 나타내지 않는 무표적인 보문소 {것}과의 결합도 자연스럽다. 그런데 보문소 (21ㄷ)의 {-기}는 적정구조는 아니지만 가능한 결합으로 볼 수 있다. 그러나 (21ㄹ)은 {-음)과의 결합이 매우 어색하게 나타난다.

그런데 (22)에서는 오히려 {-기}는 어색하고 {-음}은 적절한 것으로 판단된다. (21ㄷ,ㄹ)과 (22ㄱ,ㄴ)의 차이는 내포절의 동사가 다르다는 데서 먼저 그 양상을 논의할 수 있다. (21ㄷ)은 내포절의 동사가 동작을 나타내는 동작동사이지만 (22ㄱ,ㄴ)은 구체적인 행위지시가 아니라 명제적 성격을 지니는 내용보문이다. 이때의 <설득하다>는 구체적인 행위를 요구하는 것이 아니라 어떤 사실이나 명제를 전하는 행위이다. 그러나 단순한 전달행위와는 달리 화자의 요구성이 들어있는 전달행위이다. 따라서 내포절의 동사는 (22ㄱ)처럼 '-어(/아)야 하다'의 의무적 양태 구조를 취한다. 여기에 {-기}가 제약되는 것은 {-기}의 [자발성]적 의미 특성과 '-어(/아)야 하다' 구조의 의무적 양태성이 서로 어울릴 수 없는 자질들이기 때문이다. <설득하다>구문의 보문이 자발성을 갖지 못하는 행위내용으로 구성된다는 것은 다음과 같이 내포절 어미를 변화시켜봄으로써 보다 명확해진다.

(23) ㄱ. 영이는 철수에게 열심히 공부하도록 설득했다.
　　 ㄴ.*영이는 철수에게 열심히 공부하려고 설득했다.

<설득하다>의 보문은 (23ㄱ)과 같이 '-도록' 어미와는 결합이 가능하지만 (23ㄴ)과 같이 의도를 나타내는 '-려고'는 결합할 수 없다. (23ㄴ)은 보문의 주체인 '철수'가 자발적으로 행위수행을 하려는 것으로 해석됨으로써 비문을 만든다.
　다음은 <설득하다>류 동사의 내포절의 주어가 상위문의 어떤 성분과 동일지시 관계를 갖고 있는지를 살펴보기로 한다.

(24) ㄱ. 영이는 아이들에게 집에 일찍 귀가하라고 설득했다.

　　　ㄴ. 영이는ᵢ 아이들에게ⱼ [s PROⱼ 집에 일찍 귀가하라고] 설득했다.

(24ㄱ)은 <설득하다> 동사의 구문구조이고 (24ㄴ)은 이를 해석구조인 LF형태로 분석한 것이다. <설득하다>류 동사의 내포절은 상위문의 목적어와 동일지시 관계를 이룬다. 그리고 그러한 목적어 통제가 필수적으로 일어나기 때문에 내포절에 다른 어휘적 NP가 나타나게 되면 적격하지 못한 문이 된다.

(25) *영이는ᵢ 아이들에게ⱼ [철수가ₖ 일찍 집에 귀가하라고] 설득했다.

<설득하다>류 동사는 필수적인 목적어 통제 구문을 이루므로 PRO의 선행사로서의 목적어는 필수적으로 범주화되어야 한다.

다음은 <설득하다>류 동사의 내포절의 시제소 결합제약 현상에 대해 살펴보기로 하자.

(26) ㄱ. 선생님은 학생들에게 열심히 {공부하라고, *공부하였으라고,
　　　　　*공부하리라고} 충고했다.

　　　ㄴ. 선생님은 학생들에게 열심히 {공부하기를, *공부하였기를}
　　　　　충고했다.

　　　ㄷ. 선생님은 학생들에게 열심히 {공부할 것을, *공부한 것을, *
　　　　　공부하는 것을} 충고했다.

<설득하다>류 동사는 미래의 행위를 지시하는 것으로서 과거 시제

소 '-었-'과는 결합하지 못하고 현재 시제소 '-느-'와도 결합이 제약된다. 이러한 시제소의 결합제약 현상은 {-고}로 이끌리는 완형보문이나 {-것}이나 {-기}로 이끌리는 불구보문에서도 똑같이 적용된다. 상위동사의 의미특성이 내포절의 시제소 결합에 강력히 영향을 미치고 있음을 알 수 있다.

다음은 <설득하다>류 동사 구문의 의미론적 논리에 대해 살펴보기로 하자.

먼저 <설득하다>류 동사가 이루어지는 발화수행 조건에서 보면 발화자가 사태의 변화를 요구하는 의도성을 가지고 있고 수행자가 그러한 행위를 수행할 수 있는 능력이 있다고 믿는 상황에서 발화가 이루어진다. 대개는 발화자가 처한 상황적 배경이 부적절하거나 만족스럽지 못한 경우에 일어나게 된다. 따라서 다음과 같은 발화자의 전제가 가능한데, 이는 화용론적인 전제라고 할 수 있다.

(27) ㄱ. 철수가 영이에게 진실을 말하라고 충고했다.

　　　ㄴ. [영이가 진실을 말하지 않았다] (화용적 관점의 발화자 전제)

화용론적으로 볼 때 발화자는 (27ㄱ)의 발화에 (27ㄴ)과 같이 보문의 내용과는 상반되는 전제를 갖고 있다고 말할 수 있다. 그리고 이러한 발화자의 전제가 발화행위를 통해 개선되기를 요구하게 된다.

그러나 의미론적인 문장의 논리 관계로 볼 때는, 상위문의 전제되는 내용이 문장 안에 드러나지 않는다. <충고하다>가 취하는 보문의 의미내용은 완료된 상황이 아닌 미정의 상황이므로 논리적인 관계의 전제도 두 가지로 나타난다.

(28) ㄱ. 철수가 영이에게 진실을 말하라고 충고했다.

  ㄴ. [영이가 진실을 말하지 않았다} 또는 [영이가 진실을 말했다]

그리고 이러한 전제 관계는 상위문의 부정 변형을 통해서도 변화되지 않는다.

(29) ㄱ. 철수가 영이에게 진실을 말하라고 충고하지 않았다.

  ㄴ. 그래서 [영이는 진실을 말하지 않았다] 또는

  그래도 [영이는 진실을 말했다]

<설득하다>류 동사는 행위지시만을 나타내고 수행여부에 대해서는 책임을 지지 않는다. 따라서 보문의 행위내용이 수행되었는지는 문장 안의 논리만으로는 알 수가 없을 뿐 아니라 상위문의 부정변형이 보문의 전제에 어떤 영향을 미치지도 않는다. 그런데 다음과 같이 부정어구를 보문에 삽입시켰을 때 어떤 결과가 일어나는지 살펴보기로 하자.

(30) ㄱ. 철수는 영이에게 진실을 말하지 말라고 충고했다.

  ㄴ. [영이가 진실을 말하지 않고 있다] 또는 [영이가 진실을 말하고 있다]

위 구문에 드러나는 전제는 (29)의 경우와 같다. 보문의 부정 변형이나 상위문의 부정이 보문의 전제된 내용에 있어서는 똑같은 논리관계를 나타낸다. 그런데 전체 문장의 전제에는 차이를 나타낸다.

(31) ㄱ. 철수는 영이에게 진실을 말하라고 충고하지 않았다.

ㄴ. 다만 영이가 진실을 말하기를 기대할 뿐이었다.

ㄷ. 철수는 영이에게 진실을 말하지 말라고 충고했다.

　*다만 영이가 진실을 말하지 말기를 기대할 뿐이었다.

위의 예문은 상위동사의 부정이 나타내는 발화자의 전제와 보문의 부정이 나타내는 경우의 발화자의 전제가 다르다는 것을 보여준다. 즉, (31ㄱ)은 부정범위가 상위동사에만 국한되어 실현되고 (31ㄴ)은 부정의 범위가 보문 내에만 미친다는 것을 알 수 있다. 이러한 특성은 문법상의 구조화를 넘어서 담화구조상의 제약을 가져온다. 요컨대, <충고하다>류와 같은 동사류는 보문의 전제가 모문으로 이어지지 못하는 장벽이 된다.17)

다음은 <설득하다>류 동사의 의미특성인 [행위지시]내용에 대해 동사별로 어떻게 차이를 나타내는지 그 상세 의미자질에 대해 살펴보기로 하자.

(32) ㄱ. 영이는 철수에게 담배를 끊을 것을 설득했다.

ㄴ. 영이는 철수에게 진학할 것을 설득했다.

ㄷ.*영이는 철수에게 정직한 사람일 것을 설득했다.

위의 예문은 모두 내포절의 어미를 {-것}으로 유형화시킨 구조인데,

---

17) Karttunen(1973)에서는 '말하다', '논의하다', '묻다', '요구하다', '주장하다' 등의
전달동사나 '경고하다', '약속하다', '명하다', '비난하다', '비판하다' 등의 수행
동사는 보문의 전제가 완전히 차단되어 모문으로 이어지지 못한다고 하였다.

이러한 구조적인 동일함에도 불구하고 문의 적격성에 차이를 보인다. (32ㄱ,ㄴ)은 적격한 문으로 보이나 (32ㄷ)은 적절하지 못한 것으로 판단된다. 이들 구문은 내포절의 의미내용에 차이를 보이는데, 즉 (32ㄱ,ㄴ)은 구체적인 행위를 지시하는 동사를 포함하고 있지만 (32ㄷ)은 개체의 속성을 나타내는 지정사 구문이다. 따라서 구체적인 행위를 지시하는 <설득하다>동사에 동사가 지정사로 실현된 내포절은 적절하지 못한 의미구조를 나타낸다는 것을 알 수 있다. 위의 (32ㄷ)이 적격한 문이 되기 위해서는 내포절의 동사 '-이다' 대신에 '-되다'를 대치함으로써 가능해질 수 있다.

(33) 영이는 철수에게 정직한 사람이 될 것을 설득했다.

그런데 <설득하다>류 동사들은 공통적으로 [행위지시성]의 의미자질을 함유하고 있지만 그 개별적인 의미내용에는 차이를 보이고 있다. <설득하다>는 구체적인 행위뿐만 아니라 상태나 속성의 변화까지도 내용의 범주 속에 포함시킬 수 있는 데 비하여 <명령하다>는 동작동사의 행위만을 대상으로 할 수 있다는 점에서 차이가 난다. 이러한 상세 의미정보는 두 동사의 내포절의 구조와 유형에 영향을 미친다. 다음의 예문을 보자.

(34) ㄱ. 영이는 철수에게 담배를 끊으라고 명령했다.
     ㄴ. 영이는 철수에게 집에 돌아가라고 명령했다.
     ㄷ. *영이는 철수에게 정직한 사람이 되라고 명령했다.

<명령하다>구문에서는 내포절이 구체적인 행위를 지시하는 동작동사일 때는 결합이 자유로우나 (34ㄷ)처럼 개체의 속성 변화를 나타내는 지시성은 내용적 결합이 부자연스럽다. 이런 점에서 <명령하다>는 [동작행위 지시성]으로, <설득하다>는 [포괄적 지시성]으로[18] 그 의미자질을 명세화할 수 있을 것이다.

이 부류의 다른 동사들에서 [행위지시성]의 의미자질이 어떻게 구분되는지도 살펴보기로 하자.

(35) ㄱ. 영이는 철수에게 진실을 말할 것을 {요구했다, 호소했다, 부탁했다, 지시했다, 권하였다…}.

ㄴ. 영이는 철수에게 정직한 사람이 될 것을 {요구했다, 호소했다, 부탁했다, *지시했다, 권하였다…}.

위 동사들은 상세 의미자질이 [포괄적 지시성]을 나타낼 때는 내포절 동사의 결합에 제약이 없으나 [동작행위 지시성]의 자질을 나타내는 <지시하다>는 내포절의 동사가 상태동사인 경우는 결합이 제약된다. 따라서 <명령하다>와 <지시하다>는 [동작행위 지시성]을 나타내는 동사들로서 서로 가장 유사한 의미구조를 가지고 있다고 하겠다.[19] 그

---

18) [포괄적 지시성]이란 동작동사의 행위뿐만 아니라 상태의 변화도 포함한 의미자질이다. 예를 들면 상위동사가 [동작행위 지시성]의 자질인 경우에는 상태의 변화를 나타내는 '되다'구문은 성분절로 할 수 없으나, [포괄적 지시성] 자질 동사인 경우에는 '되다' 내포절을 허용한다.

19) 이처럼 동사의 어휘구조와 통사구조의 상관성을 어휘들 간의 동의성을 측정할 수 있는 하나의 기제로 적용할 수 있겠다. 동의성을 상호대치라는 관점에서 논의한 원진숙(1988)에서도 이같은 통사구조의 유사성을 설명하고 있다.

리고 <요구하다>, <호소하다>, <부탁하다>, <권하다>등의 동사는
모두 [포괄적 지시성]의 자질로 설정할 수 있다. 동사의 상세 의미자질
의 차이는 문의 구조적 변환에 영향을 미친다. 다음의 예문을 살펴보도
록 하자.

(36) ㄱ. 어머니는 나에게 정직이 최선이라고 {*설득하셨다, 충고하
　　　　 셨다, 타이르셨다, *부탁하셨다, *명령하셨다, *요구하셨
　　　　 다……}

　위의 예문은 <설득하다>류의 동사에 내포절 서법이 명령법이 아니
고 평서법으로 나타나 있다. <설득하다>류 동사는 [행위지시성]이라
는 공통의 의미특성을 가지고 있고 이는 내포절의 서법이 명령형으로
나타난다는 것을 논의하였다. 그런데 <충고하다>나 <타이르다>는
(36)처럼 내포절이 평서법으로 나타나더라도 구문이 성립된다. 이같은
구조 변환이 가능한 것을 이 두 동사의 의미자질에서 찾을 수 있다.
<충고하다>와 <타이르다>는 사태를 변화시키고자 하는 요구성의 정
도가 가장 약한 동사들이다. 이들 동사는 강력한 행위지시를 나타내지
못하고 [훈시성]의 의미기능을 수행하기도 하는데, 위의 예문은 그러한
의미구조를 보여준다.
　또 <설득하다>류 동사들의 [행위지시성]의 자질은 지시하는 행위
내용에 차이를 나타낼 뿐만 아니라 또 요구의 태도에 있어서도 차이를
보인다.

(37) ㄱ. 영이는 철수에게 집에 돌아가라고 {설득했다, 명령했다, 요

구했다, 부탁했다, 지시했다, 권했다, 요청했다,}

ㄴ. 영이는 철수에게 집에 돌아가달라고 {설득했다, ?명령했다,
요구했다, 부탁했다, ?지시했다, 권했다, 요청했다,}

위의 예문들은 요구의 정도 즉, [강제성]을 띤 것이냐 [부탁성]을 띤
것이냐에 따라 동사의 유형이 구분된다. 이들 동사들은 모두 청자에게
행위를 요구하는 수행동사들이지만 <명령하다>와 <지시하다>는 강
제성을 띠는 행위로 <요구하다>, <요청하다>, <부탁하다>, <권하
다>는 강제성을 띠지 않는 것으로 의미특성을 구분할 수 있다. '돌아
가라'라는 명령형 보다는 '돌아가달라'라는 요청형이 훨씬 부드러운 표
현이다. <설득하다>는 양쪽 모두에 걸쳐 나타난다.

또 <설득하다>류 동사의 [행위지시성]의 태도는 강제적이냐 부탁
성이냐에 따라 구분될 뿐만 아니라, 행위내용의 범위가 일방적이냐, 아
니냐에 의해서도 구분이 된다. [행위지시성]이 강제성을 갖는 <명령하
다>와 <지시하다>는 행위방향에 있어서도 일방적인 요구성을 나타
낸다. 이들은 다른 동사구문들이 청유의 서법을 취할 수 있는데 비해
청유형 서법으로의 변환이 제약된다.

(38) ㄱ. 철수는 영이에게 집회에 동참하자고 {설득했다, 요구했다,
호소했다, 부탁했다, *명령했다, *지시했다……}.

지금까지 살펴본 동사의 상세 의미자질을 명세화하여 보면 <명령하
다>와 <지시하다>는 [+동작성], [+강제성], [+일방성], [-진술성]의
행위지시를 나타내며, <설득하다>, <요구하다>, <부탁하다>, <요청

하다>, <권하다>에는 [포괄성]·[-강제성]·[±일방적]·[±진술성]인 것으로 자질을 표기할 수 있다.

·다음은 <설득하다>동사류[20]가 보이는 축약구조 양상에 대해서 살펴보기로 하자. 명제동사는 다른 일반 타동사와는 달리 문 구조에 필수적 성분절을 범주화시킨다고 논의했었다. 그런데 다음과 같은 변환구조를 상정해 보자.

(39) ㄱ. 민호는 영수에게 집회에 동참할 것을 {설득했다, 요구했다, 명령했다, 권하였다, 충고하였다, 호소하였다, 부탁하였다……}.

ㄴ. 민호는 영수에게 집회 동참을 {설득했다, 요구했다, 명령했다, 권하였다, 충고하였다, 호소하였다, 부탁하였다……}.

위의 (39ㄱ)은 전형적인 <설득하다>류의 문 구조이고, (39ㄴ)은 내포절의 동사와 연결어미를 탈락시킨 축약구조이다. 그러나 축약된 구문에서도 의미구조에는 별다른 장애가 없이 정보가 완결되었다. 내포절의 동사는 소위 '기능동사[21]' 혹은 '복합술어'라고 불리는 '-하다'류

---

20) 여기서 같은 동사류로 지칭하는 것은 기본적인 논항구조의 동일성에 따른 것이다.

21) '행복하다', '합격하다', '성공하다'…류의 '-하다'동사들이 갖는 의미구조는 문법학자들에게 흥미있는 주제거리 중의 하나였다. 의견의 차이는 조금씩 있지만 일반적으로 이러한 구조에서 실제적인 서술의 의미를 담당하는 것은 漢字 명사들이고 '-하다'는 동사화 접미사 정도의 기능을 담당하는 형식동사로서의 쓰임으로 논의하였다. 여기에 쓰인 한자 명사들은 이른바 '동사성 명사'로 불리어지는 부류이다. 그들의 형태범주는 명사이지만 자체로 서술성을 띠므로 의미역을 가질 수 있고 '-하다'와 통합하여 각 논항에 의미 역을 배당할 수 있다.

동사이다. 여기서 '-하다'동사는 실질적인 의미기능을 하지 못하고 다만 동사화 접미사의 역할만을 하고 있다. 따라서 주된 의미기능을 가지고 있는 명사만으로도 문장의 의미는 성립되는 것이다. 명제동사의 [행위내용]을 나타내는 내용절을 서술성 명사로 대치할 수 있는 것은 이 서술성 명사들이 명사 범주이지만 사건 해석을 받는 것들이기 때문이다. 서술성 명사 외에 다른 일반 개체 명사나 실체명사로는 내용절을 결코 대치할 수 없다. 이는 명제동사의 [행위내용]이 반드시 명제성을 갖춘 보문이 와야 된다는 것을 의미한다. 지금까지 논의된 <설득하다>류 동사의 의미구조를 정리해 보도록 하자. 동사의 의미구조는 논항구조와 그들간의 의미역 관계, 그리고 상세 의미자질로 설정된다. 동사의 의미구조에 의한 논항구조와 의미역 관계는 문의 기본구조를 결정하고 동사의 상세 의미자질은 문의 변환구조 양상을 제약하는 기능을 갖는다. 문의 기본구조를 살펴보기 위하여 보문소의 결합양상, 보문의 의미론적 해석을 위한 통제 현상과 논리적 해석의 문제를 다루어 보았다. 또 문의 변환 양상을 결정하는 동사의 상세 의미자질에 대해서도 여러 가지 관점에서 다루어 보았다. 지금까지 논의된 것을 표로 정리하면 다음과 같다.

김유정(1993:34)은 서술성 명사에 대해 [±상태성]의 의미자질을 갖는 분리 가능한 독립적인 명사로 잠재적이긴 하지만 동사처럼 의미역과 논항을 가지고 있는데 기능동사와의 결합을 통해 이러한 잠재적 서술기능을 완성하며 의미역 상승규칙을 통해 그 의미 역을 실현시키는 기능동사구를 이루며 관형수식을 받지 못하는 N으로 규정하고 있다. 서술성 명사의 의미적인 특징은 특정 개체를 지시하는 것이나 실체적인 것을 지시하는 것을 제외한 사건과 관련된 명사 범주이다.

[표 1:⟨설득하다⟩류 동사의 기본 의미구조]

구조 동사	논항구조	의미역	동일주어 제약	내포절의 결합구조 양상					
				을 것	은 것	는 것	-음	-기	-고
설득하다	[행위자] [행위대상] [행위내용]	[행위격] [수행격] [대상격]	필수적 목적어 통제	X	X	X	X	X	O
타이르다				X	X	X	X	X	O
충고하다				X	X	X	X	X	O
부탁하다				O	X	X	X	O	O
이르다				O	X	X	X	O	O
지시하다				O	X	X	X	O	O
명령하다				O	X	X	X	O	O
권하다				O	X	X	X	O	O
만류하다				O	X	O	X	O	O
빌다				O	X	X	X	O	O
호소하다				O	X	X	X	O	O
요청하다				O	X	X	X	O	O

[표 2:⟨설득하다⟩류 동사의 상세 의미구조]

구조 동사	구문의 적정 구조	상세 의미자질		내포절의 서법변환		
		지시 내용	지시 양태	평서법	의문법	청유법
설득하다	NP₁이 NP₂에게 [-v-라고] V-다	포괄 지시	±진술성	O	X	X
타이르다		포괄 지시	±진술성	O	X	X
충고하다		포괄 지시	±진술성	O	X	X
부탁하다		포괄 지시	-진술성	X	X	X
이르다		포괄 지시	±진술성	O	X	X
호소하다	NP이 NP에게 [-v-기를,-라고] V-다	포괄 지시	±진술성	O	X	O
요구하다		포괄 지시	-진술성	X	X	X
빌다		포괄 지시	-진술성	X	X	O
권하다		포괄 지시	-진술성	X	X	O
요청하다		동작 지시	-진술성	X	X	X
지시하다		동작 지시	-진술성	X	X	X
명령하다		동작 지시	-진술성	X	X	X

위의 도표에 나타난 <설득하다>류 동사의 의미구조적 특성을 정리 해보도록 하자.

첫째, <설득하다>류 동사는 [행위자]·[행위대상]·[행위내용]을 논항 으로 하는 구조를 가지며 그들 각각에는 [행위격]·[수행격]·[대상격]이 할당된다.

둘째, <설득하다>류 동사의 내포절은 기본적으로 명령의 서법을 지니며 동사의 의미적 특성에 의해 대부분의 동사에서 보문소 {-음}은 결합이 제약되고, 보문소의 결합은 {-고}>{-기}>{-것}의 순서로 적정 구조를 이룬다.

셋째, <설득하다>류 동사의 상세 의미구조는 행위자의 지시내용이 포괄적 지시를 하느냐, 동작 행위만을 지시하느냐에 따라 문의 결합구 조에 제약을 나타낸다. 포괄적 지시성을 갖는 동사는 내포절의 동사에 제약이 없으나, 동작지시만을 갖는 동사의 경우는 내포절에 상태동사 는 결합하지 못한다. 또 구조적으로는 포괄적 지시 동사의 경우 내포절 이 진술 성격을 띠는 경우도 있어 평서형으로의 서법 전환이 가능하다. 그러나 동작 행위지시의 경우는 오직 명령의 서법만을 구조화시킨다. 또 <설득하다>류 동사는 행위요구가 강제성을 갖는가 아닌가에 따라 서 내포절의 서법 변환구조가 다르게 나타난다. [행위지시성]이 [-강제 성]을 나타낼 때는 내포절이 청유의 서법을 취할 수 있다.

위의 상세 의미자질에 따라 유사한 동사끼리 묶어보면 <명령하다> 와 <지시하다>, <만류하다>, <요구하다> 등은 동작행위만을 요구 하는 동사들이고 나머지 동사들은 동작의 지시와 상태 변화를 포괄하 는 의미를 갖는다. 또 <설득하다>, <충고하다>, <이르다>, <타이르 다>, <호소하다> 등은 진술성을 가지는 동사들로서 내포절이 평서법으로 나타날 수 있는 변환구조를 취한다.

4.2.2 〈나무라다〉류

〈나무라다〉류의 동사는 [행위자], [행위대상], [행위내용]으로 구조되며 그들 논항간의 의미역 관계는 [행위격]·[대상격]·[원인격]으로 구성된다.

의미역 관계가 앞서 논의된 〈설득하다〉류의 동사와 다르다. 〈설득하다〉류가 행위대상에게 구체적인 행위를 해 줄 것을 요구하는 지시라면, 〈나무라다〉류는 어떤 사건이나 행위로 인하여 누구를 질책하는 행위이다. 〈나무라다〉의 의미역 구조에서 중요한 성분은 [행위대상]이며 나무람의 원인이 되는 [행위내용]은 부차적인 초점을 받는 성분이다. 먼저 〈나무라다〉류 동사의 보문소 결합양상은 어떻게 나타나는지 살펴보기로 하자.

(40) ㄱ. 선생님은 철수를 {머리가 길다, 너무 늦게 온다고} 나무라셨다.
　　 ㄴ.?선생님은 철수를 {머리가 긴 것을, 너무 늦게 온 것을} 나무라셨다.
　　 ㄷ.*선생님은 철수를 {머리가 길기를, 너무 늦게 오기를} 나무라셨다.
　　 ㄹ. 선생님은 철수를 {머리가 김을, 너무 늦게 옴을} 나무라셨다.

위의 결합양상을 보면 〈나무라다〉는 내포절의 보문소가 {-고}, {-것}, {-음}과는 결합이 자연스러우나 {-기}와는 결합되지 않는 것으로 나타

난다. <나무라다>류의 다른 동사들의 경우를 더 살펴보고 논의를 진
행시키기로 하자.

(41) ㄱ. 아이들은 철수를 가난하다고 {놀렸다, 깔봤다}.
     ㄴ.?아이들은 철수를 가난한 것을 {놀렸다, 깔봤다}.
     ㄷ.*아이들은 철수를 가난하기를 {놀렸다,깔봤다}.
     ㄹ.?아이들은 철수를 가난함을 {놀렸다, 깔봤다}.

위의 보문소 결합 양상을 보면 {-고}와는 결합이 자연스러운데 이는
<나무라다>류 동사가 [발화성]자질을 가진 동사류이기 때문이다. 그
런데 {-것}과 {-음}과는 결합이 자연스럽지 못하고 {-기}와는 제약적인
양상을 나타낸다. 먼저 {-기}의 제약양상을 살펴보면 <나무라다>는
이미 일어난 사건이나 행위를 대상으로 하는 언어행위인데 반하여 {-
기}는 미완적인 동작성을 나타내는 의미특성을 가지고 있으므로 결합
이 제약된다.

그런데 <나무라다>류 동사와 보문소 {-음}, {-것}의 결합은 다음과
같이 문의 구조를 변환시켜 보면 적절한 것으로 받아들여진다. 이를 통
해 {-음}과 {-것}의 결합양상을 논의해 보도록 하자.

(42) ㄱ. 선생님은 [철수가 너무 {늦게 온 것을, 늦게 옴을}] 나무라
         셨다.
     ㄴ. 아이들은 [철수가 {가난한 것을, 가난함을}] 놀렸다.

위는 내포절 전체에 대상격이 할당되고 있다. '철수'는 상위문의 목

적어가 아니라 내포절의 주어로 구조화된 구조이다. (42)구조에서는 '철수'가 상위문의 목적어로서 대상격을 받는 성분이고, 내포절은 원인 격을 받았다. 그런데 (41ㄷ,ㄹ)이 어색하게 느껴지는 것은 원인격을 받고 있는 내포절이 목적격 표지로 실현되고 있기 때문이다. 그런데 문의 구조를 (42)처럼 변환하면 대상격을 받고있는 상위문의 '철수'는 암시적으로 나타나고 내포절 전체가 대상격을 받도록 구조화함으로써 철수의 행위자체가 대상화된다. 이 때는 내포절이 원인적인 해석을 받지 않기 때문에 목적격 표지와의 결합이 자연스럽다.

그런데 우리가 <나무라다>류 동사의 논항구조를 [행위자]·[행위대상]·[행위내용]으로 구조화한 것은 <나무라다>동사의 의미구조에 근거한 것이다. <나무라다>는 발화자가 대상자의 어떤 행위의 잘못으로 인하여 대상자를 질책하는 언어행위로써 행위자와 나무람의 대상과 질책의 원인내용이 동사의 의미구조 실현에 필요한 논항들이다.

<나무라다>류의 동사가 대상으로 하는 내포절의 내용은 사태의 상태나 속성이다. 그리고 이러한 의미내용은 내포절이 평서법으로[22] 나타나게 된다. 이는 <설득하다>의 내포절이 명령법으로 나타나고 있는 것과 비교가 된다. 평서법의 내용은 사태의 상태나 속성을 대상으로 하고 있으며, 이러한 사태 범주는 완료적 양상을 띤다. 따라서 이 동사류

---

22) 김영희(1981:165)에서는 보문의 {-다}를 기저구조의 구성성분으로서 이행동사의 한 유형인 단언 서술어(assertive predicate) '말하다', '주장하다', '생각하다', '보고하다' 등 과만 공존하는, 그래서 이들의 보문이 단언 명제임을 표현하는 평서법이라고 하였다. 그리고 보문에 {-다}가 나타나는 것은 단언 명제이지만 그렇지 않은 것은 비단언 명제라고 하였다. 본고에서는 이 단언 명제의 의미내용을 좀 더 고찰하고 있다. 즉 평서법의 단언 명제가 나타내는 의미적 특성을 그 보문에 나타나는 시제의 제약이나 다른 보문소와의 결합제약 등의 관계에서 살펴보려는 것이다.

의 구문구조에서는 내포절은 완료적 동작동사를 취하거나 시간성을 개재할 수 없는 상태동사를 취한다. 그리고 이러한 완료적 상태성은 보문소 {-기}의 결합을 제약하는 요인임을 알 수 있다.

그런데 <나무라다>류의 동사구문은 내포절이 상위동사로부터 원인격을 받고 있으므로 다음과 같이 변환시킬 수도 있는데 여기서 발견되는 {-기}형에 대해 주목해 보자.

(43) ㄱ. 국민들은 정부를 정책에 일관성이 없다고 비난했다.

　　 ㄴ. 국민들은 정부를 정책에 일관성이 없기 때문에 비난했다.

위의 예문은 내포절의 구조를 (43ㄱ)을 (43ㄴ)처럼 원인격 부사형어미로 변화시켜 본 것이다. 변환된 구조에서 발견되는 {-기-}형을 주목해 보자. 여기에 쓰인 {-기-}는 관용적으로 굳어진 형태로서 보문소 {-기}와는 구별이 된다.23) {-기 때문에}는 단일한 형태소로 분류하는 것이 옳을 것이다.

다음은 <나무라다>의 내포절 주어의 통제 양상에 대해 논의하도록 하자.

(44) ㄱ. 어머니는 철수를 게으르다고 나무랐다.

　　 ㄴ. 어머니는ᵢ 철수를ⱼ [s PROⱼ 게으르다고] 나무랐다.

(44ㄱ)은 <나무라다>의 문 구조이고 (44ㄴ)은 이의 해석구조인 LF구

---

23) {-기}가 관용적으로 굳어진 형식에 많이 쓰이고 있으나 이들형식에서 발견되는 {-기-}는 보문소 {-기}가 가지고 있는 제약성이 중화되어 버린 관용적 형태이다.

조이다. <나무라다>의 내포절 주어는 상위문의 목적어와 동일지시 관계를 이룬다. 또 이들은 필수적인 통제관계를 이루므로 상위문의 목적어는 필수적으로 범주화되어야 한다. 이들 통제관계는 필수적이므로 내포절의 PRO위치에는 자의적인 다른 NP가 올 수 없다.

(45) ㄱ.*어머니는 게으르다고 나무라셨다.

ㄴ.*어머니는ᵢ 철수를ⱼ [s 영이가ₖ 게으르다고] 나무라셨다.

(45ㄱ)은 PRO와 필수적 통제관계를 이루는 상위문의 선행사가 나타나지 않음으로써 PRO의 의미해석이 불가능하게 되었다. (45ㄴ)은 PRO위치에 어휘적 NP가 나타남으로써 비문이 되었다. 필수적 목적어 통제를 이루는 <나무라다>구문도 앞서 논의했던 통제현상의 특성과 같이 목적어의 범주화가 필수적이며 내포절의 PRO위치에는 어휘적 NP가 실현될 수 없는 것으로 나타난다.

다음은 내포절의 시제소 결합 양상에 대해 논의하기로 한다.

(46) ㄱ. 정부는 북한당국을 {신뢰성이 없다고, 없었다고, *없을 것이라고} 비난했다.

ㄴ. 어머니는 철수를 {낭비가 심하다고, 심하였다고, *심할 것이라고} 나무라셨다.

<나무라다>는 이미 이루어진 행위에 대한 [비난성] 발화로서 내포절에 미래 시제소는 결합되지 않는다.

다음은 <나무라다>류 동사의 의미론적 전제에 대해 살펴보자.

(47) ㄱ. 영이는 철수를 모임에 늦었다고 나무랐다.

　　　ㄴ. [철수는 모임에 늦었다] (문맥상의 발화자 전제)

(47ㄴ)은 발화자의 언어행위가 일어나기 위한 적정조건으로 실제로 대상자인 철수가 모임에 늦었는지의 사실성과는 관계 없이 이루어질 수 있는 발화의 전제가 된다. 보문의 내용이 사실성을 갖는지의 여부는 직접 모임에 참석하여 가려질 성질의 것이므로 여기서는 이를 대상으로 논의하지는 않겠다. 다만 동사의 발화행위가 일어나기 위한 적정조건으로서 보문은 전제될 뿐이다. 또 의미론적 논리해석 원리에 따라서도 보문의 내용은 상위동사의 행위가 이루어지는 전제된 내용이다. 이를 사실성의 관점에서만 논의했던 학자들 사이에서는 {-고} 보문은 일괄적으로 사실성을 갖지 못한다고 하였다. 그러나 명제동사구문의 의미구조를 논의하는 자리에서는 보문을 사실의 관점으로 논의하는 것보다는 상위동사의 의미특성에 따른 보문의 전제 현상에 대해 논의하는 것이 필요함을 강조했었다.

　그럼, <나무라다>구문의 보문의 전제가 상위동사의 부정변형에 의해 그 의미구조가 어떻게 변화하는지를 살펴보기로 한다.

(48) ㄱ. 영이는 철수를 모임에 늦었다고 나무라지 않았다.

　　　ㄴ. [철수는 모임에 늦었다] 그렇지만 영이는 그 사실을 나무라지는 않았다.

　　　ㄷ. [철수는 모임에 늦었다] 그러나 영이가 나무란 것은 철수의 늦음때문이 아니었다.

(48ㄱ)의 상위동사의 부정변형은 (48ㄴ,ㄷ)과 같은 가능한 의미구조로 해석될 수 있다. (48ㄴ)은 <나무람>의 발화행위가 일어나지 않았음을 의미하고 (48ㄷ)은 <나무람>의 원인이 '철수가 늦었기 때문이 아닌 다른 원인이 있음'을 의미한다. 그러나 이 두 가능한 해석구조에서 발화자에게 전제되는 내용은 동일하다. 뿐만 아니라 보문의 전제 내용이 상위동사의 부정 변형을 겪더라도 내용에 영향을 받지 않는다.

다음은 <나무라다>류의 동사마다 다른 상세 의미정보 자질에 대해 살펴보기로 하자. <나무라다>동사는 원인이 되는 내포절의 내용이 이성적인 판단에 의한 것인 반면 <놀리다>와 <깔보다>는 심리적 판단에 의한 것이거나 정서적인 판단이 보문의 내용을 이룬다. 그리고 <나무라다>는 [+선도성(善導性)]자질이[24] 강한 동사로서 상태의 변화를 요구하는 의미가 더해지는 반면 <깔보다>, <꺼리다>, <놀리다>는 [-선도성]을 나타내는 동사들로서 현재 상태에 대한 단순한 비난성 발화만을 행한다. 이는 다음과 같은 문 구조의 변환여부로 방증될 수 있다.

(49) ㄱ. 어머니는 아이를 버릇이 없다고 나무라셨다.

ㄴ. 어머니는 아이에게 버릇 좀 고치라고 나무라셨다.

ㄷ. 영이는 철수를 운동을 못한다고 {놀렸다, 깔봤다}.

---

24) [+선도성]자질은 발화성 동사의 체계를 낱말밭의 이론에 의해 세워본 졸고 (1992)에서 언급된 바 있다. 발화성 동사를 [선도성]이 있느냐 없느냐에 따라 하위분류 하였는데, 여기서 말하는 [선도성]이란 행위자의 의지가 대상을 합리적인 방향으로 변화시키려는 의지를 말한다. 이러한 관점에서 볼 때 <나무라다>는 [+선도성] 자질을 갖는 동사로, <깔보다>, <놀리다>, <꺼리다>는 [-선도성]자질을 갖는 동사로 분류할 수 있다.

ㄹ.*영이는 철수에게 운동 좀 잘하라고 {놀렸다, 깔봤다}.

<나무라다>구문이 상태의 시정을 요구하는 행위성이 강할 때는 명령의 서법을 취하는 변환구조의 양상을 나타낼 수 있는 데 비해 상태시정의 요구가 없는 단순 비난 행위인 <깔보다>,<놀리다>는 행위의 시정을 요구하는 명령의 서법으로 변환하지 않는다. 또 <나무라다>와 <꾸짖다>, <다그치다>가 내포절을 의문의 서법으로 취하면서 잘못된 행위에 대한 비난을 강화할 수 있으나 <놀리다>나 <깔보다>는 의문의 서법으로의 변환이 적절하지 않다. <나무라다>류 동사의 발화자가 대상자의 행위로 인하여 직접 간접으로 영향을 받는 관계에 있는 데 비하여 <놀리다>나 <깔보다>의 언어행위는 행위내용이 화자자신과는 직접적인 이해관계를 갖지 않는 경우가 대부분이다. 따라서 왜 그런 행위가 일어났는지에 대해 발화자는 관심을 갖지 않는다. 다만 현상태를 야유의 대상으로 삼을 뿐이다.

(50) ㄱ. 선생님은 철수에게 왜 매일 늦느냐고 나무라셨다.
     ㄴ. 김사장은 여직원에게 왜 그렇게 덤벙거리느냐고 질책했다.
     ㄷ.?아이들은 길남이에게 왜 그렇게 늦잠을 자냐고 놀렸다.
     ㄹ.?영이는 철수에게 왜 그렇게 돈이 없냐고 깔봤다.

위의 구문들은 동사마다 상세 의미자질이 다름으로써 문의 통사구조가 제약성을 나타낸다는 것을 보여준다.
지금까지 논의된 것들을 중심으로 <나무라다>류 동사들의 의미구조를 표로 정리해 보기로 한다.

[표 3:〈나무라다〉류 동사의 기본 의미구조]

동사 \ 구조	논항구조	의미역	동일주어 제약	내포절의 결합구조 양상					
				을 것	은 것	는 것	-음	-기	-고
나무라다									
꾸짖다				X	O	O	O	X	O
질책하다				X	O	O	O	X	O
다그치다				X	O	O	O	X	O
놀리다	[행위자]	[행위격]		O	O	O	O	X	O
깔보다	[행위대상]	[대상격]	필수적 목적어 통제	X	O	O	O	X	O
꺼리다	[행위내용]	[원인격]		X	O	O	O	X	O
비난하다				X	O	O	X	O	O
야유하다				X	O	O	O	X	O
말하다₁				X	O	O	O	X	O
				O	O	O	O	X	O

[표 4:〈나무라다〉류 동사의 상세 의미구조]

동사 \ 구조	구문의 적정구조	상세 의미자질	내포절의 가능한 서법변환		
			명령법	의문법	청유법
나무라다		+선도성	O	O	X
꾸짖다		+선도성	O	O	X
질책하다		+선도성	O	O	X
다그치다	NP₁이 NP₂에게 [v-다고] V-다	±선도성	O	O	X
놀리다		-선도성	X	X	X
깔보다		-선도성	X	X	X
꺼리다		-선도성	X	X	X
비난하다		±선도성	O	O	X
야유하다		-선도성	O	X	X
말하다₁		±선도성	O	O	X

위의 도표를 중심으로 <나무라다>류 동사의 의미구조를 정리해보자. <나무라다>는 기초 의미구조에서 논항구조와 의미역 관계가 공통적으로 정해진다. <나무라다>는 보문소 {-음}과는 결합이 자연스러우나 {-기}와는 결합이 제약된다.

또 상세 의미구조에서는 발화의 목적이 [선도성]을 갖느냐, 아니냐에 따라 구분되는데 동사가 [+선도성]을 나타낼 때에는 행동의 변화를 요구할 수 있으므로 내포절이 명령의 서법으로 변환할 수 있지만, [-선도성]을 가질 때는 명령의 서법으로 변환할 수 없다. 또 <나무라다>나 <비난하다>, <다그치다>처럼 동사의 자질이 [+질책성]을 띨 때에는 내포절이 의문의 서법으로 나타나면서 이유를 추궁하는 의미기능을 하지만 <놀리다>나 <깔보다>처럼 [-질책성]일 때에는 내포절의 의문서법으로의 변환이 자연스럽지 않다.

4.2.3 〈약속하다〉류

<약속하다>는 주어가 대상자에게 어떤 행위를 하겠다고 말하는 언어행위로서 [행위자]·[행위대상]·[행위내용]의 논항구조를 갖는다. 이들 각각에는 [행위격]·[수혜격]·[대상격]이 할당된다.

이 동사의 보문소 결합관계를 살펴보도록 하자.

(51) ㄱ. 영이는 철수에게 떠나겠다고 약속했다.

　　　ㄴ.?영이는 철수에게 떠나기를 약속했다.

　　　ㄷ.?영이는 철수에게 떠남을 약속했다.

　　　ㄹ. 영이는 철수에게 떠날 것을 약속했다.

<약속하다>는 [약속]의 발화행위가 초점일 때에는 [+발화성]자질을 가진 동사로사 {-고}보문과의 결합이 자연스럽고, 약속의 행위내용에 초점이 놓여질 때는 {것}보문과의 결합이 자연스럽다. 그런데 {-음}, {-기}와의 결합은 어색함을 나타낸다. 그런데 위 (50ㄴ)의 {-기} 보문을 다음과 같이 변환시켜보면 적정구조를 얻을 수 있다.

(52) 영이는 철수에게 떠나기로 약속했다.

위 (52)처럼 '-기로 약속하다' 구조는 관용적 언어구성을 이루면서 두 형태소가 의미적으로 응집된다. 이 구조는 '-기로 하다'처럼 '약속하다'의 서술성 명사 '약속'을 생략하고 쓰이기도 한다. '-기로'는 앞으로의 행위에 대한 기대를 '-기'로 범주화시키고 이에 대한 주어의 결정된 의지를 '-로 하다'로 구조화시킨 것이다. 따라서 [약속]이라는 언어행위가 나타내는 의미기능을 대신하는 구조로 쓰일 수 있다. 이같은 문구조를 보이는 동사로는 주어의 앞으로의 행위에 대한 수행의지를 나타내는 <결심하다>, <결정하다>, <계획하다> 등의 동사에서도 나타난다.

(53) 길남이는 시골로 내려가 농사를 짓기로 {결정하였다, 결심하였다, 계획하였다}.

그런데 이들 <계획하다>류 동사가 <약속하다>류 동사와 비슷한 의미구조를 보이면서도 문의 구조에서는 차이를 나타낸다. <계획하다>는 표면적인 [행위대상]이 범주화되지 않는다. 왜냐하면 이들 동사는 수행의 영향을 직접적으로 받는 수혜자가 바로 주어 자신이기 때문이다. <약속하다>류 동사와 <계획하다>류 동사의 차이는 행위내용을 받는 수혜자와 행위자가 동일인이냐, 아니냐하는 구조적인 차이를 가지고 있고 이것은 구조적으로 [수혜격]을 받는 대상의 범주화를 제약하는 변항이 된다.

<약속하다>류 동사는 필수적인 주어 통제를 나타낸다. 따라서 내포절의 PRO위치에 자의적인 NP가 나타날 수 없다.

(54) ㄱ. 영이는ᵢ 아이에게ⱼ [ₛ PROᵢ 크레파스를 사주겠다고] 약속했다.
　　 ㄴ.*영이는 아이에게 [철수가 크레파스를 사주겠다고] 약속했다.

<약속하다>는 주어의 의도성이 강한 언약행위이므로 내포절에 의지적 양태성을 나타내는 '-겠₁-' 과의 결합이 매우 자연스럽다. 또 내포절은 아직 이루어지지 않은 사태에 대한 언약을 나타내는 것이므로 과거시제소의 결합은 제약된다.

지금까지의 논의를 표로 제시하면 다음과 같다.

[표 5:〈약속하다〉류 동사의 의미구조]

구조 / 동사	논항구조	의미역	동일주어 제약	내포절의 결합구조 양상					
				을 것	은 것	는 것	-음	-기	-고
약속하다	[행위자] [행위대상] [행위내용]	[행위격] [수혜격] [대상격]	필수적 주어통제	O	X	X	X	O	O
언약하다				O	X	X	X	O	O
결심하다	[행위자] [행위내용]	[행위격] [대상격]		O	X	X	X	O	X
결정하다				O	X	X	X	O	X
계획하다				O	X	X	X	O	X
작정하다				O	X	X	X	O	X

[표 6:〈약속하다〉류 동사의 상세 의미구조]

동사 \ 구조	동일주어제약	상세의미자질 수혜성 여부	내포절의 가능한 서법 구조		
			명령법	의문법	청유법
약속하다		[-재귀성]	X	X	O
언약하다		[-재귀성]	X	X	O
결심하다	필수적 주어통제	[+재귀성]	X	X	X
결정하다		[+재귀성]	X	X	X
계획하다		[+재귀성]	X	X	X
작정하다		[+재귀성]	X	X	X

　　〈약속하다〉류 동사는 [행위자]와 [행위대상], [행위내용]이 구조화
되는 동사이며 이들은 각각 상위동사인 〈약속하다〉로 부터 [행위격]·
[수혜격]·[대상격]을 할당받는다. 이들 동사는 미래 시제소와는 결합이
자연스러우며 과거 시제소와는 결합하지 않는다. 또 보문소 '-고'와 가
장 자연스러운 결합을 이루며, '-기로'형의 변화구조로도 쓰인다. 또
〈계획하다〉류 동사는 〈약속하다〉류 동사와 비슷한 의미구조를 이루
지만 행위의 영향이 주어 자신에게 미치는 [+재귀성]을 나타내는 의미
구조를 가짐으로써 [행위대상]이 범주화되지 않는 구조를 이룬다. 〈계
획하다〉는 내포절이 '-기로'형으로 적정구조를 이루며 {것}보문과도
결합을 이룬다. 〈약속하다〉와 〈계획하다〉는 모두 필수적 주어통제
를 이루는 동사이다.

4.2.4 〈보고하다〉류

　　〈보고하다〉류는 어떤 사태나 일에 대하여 다른 사람에게 정보를
전달하는 동사로서 [행위자]와 전달하려는 대상인 [행위대상] 그리고

전달하려는 정보의 내용인 [행위내용]]을 취하고 그 각각에 [행위격]·
[도달격]·[대상격]을 할당한다.

먼저 이 동사류의 보문소 결합관계를 살펴보기로 하자.

(55) ㄱ. 영이는 철수에게 아무도 오지 않았다고 {보고했다, 전했다}.

ㄴ. 영이는 철수에게 아무도 오지 않았음을 {보고했다, 전했다}.

ㄷ.*영이는 철수에게 아무도 오지 않기를 {보고했다, 전했다}.

ㄹ. 영이는 철수에게 아무도 오지 않은 것을 {보고했다, 전했다}.

<보고하다>동사의 보문소 결합은 {-고}, {-음}, {것}과 모두 자연스
러운 결합을 이루는데, {-기}와는 제약되는 것으로 나타난다. 이 동사
류는 상대방에게 사실이나 사건, 혹은 상황과 관련된 정보를 청자에게
전달하는 언어행위이므로, 내포절은 단언명제를 표현하는 진술의 서법
으로 구조화된다. 단언명제는 사건이나 사태의 진행상황 또는 완료된
상황을 표현하는 것이므로 [행위성]의 의미특성을 지니는 보문소 {-기}
는 결합이 제약된다. 뿐만 아니라 단언명제의 대부분은 [+완료성]을
나타내는 내용이고 이러한 의미특성이 {-기}를 제약하는 것으로 보인
다.25)

다음은 <보고하다>류 동사의 내포절 주어의 통제현상에 대해 살펴보
자. <설득하다>류나 <나무라다>류와 마찬가지로 이 동사도 3항 술어
명제동사로 분류하였는데 PRO 통제현상이 앞의 두 유형들과는 다르다.

---

25) 지금까지 논의된 바에 의하면 {-음}보다는 {-기}가 명제동사와의 결합에 있어
    서 더 제약적인 분포를 나타내고 있음을 알 수 있다.

(56) ㄱ. 길남이는 주인에게 물건을 다 팔았다고 보고했다.

　　　ㄴ. 길남이는ᵢ 주인에게ⱼ [ₛ PROᵢ,ₖ 물건을 다 팔았다고] 보고했다.

(56ㄱ)은 <보고하다>동사의 구문구조이고 (56ㄴ)은 이를 LF으로 표시하여 내포절의 주어와 동일지시 관계를 맺고 있는 성분을 표현한 것이다. <보고하다>는 내포절의 주어가 상위문의 주어와 동일지시 관계를 맺을 수도 있고 또는 문맥적인 다른 NP와도 동일지시 관계를 형성할 수 있으므로 (56ㄴ)은 중의적인 의미해석이 가능하다. 즉 PRO가 필수적으로 상위문의 주어에 의해 통제되는 것이 아니므로 내포절의 PRO위치에는 다른 어휘적 NP가 나타날 수도 있다.

(57) 길남이는ᵢ 주인에게ⱼ [복순이가ₖ 물건을 다 팔았다고] 보고했다.

그런데 이 같은 중의적인 통제현상이 내포절의 양태에 의해 중의성을 해소될 수도 있다. 예를 들면 다음과 같은 구문이다. 여기서 <보고하다>류 동사의 시제소 결합제약 현상과 함께 논의해 보도록 하자.

(58) ㄱ. 길남이는 소대장에게 집에 돌아가겠다고 보고했다.

　　　ㄴ. 길남이는ᵢ 소대장에게ⱼ [ₛ PROᵢ 집에 돌아가겠다고] 보고했다.

위 (58ㄱ)처럼 내포절 동사에 '-겠-'이 결합한 경우 PRO는 (58ㄴ)에 표시한 것과 같이 필수적 주어통제를 이룬다. 내포절에 결합된 '-겠'이 주어의 의지를 나타내는 양태성을 나타내므로, 이 경우에 다른 어휘적 NP가 PRO위치에 나타날 수 없다.

(59) *길남이는ᵢ 소대장에게ⱼ [ₛ 철수가ₖ 집에 돌아가겠다고] 보고했다.

(59)의 구문이 어색하게 느껴지는 것은 행위자의 의도성을 나타내는 '-겠-'이 강력하게 PRO를 통제하고 있기 때문이다. (59)의 '-겠-'이 미래 시제소로서가 아닌 양태성의 의미로 해석될 수 있는 것은 <보고하다>의 내포절에 미래 시제소가 결합할 수 없다는 사실로도 방증된다.

(60) ㄱ. 철수는 선생님께 학생들이 모두 떠난 것을 보고했다.
　　 ㄴ.*철수는 선생님께 학생들이 모두 떠날 것을 보고했다.

<보고하다>는 일어난 상황이나 사태에 대한 전언(傳言) 행위이므로 아직 일어나지 않는 사태는 보고의 내용이 될 수 없다. 따라서 (58ㄱ)은 적격한 구조를 이루나 미래 시제소 '-ㄹ-'이 결합된 (58ㄴ)은 적절하지 못하다.

또 <보고하다>류 동사의 내포절 구문에 시제소가 다음과 같이 나타나면 PRO의 통제현상은 달라진다.

(61) ㄱ. 철수는ᵢ 영이에게ⱼ [ₛ PROᵢ/ₖ 간다고] 전했다.
　　 ㄴ. 철수는ᵢ 영이에게ⱼ [ₛ PROₖ 갔다고] 전했다.
　　 ㄷ. 철수는ᵢ 영이에게ⱼ [ₛ PROᵢ 갔었다고] 전했다

(61)의 예문들은 내포절의 시제소 결합에 따라 PRO의 통제양상이 다르게 나타남을 보인다. (61ㄱ)의 경우는 PRO가 상위문의 주어와 또는 문맥적인 다른 NP와 동일지시 되는 중의적인 해석을 나타내지만, (61

ㄴ)에서는 PRO가 문맥적 NP에 의해서 통제되는 의미를 보이고 있고
(61ㄷ)은 이와는 반대로 PRO가 반드시 상위문의 주어와 동일지시 되는
관계를 보이고 있다. 이같은 현상은 내포절에 쓰인 시제소의 의미특성
에 의한 것이다. 이 같은 현상에 대해 도영종(1988:119)에서는 통제현상
에서 어휘적 통제요소가 구문적 통제요소에 우선(superiority)한다는 원
리를 제시한 바 있다. 여기서 어휘적 통제요소란 시제소를 비롯한 존
칭, 서법 형태소들을 말하고, 구문적 통제요소란 보문소 등을 말한다.26)

　다음은 <보고하다>류에 속하는 동사 각각의 상세 의미자질을 살펴
보기로 한다. <보고하다>와 같은 논항구조와 의미역 관계를 구조화하
는 동사로는 <통지하다>, <통보하다>, <전하다>, <고백하다>,
<제안하다>, <경고하다>, <보도하다>, <약속하다> 등이 속한다.

　<이르다>와 <경고하다>류 동사는 상대방에게 정보의 전달을 목
적으로 하지만, 경우에 따라서는 상대방에게 어떤 행위를 요구하는 의
도성을 나타낼 수가 있다. 이 때에는 보문에 명령의 서법을 취할 수 있
다. <보고하다>가 오직 사건이나 사실을 알리는 정보전달의 동사로만
쓰이는 것과 비교된다. 다음의 변환구조에는 이러한 이들 동사의 의미
특성이 구조적으로 나타나 있다.

---

26) 도영종(1988:59)에서는 국어의 통제 현상을 무표적인 경우와 유표적인 경우로
　구분하였다. 상위동사의 의미자질에 의해 내포절의 주어가 통제되는 현상은
　여러 개별 언어들에서 공통적으로 적용되는 것으로서 무표적인 통제현상으로
　보았고 국어에서 어휘적인 요소와 구문적인 요소에 의해 통제관계가 달라지는
　경우가 있는데 이를 유표적인 경우로 설정하고 있다.
　국어는 접사 체계가 특히 발달되어 있어서 이들 접사들이 담당하는 문법적 기
　능이 문법현상의 설명에 근간이 되고 있는 언어이다. 따라서 국어의 이러한 특
　성을 고려해 볼 때, 내포절의 통제현상을 접사의 자질과 관련시킨 것은 설득력
　이 있다.

(62) ㄱ. 소년은 마을사람들에게 늑대가 나타났다고 {통보했다, 경고
　　　 했다, 일렀다, 보고했다}.
　　ㄴ. 소년은 마을사람들에게 늑대가 나타났으니 조심하라고 {통
　　　 보했다, 경고했다, 일렀다, *보고했다}.

이들 동사의 기본적인 의미구조는 사실이나 사건을 전달하는 것이지만 <이르다>나 <통보하다>나 <경고하다>는 전달하려는 사실과 관련하여 상대방의 주의를 요구하는 행위성을 잠재적으로 행사할 수 있다. 그러나 <보고하다>는 사실전달의 기능만을 나타내는 동사이다. <경고하다>, <이르다>, <통보하다> 등이 명령의 서법을 취할 수 있는 것은 해당 동사의 복합적인 의미자질에서 얻어지는 결과이다. 동사의 의미구조는 이처럼 공통적인 자질과 시차적인 자질이 결합된 복합적인 구조체계를 이루고 있으며 시차적인 의미자질의 특성화는 동사의 개별화를 이루는 동인이 된다. 그리고 동사의 시차적인 의미특성은 통사구조에 제약성을 보인다. 동사연구의 올바른 방향은 동사마다의 공통적 자질과 개별적 시차자질을 구별하고 또 이러한 의미특성이 통사구조에 어떻게 제약을 주는지를 설명할 수 있어야 할 것이다.

<제안하다>동사는 언어 장면에 참여하고 있는 구성원들이 공동의 상황에 처해 있다는 특별한 의미론적 전제를 함유하고 있다. 즉 공통의 관심거리를 논의하거나 공통의 주제에 당면하고 있다는 문맥적 전제 하에서 이루어지는 발화행위이다. 이는 <보고하다>류 속하는 동사들이 일방적인 전달행위를 수행하는 반면, <제안하다>는 의견의 제시가 교환적이고 또 동참을 요구하는 행위로 이어질 수 있다. 내포절의 구조 변환을 통해 이를 살펴보도록 하자.

(63) ㄱ. 철수는 영이에게 [지하철이 좋겠다고] 제안하였다.

　　　ㄴ. 철수는 영이에게 [지하철을 타자고] 제안하였다.

　　　ㄷ. 철수는 영이에게 [지하철을 타는게 어떠냐고] 제안하였다.

(63ㄱ)은 단순한 의견의 제시라는 관점에서 구조화된 문장인 데 비해, (63ㄴ)은 이러한 제안의 직접적인 행동의 수반을 요구하는 것으로서 구성원들의 함께 참여하는 것이므로 청유의 서법을 취할 수 있다. (63ㄷ)에 나타난 내포절이 의문의 서법은 공손한 청유의 의미기능을 나타낸다.[27] 이들 (63ㄴ,ㄷ)에서는 내포절의 보문소가 {-기}로 변환가능하다. 즉 보문의 의미내용이 [+행위지시성]을 띨 때에는 {-기}의 결합이 자연스럽다는 것을 확인하게 된다.

이처럼 한 동사가 여러 가지 양태의 서법을 보문으로 취할 수 있는 것은 동사의 복합적인 의미특성에 기인하는 것이다.

지금까지 논의된 <보고하다>류 동사의 의미구조를 표로 만들어 그 특성을 나타내기로 해보자.

---

27) 정주리(1989)에서는 의문의 서법이 화자의 의도에 따라 여러가지 의미기능을 수행할 수 있음을 논의하였다. 필자는 의문의 서법이 나타내는 의미를 측정하기 위한 기제로 다음과 같은 적정조건을 설정하였다.
　　A. 화자는 주어진 사태가 불만족스러운 상태임을 안다.
　　B. 화자는 상황을 보충하기 위해 언어행위를 수행한다.
　　C. 화자는 자신이 발화한 질문의 답을 모른다.
　　D. 화자는 청자가 문제를 해결해 줄 능력이 있다고 믿고, 발화는 그러한 답을 이끌어내기 위한 시도여야 한다.
　　E. 화자는 청자의 답을 원한다.
　　위의 적정조건을 만족시키는 정도에 따라 의문의 서법은 정보요구형-확인형-의심제기형-전달형-강조형-명령요청형-친교형으로 구분하였다. 본고의 논의에서 제시된 <제안하다>구문에 나타난 의문 보문은 이 유형 중 '명령 요청형 의문'에 속한다.

[표 7:〈보고하다〉류 동사의 기본 의미구조]

동사 \ 구조	논항구조	의미역	동일주어 제약	내포절의 결합구조 양상					
				을 것	은 것	는 것	-음	-기	-고
보고하다			수의적 주어통제	X	O	X	O	X	O
통지하다				O	O	X	O	X	O
통보하다				O	O	X	O	X	O
전하다	[행위자]	[행위역]		X	O	X	O	X	O
고백하다	[행위대상]	[도달역]		X	O	O	O	X	O
경고하다	[행위내용]	[대상역]		O	X	X	O	X	O
제안하다			복수통제	O	X	X	X	X	O
말하다3				O	O	O	O	X	P

[표 8:〈보고하다〉류 동사의 상세 의미구조]

동사 \ 구조	구문의 적정구조	상세 의미자질		내포절의 가능한 적정구조		
		전달형태	행위참여	명령법	의문법	청유법
보고하다		[-지시성]	[-청유성]	X	X	X
통지하다		[+지시성]	[-청유성]	O	X	X
통보하다	NP$_1$이	[+지시성]	[-청유성]	O	X	X
전하다	NP$_2$에게	[-지시성]	[-청유성]	X	X	X
고백하다	[v-다고]	[-지시성]	[-청유성]	X	X	X
경고하다	V-다	[+지시성]	[-청유성]	O	X	X
말하다3		[+지시성]	[+청유성]	O	X	O
제안하다		[-지시성]	[+청유성]	X	X	O

위의 표를 통해 <보고하다>류 동사들의 의미구조를 정리해 보면,

<보고하다>는 공통적으로 [정보전달]의 의미특성을 나타내는 동사들로서 [행위자]·[행위대상]·[행위내용]을 취하는 3항 술어이며 이들 논항에는 [행위격]·[도달격]·[대상격]이 할당된다. 내포절의 서법은 [정보전달]의 의미특성에 의해 평서법으로 나타난다. 그런데 상세 의미구조에서는 이 [정보전달]의 자질에 시차성을 보인다.

요컨대, [전언성] 자질은 단순 통보의 기능만을 하는 경우와 통보와 함께 행위요구가 수반되는 경우로 구분할 수 있다. <통지하다>, <경고하다>, <이르다>는 통보적 기능 외에 행위요구를 수반하기도 한다. 이 경우 내포절은 명령의 서법을 취할 수 있다. 또 [전언성] 자질은 일방적인 통보가 아니라 쌍방적인 통보 기능을 가질 수 있기도 하는데 <제안하다>는 그 대표적인 동사이다. 이 때, 내포절은 청유의 서법을 취할 수 있으며 내포절의 PRO는 상위문의 주어와 또 다른 어휘적 NP와 동일지시 되는 통제양상을 나타낸다.

4.2.5 〈주장하다〉류

<주장하다>는 어떤 사태나 사실에 대한 자신의 믿음이나 견해를 밝히는 언어행위로써 주장하는 사람인 [행위자]와 주장의 내용절인 [행위내용]으로 구성되는 2항 술어이다. 그리고 설정된 논항에는 각각 [행위격]·[내용격]이 할당된다. 여기서는 [행위대상]이 필수적 논항으로 설정되지는 않는다.

먼저 이 동사류의 보문소 결합관계를 살펴보기로 하자.

(64) ㄱ. 갈릴레이는 [지구가 자전한다고] 주장하였다

ㄴ. 갈릴레이는 [지구가 자전함]을 주장하였다.

ㄷ.?갈릴레이는 [지구가 자전하는 것]을 주장하였다.

ㄹ.*갈릴레이는 [지구가 자전하기]를 주장하였다.

위의 예문에 나타난 것을 보면, <주장하다>류 동사는 보문소 {-고}
와의 결합이 가장 자연스럽고 그 다음은 {-음}과의 결합이, 다음은
{것}과의 결합이 이루어진다. 그러나 {-기}와의 결합은 제약되는 것으
로 나타난다. <주장하다>가 대상으로 삼는 내용은 사건이나 사태에
대한 행위자의 의견이나 판단내용이다. 행위자의 판단이나 의견은 한
정된 영역 내에서의 [+대상성]을 가진다. 이러한 의미내용적 특성은 {-기}
보문소와의 결합을 억제하는 요인이 된다. 또 {것}과의 결합이 어색하
게 느껴지는 것은 {것} 보문이 나타내는 의미적인 특성때문이다. {것}
보문은 객관화된 세계나 사태를 지시하는 의미특성을 지닌다. 그런데
<주장하다>는 객관화된 세계에 대한 행위자의 판단이나 의견이 개진
되는 동사이다. 따라서 (64ㄷ)과 같은 구문의 어색함이 나타난다. 그런
데 (64ㄷ)의 문장을 다음과 같이 변환시켜 보면 훨씬 자연스러운 구조
로 느껴진다.

(65) 코페르니쿠스는 [지구가 도는 것을] [지구가 자전한다고] 주장하
였다.

위의 구조에서 {것}보문은 객관적인 세계를 지시하고 {-고}보문은
발화자의 의견을 나타낸다. <주장하다>는 객관적인 세계를 주장하는
것이 아니라 그에 대한 판단을 나타내는 것이므로 (65)의 구조는 (64ㄷ)

의 구조보다 자연스러운 해석을 받는다.[28] <주장하다>의 경우 객관화
된 세계보다는 그에 대한 화자의 판단내용이 의미적으로 더 중요한 성
분이다. 따라서 {것}보문만으로 실현되는 내포절의 구조보다는 {-고}
보문으로 실현되는 구조가 더 적절하다.

　다음은 <주장하다>의 내포절 통제현상에 대해 살펴보기로 하자.

(66) ㄱ. 철수는 죄가 없다고 주장하였다.

　　ㄴ. 철수는$_i$ [$_s$ PRO$_{i/k}$ 죄가 없다고] 주장하였다.

(66ㄱ)은 <주장하다>의 구문구조를 보이는 것이고, (66ㄴ)은 해석구
조(LF Logical Form)이다. <주장하다>의 내포절 주어는 상위문의 주어
와 동일지시관계를 이룰 수도 있고 문맥적인 다른 어휘적 NP와도 동
일지시될 수 있는 중의적 해석구조를 갖는다. 왜냐하면 <주장하다>는
자기와 관련된 세계를 대상으로 판단이나 의견을 제시할 수도 있고 그
렇지 않은 일반화된 세계를 대상으로 판단행위를 할 수도 있기 때문이
다. 이러한 동사의 개념구조는 내포절의 주어가 상위절의 판단행위를
하는 주체와 수의적인 동일지시 관계를 이루게 한다. 따라서 PRO위치
에 주어를 지시하는 재귀적 어휘와 다른 제 3의 어휘적 NP가 나타날
수 있다. 이를 나타내면 다음과 같다.

---

28) <주장하다>의 동사의 개념구조를 설정할 때, 어떤 사태나 일에 대한 화자의
　　판단이나 믿음이라고 하였다. 어떤 사태나 일은 객관화된 세계를 의미한다면
　　그에 대한 의견이나 판단은 주관화된 의식이다. 이 때, {-것}보문은 객관화된
　　세계를 드러내는 데 쓰이고 {-고}보문은 주관화된 인식양상을 드러내는 것이
　　라고 할 수 있다. 따라서 원칙적으로 평가행위를 수반하는 모든 동사의 개념
　　구조를 '{-것}을 {-고}라고 하다'의 개념구조로 상정할 수 있다.

(67) 철수가$_i$ {자기는$_i$, 영이는$_j$} 죄가 없다고 주장하였다.

다음은 <주장하다>류의 의미론적 전제 현상에 대해 살펴보도록 하자. <주장하다>의 내포절 내용은 객관적인 세계에 대한 화자의 믿음이나 의견을 나타내는 것으로서 전제의 양상은 두가지 측면을 지닌다. 첫째는 객관화된 세계에 대한 사실성의 평가전제이고 둘째는 발화구조에서 드러나는 행위자의 전제이다. 객관화된 세계에 대한 사실성의 전제양상은 언어외적인 고찰대상이다. 이는 세계에 대한 지식, 시대적 배경 등이 작용하여 나타나기 때문이다.[29] 본고는 문장에서 살펴볼 수 있는 전제양상의 고찰에만 한정할 것이다.

<주장하다>의 문장구조에서 드러나는 전제양상은 다음과 같다.

(68) ㄱ. 영이는 철수에게 돈을 갚았다고 주장하였다.

ㄴ. [영이는 철수에게서 돈을 빌렸다] [그러나 그것을 갚았다]

(68ㄴ)은 (68ㄱ)의 문장구조에서 나타나는 전제내용을 보이는 것이다. 첫번째는 내포절의 내용에 의해서 전제되는 내용이고 둘째는 상위동사에 대해 나타나는 전제이다. 이러한 전제가 상위동사의 부정변형을 통해서 어떻게 변화하는지 살펴보기로 한다.

---

29) 예를 들면, 지구가 태양계의 중심이라고 생각하던 시기에는 다음과 같은 문장에 대해 오늘날과는 다른 전제를 보일 것이다.
'갈릴레이는 태양이 도는 것을 지구가 돈다고 주장하였다.'에서 객관화된 세계로 표현된 '태양이 도는 사실'은 오늘날에는 진리로 받아들여지지 않지만 고대사회에서는 진리로 여겨졌을 것이다. 이렇듯 {-것}보문에 대한 사실성의 판단은 언어 외적인 전제에 따라 다르게 받아들여진다.

(69) ㄱ. 영이는 철수에게 돈을 갚았다고 주장하지 않았다.

　　　ㄴ. [영이는 철수에게서 돈을 빌렸다] [그러나 그것을 갚았는지
　　　　　에 대한 여부는 명확하지 않다]

상위동사의 부정은 내포절의 보문내용에 부정적인 영향을 미치기는
하되 직접적인 영향을 미치지는 못한다. 내포절의 행위가 일어났는지,
아닌지에 대한 판단이 보류된다. 즉 부분적인 부정만을 함의한다.[30]
　<주장하다>는 행위주체의 발화내용에 대한 화자의 전제가 나타나
지 않지만 <증언하다>, <증명하다>, <예언하다>등은 화자의 전제
가 들어있는 의미구조를 가진다. <증언하다>는 행위자의 판단내용에
대해 화자의 전제가 일치하는 구조이고, <우기다>는 행위주체의 발화
내용에 대해 화자가 상반된 생각을 가지고 있음을 전제한다.
　이러한 의미적 전제를 동사구문의 기저구조에 반영하여 나타내 보
도록 하자. {것}보문은 화자의 시점에서 사건을 서술하는 것이라면 {-
고}보문은 주어의 시점에서 인식된 내용을 나타내고 이를 화자가 인용
의 방식으로 전달하는 구조이다. 이를 <주장하다>류 동사들의 의미적
전제를 구조화시키는 방법으로 적용하여 보자. <주장하다>동사는 주
어의 사태판단인 {-고}보문의 내용에 대해 화자의 판단 사태인 {것}보
문이 미정인 것으로 나타나는 의미구조를 나타낸다. 그런데, <증언하
다>, <증명하다>, <예언하다>는 주어의 사태 판단과 화자의 판단이
동일한 의미적 전제 구조를 나타낸다. 여기에서는 {-고}보문의 내용과

---

30) Hooper / Thompson (1973:482-484)는 부정의 영역이 보문에 미치기는 하되 보문의
　　성분을 부정하지는 못하는 부정문을 '미완부정문(unfinished negative sentence)'이
　　라고 하였다. (김영희(1988:146에서 재인용)

{것}보문의 의미내용을 같은 것으로 상정할 수 있다. 그러나 이와는 반대로 <우기다>는 {-고}로 이끌려지는 주어의 사태 판단에 대해 화자의 사태 판단인 {것}보문의 의미내용은 반대의 것으로 상정된다. 이를 다음과 같은 구조로 나타낼 수 있다.

(70) ㄱ. 영이는 [철수가 그곳에 X-한 것을] [철수가 그곳에 있었다
고] 주장하였다
ㄴ. 영이는 [철수가 그곳에 있었던 것을] [철수가 그곳에 있었다
고] 증언하였다.
ㄷ. 영이는 [철수가 그곳에 없었던 것을] [철수가 그곳에 있었다
고] 우겼다.

위 (70ㄱ)은 <주장하다>가 주어의 판단내용에 대해서 어떤 전제도 하지 않고 있음을 나타내는 개념구조이다. (70ㄴ)은 <증언하다>는 주어의 판단 내용에 대해 화자도 동일한 전제를 갖고 있음을 나타내는 기저구조이다. 이와는 반대로 (70ㄷ)의 <우기다>는 화자는 주어의 사태 판단 내용과는 다른 의미적 전제를 내포하고 있음을 보인다. 특히 <예언하다>는 다른 동사들과는 달리 보문의 의미내용이 앞으로 다가올 일에 대한 예측이므로 보문의 시제는 항상 미래시제를 취하게 된다.

(71) 노스트라다무스는 인류에게 [종말이 올 것]을 예언하였다.

위의 예문은 {것}보문으로서 보문의 동사는 미래형 접사 {-ㄹ}을 결합시키고 있다. 이를 {-고}보문으로 변환시켜 보자.

(72) 노스트라다무스는 인류에게 [종말이 온다고] 예언하였다.

(72)의 {-고}보문으로 이끌리는 보문의 동사는 현재형으로 나타난다. 그러나 내용은 (71)과 마찬가지로 미래의 일에 대한 예측이다. 여기서 이를 {-음}보문으로 나타내 보자.

(73) 노스트라다무스는 [인류의 종말이 옴]을 예언하였다.

위 (73)은 불구보문으로서 시제를 나타내는 어말어미가 나타나고 있지만 의미는 (71)과 등치될 수 있는 미래성을 갖는다. 보문이 미래시제를 갖지 않고도 의미적으로 미래로 해석받을 수 있는 것은 상위동사의 의미특성에 따른 것이다. 이같은 사실은 다음의 예문과 비교해 보면 더욱 분명해진다.

(74) 어머니는 아이에게 [버릇없음을] 나무라셨다.

위 (74)의 내포절의 구조는 (73)과 같다. 즉 어떤 시제 형태소의 결합도 없는 불구보문이다. 그러나 위 (73)이 미래해석을 받는 반면, (74)는 과거해석을 받는다.31) 두 보문의 시제의미 차이는 각각의 상위동사의 의미특성에 의한 것이다. <예언하다>가 미래의 일을 대상으로 한다면, <나무라다>는 이미 이루어진 행위를 대상으로 한다.

---

31) 여기서 말하는 과거나 미래의 시제의 판단은 항상 발화시를 기준으로 한 개념이다. 즉 발화시를 기준으로 사태나 행위가 상위문의 시제보다 하나 앞선 시제이거나 후의 일이 된다.

지금까지 논의된 것을 중심으로 <주장하다>류 동사의 의미구조를
표로 정리해 보도록 하자.

[표 9:〈주장하다〉류 동사의 기본 의미구조]

구조 동사	논항구조	의미역	동일주어 제약	내포절의 결합구조 양상					
				을 것	은 것	는 것	-음	-기	-고
주장하다	[행위자] [행위내용]	[행위격] [대상격]	수의적 주어통제	O	X	X	O	X	O
증언하다				X	O	X	O	X	O
증명하다				O	O	O	O	X	X
예언하다				O	X	O	O	X	O
우기다				X	X	X	O	X	O
언급하다				X	O	X	O	X	O
말하다4				O	O	X	O	X	O

[표 10:〈주장하다〉류 동사의 상세 의미구조]

구조 동사	구문의 적정구조	상세의미자질		내포절의 가능한 서법변환		
		화자전제	주어전제	명령법	의문법	청유법
주장하다	NP₁이 [v-다고,(v-음을)] V-다	±긍정	+긍정	X	X	O
증언하다		+긍정	+긍정	X	X	X
증명하다		+긍정	+긍정	X	X	X
예언하다		±긍정	+긍정	X	X	X
우기다		-긍정	+긍정	X	X	X
언급하다		±긍정	±긍정	X	X	X
말하다4		±긍정	±긍정	X	X	O

<주장하다>류 동사의 의미구조를 정리해 보도록 하자. <주장하

다>동사류는 [행위자]와 [행위내용]을 논항으로 하며, 그들 각각에 [행위격]과 [대상격]을 할당한다. 이들 동사의 공통 의미기능은 사실이나 사태에 대한 의견을 제시하는 데 있다. 그런데 의견의 제시에 있어서 화자의 전제에 따라 구분된다. 이를 <주장하다>류 동사의 상세 의미자질로 설정하였다. 요컨대, 화자가 주어의 행위내용에 대해 어떤 전제를 가지지 않는 동사의 경우와 화자가 주어의 행위내용에 대해 어떤 의미론적 전제를 갖고 있다는 것을 의미하는 동사들로 의미자질을 나눌 수 있다. 특히, 후자의 경우는 화자의 의미론적 전제가 긍정적인 것이냐 부정적인 것이냐에 따라서 <증언하다>류와 <우기다>류로 구분된다. 이러한 의미론적 전제의 차이를 구조적으로 설정하여 본 것이 상세 의미자질에 따른 내포절의 변환구조이다.

4.2.6 〈후회하다〉류

<후회하다>동사는 후회의 심리적 갈등을 겪는 주체([행위자])와, 후회의 심리적 내용([행위내용])으로 구조화되는 동사이다. 이 부류의 동사들은 각각의 의미적 특성에는 시차성이 있지만 공통적으로 [행위격]과 [대상격]으로 어휘구조가 이루어진다. 먼저 그들의 보문소 결합관계를 살펴보기로 하자.

(75) ㄱ.*나는 [철수와 결혼하였다고] 후회한다.
　　　ㄴ. 나는 [철수와 결혼한 것]을 후회한다.
　　　ㄷ.*나는 [철수와 결혼하기]를 후회한다.
　　　ㄹ.?나는 [철수와 결혼함]을 후회한다.

<후회하다>류는 보문소 결합의 제약 현상이 두드러진 동사이다. {것}보문을 제외한 다른 보문소와의 결합은 비문적이거나 자연스럽지 못한 것으로 나타난다. 보문소의 선택제약이 강할수록 상위동사의 의미특성이 매우 특수하다는 것을 암시한다. <후회하다>류의 어휘구조에 내포되는 명제 내용은 이미 일어난 사건이며 따라서 객관적인 사실성을 가는 명제내용이며 그러한 명제내용이 행위자 자신의 행위에 관한 내용일 것을 전제한다. 따라서 이같은 엄격한 의미적 전제가 통사구조에 제약성을 가져온다. 각 보문소의 결합제약의 원인을 살펴보고 <후회하다>동사가 가진 의미론적 특성을 확인해 보도록 하자.

<후회하다>동사와 보문소 {-기}는 결합하지 못한다. <후회하다>는 완료된 사태를 대상으로 하는 행위로서 [-행위지시성] [+상태성]의 자질을 나타내는데, {-기}와는 결합되지 못하는 것으로 보인다.

또 <후회하다>는 보문소 {-고}와도 결합이 제약된다. {-고}보문소는 대부분 발화동사들과 폭넓게 결합되는 보문소이다[32]. {-고}는 다른 보문소들과는 달리 완형보문을 구성하는데, 상위동사에 따라 {-고}로 이끌려지는 내포절의 형태가 다르게 나타난다. 즉 상위동사의 의미적 특성에 의해 내포절의 서법이 결정된다고 할 수 있다. 그런데 위의 <후회하다>류 동사는 {-고}보문을 형성할 수 없으며 또 이는 내포절이 서법을 지니지 못한다는 것을 의미하기도 한다. 이같은 문제에 대해

---

32) 남기심(1974:32)은 {-고} 보문은 대부분의 동사에서 나타날 수 있는 것으로 보았다. 단 이를 취하지 못하는 동사로는 '바라다', '원하다', '알다', '지지하다', '쉽다, '어렵다'…등의 몇 개를 제시하고 있다. 이들 동사들은 공통적으로 보문의 내용이 사실이라는 것을 전제한다고 하였다. 즉 {-고}는 보문의 사실성과는 무관한 형태소로서 반드시 사실적이어야 하는 전제동사들과는 결합하지 않는다는 것이다.

먼저 다음의 논의를 참고로 살펴보기로 하자.

이홍배(1971:61-64)에서는 이행소(履行素)(performative)의 개념을 가지고 국어의 보문법을 설명하고 있는데, 상위문 속에 내포되어 있는 완형 보문이 '-다, -(으/느)냐, -(으)라, -자' 등의 종결어미를 가지고 나타나는 것은 오직 표면구조에서의 현상이요, 그 내면 구조에서는 이러한 종결어미를 갖지 않았던 것이 '종결어미 삽입규칙(Sentence Ending Insertion Rule)이라는 변형규칙에 의해 표면구조를 도출해내는 과정 중에서 삽입된 것이라고 하였다.[33] 또 보문이 명령형일 때에는 상위문 VP에 지배되고 있는 NP와 보문의 NP가 서로 같아야 하는 제약이 있다. 내면구조가 표면구조로 도출되는 중에 보문의 NP는 동일명사구 삭제규칙에 의해서 탈락하고, 상위문의 동사(명령하다)가 [+imperative]의 자질을 가졌을 때에 한해서 보문에 명령형 종결어미 '-라'가 삽입되어 '한씨는 나에게 가라고 명령했다'와 같은 문장으로 만들어진다는 것이다. 다시 말하면 보문이 서술, 의문, 명령, 청유 중 어느 한 가지로 나타나는 것은 그 상위문의 동사의 종류에 의한 것으로 보고 [+declarative], [+interrogative], [+propositive], [+imperative] 중 어느 것이냐에 달려 있다는 것이다. 그리고 <후회하다> 동사처럼 보문이 아무 서법어미를 갖지 않는 것은 동사가 서법의 네 자질 중 어느 것도 갖지 않으므로 끝내 아무 서법어미가 실현되지 않고 바로 보문소 {-기}가 삽입되어 나타난다는 것이다. 그는 이같은 경우에 보문이 서술형이라는 것이 부정된다고 하였다.

보문의 구조에 대한 논의를 진행하면서 남기심(1973:54)은 보문이 서술형이 아니라는 이홍배의 논의를 반박하고 있다. 보문은 보문소의 결

---

33) 남기심(1974:51)에서 재인용.

합유형에 따라 사실성에 차이를 나타낸다고 하면서 각 유형의 보문을 이러한 사실성의 개념으로 비교할 수 있다고 한다. 그런데 이러한 비교를 할 수 있는 것은 서술형일 때만 가능하다고 하였다. 다음의 예문을 보자.

(76) ㄱ. 아이는 자기가 과자를 먹었다고 고백했다.
 ㄴ. 아이는 자기가 과자를 먹었음을 고백했다.
 ㄷ. 아이는 자기가 과자를 먹은 것을 고백했다.

(76ㄱ)이 아이가 관자를 먹은 것이 사실이라는 것을 전제로 하지 않음으로 인해 아이가 거짓 고백을 했을 가능성을 보인데 대해, (76ㄴ,ㄷ)은 아이가 과자를 먹은 것을 기정 사실로 전제하고 있다고 하였다. 그리고 이와 같은 비교가 가능한 것은 위 세 예문이 겉으로 드러나 있지는 않으나, 그 보문이 본래는 서술형이었다는 것을 전제로 하기 때문이라고 한다. 어떤 사실이 서술형으로 종결되어야 그 진술된 바의 여부를 따질 수 있지, 의문이나 명령, 혹은 청유의 경우는 그것이 불가능하다고 하였다. 따라서 이홍배(1971)가 서법에 관한 한 중립적이라고 한 {-음}, {것}에 의한 보문은 그 내면구조를 서술형으로 볼 수 있으며 {-기}의 경우도 마찬가지라고 한다. 결국 그는 <기다리다>같은 동사도 서법을 지니지 않는 것이 아니라 기저구조에는 서술형으로 실현됨으로써 서법을 지니는 것으로 보려고 하는 것이다.

보문의 서법문제를 두고 상반된 두 논의를 살펴보았다. 이홍배(1971)의 논의를 '서법요소의 삽입설'이라고 한다면, 남기심(1974)의 견해는 서법요소의 '기저 생성설'이라고 할 수 있다. 보문의 서법 요소가 어디

에서 결정되든지, 문제는 왜 <후회하다>와 같은 동사는 서법을 나타
낼 수 있는 {-고}보문을 취할 수 없는가 하는 점은 여전히 설명되어야
할 문제로 남는다.

　지금까지 우리의 논의는 보문이 그 형식과 내용을 상위동사의 의미특
성에 따라 구조화된다고 논의해왔다. 그렇다면 <후회하다>류 동사가
완형보문을 취할 수 없는 것도 <후회하다>의 의미특성 속에서 찾아야
할 것이다. 보문이 기본적으로 서술형일 것이라는 남기심(1974)의 의견을
받아들인다면, 보문은 마땅히 서법요소의 실현을 상정할 수 있다. 다음
과 같이 <후회하다>구문을 기본구조에서 변환하여 나타낼 수 있다.

　(77) ㄱ. 나는 [철수와 결혼한 것을] 후회한다.
　　　 ㄴ. 나는 [철수와 결혼한 것을] [잘못했다고] 후회한다.

　위 (77ㄱ)은 <후회하다>가 갖는 기본적인 의미역 구조([행위격]·[대
상격])에 의해 구조화된 구문이다. <후회하다>는 이미 일어난 사실이
나 행위를 서술하고 있는 보문의 의미내용에 대상격을 부여한다. 즉,
보문의 내용이 <후회>의 대상이 된다. 그러나 <후회하다>의 개념구
조를 좀 더 상세화해보자. <후회하다>는 행위주체가 자신의 과거 행
위나 사태에 대한 평가를 수반하는 행위이다. 사실 보문의 내용자체에
는 어떤 가치판단이 들어있지 않고 다만 과거의 행위나 사태의 진술일
뿐이다. 그런데 보문의 내용이 가치판단을 가진 것으로 해석되는 것은
<후회하다>의 전제된 판단이 있기 때문이다. <후회하다>는 과거의
일이나 행위의 잘못을 [깨닫고 뉘우치는] 평가를 수반한다. 다만 동사
에 암시된 개념구조이므로 통사적으로 범주화되지 않을 뿐이다. 따라

서 (77ㄱ)의 문장을 개념구조적으로 제시하면 (77ㄴ)과 같은 문장이 된다. 구조적으로 암시된 {-고} 보문은 <후회하다>의 의미해석을 위해 필요한 의미성분으로서 설정될 수 있으나 통사적으로 반드시 실현되지는 않는다. 즉, <후회하다>구문은 그의 개념구조 안에 행위내용을 이루는 보문과 그에 대한 평가절을 설정하고 있으며 통사적으로는 [행위내용]만이 범주화된다고 할 수 있다. 이처럼 <후회하다>동사 구문에도 보문에 {-고}보문을 설정하는 것은 의미해석에 꼭 필요한 작업이다.

본고는 편의상 상위동사로부터 대상격을 받는 {것}보문은 제 1 보문으로, 그에 대한 평가서술을 하고있는 {-고}보문은 제 2 보문으로 명명하여 구분하기로 한다. 제 2 보문은 상위동사로의 의미해석을 위해 필요한 의미성분이지만, 통사적 실현이 잠재적인 암시적 논항이라고 할 수 있다.34)

<후회하다>류의 다른 동사들에도 이 같은 개념구조를 설정할 수 있다.

(78) ㄱ. 철수는 [대학에 진학하려던 것을] [그만두겠다고] 포기하였다
    ㄴ. 철수는 [여행가려던 것을] [다음 기회에 가겠다고] 보류하였다.
    ㄷ. 김씨는 [젊어서 일하지 않은 것을] [이제 와서 잘못했다고] 뉘우쳤다.
    ㄹ. 영이는 [철수가 실력이 있음을] [사실이라고] 인정하였다.
    ㅁ. 영이는 [철수가 실력이 있음을] [거짓이라고] 부정하였다.

---

34) '암시적 논항'이란 '수의적 논항'과는 구별되어야 한다. '수의적 논항'은 상위동사의 의미해석에 필요한 성분은 아니면서 문의 확장구조에 따라 수식성분으로 설정될 수 있는 것을 말한다. 그러나 '암시적 논항'은 동사의 의미구조를 위해 필요한 의미성분이면서 통사적 실현이 되지 않은 성분을 말한다.

상위동사의 의미특성에 따라 기저구조에 설정되는 제2 보문의 의미
내용을 위와 같이 상정해 볼 수 있다. 그들은 모두 상위동사의 의미해
석에 필요한 암시적 논항들이다.

다음은 <후회하다>류 동사들의 동일주어의 통제양상에 대해 살펴
보기로 하자.

(79) ㄱ. 영이는 공부를 열심히 하지 않은 것을 후회했다.

　　ㄴ. 영이는ᵢ [ₛ PROᵢ 공부를 열심히 하지 않은 것을] 후회했다.

　　ㄷ.*영이는 [철수가 공부를 열심히 하지 않은 것을] 후회했다.

위 (79´ㄱ)은 <후회하다>의 기본적인 문구조를 나타낸 것이고 (79
ㄴ)은 이를 해석구조인 LF로 나타낸 것이다. <후회하다>는 PRO와 상
위절의 주어가 필수적으로 동일지시 관계를 이루는 의미관계를 갖는
다. 따라서 내포절의 PRO위치에 다른 어휘적 NP가 나타날 수 없다. 여
기에 속하는 동사로는 <뉘우치다>, <포기하다>, <보류하다>, <취
소하다> 등이 속한다. 이들 동사들은 모두 주어의 의도[volition]를 나타
내는 동사들이다. 그런데 <후회하다>와 같은 논항구조와 보문소 결합
관계를 보이는 동사들이면서도 다음의 동사들은 내포절의 지시 관계에
있어서 다른 양상을 보여준다.

(80) ㄱ. 철수는 [잘못이 있음을] 인정하였다.

　　ㄴ. 철수는ᵢ [ₛ PROᵢ/ₖ 잘못이 있음을] 인정하였다.

　　ㄷ. 철수는 [영수가 잘못이 있음을] 인정하였다.

(80ㄱ)은 <인정하다>의 기본문 구조이고 (80ㄴ)은 이의 해석구조인 LF이다. (80ㄴ)에서 나타난 것과 같이 <인정하다>는 상위절의 주어와 동일시되거나 문맥에서 상정되는 다른 어휘적 NP와 동일지시 관계를 이룰 수 있다. 이는 <인정하다>가 자신과 관련된 사태나 다른 일반적인 사태에 대해 판단행위를 나타내기 때문이다. 자기와 관련된 상황일 때 내포절의 주어와 상위절의 행위주체는 동일지시 관계를 나타내게 된다. 필수적인 주어 통제 관계를 이루지 않으므로 PRO위치에 다른 어휘적 NP가 나타날 수 있다. 이와 같은 유형의 동사로는 <부정하다>가 있다.

다음은 <후회하다>동사의 의미론적인 전제양상에 대해 살펴보기로 하자. <후회하다>류 동사는 공통적으로 보문의 내용이 [+사실성]의 의미특성을 지닌다.[35] 여기서 말하는 사실성이란 명제의 진리치에 관계된 참, 거짓의 의미 값을 말하는 것이 아니다. <후회하다>류 동사에 내포되는 보문은 상위동사의 행위 이전에 이미 이루어진 사건이나 사태를 대상으로 한 기정성을 갖는 명제내용들이다. 보문 내용의 [사실성]자질은 이러한 [기정성]이 나타내는 확실성의 양상이다. 그리고 내포절의 이같은 기정적 사실성은 상위동사의 부정변형에 의해서 영향받지 않는다.

(81) ㄱ. 철수는 유학간 것을 후회하였다.

---

35) [기정성]은 [사실성]과는 구별되는 자질이다. [기정성]은 서술되는 내용이 사실적인 것(true)이냐, 아니냐에는 관여하지 않는다. 즉, 서술되는 내용이 그릇된 것이라고 하더라도 [기정성]의 자질 설정에는 아무런 영향을 미치지 못한다. 요컨대, 서술되는 내용이 맞는 것이냐, 틀린 것이냐를 문제삼는 것이 아니라 그것이 이미 존재한다는 것에 초점이 놓여진다.

ㄴ. [철수는 유학을 갔다] 그는 그것을 후회하였다.

ㄷ. 철수는 유학간 것을 후회하지 않았다.

ㄹ. [철수는 유학을 갔다] 그는 그것을 후회하지 않았다.

위의 예문을 보면 <후회하다>구문은 상위동사의 부정을 통해서도 의미내용이 변화하지 않는 전제로서 성립하고 있음을 알 수 있다.

그런데 <후회하다>류 동사의 전제성에는 동사마다의 개별적인 차이점을 보이는데, 예를 들어 <후회하다>는 이미 완료된 사태를 대상으로 하여 이루어지는 전제성을 나타내지만,<포기하다>나 <보류하다>는 완료된 사태를 대상으로 하는 것이 아니라 앞으로의 일에 대한 계획이나 의도를 대상으로 한다. 이러한 의미내용의 차이는 다음 예문에서 보이는 것처럼 시제 제약성을 갖는다.

(82) ㄱ. 길남이는 서울에 {온 것을, *올 것을} {후회하였다, 뉘우쳤다}.

ㄴ. 복순이는 서울에 {*간 것을, 가려는 것을} {포기하였다, 보류하였다}.

(82ㄱ)은 <후회하다>구문의 내포절에 미래 시제소가 결합할 수 없음을 보이는 것이고 (82ㄴ)은 <포기하다>구문은 이와는 반대로 과거 시제소를 결합할 수 없음을 보인다. 특히 <포기하다>구문은 완료된 행위가 아니라 단지 주어의 개획된 의도를 대상으로 하는 것이므로 여기에는 미완적 회상의 '-려던-'이 가장 적절한 양태소로 결합된다.

(83) 복순이는 서울에 가려던 것을 {포기하였다. 보류하였다}

그런데 <인정하다>와 <부정하다>는 <후회하다>구문처럼 과거의 완료된 행위를 대상으로 할 수도 있고 수행된 행위가 아니라 계획된 의도를 대상으로 할 수도 있다.

지금까지 논의된 <후회하다>류 동사의 의미구조는 다음의 표로 정리 될 수 있다.

[표 11:〈후회하다〉류 동사의 기본 의미구조]

구조 동사	논항구조	의미역	동일주어 제약	내포절의 결합구조 양상					
				을 것	은 것	는 것	-음	-기	-고
후회하다			필수적 주어통제	X	O	X	O	X	X
뉘우치다				X	O	X	O	X	X
보류하다	[행위자] [행위내용]	[행위격] [대상격]		O	X	O	O	O	X
포기하다			수의적 주어통제	O	X	O	O	O	X
취소하다				O	X	O	O	O	X
인정하다				O	O	O	O	O	O
부정하다				O	O	O	O	O	O

[표 12:〈후회하다〉류 동사의 상세 의미구조]

구조 동사	구문의 적정구조	상세 의미자질		내포절의 가능한 서법 변환		
		시점	대상	명령법	의문법	청유법
후회하다		[기정성][+행위대상]		X	X	X
뉘우치다	NP₁이 [v-ㄴ 것을] (v-다고)] V-다	[기정성][+행위대상]		X	X	X
보류하다		[기정성][-행위대상]		X	X	X
포기하다		[기정성][-행위대상]		X	X	X
취소하다		[기정성][-행위대상]		X	X	X
인정하다		[기정성][±행위대상]		X	X	X
부정하다		[기정성][±행위대상]		X	X	X

<후회하다>는 행위자와 행위내용을 취하는 2항 술어로서 그 각각에는 [행위격]과 [대상격]을 할당한다. 그리고 표면구조로는 나타나지 않으나 기저구조에 내포절의 의미내용에 대한 평가의 {-고}보문을 설정할 수 있으며 이는 평서법의 서법을 지닌다. 또 이 동사들은 반드시 있었던 일을 대상으로 하는 [기정성(旣定性)]자질을 내용적 특성으로 지니는데, [기정성]은 또 상위동사의 상세 의미자질에 의해 [+완료성]과 [-완료성]으로 구분된다. <후회하다>와 <뉘우치다>는 사태나 행위가 완료된 것만을 보문의 내용으로 취할 수 있고 <보류하다>나 <취소하다>는 사태나 행위를 유보시키는 것이므로 내포절은 [-완료성]을 띤다. 그리고 <인정하다>와 <부정하다>는 [±완료성]인 내용을 대상으로 취할 수 있다.

4.2.7 〈바라다〉류

<바라다>는 행위주체가 앞으로의 사태에 대하여 자신의 의도대로 이루어지기를 기대를 나타내는 동사이다. 따라서 이러한 의미구조가 이루어지기 위해서는 기대하는 [행위자]와 <기대의 내용>인 [행위내용]이 필수적으로 구조화되어야 하고 그 각각에는 [행위격]·[대상격]이 할당된다.

먼저 이 동사류의 보문소 결합관계를 살펴보기로 하자.

(84) ㄱ. *나는시험에 {합격하라고, 느냐고, 하라고, 하다고} 바란다.

    ㄴ. 나는 시험에 합격하기를 바란다.

    ㄷ.?나는 시험에 합격할 것을 바란다.

ㄹ.*나는 시험에 합격함을 바란다.

<바라다>류 동사는 보문소의 제약양상이 두드러지는 동사이다. {-기}보문소를 제외하면, 용인성의 정도차이는 있지만 다른 보문소들과의 결합은 모두가 자연스러운 결합을 이루지는 못한다.

먼저 {-음} 보문소와 <바라다>류 동사가 제약되는 원인을 살펴보기로 하자. 앞선 논의에서 보문소 {-음}은 [+완료성]의 의미특성이 있다고 하였다. 그런데 <바라다>류 동사는 미래에 대한 소망이나 기대를 하는 동사들로서 [-완료성]의 의미특성을 갖는다. 따라서 {-음}보문소와는 상충되는 의미특성으로 인하여 <바라다>류 동사에서는 {-음}이 제약된다. 그런데 {-고}보문의 제약현상을 어떻게 설명하여야 할까? 지금까지 살펴본 동사들은 외현적이든, 잠재적이든 그들의 보문에 서법요소를 실현할 수 있음을 보았다. 즉, 상위동사들은 그들의 내포절에 서법요소를 실현시킨 {-고}보문을 형성할 수 있으며, 보문의 서법양상은 상위동사의 의미특성에 따라 결정된다는 사실도 확인하였다.

그런데, <바라다>류 동사는 내포절에 {-고}보문을 취할 수 없는 것으로 나타난다. {-고}보문이 상정될 수 없음은 <바라다>류 동사가 가지는 의미적 특성에 기인한다고 하겠다. 따라서 <바라다>류 동사의 의미기능에 대해 자세히 살펴볼 필요가 있을 것이다. 이러한 논의를 위해서 먼저 앞서 {-고}보문을 만족시키는 여러 동사들의 공통적인 의미특성을 살펴볼 필요가 있다.

<설득하다>류, <나무라다>류, <약속하다>류, <보고하다>류, <주장하다>류, <후회하다>류 동사들은 각각 그 의미특성에 따라 {-음}, {-기}의 결합에는 개별적인 양상을 나타내지만 {-고}보문과 {것}

보문과는 모두 결합이 이루어지는 공통적인 양상을 나타내었다. 여기서, {-고}의 결합에 관심을 기울여보도록 하자. 왜냐하면 {것}보문은 <바라다>동사에서도 결합이 자유롭게 나타나므로, 이 보문소는 동사의 의미특성에는 무표적인 것으로 나타나고 있다.

<설득하다>류, <나무라다>류, <보고하다>류, <주장하다>류 동사들은 모두 <발화동사>라는 공통특성을 가지고 있다. {-고}보문소는 행위내용을 화자의 입장에서 전달하는 기능을 수행한다. 그런데 <후회하다>류 동사는 <발화동사>가 아니면서도 {-고}보문을 형성할 수 있었다. <후회하다>류의 의미특성은 앞서 살펴본 바와 같이 [+상태성]의 의미자질을 가지므로 보문소 {-기}와는 결합이 제약되었다. 그러나 과거의 일이나 행위에 대한 가치판단을 수반하는 내용절을 대상으로 하므로 서법의 실현이 암시적으로 설정될 수 있음을 논의하였다. 비록 [발화성] 자질은 갖추지 않았더라도 평가행위를 할 수 있는 부분이 서법요소를 상정할 수 있게 하는 동인이었다. 따라서 {-고}의 보문을 형성할 수 있는 동사는 [발화성] 자질을 갖추거나 [평가성] 자질을 갖춘 동사인 경우에 가능하다고 하겠다. 요컨대, 명제동사 중 이 두 자질 중 하나의 조건에 충족하면 {-고}보문을 형성할 수 있다.

그럼 <바라다>류 동사의 의미특성을 논의하기로 해 보자. <바라다>동사는 <발화성>동사가 아니다. 주체의 바라는 행위는 내적으로 경험되는 인지영역일 뿐 대외적 발화는 원칙적으로 전제되지는 않는다.36) 따라서 {-고}보문을 취할 수 있는 하나의 자질인 [발화성] 자질이

---

36) 물론 상황적으로 내적인 경험이 발화될 수 있는 경우를 상정할 수 있지만 그것은 <바라다>류 동사의 기본적인 의미특성에 기인한 것은 아니다. 이필영(1993)에서 내적 사유를 나타내는 동사들도 모두 인용동사라고 본 것은 이러한

<바라다>류 동사에는 설정될 수 없음을 알 수 있다. 또 <바라다>류 동사는 아직 일어나지 않은 일을 대상으로 할 뿐만 아니라, 그 내용은 화자나 주체의 판단에 관여된 것이 아니라 소망이나 기원을 담은 내용일 뿐이다. 따라서 <바라다>동사에는 [평가성]자질도 설정할 수 없다. 이렇듯 {-고}보문을 형성할 수 있는 두 가지 자질을 포함하지 않는 <바라다>류 동사는 {-고}보문을 결합할 수 없다.

　<바라다>동사는 {-고}보문을 형성할 수 없으므로 시제소 결합양상을 고찰하기가 어렵다. 다만, <바라다>류의 의미특성으로 인하여 내포절은 시제소의 결합이 없어도 미래 해석을 받는다.

(85) ㄱ. 영이는 철수가 합격하기를 바란다.
　　　ㄴ. 영이는 철수가 합격할 것을 바란다.

(85ㄱ)의 내포절의 부정시제(不定時制)는 (85ㄴ)의 {것}보문으로 바꾸었을 때 미래 시제소 '-ㄹ'을 결합한 구조와 의미적 등가를 이룬다. <바라다>류 동사의 의미특성에 의하여 과거시제소는 제약된다.

　다음은 <바라다>류 동사의 동일 주어 제약양상에 대해 살펴보기로 하자.

(86) ㄱ. 길남이는 대학에 진학하기를 바랐다.
　　　ㄴ. 길남이는ᵢ [ₛ PROᵢ/ₖ 대학에 진학하기를] 바랐다.

<바라다>류 동사는 내포절의 보이지 않는 주어와 상위절의 주어가

점에서 문제가 된다고 하겠다. 그에 따르면 <바라다>와 같은 내적인 심리동사들도 인용동사의 범주에 포함시키고 있지만 <바라다>동사는 결코 {-고}보문을 이루지 못한다.

일치됨으로써 주어 자신에 관계된 희망이나 기대를 나타낼 수도 있지만 PRO는 문맥에서 상정되는 제3의 어휘적 NP와도 동일지시 관계를 이루 수 있는 중의적인 의미구조를 갖는다. 즉, <바라다>동사는 필수적인 주어 통제관계를 이루지 않고 있으므로 PRO위치에 다른 어휘적 NP가 나타날 수 있다.

(87) [길남이는] [복순이가, 대학에 진학하기를] 바랐다.

다음은 <바라다>류의 상세 의미정보에 대해 살펴보기로 하자.

(88) ㄱ. 나는 영이가 합격하기를 {원한다, 바란다, 희망한다……}
　　ㄴ. 나는 영이의 합격을 {원한다, 바란다, 희망한다……}

위 (88ㄱ)은 <바라다>의 기본구조이고 (88ㄴ)은 기본구조에서 보문의 동사가 축약된 구조를 보이고 있다. 이러한 축약구조는 기능동사에 결합된 서술성 명사의 자질에 의한 것임을 논의하였다.

그런데 구조적으로 같은 서술성 명사의 범주에 속하는 단어이지만 <바라다>류 구문의 결합에는 차이를 보인다. 이를 설명하기 위해서 상위동사의 의미자질과 결합하는 명사들의 의미자질에 어떤 공기관계가 있는지를 살펴보도록 하자.

(89) ㄱ. 나는 영이의 {행복, 건강, 승진…}을 바란다.
　　ㄴ.*나는 영이의 {운동, 공부, 사색…}을 바란다.

위 (89ㄱ,ㄴ)은 모두 보문이 서술성 명사로만 구성된 구문이다. 보문을 구성하고 있는 이들 서술성 명사에 동사를 복원시켜 보면 기능동사 '-하다'를 상정할 수 있다. 위의 보문이 '-하다'동사와 결합하여 복합술어를 구성한다는 것은 주지의 사실이다. 뿐만 아니라 이러한 복합술어 구문에서는 실제적인 의미기능은 서술성 명사에 의해 이루어지고, '-하다'는 기능동사 구실만을 담당한다. 따라서 '-하다'를 생략하여 서술성 명사로만 나타난 보문이 의미해석을 받는 데는 무리가 없다. 그런데 위 구문을 보면 같은 서술성 명사이지만 보문의 의미해석 정도에 있어서 차이가 난다. (89ㄱ)의 서술성 명사들은 보문의 의미구조를 자연스럽게 유도할 수 있는데 반하여 (89ㄴ)의 보문은 의미해석이 자연스럽지 않다. 이러한 차이점은 순전히 그들 명사가 내포하고 있는 의미특성에 의한 것이다. <바라다>의 개념구조를 상세화해 보면 행위주체가 사태를 긍정적이고 이로운 방향으로 변화되기를 원하는 것이다. 그런데 (89ㄱ)에 나타난 서술성 명사들은 적극적인 태도가 반영된 명사들로서 [+정서적]인 자질을 보인다. 그런데 (89ㄴ)의 서술성 명사들은 객관적인 사태나 행위를 나타내는 낱말들로서 [-정서적] 자질을 갖는 명사류이다. <바라다>류 동사의 개념구조와 연관시켜 볼 때, [+정서적] 자질을 갖는 서술성 명사류들과의 결합이 선호된다.

 <바라다>류 동사는 인지와 심리에 걸쳐있는 동사류이다. 사태에 대한 화자의 인지적 판단과 동시에 사태의 변화가 그의 희망대로 이루어지기를 원하는 심리적인 태도가 포함되어 있다. 그리고 이러한 의미적 자질은 선행하는 명사의 선택에 제약을 준다. 특히 내포절이 서술성 명사만으로 이루어진 축약된 구조를 보일 때는 이 같은 제약현상이 분명하다. 선행하는 명사류의 의미자질이 대상의 어떤 정서적인 영향을 전제하고 있는 경우의 명사들과는 자연스럽게 결합되고 또 의미해석을

받을 수 있는 데 비하여, 명사의 의미자체에는 어떤 정서적인 태도를 포함하지 않고 다만 사태의 변화나 사건을 알리는 것과의 결합은 자연스러운 해석을 받지 못한다.

그런데 <바라다>류 동사 중에는 내포절의 의미내용이 화자의 정서적인 희망만을 표현한 것이 아니라 객관적인 사태판단에 근거한 내용을 나타낼 수 있는 부류가 있다. 보문의 내용이 객관적인 사태판단에 의한 평가를 기반으로 할 때, 내포절은 {-고}보문을 취할 수 있다.

(90) 선생님은 길남이가 무난히 합격하리라고 {*바랬다, *원했다, 기대했다}

위 (90)을 보면 <기대하다>는 {-고}보문을 결합시킬 수 있는데 이는 <기대하다>가 나타내는 내용이 단순한 주어의 희망이 아니라 이전의 정보에 근거한 판단이라는 개념구조에 의거하기 때문이다. 따라서 <기대하다>와 <바라다>류 동사의 [행위내용]이 [판단성]에 의해 구분될 뿐만 아니라 구조적으로도 제약성을 보인다고 말할 수 있다.

[표 13:〈바라다〉류 동사의 기본 의미구조]

구조 동사	논항구조	의미역	동일주어 제약	내포절의 결합구조 양상					
				을 것	은 것	는 것	-음	-기	-고
원하다	[행위자] [행위내용]	[행위격] [대상격]	수의적 주어통제	O	X	O	X	O	X
바라다				O	X	O	X	O	X
소망하다				O	X	X	X	O	X
갈망하다				O	X	X	X	O	X
기대하다				O	X	O	X	O	X
기원하다				O	X	X	X	O	X
청하다				O	X	O	X	O	X

[표 14:〈바라다〉류의 상세 의미구조]

구조 동사	구문의 적정구조	상세 의미자질	내포절의 가능한 서법 변환			
			명령법	평서법	의문법	청유법
원하다	NP이 [v-기를] V-다	[-판단평가]	X	X	X	X
바라다		[-판단평가]	X	X	X	X
소망하다		[-판단평가]	X	X	X	X
희망하다		[-판단평가]	X	X	X	X
갈망하다		[-판단평가]	X	X	X	X
기대하다		[+판단평가]	X	X	X	X
기원하다		[-판단평가]	X	X	X	X
청하다		[-판단평가]	X	X	X	X

　　〈바라다〉류는 행위자와 행위대상을 필요로 하는 2항 술어이며, 이 동사에는 각각 〈행위격〉과 〈대상격〉이 할당된다. 이 동사들은 앞으로의 사태에 대한 소망을 나타내며 {-기}와의 결합이 가장 자연스럽고 다음으로 {것}과의 결합이 이루어진다. 그러나 의미자질면에서 서로 상반되는 {-음}보문소는 결합이 제약되고 {-고}보문을 형성하지 못한다. 이는 〈바라다〉류 동사가 [-발화성], [-판단성]의 자질을 나타내기 때문이다.

　　그러나 상세 의미자질 면에서 보면 보문의 내용이 객관적인 사태판단을 나타내는 〈기대하다〉는 {-고}보문을 취할 수 있다. 또 보문의 의미내용을 구분하여 볼 때 〈기다리다〉는 다음 동사들과는 달리 동작성을 나타내는 내용만을 대상화할 수 있는 의미특성을 지닌다.

4.2.8 〈생각하다₂〉류

　　〈생각하다₂〉류 사태에 대한 행위주체의 판단이나 평가를 하는 동

사로서 [행위자]와 [행위내용]의 논항을 가지며 그들은 각각 [행위격]·
[대상격]의 의미역을 상위동사로부터 할당받는다.

먼저 이 동사류의 보문소 결합에서 보이는 제약현상을 살펴보기로 하자.

(91) ㄱ. 철수는 [영이가 예쁘다고] 생각하였다.
　　 ㄴ.?철수는 [영이가 예쁜 것]을 생각하였다.
　　 ㄷ.*철수는 [영이가 예쁘기]를 생각하였다.
　　 ㄹ.?철수는 [영이가 예쁨]을 생각하였다.

　<생각하다₂>의 보문소 결합양상을 보면, {-고}보문소와 가장 자연
스러운 결합구조를 보이고 {것}과 {음}과는 결합이 어색하고 {-기}의
결합은 제약된다. <생각하다₂>는 주어의 인지적 판단의 대상을 내용
절로 취한다. 따라서 내포절의 의미특성은 [-행위성]·[+상태성]·[+완료
성]적인 자질을 나타낸다. 이러한 의미자질은 앞서 논의한 {-기}의 고
유한 의미특성에는 결합이 제약된다.
　그런데 위 (91)의 각 보문의 의미론적 양상에 대해 살펴보기로 하자.
　(91ㄱ)의 {-고}결합 보문은 사태에 대한 주어의 주관적인 판단내용
을 표현하고 있고 (91ㄴ)과 (91ㄹ)은 객관적인 사태의 내용이 나타나는
형식이다.
　앞에서 <후회하다>에서의 보문 구조를 '것을 -다고 후회하다'의 형
식으로 설정할 수 있다고 하였다. 이러한 개념구조의 설정을 <생각하
다₂>에서도 적용할 수 있을 것이다. <생각하다₂>는 객관적으로 존재
하는 것에 대한 화자의 주관적 판단이나 믿음을 나타내는 동사이다, 따

라서 이 동사의 개념구조는 객관적으로 존재하는 세계를 드러내는 성분과 이에 대한 화자의 판단내용이다. {것}보문이 객관적으로 존재하는 세계를 드러내고 {-고}보문은 이에 대한 화자의 판단이나 믿음을 범주화한 형식이다.

따라서 (91ㄴ)을 다음과 같은 구조로 설정할 수 있다.[37]

(92) 철수는 영희가 예쁜 것을 [-X- 다고] 생각하였다.

즉, <생각하다₂>구문을 객관적인 사태를 {것}보문으로 범주화하고 주어의 심리적 판단평가 내용을 {-고}보문으로 범주화할 수 있는 구조형식으로 나타낼 수 있다. 그런데 (91ㄴ)에서는 이러한 판단평가의 내용이 구체적으로 어휘화하지 않고 잠재적으로 설정되어 있을 뿐이므로 의미구조의 불완전성을 나타낸다. <생각하다₂>의 의미구조에서 중요한 의미내용은 객관적인 사실세계가 아니라 그에 대한 주어의 판단평가 된 사실이다. 따라서 {-고}보문으로 내포절 구조를 이룬 (91ㄱ)이 다른 두 예문의 구조보다 정보를 충족하게 하는 적형구조라고 할 것이다. 이는 <후회하다>류 동사가 의미특성상 객관적인 사실세계를 중요시하여 {것}보문을 제1 보문으로 취하는 구조를 이루는 것과 대조적인 구조유형을 나타낸다.

<생각하다>는 개체존재를 대상으로 하는 경우와 사태나 상태를 대상으로 하는 경우로 구분된다. 전자는 개체화된 대상을 '머리 속에 떠

---

37) 안명철(1993:67)은 국어 보문의 구조를 다음과 같이 파악하고 있다.
  --X--NP[S'[-ㄴ/[-ㄹ]것을] C[C[-다]-고] V
  여기서 문제의 대상인 사건은 목적어로서 화자의 인식 시점에 놓이며 서술어의 내용인 C는 주어의 인식 시점에 놓인다고 하였다.

올리다'의 의미이고 후자는 '사태를 판단하여 여기다'의 의미를 갖는다. <생각하다₁>은 개체 타동구문을 이루고 <생각하다₂>는 필수적 내포절을 취하는 명제동사 구문을 이루는 것을 자료분석을 통하여서도 확인하였다.

다음은 <생각하다>류 동사의 시제 결합양상에 대해 살펴보기로 하자. 내포절의 시제소 결합은 상위동사의 의미특성에 의해 제약된다. <생각하다₂>는 객관적인 사태에 대한 주어의 판단행위를 보문으로 취하는데 판단 행위는 시제소 결합에 제약을 보이지는 않는다. 왜냐하면 판단의 대상으로 삼는 사태가 한정된 시제성을 갖지 않기 때문이다. 과거의 사태를 대상으로 평가를 할 수도 있고 앞으로의 사태에 대한 전망을 할 수도 있다.

(93) 철수는 사태가 {호전되었다고, 호전된다고, 호전되리라고} 생각
    했다.

또 양태소 '-겠-'의 결합에도 제약성을 나타내지 않는다.

(94) ㄱ. 나는 의사가 되겠다고 생각했다.
    ㄴ. 나는 학생들이 집에 갔겠다고 생각했다.

(94ㄱ)은 주어의 의지를 나타내는 '-겠₁-'의 양태성을 나타내고, (94ㄴ)은 추측과 판단의 양태성을 나타내는 '-겠₂-'로 쓰인 구문이다.[38] 내

---

38) 내포절이 사태의 추측을 나타내는 경우의 <생각하다>구문은 상위동사를 <추
   측하다>또는 <가정하다>로 대치할 수 있다. 이 경우에 있어서 <생각하다>
   와 <추측하다>는 동일한 의미구조를 갖는다고 하겠다. 그러나 내포절이 주어

포절의 양태소 결합에 의해 내포절의 주어와 동일지시되는 통제현상이 각각 다르게 구조화되었다.

원래 <생각하다₂>류 동사는 동사의 의미특성에 의해 내포절의 지시 관계가 수의적 통제 현상을 나타낸다. 즉 내포절의 행위내용의 주체는 상위문의 주어와 동일지시 관계를 이룰 수도 있고 문맥적인 다른 어휘적 NP와도 동일지시 관계를 보이기도 하는 수의적 주어 통제 양상을 나타내는 동사이다. 그런데 이러한 상위동사의 의미특성에 의한 통제 양상이 내포절의 양태에 의해 영향을 받는다. 내포절의 양태가 주어의 의도를 나타내는 '-겠₁-'일 경우는 반드시 PRO와 상위문의 주어가 동일지시 되는 통제관계를 이루나 사태의 추측 판단을 나타내는 '-겠₂-'인 경우 내포절의 주어는 결코 상위문의 주어와 동일지시 관계를 이루지 못한다.[39]

다음은 <생각하다₂>류 동사의 상세 의미특성을 살펴보도록 하자.

먼저 이 부류에 속하는 대표적인 동사 <믿다₂>와 <생각하다₂>의 의미특성에 대해 살펴보기로 하자. <믿다₂>와 <생각하다₂>는 논항구조와 의미역 구조가 동일하므로 기본적인 의미구조에서는 동일한 양상

의 의미를 나타내는 경우에는 <생각하다>와 <추측하다>는 동일한 의미구조를 갖지 않는다. 이를 통해볼 때 <생각하다>는 <추측하다>보다는 광의의 意味域을 갖는 동사라는 것을 알 수 있다. 우리는 발화동사의 포괄적 쓰임을 나타내는 동사로서 <말하다>를 설정할 수 있는 것처럼 인지적 판단을 나타내는 포괄동사로 <생각하다>를 설정할 수 있을 것이다.

39) 앞서 통제양상을 결정하는 요인으로 상위동사의 의미특성과 내포절의 어휘적 요소에 의한 것으로 구분하여 보았다. 상위동사의 의미특성에 의한 내포절의 통제양상이 기본적인 문의 통제관계를 이루는 요소로서 작용하고 내포절의 어휘적 요소(서법, 양태, 시제소 등)은 기본적인 통제 위에 부가되는 통제양상을 나타내게 한다. 따라서 내포절의 어휘적 요소에 의한 통제양상이 우위성을 갖는다고 할 수 있다.

을 나타내면서도 다음의 예문에서 보이는 것처럼 상세 의미구조에서는
각각의 의미특성을 지닌다.

(95) ㄱ. 철수는 영이가 {아름답다고, 성공하리라고} 생각한다.
     ㄴ. 철수는 영이가 {?아름답다고, 성공하리라고} 믿는다.

<생각하다2>는 (95ㄱ)에서 나타난 것처럼 보문의 내용이 판단이나
믿음의 대상화된 사태를 모두 내용의 범주로 포괄할 수 있음을 보인다.
그러나 (95ㄴ)에서 보는 것처럼 <믿다2>는 판단적 내용인 경우는 의미
구조상 연결이 자연스럽지 않다. 뿐만 아니라 똑같은 보문으로 형식화
한 (95ㄱ)과 (95ㄴ)사이에도 의미차이가 있다. (95ㄱ)은 영이의 성공을
객관적인 증거나 자료를 기준으로 하여 내린 판단이라면 (95ㄴ)은 주관
적인 믿음에 가깝다. 이러한 미묘한 의미차이는 다음과 같이 문의 구조
를 바꾸어 보면 더 잘 드러난다.

(96) ㄱ. ?철수는 영이가 {성공할 것을, 합격할 것을} 생각한다.
     ㄴ. 철수는 영이가 {성공할 것을, 합격할 것을} 믿는다.

(96ㄱ)이 어색하게 보이는 것은 <생각하다2>의 의미특성에 의한 것
이다. {-고}보문과 {것}보문을 비교해 보면 {-고}보문은 서법요소를 완
전히 포함하는 완형보문을 형성함으로써 주어의 판단 기능을 수행하는
데 적절한 것으로 논의하였다. 따라서 판단의 의미기능이 강한 <생각
하다2>구문은 {-고}보문의 결합이 자연스러우며, <믿다2>구문은 {것}
보문이 자연스럽게 결합된다고 할 수 있다. 왜냐하면 <믿음>은 객관

적으로 존재하는 세계를 어떤 인지적 판단을 개입하지 않은 채 그대로 받아들이기 때문이다.

이 두 동사의 의미특성을 자질로 표기하면 <생각하다₂>는 [+정서적], [+판단적]인 자질을 보이고 <믿다₂>구문은 [+정서적], [-판단적]인 자질을 보인다. 다른 동사들에도 이같은 상세 의미자질을 설정할 수 있을 것이다. 예를 들면 어떤 주관적인 판단의 인지적인 작용 없이 주관적, 정서적인 심리를 표현하는 <상상하다>의 경우 {-고}보문보다는 {것}보문을, 인지적 판단의 작용이 개진되는 <추측하다>의 경우 {것}보문보다는 {-고}보문과의 결합이 자연스러운 것도 이 같은 원리에서 설명할 수 있을 것이다.

(97) ㄱ. 영이는 {자기가 공주가 된 것을, ?공주가 된다고} 상상했다.
　　　ㄴ. 영이는 {?철수가 범인인 것을, 범인이라고} 추측했다.

지금까지 논의된 것을 중심으로 <생각하다₂>류 동사의 의미구조를 표로 정리하면 다음과 같다.

[표 15:〈생각하다₂〉류 동사의 기본 의미구조]

동사 ＼ 구조	논항구조	의미역	동일주어 제약	내포절의 결합구조 양상					
				을 것	은 것	는 것	-음	-기	-고
생각하다₂	[행위자] [행위내용]	[행위격] [대상격]	수의적 주어통제	X	O	X	X	X	O
추측하다				X	X	X	X	X	O
보다₂				X	X	X	X	X	O
가정하다				X	X	X	O	X	O
간주하다				X	X	X	O	X	O
상상하다				X	X	O	X	X	O
믿다₂				X	O	O	O	X	O

[표 16:〈생각하다₂〉류 동사의 상세 의미구조]

구조 / 동사	구문의 적정구조	상세 의미자질		내포절의 가능 서법 변환		
		의미내용	판단평가	명령법	의문법	청유법
생각하다₂		±인지적	+판단성	X	X	X
추측하다	NP는	+인지적	+판단성	X	X	X
보다₂	[v-다고]	±인지적	+판단성	X	X	X
가정하다	V-다	+인지적	+판단성	X	X	X
간주하다		+인지적	+판단성	X	X	X
상상하다	NP는	-인지적	-판단성	X	X	X
알다₂		±인지적	-판단성	X	X	X
믿다₂	[v-ㄴ/ㄹ 것을] V-다	-인지적	-판단성	X	X	X

　　〈생각하다〉류 동사는 [행위자]와 [행위내용]을 취하는 2항 술어이며 이들에는 각각 [행위격]과 [대상격]이 할당된다. 공통적으로 내포되는 보문은 평서법을 취한다. 그러나 동사의 상세 의미구조에 따라 내포구조의 적정함은 다르게 나타나는데, 상세 의미자질이 [+인지적]인 특성을 나타내면 {-고}보문의 결합이 자유롭고 [+정서적]인 특성이 강하면 {것}보문의 결합이 자연스럽다. {-고}보문은 상위동사가 판단의 의미기능을 수행하는 데 적절한 내포절의 구조이다. 이에 비해 {것}보문은 상위동사가 정서적인 믿음이 강한 경우에 적절하게 취할 수 있는 구조라고 할 수 있다.

4.2.9 〈어렵다₂〉류

　　〈어렵다₂〉류 동사는 주격 보문을 취하는 동사이다. 이 보문에는 동사로부터 내용역이 배당된다. 〈어렵다〉류 동사의 보문소 결합관계를 살펴보자.

    (98) ㄱ. [영이가 시험에 합격하기]가 {어렵다, 확실하다, 분명하다}.
        ㄴ. [영이가 시험에 합격함]이 {?어렵다, 확실하다, 분명하다}.
        ㄷ. [영이가 시험에 합격하는 것]이 {?어렵다, 확실하다, 분명하다}.
        ㄹ.*[영이가 시험에 {합격한다고, 하라고, 하느냐고, 하자고}]
            {어렵다, 확실하다, 분명하다}.

    <어렵다>류 동사들은 {-고}보문을 형성하지 못한다. 이는 {-고}보문이 주어 성분절에는 쓰일 수 없음을 의미한다. {-고}보문은 화자의 시점에서 주어의 사태판단의 내용을 진술하는 역할을 한다. 따라서 문장의 구조적인 특성으로 상위절 주어가 따로 범주화되지 않는 <어렵다₂>와 같은 1항 술어 명제동사에서는 {-고}보문은 제약된다.[40) 그러나 나머지 세 개의 보문소와는 결합이 이루어진다.

    그런데 상위동사의 의미특성에 따라 결합되는 보문소의 적정구조는 동사마다 다르게 나타난다. <어렵다₂>와 <쉽다₂>는 {-기}보문과 가장 자연스러운 결합을 보이고 <확실하다>와 <분명하다>는 {-음}보문소와의 결합이 자연스럽다. 그러나 이 두 유형의 동사들은 공통적으로 {것}보문과도 결합을 이룬다.

    <쉽다₂>와 <어렵다₂>는 행위나 사태가 이루어질 수 있는가에 대한 수행여부에 초점이 놓이는 동사들이지만 <확실하다>와 <분명하다>는 사태의 완료적 상태를 판단하는 데 초점이 놓이는 의미특성을

---

40) 앞서 {-고}가 행위주체인 주어가 판단하거나 발화하는 내용을 구조화하는 보문소 임을 논의하였다.

지니고 있다. 동사의 의미특성이 행위성을 강조할 때는 보문소 {-기}의 결합이 가장 적절하다는 것을 논의하였고, 또 마찬가지로 사태의 완료적인 속성에 초점이 놓이는 동사는 {-음} 보문소의 결합이 적절하다는 것도 앞서 논의하였다. 이에 비해 {것}보문은 동사의 행위성이나 완료성의 의미특성에는 간섭받지 않는 보문소이다. {것}보문은 <어렵다₂>류와 <가능하다>류 모두에 결합이 자유롭다. 명제동사의 내포절의 형태는 해당동사의 상세 의미특성에 의해 가장 적절한 보문구조로 구조화된다.

다음은 <어렵다₂>류 동사의 내포절 주어의 통제현상에 대해서 살펴보기로 하자. <어렵다₂>류 동사는 1항 술어로서 상위절의 다른 명사구 성분이 나타나지 않는 동사이다. 따라서 내포절의 주어는 상위절의 어떤 성분과 동일지시 관계를 형성하지 않는다. 단 이 동사류가 주어절을 이루는 보문의 의미내용이 무엇인가에 따라서 주어의 선택에 제약이 있음을 살펴볼 수 있다.

(99) ㄱ. 동시에 두 가지 일을 하기는 어렵다.

　　　ㄴ. [s PRO_gen 동시에 두 가지 일을 하기는] 어렵다.

위 (99ㄱ)은 <어렵다₂>구문의 기본문 형태로 구조화시킨 것이다. 이 구문에 내포된 보문은 특정적인 사태를 나타내는 것이 아니라 일반적 총칭적인 사태를 지지한다. 따라서 문장을 LF로 나타내 보면 내포절의 주어는 일반 총칭명사로서 설정된다.[41] 그러나 보문의 의미내

---

41) PRO가 특정적인(+specfic)인 개체를 주어로 하지 않고 일반 총칭적(+generic)인 개체를 주어로 취하는 경우, PROgen으로 표시한다.

용이 특정적인 사실을 나타내는 경우는 내포절의 주어는 특정적 NP로
지시된다.

(100) ㄱ. [s PRO 혼자서 그일을 하기는] 어렵다.
     ㄴ. [영이가spc 혼자서 그 일을 하기는] 어렵다.

위 (100ㄱ)은 보문의 의미내용이 특정적인 사태를 지시하므로 (100
ㄴ)과 같이 '영이'라는 특정 명사구를 설정할 수 있다.
다음은 <어렵다₂>구문의 시제소 결합양상을 살펴보도록 하자. <어
렵다₂>구문의 보문 내용은 화자의 판단의 대상이 되는 사태이다. 동사
에 따라서 시제소 결합양상이 차이가 난다.

(101) ㄱ. 철수가 부모님을 설득하기는 어렵다.
     ㄴ. 영이가 {우승할 것은, 우승한 것은, 우승하는 것은} 확실하다.

<어렵다₂>는 완료되지 않은 사태를 대상으로 가능성 판단을 보문
의 의미내용으로 취한다. 이 때 내포절은 미래 시제소를 결합시키지 않
고도 [미래성]을 나타낸다. {-기}는 시제소의 결합이 자유롭지 못한 보
문소인데, 그러면서도 미래성을 나타내는 것은 상위동사의 의미특성과
{-기}의 고유한 의미특성에 의한 것이다.
그런데 <확실하다>는 일이나 사태의 가능성 혹은 결과를 판단하는
것으로 내포절의 내용은 완료적 사실, 또는 미완적인 미래사실을 대상
으로 할 수 있다. 따라서 내포절의 시제소 결합에도 제약성을 나타내지
않는다.

<어렵다₂>류 동사는 앞서 논의하였던 다른 동사들과 달리 각 동사마다 상반된 의미내용을 나타내는 대립어휘들을 갖추고 있다. <어렵다₂>는 <쉽다₂>와 <확실하다>는 <불확실하다>와 <분명하다>는 <불분명하다>와 각각 대립적인 의미관계를 이룬다. 이들 대립쌍들은 기본적인 의미구조나 통사구조에 있어서는 동일한 양상을 나타낸다. 단 대립쌍들이 구별되는 것은 사태에 대한 화자의 판단내용에서 차이가 난다. 즉, <어렵다₂>는 부정적인 판단을 전제하고 있는 것이라면 <쉽다₂>는 긍정적 판단을 전제로 하고 있다. 이러한 판단의 긍부정의 대립성은 <분명하다>와 <불분명하다>, <확실하다>와 <불확실하다>의 관계에서도 성립된다. 다른 동사류 들과 달리 <어렵다₂>류 동사들이 이처럼 대립쌍들을 갖추고 있는 것은 이들 동사들이 사태의 진위여부, 성패여부와 같이 이분적인 판단행위에 참여하는 동사들이기 때문이다. 따라서 하나의 판단 행위는 그에 반대되는 판단 행위를 상정할 수 있는 어휘체계를 이룬다.

지금까지 논의된 것을 정리하면 다음과 같다.

[표 17:〈어렵다₂〉류 동사의 기본 의미구조]

동사＼구조	논항구조	의미역	동일주어 제약	내포절의 결합구조 양상					
				을 것	은 것	는 것	-음	-기	-고
어렵다2	[행위내용]	[대상격]	총칭적, 또는 특칭적 통제	X	X	O	X	O	X
쉽다2				X	X	O	X	O	X
확실하다				O	O	O	O	X	X
불확실하다				O	O	O	O	X	X
분명하다				O	O	O	O	X	X
불분명하다				O	O	O	O	X	X

[표 18:〈어렵다₂〉류 동사의 상세 의미구조]

구조 동사	구문의 적정구조	상세 의미자질		내포절의 가능 서법 변환			
		의미내용	판단내용	명령법	평서법	의문법	청유법
어렵다2	[v-기가] V-다	행위수행	부정판단	X	X	X	X
쉽다2		행위수행	긍정판단	X	X	X	X
확실하다	[v-음이. 것이] V-다	사태결과	부정판단	X	X	X	X
불확실하다		사태결과	긍정판단	X	X	X	X
분명하다		사태결과	부정판단	X	X	X	X
불분명하다		사태결과	긍정판단	X	X	X	X

　　〈어렵다₂〉류 동사들은 기본적으로 주어 보문을 형성하는 1항 술어들이다. 이들은 내포절에 {-고}보문을 구조화할 수 없다. 상위동사의 상세 의미자질에 따라 가장 알맞는 적정구조로 구조화 된다. 행위판단성의 의미특성이 강한 〈어렵다₂〉나 〈쉽다₂〉는 {-기}보문이 적정구조이고 사태 판단성이 강한 〈가능하다〉류는 {-음}보문의 결합이 적절하다. 이 둘에 있어서 {것}보문은 공통적으로 결합할 수 있다. 또 이들 동사는 다른 동사들의 무리와는 달리 의미적 대립관계를 이루는 대립어가 범주화되어 있다. 대립어들은 구조적으로는 동일한 양상을 보이는데, 다만 판단내용에 있어서 대립적인 양상을 나타낸다.

5. 보문소 {-음}, {-기}의 의미특성과 제약

5.1 개요

명제동사는 그 의미특성에 의해 내포절의 형태에 제약을 나타낸다.

앞서 명제동사의 유형에 따라 내포절의 형태가 어떻게 실현되는지를 개괄하여 보았다. 여기서는 명제동사 구문의 논의를 내포절의 형태에 초점을 맞추어 진행시키기로 하겠다. 명제동사 구문의 논의에서 관심을 갖게 되는 부분 중의 하나는 내포절의 형태가 상위동사의 의미특성에 따라 상당히 제약적으로 실현되는 현상일 것이다. 특히 내포절을 상위명제동사구문에 연결시키는 보문소가 상위동사에 따라 분포 제약을 보이는 현상은 그간 보문구문의 연구에서 상당한 관심을 받아온 부분이었다. 이 중에서 보문소 {-음}과 {-기}는 그 통사적 동질성에도 불구하고 내포절의 결합에 상보적인 분포를 나타내고 있다. 이러한 현상에 대해 많은 학자들이 {-음}과 {-기}의 의미특성에 따르는 제약현상으로 인식하고 두 형태소의 고유한 의미특성을 고찰하였다. 그 결과 {-음}과 {-기}의 의미특성은 어느정도 밝혀진 셈이다.

그러나 그간 많은 논의가 있었음에도 불구하고 보문소 {-음}, {-기}가 충분히 설명되지 않았다고 본다. 이에 본고에서는 장을 달리하여 보문소의 의미특성과 각각의 제약현상에 대해 살펴보려고 하는 것이다.

{-음}과 {-기}에 대한 지금까지의 논의를 살펴보면 몇 가지의 문제점을 발견하게 된다.

첫째, {-음}과 {-기}의 다양한 통사적 기능에 대한 면밀한 구분이 없이 두 형태소의 의미특성만을 추출하려고 하였다는 점이다.

{-음}과 {-기}가 국어 문법에서 수행하는 기능은 용언을 대상으로 명사화를 수행하는 파생접사로서의 기능과 문장을 대상으로 상위동사의 성분절이 되게 하는 보문소로서 기능으로 구분된다. 그 동안 {-음}, {-기}에 대한 연구가 학자들마다 일관되지 않은 점이 발견되는데, 이는 이들 형태소의 범주를 구분하지 않고 다루었다는 데서 그 원인을 찾을

수 있다. 뒤에서 살펴보겠지만, {-음}, {기}의 의미특성이 학자에 따라서는 서로 상반되는 자질로 명세화되기도 하였다. 이는 {-음}, {-기}의 고유 의미특성에 의한 것이기보다는 구문의 해석에 따른 해석적 의미를 대상으로 하였기 때문이다. 파생접사로서 {-음}과 {-기}가 가지는 고유 의미특성을 추출하기 위해서는 그들이 결합하여 나타낸 어휘들을 조사하여 공통의 의미를 찾아내야 한다. 그러나 보문소로서 {-음}과 {-기}는 파생접사로서 갖는 고유 의미특성이 고려될 뿐만 아니라 여기에 상위동사의 의미특성이 함께 작용하여 결합을 유도한다. 따라서 보문소로서의 기능을 논의하는 것은 {-음}, {-기}의 의미특성을 논의하는 것보다 상위동사와의 제약관계를 논의하는 것이 바람직하다. 상위동사와의 제약관계를 논의하는 과정 중에 제약의 원인을 밝혀내는 일이 무엇보다도 중요한 것으로 판단된다.

둘째, {-음}, {-기}의 통시적 변천에 대한 논의가 명제동사와의 연관 속에서 이루어지지 못했다는 점이다.

본고의 논의는 동사의 올바른 연구를 위해서는 일반 타동사와 구분하여 명제동사의 자연군을 설정할 필요가 있음을 보인 것이었다. 명제동사는 일반 타동사와는 다른 구문적 특성을 나타내고 있을 뿐 아니라 그러한 구문 특성이 필수적으로 실현되는 동사이다. 따라서 국어의 보문은 그것을 필수적으로 요구하는 명제동사와의 연관 속에서 논의되어야 그 현상을 제대로 조망할 수 있다. 이와 마찬가지로 {-음}, {-기}의 연구도 명제동사 구문 속에서 그 제약과 변천 양상을 논의해야 할 것이다.

그간 {-음}, {-기}의 통시적인 변천에 대해서 학자들마다 약간의 의견의 차이는 있지만 대개는 {-음}>{-기}로의 변화를 인정하고 있다.

즉, 중세국어에서 {-음}형으로 쓰이던 구문이 근대국어 이후 {-기}형의 확산으로 그 세력이 축소되어가는 실정에 있으며 현대국어에서는 {-기}가 압도적으로 많이 사용되고 있다고 한다. 그러나 문제는 소위 {-음}과 {-기}의 변화를 살펴보고 있는 해당 구문의 대부분은 필수적으로 내포절을 취하는 명제동사구문이 아니라 수의적으로 내포절을 취하고 있는 구문들이라는 데 있다. {-음}과 {-기}의 분포와 변화를 일반 타동사 구문에서 살펴보는 것은 커다란 의의를 찾을 수 없다. 일반 타동사가 내포절을 취할 때는 {-음}과 {-기}가 수의적으로 선택된다. 화자의 문체적인 스타일에 좌우될 수도 있고 문헌의 성격에 의하여 선택될 수도 있다. 그러나 명제동사구문에서는 동사의 의미적 특성이 내포절의 형태를 제약하고 있으므로 {-음}, {-기}의 선택도 제약적일 수밖에 없다. 중세국어의 어느 특정 명제동사구문에서 {-음}으로 쓰이던 것이 근대국어 이후 {-기}로 변화되어 나타났다고 하면, 그것은 {-음}>{-기}의 통시적인 변화를 예측할 수 있는 좋은 자료가 될 것이다. 본고는 그러한 전제 아래 명제동사의 대표적인 유형들을 통시적인 관점에서 고찰하여 그 변화된 모습을 기술하고 변화의 원인을 설명하기로 한다.

5.2 {-음}과 {-기}의 범주적 특성

이 절에서는 {-음}, {-기}를 명사화 파생접사(약칭 파생접사)와 명사화 보문소(약칭 보문소)로 구분되어 논의하여야 할 필요성을 설명하고 먼저 파생접사로서 {-음}, {-기}의 통사적 의미적 특성을 기술한다. 그리고 이어서는 {-음}, {-기}의 보문소로서의 특성을 살펴본다. 보문소로서의 특성은 상위 명제동사와의 제약관계를 중심으로 고찰될 것이다.

5.2.1 {-음}, {-기}의 기능적 범주 구분

국어문법의 파생의 범주내에서 명사형을 만드는 기제에 대해서는 그동안 여러 방면에서 논의가 이루어져 왔다. 전통적인 어휘론의 입장에서는 파생명사의 목록을 발굴하여 이를 정리, 체계화하는 작업을 하였고[1] 최근의 논의들에서는 단어형성이라는 조어론적인 입장에서 파생어 접사들을 분석하고 있다.[2]

{-음}, {-기}의 의미특성을 살펴보기 위한 논의에 앞서 먼저 {-음}과 {-기} 두 형태소의 통사적 범주가 무엇인지를 명확히 할 필요가 있을 것 같다.

전통적으로 접사체계는 파생과 굴절로 구분하고, {-음}과 {-기}는 여기에서 파생접사로 분류되었다. 그러나 생성론에 입각한 형태론적 입장에서는 국어 접사체계를 단순히 파생과 굴절로 인식하는 것에 대한 문제점을 지적하고 오히려 어휘적 접사와 통사적 접사라는 관점에

---

1) 국어 명사 파생접사의 공시적인 어휘정리는 김계곤(1969)과 고영근(1974)에서 자세하게 개진된 바 있다. 여기서는 몇가지의 경우를 제시해 본다.
　ㄱ. '-개/게': 베개, 지게, 날개, 지우개, 싸개, 가리개, 집게.
　ㄴ. '-애/에': 노래, 마개, 쿠뚜레.
　ㄷ. '-앙/엉': 빨강, 지팡이, 두렁.
　ㄹ. '-웅': 지붕, 마중.
　ㅁ. '-엄': 무덤, 주검.
　ㅂ, '-꾼': 구경꾼, 농사꾼, 사냥꾼, 일꾼.
　ㅅ. '-아지/아기: 모가지, 바가지, 망아지, 싸라기.
2) 김창섭(1984)에서 접미사 '-답-'에 대한 통사적 성격을 지적한 것을 시작으로 하여, 고창수(1986), 임홍빈(1989), 시정곤(1993)에서 보다 체계적으로 논의되었다.

서 접사체계를 논의하고 있다. 이 같은 입장에 서면 {-음}과 {-기}는 기존의 전통적인 입장에서 설정되었던 대로 명사 파생 접사라는 차원에서 국한되지 않고 어휘적 접사인지, 통사적 접사인지에 대한 성격파악이 문제가 된다.[3]

{-음}과 {-기}는 다른 명사 파생 접사들, 예를 들면, {-이}, {-개}, {-앙}, {-보} 등의 일련의 명사 파생 접미사들과는 다른 양상을 나타내고 있음은 주지의 사실이다. {-음}과 {-기}가 다른 명사 파생 접사들과 차이를 보이고 있다면 그것은 무엇때문인지를 논의하고 또 그러한 차이점이 {-음}, {-기}의 범주설정에 어떻게 영향을 미칠지를 논의해 보기로 한다.

국어 명사화 접사에는 수십 개의 종류가 있다. 그 중에서 {-이}와 {-

---

3) 시정곤(1993:15)에서는 접사의 범위를 전통적인 입장에서 벗어나 그 활동범위에 따라 다시 분류할 때 다음과 같이 나눈다. 어휘부(Lexicon)에서 어근과 함께 단어형성에 참여하는 일련의 접사와 통사부에서 구와 결합하여 새로운 구를 형성하는 접사로 양분할 수 있다. 전자를 '어휘적 접사(lexical Affix)'라 하고 후자를 '통사적 접사(syntactic affix)'라고 가정한다.
그의 논의에서 제시한 국어 접사 체계를 참고로 제시한다.

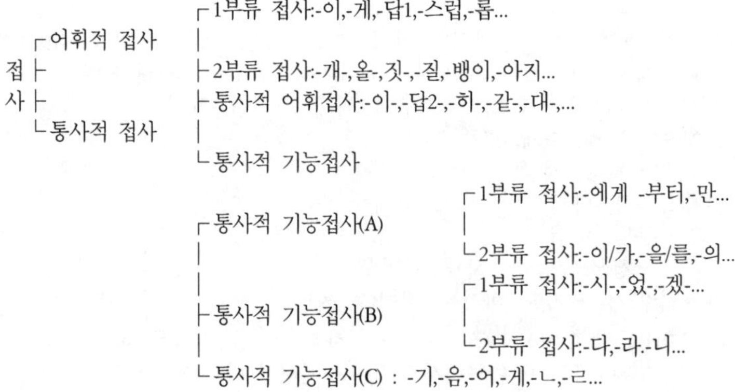

음}과 {-기}를 대상으로 논의를 진행시키기로 한다. 이 세 접사는 파생
명사 중에서 가장 많은 빈도를 차지하고 있는 대표적인 접사들이다.

그런데 파생 접사 {-이}와 {-음}, {-기}는 명사화라는 동일한 기능을
수행하면서도 그들이 파생시킨 명사류를 살펴보면 몇 가지 점에서 차
이를 나타낸다.

{-이}가 대부분의 다른 명사화 파생접사와 같은 특성을 공유하는 데
비해, {-음}과 {-기}는 이와는 다른 양상을 보인다. 먼저 각 파생 접사
의 결합으로 파생된 파생명사의 목록을 살펴보기로 한다. 사전에 명사
단위로 올라있는 것을 대상으로 한다.

(1) 파생 접사 {-이}에 의한 명사류
　　ㄱ. 놀이, 구이, 몰이, 윷놀이, 감옥살이, 해돋이, 봄맞이….
　　ㄴ. 재떨이, 바람막이, 옷걸이, 물받이, 미닫이, 책꽂이….
　　ㄷ. 고기잡이, 신문팔이, 구두닦이, 젖먹이, 때밀이…
　　ㄹ. 부엉이, 곰배팔이, 애꾸눈이, 개똥이, 복순이, 바둑이….
　　ㅁ. 높이, 길이, 넓이, 길이….

(2) 파생접사 {-음}에 의한 명사류
　　ㄱ. 가르침, 가뭄, 걸음, 놀림, 느낌, 뉘우침, 다짐, 도움, 모임, 물음, 믿음,
　　　　보탬, 새김, 싸움, 울음, 움직임, 흐름, 죽음, 졸음, 땜, 받침, 고룸….
　　ㄴ. 그림, 그을음, 묶음, 얼음, 짐, 찜, 주름, 튀김, 조림….
　　ㄷ. 잠, 꿈, 숨, 춤, 거름, 뜀, 삶, 뜸, 웃음……
　　ㄹ. 굶주림, 보살핌, 되새김, 비웃음...

(3) 파생접사 {-기}에 의한 명사류

　　ㄱ. 크기, 둥글기, 굳기, 세기, 밝기, 빠르기…

　　ㄴ. 보기, 기울기, 줄넘기…

　　ㄷ. 달리기, 뛰기, 던지기, 읽기, 쓰기, 듣기, 내기, 접기, 나누기, 빼기, 만
　　　들기

위 {-이} 파생명사의 성격을 보면 (1ㄱ)은 [+행위]의 자질을 갖고 있고 (1ㄴ)에서는 [+도구]의 자질을, (1ㄷ)은 [+행위인]의 자질을, (1ㄹ)은 [+유정명사]의 자질을, (1ㅁ)에서는 [+척도]의 자질을 설정할 수 있다.[4]

심재기(1980:81)에서는 명사파생 접미사 {-이}를 크게 두 가지로 구분하고 있다. 첫번째 부류는 동작동사에 결합하여 그 동작을 개념화하는 즉, 특정행위에 명칭을 부여하는 접미 형태소라고 하였다. 그 중 '놀이', '다듬이', '몰이', '벌이' 등은 각각 '어떤 게임을 하면서 노는 행위, 옷감을 다듬는 행위, 짐승을 모는 행위, 돈을 버는 행위' 등을 가리킨다. 이런 것을 {-이₁}로 묶고 거기에 행위명화 접미형태소라는 이름으로 명명하였다. 그리고 {-이₁}은 '꽂이', '구이', '막이', '미닫이' 등은 '편지꽂이, 소금구이, 칸막이' 등을 형성하면서 그 동작이 마치는 대상물을 가리키기도 한다고 하였다. 두 번째 부류에 속하는 {-이₂}는 상태동사에 결합하여 상태의 정도, 즉 척도를 나타내는 접미형태소라고 하였다. '길이', '넓이', '높이' 등으로 대표되는 {-이₂} 접미사를 척도명화 접미형태소라고 명명하였다. 중세국어에서 동사로부터 명사를 만드는 접미형태소로서 가장 생산적인 것이 바로 {-이} 형태소임을 아울러 밝히고 있다.

---

4) {-이}와 {-음}파생명사류의 목록제시와 자질 구분은 시정곤(1993:77-79)의 논의
　를 참고로 하였다.

그런데, {-음}과 {-기}로 파생된 명사류는 {-이} 파생 명사와는 그 성격이 차이가 난다. 위의 목록에 제시된 {-음}파생 명사류의 자질을 보면 대부분 [+행위]의 자질을 가지고 있다. 이는 {-이}가 다양한 의미 자질을 나타내는 것과는 차이가 있다. 또 목록에서 드러난 것처럼 {-이}는 명사와 동사에 두루 붙을 수 있는 것에 비해서 {-음}형은 동사에만 국한되는 제약이 보인다. 이러한 점은 {-기}에서도 마찬가지로 발견된다.

뿐만 아니라 {-음}, {-기}는 {-이}파생 접사와는 달리 동명사형 어미를 구성하는 기제로도 쓰이는데 명사 파생접사와 동명사형 어미와의 구별이 매우 어렵다.

(4) ㄱ. 아이들은 누군가의 보살핌이 필요하다.
    ㄴ. 노인들을 보살핌이 영이의 일이다.
    ㄷ. 철수는 달리기를 잘한다.
    ㄹ. 철수는 뒤도 돌아보지 않고 앞으로 달리기만 하였다.

위의 예문들을 보면 파생 명사와 동명사의 구분이 쉽지 않음을 알 수 있다. (4ㄱ)의 '보살핌'은 개념화된 행위로서 파생명사의 범주로 쓰인 것이고 (4ㄴ)은 '보살피는 일'이라는 구체적인 행위로서 동명사형 어미로서 쓰인 것이다. (4ㄷ)의 '달리기'는 운동의 한 종목이 명사화된 범주로서 쓰인 것이지만 (4ㄹ)은 '달리다'의 동명사형 어미로 쓰인 예문이다. 그러나 이 두 기제의 구별은 의미적으로 매우 유사할 뿐만 아니라 형태적으로도 동일하게 실현됨으로써 구별을 어렵게 한다. 이와 관련하여 시정곤(1993:94)에서는 어휘적 접사(전통적인 명칭으로는 파생접사) {-음}, {-기}와 통사적 접사(전통적 명칭으로는 동명사형 어미) {-음}, {-기}를 모두 하나의 범주, 즉 '통사적 접사'로 처리하고 있다. 그의 논의에 따르면 {-음}, {-기}와 결합하여 명사가 된 어형들은 어휘부에서 형성되는 것이 아니라 통사부에서 형성되어 어휘부에 저장되는 것으로 보고 있다.

이 같은 입장은 심재기(1980:83)에서도 견지되고 있는 바, 그는 국어의 명사화 접사 체계를 전성명사화와 동명사화로 구분하고 {-음}, {-기}를 동명사형 접사로 설정하고 있다. 이에 대한 근거로 첫째, {-음}과 {-기}를 제외한 다른 명사 파생 접사들이 동사로부터 명사로 전환한 뒤에는 온전히 명사가 수행해야 하는 통사적 의미론적 기능에 충실한데 비하여 {-음}, {-기}는 명사적 특성과 동사적 특성을 공유하고 있고 둘째, 전성명사는 모든 동사로부터 명사화되는 것이 아니라 극히 일부의 동사만이 명사로 전성되는데 반하여 {-음}, {-기}는 거의 모든 동사가 무리 없이 동명사로 바뀔 수 있다는 점을 들고 있다.5)

그런데 그의 논의에서도 {-음}과 {-기}의 결합형 중에서도 경우에 따라서는 완전히 명사화된 전성명사의 구실을 하는 것이 상당수 있음을 지적하고 있다. 이러한 전성명사들은 관용의 빈도에 따라 전성된 이

---

5) 실제로 {-이}가 상태동사를 명사형으로 할 경우 몇 가지의 제약이 따른다. 즉, 상태동사 중에서 상태를 정도를 수치화할 수 있는 것들과만 결합한다.
　　ㄱ.높이, 길이, 넓이, 깊이-
　　ㄴ.*좋이, *기쁘이, *나쁘이, *슬프이
또 상태의 정도를 수치화할 수 있는 것들 중에서도 보다 무표적인 항에 명사형이 이루어진다.
　　ㄷ.*낮이, *짧이, *좁이,*얕이
그러나 {-음}, {-기}의 파생에서는 이러한 제약이 없다.
　　ㄹ.예쁘기, 곱기, 아름답기, 붉기, 푸르기,…
　　ㅁ.낮음, 얕음 ,짧음, 좁음,…

후의 특성을 보다 강하게 표출하는 것이 있기 때문에 동명사 안에서 다시 전성명사로 자리를 바꾸는 어휘가 생기는 것은 자연스러운 일이라고 설명한다.

위의 논의를 바탕으로 하여 {-음}, {-기}의 범주 설정에 대한 본고의 입장을 정리하도록 하자. {-음}과 {-기}는 분명히 {-이}나 {-개}, {-애} 등의 명사 파생접사와는 다른 의미특성을 지니고 있다. 또 통사적인 생산성에 있어서도 어휘적 파생 접사들과는 차이가 난다. 그러나 이러한 차이점 때문에 {-음}과 {-기}를 어휘적인 파생의 면을 무시하고 통사적인 기능만으로 한정시키는 것은 무리가 따르는 것으로 보인다. 이 두 형태소를 하나의 범주로 설정하는 것은 통합적인 문법의 설명을 위해서는 바람직한 일이 아닐 수 없으나, 그러한 설명방법이 {-음}, {-기}의 문법현상을 얼마나 잘 설명할 수 있을지를 검증해 보아야 할 것이다. 다음의 예문을 보자.

(5) ㄱ. 영이는 높이뛰기를 잘한다.

ㄴ. 영이는 아이들이 높이뛰기를 원했다.

ㄷ. 영이는 울음을 터뜨리고 말았다.

ㄹ. 내가 先生을 울음은 진실로 民族을 울음이다.(최현배(1946:352)

(5ㄱ)은 운동 종목의 하나인 개별화된 행위를 표현하는 전성명사의 경우이고 (5ㄴ)은 명제동사 구문내의 내포절 [아이들이 높이 뛰다]를 명사화시킨 동명사 구조이다. 마찬가지로 (5ㄷ)은 '울다'의 전성명사의 경우이고 (5ㄹ)은 동명사형의 경우를 보이는 것이다. (5ㄹ)은 최현배(1946:352)에서 인용한 예문인데 거기에는 이외에도 {-음}의 용례로 다

음과 같은 예문을 더 제시하고 있다.

(6) ㄱ. 나는 담배 먹음을 싫어하오.
    ㄴ. 나는 數萬里 鵬程을 단숨에 낢을 바라오.

위의 경우를 보면 어휘적 접사 {-음}, {-기}와 동명사형 어미 {-기}의 의미특성이 어떤 차이를 나타내는지 구별하기가 대단히 어렵다. 그러나 위의 구조를 변형해 보면 이 둘의 통사적 기능이 다르다는 것을 알 수 있다.

(7) ㄱ. *영이는 높이뛰었기를 잘한다.
    ㄴ. 영이는 아이들이 높이뛰었기를 바랬다.
    ㄷ. *영이는 울었음을 터트렸다.
    ㄹ. 내가 先生을 울었음은 진실로 民族을 울었음이다.

(7ㄱ,ㄷ)의 경우는 명사범주이므로 사이에 시제요소가 개입할 수 없으나 (7ㄴ,ㄹ)은 동명사형 어미로 동사적인 성격이 강하므로 동사어간과 어미사이에 다른 시제요소가 개입할 수 있다. 또 이들 형태에 다른 수식어를 삽입해보면 두 형태의 차이점이 드러난다.

(8) ㄱ. 영이는 (멋진 높이뛰기,* 좀 더 높이뛰기)를 잘한다.
    ㄴ. 영이는 아이들이 (*멋진 높이뛰기, 좀 더 높이뛰기)를 바랬다.
    ㄷ. 영이는 (서러운 울음,* 가슴깊이 울음)을 터뜨렸다.
    ㄹ. 내가 先生을 (*참았던 울음, 가슴깊이 울음)은 진실로 民族을

울음이다.

관형어가 명사 수식을 담당하기에 자연스러운 것이라면 부사어는
동사 상당어구를 수식하는 것이 자연스러움은 주지의 사실이다 위의
예문은 이러한 특성을 이용해 각 형태의 범주적 자질을 나타낸 것이다.
즉, (8ㄱ,ㄷ)은 명사로 굳어진 형태이고 (8ㄴ,ㄹ)은 동명사 형태로 동사
적 특성이 강하게 나타난다고 할 수 있다. 이러한 차이점은 {-음}, {-
기}의 서로 다른 범주설정을 인정하게 하는 것이다. 특히 {-음}, {-기}
의 결합형이 명사범주인 경우는 문의 구조에 상관없이 자유롭게 나타
날 수 있으나 동명사형인 경우는 반드시 보문구조에서만 나타난다는
점도 기능의 구별을 뒷받침한다.

그렇다면 형태적 동일함에도 불구하고 이처럼 기능적 범주의 차이
를 나타내는 {-음}, {-기}를 어떻게 구별할 수 있을까? 첫 번째 방법은
공시적으로 사전에 명사범주로 등재되어 있는 어휘들은 어휘적 파생으
로 처리하는 것이다. 그리고 명사로 등재된 파생형 외의 {-음}, {-기}결
합형은 공시적인 동명사형으로써 통사적 구성을 상정한 것으로 간주한
다. 두 번째 방법은 문장의 내포절 어미에 나타나는 {-음}, {-기}는 동
명사형 어미로 인식한다.[6] 본고는 그 중에서도 명제동사 구문내에서
나타나는 동명사형 어미, 즉 보문소로서의 {-음}, {-기}를 대상으로 할
것이다.

---

6) 본고의 논의에 해당하는 것은 바로 이 동명사형 어미이다. 이를 우리는 보문소
로 명명하였다.

5.2.2 {-음}, {-기}의 의미특성

{-음}과 {-기}의 의미적 대립이 학자들 사이에 관심을 받기 시작한 것은 생성문법의 이론적인 후광에 힘입어 국어의 명사화 절차를 포괄하는 보문화 현상을 밝혀보려는 기술적인 논의에서부터 시작되었다. 특히 학자들 간에 {-음}과 {-기}가 주목을 받게 된 것은 이 두 문법 형태소가 통사적으로는 동일한 명사화 기능을 수행하면서 의미적으로는 시차적인 특성을 가지고 분포상의 차이를 보이고 있는 점 때문이었다. 이러한 의미특성에 대해 이맹성(1968), 이홍배(1970), 양인석(1971) 등은 {-음}과 {-기}가 상위문 동사의 종류나 의미에 따라 자동적으로 결정되는 것으로 보았고, 장석진(1966), 국웅도(1968), 임홍빈(1974), 양동휘(1976), 심재기(1980)등은 {-음}과 {-기}에 그 고유의 의미특성 같은 것이 개재한다고 보는 입장이었다.

그런데 {-음}과 {-기}는 다른 명사화 접사들이 파생접사로사의 기능만을 가지고 있는 데 비해 선행하는 용언을 명사로 파생시키는 명사화 파생접사로서의 기능뿐만 아니라 한 문장의 끝에 나타나는 서술동사에 붙어 그 문장을 명사와 같은 기능으로 상위문의 한 성분이 되게 하는 보문소로서의 역할도 담당한다는 것을 보았다. 따라서 {-음}과 {-기}를 논의하기 위해서는 이 두 가지의 기능을 구분할 필요가 있다. 왜냐하면 명사 파생 접사로사의 {-음}, {-기}가 보이는 특성과 보문소로서 보이는 특성이 다르기 때문이다. 명사 파생접사로서 쓰일 때 {-음}, {-기}가 보이는 결합제약과 보문소로서 보이는 {-음}, {-기}의 결합제약 양상이 다르다.[7) 보문소로서 쓰일 때는 구문구조 내에서의 여러 가지 통사적

---

7) 명사 파생 접사로 쓰이는 {-음}과 {-기}는 해당 동사의 의미특성에 따라 자유

인 제약을 받음으로써 결합양상이 상당히 제약적이다. 동명사형 접사 {-음}과 {-기}를 명사화소와 구분하여 보문소로 명명하려고 하는 이유도 이러한 특성 때문이다.

뒤에 살펴보겠지만, 보문소 {-음}과 {-기}는 자체의 고유한 의미특성이 있으며 이 의미특성이 상위 명제동사의 의미유형에 따라 제약적으로 결합한다.

보문소 {-음}과 {-기}의 문법 양상을 논의하기 위해 먼저 이 두 형태소가 가지고 있는 고유한 의미특성을 살펴보도록 하자.

다음은 각각 {-음}과 {-기}가 결합하여 명사로 전성된 낱말로서 사전에 수록되어 있는 것들이다.

(9) ㄱ. {-음}결합형

꿈, 잠, 춤, 노름, 이름, 어름, 걸음, 여름, 울음, 웃음, 주름, 기쁨, 슬픔, 숨, 살림, 느낌, 가르침, 싸움, 아픔, 서러움, 미움 , 아름다움, 셈, 믿음, 무덤, 갬, 흐림, 맑음, 게으름, 수줍음, 귀여움, 노여움……

롭게 결합을 이룬다. {-음}으로 파생하는 명사형들- '믿음, 삶, 기쁨, 슬픔, 괴로움, 수줍음, 흐림, 맑음, 죽음, 뉘우침, 그림, 꿈, 잠……', {-기}로 파생하는 명사형들- '크기, 둥글기, 보기, 기울기, 달리기, 던지기, 읽기, 내기,……' 등이 자유로운 분포를 이루지만 이들이 보문화 구조에 쓰일 때는 상위동사와의 관계속에서 결합이 제약되는 경우가 많다. 예를 들면, '*그는 지구가 둥글기를 주장하였다.'의 구조에서 '둥글다'에 대한 '둥글기'라는 명사화가 이루어질 수 없는 것처럼 보인다. 이는 명사파생 접사로서의 {-기}가 갖는 제약성 때문이 아니다. 명사 파생 접사로는 얼마든지 이같은 명사화가 가능하기 때문이다. 위의 문장에 {-기}가 결합할 수 없는 것은 상위동사 <주장하다>의 의미특성 때문이다. {-기}의 고유 의미특성과 <주장하다>의 의미특성이 서로 상치됨으로써 둘의 결합을 억제한다고 할 수 있다. 따라서 이러한 비문성에 대해서는 {-기}를 보문소의 의미특성으로 명세화하여 기술해야 할 것이다.

ㄴ. {-기}결합형

크기, 둥글기, 세기, 밝기, 보기(例), 기울기, 내기, 뜨내기, 나누
기, 곱하기, 달리기, 접기, 읽기, 쓰기, 달리기, 만들기, 접기……

이상의 예를 통해서 몇 가지 사실을 지적할 수 있겠다. {-음}은 동작
성이 없는 상태동사와의 결합이 비중을 많이 차지하고 있는 데 반하여
{-기}는 동작동사와의 결합이 많이 나타나는 제약을 보이고 있다. 이처
럼 동사어간의 제약이 나타나는 것은 다른 명사화 파생 접사들이 특정
동사와의 결합을 선호하는 것과 같은 현상으로 이해된다. 또 전성된 명
사들의 의미특성을 살펴보면 원래의 동사어간이 가지고 있던 행위성이
나 동작성이 많이 약화되어 개념이나 사물 자체를 가리키는 온전한 명
사의 특성을 지닌다. 이 점도 다른 명사화 접사들에서 보이는 일반적
의미특성과 일치한다.

전성명사화 된 용례에서 {-음}과 {-기}의 의미특성은 동사를 개념화
시키거나 대상물로 한정시킨다는 공통점을 가진다. 이들 용례에서는
이 두 접사의 의미적인 대립성이 발견되지 않는다. 단지. {-음},{-기}가
결합을 선호하는 동사어간에 제약이 있는 것으로 나타난다. 이를 통해
{-음}이 보다 [상태성]자질에 가깝다고 가정할 수 있으며 {-기}가 보다
[행위성]의 자질에 근접한 것으로 가정할 수 있다.

요컨대, 전성명사의 경우, {-음}과 {-기}의 의미차이는 대립적인 것
으로 나타나지는 않는다. 그리고 이들 명사들은 이미 동사적인 의미특
성을 상실하였으므로 여기에 어떤 동사적인 의미특성을 논의할 수는
없다. 이들 명사들은 행위가 개념화됨으로써 하나의 한정된 의미대상
으로 지칭되거나, 사물을 가리키는 대상물로 역할 할 뿐, 다른 의미적

특성은 추출되지 않는다.

그렇다면 {-음}, {-기}는 서로 의미적 대립성이 없다고 단정할 수 있는가?

이러한 예측을 {-음}, {-기}의 또 다른 기능을 나타내는 동명사형 용례들에서 검증해 볼 필요가 있다. {-음}, {-기}가 동명사형 어미로 기능할 때는 모든 동사에 자유롭게 결합하여 명사형을 만들 수 있다. 이는 동명사형 어미가 통사적인 접사로서의 생산성을 가지고 있기 때문이다. 다음은 임의적으로 동사의 동명사형을 {-음}과 {-기}로 결합하여 가각 그 대응형을 제시해 본 것이다

(10) ㄱ. {-음}결합형

    A. 좋음, 붉음, 푸름, 높음, 낮음, 불쌍함, 황홀함, 추움, 더움, 서늘함……

    B. 바라봄, 기대함, 자랑함, 조심함, 먹음, 넘김, 주장함, 야단침, 소망함……

  ㄴ. {-기}결합형

    A. 좋기, 붉기, 푸르기, 높기, 낮기, 불쌍하기, 황홀하기, 춥기, 덥기, 서늘하기

    B. 바라보기, 기대하기, 자랑하기, 조심하기, 먹기, 넘기기, 주장하기, 야단치기, 소망하기,……

이상은 각 동사의 어간에 {-음}과 {-기}를 결합시켜 동명사형으로 만들어 본 것이다. 각 항목의 A는 상태동사를 대상으로 한 것이고 B는 비상태동사를 대상으로 한 것이다. 이들의 결합형은 {-음}, {-기}의 통

사적 접사로서의 생산성을 고려해 볼 때, 모두 가능한 결합형들이다. 그런데 동명사형들은 원래 자립형으로는 잘 쓰이지 않고 문장 안의 내포절에서 쓰일 때 자연스러운 것이므로 위에 제시된 자립형태로는 받아들이기에 어색한 점이 없지 않다. 그러나 그러한 어색함은 문장으로 쓰일 때 해소될 성질의 것이므로 논의의 대상으로 하기에 무리함이 없을 것이다.

그럼 이들 용례들을 비교해 봄으로써 {-음}과 {-기}가 어떤 의미적 대립을 나타내는지 논의해보자.

먼저 상태동사의 경우, {-음}, {-기} 결합형들을 비교해 보자.

(11) ㄱ. 좋음, 황홀함, 더움, 서늘함, 붉음,....

ㄴ. 좋기, 황홀하기. 덥기, 서늘하기, 붉기,...

상태동사의 {-음} 결합형들에서는 그에 대응되는 {-기} 결합형들과 비교해 볼 때, (11ㄱ)은 '-한 상태'라는 의미로 풀어쓸 수 있다면, (11ㄴ)은 '-한 정도'의 의미로 설명할 수 있다. (11ㄱ)의 {-음} 결합 동명사형들에 대해서 [+상태성] 자질을 설정할 수 있고, 이와 반대로 {-기} 결합형들은 그에 대응되는 {-음} 결합형과 비교해 볼 때, [+정도성]의 자질을 설정해 볼 수 있다. 그런데 위에서 {-음} 결합형들이 {-기} 결합형보다 더 자연스럽게 느껴지는 것은 {-음}이 상태성 자질이 강하기 때문이다. {-음}이 갖고 있는 이러한 상태성 자질은 보다 명사에 가까운 것으로 인식하게 작용한다. 명사가 본질적으로 세상에 존재하는 실체에 붙여진 이름이라는 점을 생각하면 상태성이 동작성 보다는 실체성에 더욱 접근할 수 있을 것으로 보인다. 사물의 '상태'라는 인식범주는 공간적 영역을 한정한다면 실체성을 갖는 개념으로 인식할 수도 있지만 '동작성'이나 '행위성'은 시간의 경과에 따른 변화를 내포하고 한정된 개념으로 인식하기가 어렵다.[8] 만약 우리가 {-음}, {-기}의 통사적인 동명사형태 가운데 전성명사로 굳어져 어휘부에 등재된다는 입장을[9] 받아들인다면 그것은 {-기}보다는 {-음}형에서 보다 많은 용례를 찾을 수 있을 것이다.

또 {-음}, {-기}가 비상태동사와 결합하고 있는 경우를 살펴보자.

(12) ㄱ. 바라봄, 바꿈, 생각함, 먹음, 넘김, 자람……

　　　ㄴ. 바라보기, 바꾸기, 생각하기, 넘기기, 자라기…….

비상태동사와 결합한 경우의 {-음}결합형들은 그에 대응되는 {-기} 결합형들 보다 동작이나 행위의 [+완료상]을 나타내고, 이에 반하여 {-기} 결합형들은 {-음} 결합형과 비교해 볼 때 [+미완상]을 나타내는 것으로 보인다.

다음은 이같은 {-음}, {-기}의 의미적 대립성을 앞선 연구들에서는

---

8) 동작성이나 행위성보다 상태성이 명사적 특성에 가깝다는 점은 X'이론의 범주의 자질표기에서도 나타난다. X'이론에서는 통사적 범주의 자질표기를 아래와 같이 하고 있다. 여기서 형용사는 상태성 용언을 지칭한다.
N(명사)　:[+N,-V]
V(동사)　:[-N,+V]
A(형용사):[+N,+V]
P(전치사):[-N,-V]

9) {-음}, {-기}를 통사적 접사로 처리하여 통사부에서 생성된 결합형들이 통시적인 변화 뒤에 명사화하여 어휘부에 등재된다는 입장은 시정곤(1993)에서 논의된 바 있다.

어떻게 인식하여 왔는지를 정리해 보기로 하자.

종래 명사화를 다루는 논의들에서 {-음}과 {-기}는 통사적인 동일함에도 불구하고 의미적인 대립성을 나타내는 것으로 인식하였고 그러한 의미적 대립성을 기술하기 위한 노력이 있어왔다.

{-음}과 {-기}의 의미차이에 대한 인식은 일찍이 최현배(1946)에서부터 시작 된다. {-음}형은 "움직임 그것을 관념적으로 가리키는 이름꼴"이라 하였고,{-기}형은 "그 움직임의 나아감을 가리키는 이름꼴"로 "나아감 이름꼴"이라 하였다. {-음}형이 동작의 관념적인 면이라면 {-기}형은 동작의 구체적인 진행이나 과정으로 본 것이다. 이를 필두로 하여 그간 학자들 간에는 {-음}과 {-기}의 의미차이에 언급하였다.

{-음}과 {-기}의 의미대립에 대한 인식은 학자마다 조금씩 다른 용어로 기술하고 있지만 기본적인 입장에서는 유사함을 보인다. 지금까지의 {-음}, {-기}의 의미적 대립을 논의한 것들을 대개 두 가지 방향으로 나눌 수 있다. 하나는 {-음}을 추상적이며 관념적으로 보고 {-기}를 구체적으로 보았고, 다른 하나는 이와는 반대의 해석을 내리고 있다.10)

---

10) 논의의 편의를 위해 2.1.3 절에서 정리한 바 있는 {-음}, {-기}의 의미적 대립성에 대해 논의한 것들을 일람해보면 다음과 같다.

	{-음}	{-기}
①최현배(1937)	관념적	구체적.진행
②장석진(1966)	추상적.질적	구체적.양적
③김재윤(1973)	내면적.함축적	외면적.구상적
④임홍빈(1974)	[+존재].[+대상화]	[-존재].[-대상화]
⑤양동휘(1975)	사실성	기대성
⑥채 완(1979)	구체적 1회적 사건	계속적 반복적 일반화된 개념
⑦심재기(1980)	[+결정성], [+실체성]	[-결정성], [-실체성]
⑧홍종선(1983)	순간성, 현장성, 과거성	일반화된 개념, 미래성
⑨김남길(1984)	사실성	비사실성

　　그러나 그들의 논의 중 어느 것이 옳고 어느 것이 그르다고 할만한 것은 아니다. 다만, 논의의 대부분이 특정 예문을 대상으로 느껴지는 일상적인 직관의 나열이라는데 문제가 있다.[11] 이처럼 직관의 차이를 나타낼 수 있는 문제점은 다음과 같은 구문해석에서 보이는 것과 같다.

　(13) ㄱ. 좋은 친구를 사귐이 어렵다.
　　　 ㄴ. 좋은 친구를 사귀기가 어렵다.　　(홍종선:1983:262-263)

　(14) ㄱ. 비오는 날은 낮잠자기가 좋다.
　　　 ㄴ. 비오는 날은 낮잠잠이 좋다.　　　(이남순:1988:738-739)

　　위의 예문은 각각의 논의에서 대상으로 삼았던 예문들이다. 여기서 비교가 되는 것은 각각의 예문에 쓰인 보문소들의 의미기능에 대한 해석이 서로 상반되게 내려지고 있다는 점이다. 홍종선(1983)은 위의 예문을 비교하면서 (13ㄴ)은 '좋은 친구'에 대해 할 수 있는 행위가 '만나기, 쳐다보기, 골탕먹이기……'등 매우 많은데 그 중에서 '만나기'라는 것이 어렵다는 의미라고 설명한다. 이에 대해 비슷한 문장 구조인 (14)의 예문에 대해 이남순(1988)은 (14ㄱ)은 "낮잠자기에는 비오는 날이 좋다"라는 의미이며, (14ㄴ)은 "비오는 날에는 낮잠잠이 좋다"는 의미라고 한다. 즉 전자에서는 '비오는 날, 맑은 날, 추운 날……' 중에서 '비오는 날'이 선택되는 것이며 후자에서는 '낮잠잠, 운동함, 공부함……'중에서 '낮잠잠'이 선택된다는 것이다.[12]

---

　　⑩이남순(1988)　동작의 구체화　　　　　동작의 개념화
11) 홍종선(1983:243)에서도 같은 의견이 개진된 바 있다.

위 두 논의에서는 보문소 {-음}과 {-기}의 의미특성을 상반되게 기술하고 있다. 이러한 설명에 따르면 {-음}과 {-기}에 이질적인 의미자질이 공존하고 있는 것으로 생각된다. 즉, {-음}, {-기}가 어떤 경우는 구체적인 동작을 의미하기도 하고 어떤 경우는 동작의 개념화를 의미하는 것으로 보아야 한다. 그러나 한 형태소에 상반되는 두 개의 의미자질이 포함되어 있다는 것은 보편적인 문법의 틀 속에서는 납득하기 어려운 점이다. 위의 대조적인 설명은 논의의 대상으로 삼은 구문에 대한 학자들마다의 직관이 다르기 때문이다. 더구나 특정 문장을 대상으로 느껴지는 직관을 모든 {-음}, {-기}의 보편적 자질로 설정하기에는 무리가 따른다.

앞서 제시했듯이 {-음}, {-기}의 의미특성은 다양한 동사의 동명사형을 제시하고 그들의 의미적 차이를 기술함으로써 추출할 수 있다.[13].

{-음}, {-기}에 대한 가장 일반적인 전통적 견해로는 {-음}은 기정적인 일, {-기}는 미래적인 일에 선택된다는 것이다. 학자에 따라서는 이러한 의미차이를 화자의 인식양상에 의한 것으로 보고 {-음}을 [+결정성]으로, {-기}를 [-결정성]으로 표기하기도 한다(심재기(1980:97)). 또 임홍빈(1974:92-93)에서는 {-기}명사화가 용언이 가지고 있는 서술성을 조금도 훼손시키지 않고 서술성 자체로서 이해하게 하는데 비하여 {-음}

---

12) 홍종선(1983:255)에서는 {-음}을 구체적이고 실제적이며 기존의 성격상 과거성과 연결된다면, {-기}는 추상적이고 관념적이며 미래성으로 규정하였다. 이에 비해 이남순(1988:19)에서는 {-음}을 '개념화된 동작'으로 {-기}를 '구체화된 동작'(또는 상태)으로 설명하고 있다.

13) 보문소 {-음} {-기}의 의미차이뿐만 아니라 보문소 {-것}의 의미도 용례 검증을 통해 귀납적인 설명 할 수 있을 것이다. 임홍빈(1974:96-101)에서는 {것}과 보문소 {-음}, {-기}의 의미적 관련성에 대해 논의하고 있다.

명사화는 용언에 이질성과 고정성을 부여하는 것으로 대조적이라고 하였다. 그리고 그는 논의에서 {-음}에 [+대상화]를 {-기}에 [-대상화]의 의미특성을 갖는 것으로 설명하고 있다.

학자에 따라 다른 용어가 사용되었으나 그 기저의 의미하는 바는 공통적이다 여기서 우리가 끌어낼 수 있는 결론은 동명사형 어미 {-음}은 대상을 구체적으로 한정시킴으로써 행위 또는 상태의 실제적 명사화를 이루고 있는 데 비해, {-기}는 동사의 서술성을 유지하고 한정되지 않은 행위나 일을 나타내게 한다는 것이다.

그런데 본고는 이러한 의미차이를 결합되는 동사가 상태성이냐, 비상태성이냐에 따라 구분하여 설정할 필요가 있음을 살폈다. {-음}, {-기}에 결합되는 동사가 상태동사일 경우 이들의 의미차이는 상태가 대상화 되느냐, 상태의 정도가 대상화 되느냐에 따라 구분할 수 있는데, 이를 [+상태성], [+정도성]의 자질로 설정하였다. 또 {-음}, {-기}와 결합하는 동사가 비상태동사일 경우는 동작의 행위가 완료적인 것이냐, 미완료적인 것이냐로 구분할 수 있음을 보았고 이에 [+완료적], [+미완료적]인 자질로 설정하였다.

그럼 이런 동명사형들이 보문소로서 쓰일 때 나타내는 특성에 대해 살펴보기로 하자.

5.3 {-음}, {-기}의 분포제약

5.3.1 {-음}, {-기}의 공시적 분포

본고는 앞 절에서 {-음}과 {-기}의 기능 범주상의 구분을 하였고, 두 형태소 사이의 의미적 대립은 동명사형에서만 고찰될 수 있다고 하였다. 이 절에서는 앞 절에서 설정한 {-음}과 {-기}를 명제동사 구문 내에서 살펴볼 것이다. 동명사형 {-음}과 {-기}는 해당 구문 속에서 내포절의 동사어간에 접미 되어 그 절을 명사화하여 상위절의 성분이 되도록 한다. {-음}, {-기}의 동명사형이 문장 안에서 기능하는 역할의 관점에서 이를 '보문소'로 명명하였다. 동명사형이라는 명칭은 {-음}, {-기}를 파생명사류와 구분하기 위한 것이었으나, 명제동사 구문에서의 통사적인 기능을 고찰하는 자리에서는 보문소라는 명칭으로 사용하기로 한다.14)

다음의 예문을 보자.

---

14) {-음}, {-기}의 명칭은 '명사화소', '체언화어미', '동명사화 접미사'라는 각각의 명칭으로 사용되고 있다. 이들 명칭은 관점의 차이에 따른 것일 뿐이다.
보문소의 결합은 상위동사의 의미유형에 의해 영향을 받는다. 다음 예문을 보자.
ㄱ. 영이는 철수에게 공부하기를 권했다.
ㄴ. 영이는 철수에게 공부하기를 말했다.

위의 예문을 보면 동일한 내포절의 동사가 {-기}의 결합에 각각 다른 현상을 보여준다. 여기서 보문소의 결합을 좌우하는 변항은 상위동사의 의미특성에서 찾아야 한다. 그리고 이처럼 보문소가 내포절의 동사가 아니라 상위동사와의 관계에 의해 영향을 받는다는 사실은 {-기}가 단순한 명사화로서 뿐만 아니라 보문과 상위문을 매개하는 연결소로서의 기능이 중요함을 알게 한다. 기존연구에서는 명제동사 구문에 쓰인 {-기}와 동사 파생 접사로 쓰인 {-기}를 구분하지 않고 모두 '명사화소'로 명명하고 있다.(홍종선(1983), 권재일(1981), 채완(1979), 우형식(1987) 등) 그러나 앞에서도 보았듯이 보문구문에 쓰이는 {-기}는 상위동사의 의미내용에 따라 그 결합관계를 결정하는 형태소이며 또 그러한 점이 {-기}에 의해 이끌려지는 보문이 상위동사에 의해 특성화되는 의미적 성격을 가지고 있음을 잘 말해준다. 따라서 우리는 이를 '명사화소'와 구분하여 '보문소'로 명칭하기로 한다.

(15) ㄱ. 나는 아이가 잘자라기를 바란다.

ㄴ.*나는 아이가 잘자람을 바란다.

ㄷ. 영이는 철수가 죄가 없음을 주장하였다.

ㄹ.*영이는 철수가 죄가 없기를 주장하였다.

ㅂ. 철수는 고향을 떠나기를 보류하였다.

ㅅ. *철수는 고향을 떠남을 보류하였다.

위의 예문을 보면 보문소 {-음}, {-기}가 결합할 수 있는 동사에 제약이 있음을 말해준다. {-음}과 {-기}의 분포가 위의 예문에서는 다분히 상보적 관계를 이룬다. 그러나 동사에 따라서는 {-음}과 {-기}를 둘 다 허용하는 경우도 있다.

(16) ㄱ. 나는 노래 부르기를 좋아한다.

ㄴ. 나는 노래 부름을 좋아한다.

<좋아하다>동사에는 {-음}과 {-기}가 모두 결합되는 것으로 보인다. 이는 상위동사가 {-음}, {-기}의 선택에 제약을 갖고 있지 않음을 의미하는 것이다. 그런데 (16)의 동사는 위 (15)의 명제동사들과는 다른 구문적 유형을 갖는 동사들이다. (15)의 동사들을 개체명사를 대상으로 할 수 없다.

(17) ㄱ. *나는 아이를 바란다.

ㄴ. *영이는 철수를 주장하였다.

ㄷ. *철수는 고향을 보류하였다.

위의 구문은 목적어를 개체명사로 대치하였을 때 나타나는 비문성을 보여준다. 이들 동사들은 필수적으로 내포절을 취하는 동사들이고 이 때, 보문소 {-음}, {-기}는 상위동사의 의미특성에 따라 {-음}, {-기}의 결합이 제약되는 구문을 형성한다.

그런데 (14)의 <좋아하다>는 일반 타동문 구조로 전환시켰을 때도 문 구조는 적격 한 것으로 보인다.

(18) 나는 노래를 좋아한다.

<좋아하다>는 필수적으로 내포절을 취해야 하는 명제동사가 아니다. 따라서 일반 타동구문으로 변환시켰을 때 문 구조는 적격한 것으로 나타날 뿐 아니라 두 구조에서 동사의 의미차이도 없다. 그리고 이들 동사구문이 내포절을 취할 때 보문소의 선택에는 제약이 없는 것으로 나타났다.

이러한 사실을 우리의 논의에 관련시켜 해석해보면, 보문소의 분포 제약은 필수적으로 내포절을 취하는 명제동사를 대상으로 살펴져야 함을 의미한다. 명제동사 구문 내에서 보문소 {-음}과 {-기}는 의미적 대립에 의한 상보적인 분포제약 현상을 나타낸다. 일반 타동구문이 임의적으로 보문을 취할 경우 화자의 의도나 문맥에 따라 {-음}, {-기}가 선택될 수 있으므로,이러한 일반 타동 구문 내에서의 {-음}, {-기}의 분포에 대한 논의는 커다란 의미가 없을 것으로 생각된다. 따라서 {음}, {-기}의 분포제약은 명제동사만을 대상으로 논의할 것이다.

이제 4장에서 설정한 명제동사를 대상으로 보문소 {-음}, {-기}의 결합양상을 살펴보도록 하자. 주로 결합이 제약되는 현상을 중심으로 상위동사와 보문소의 의미자질이 어떻게 상호 영향을 미치는지를 규명하기로 한다.

먼저 <설득하다>류와 <바라다>류 동사의 {-음}, {-기} 결합 양상을 살펴본다.

(19) ㄱ. *나는 영이가 떠남을 {설득했다, 명령했다, 지시했다, 충고했다……}
ㄴ. *나는 영이가 합격함을 {바란다, 희망한다, 원한다, 기대한다……}

<설득하다>류 동사는 [행위지시성]을 의미특성으로 하는 동사류이다. 대상자에게 구체적인 행위나 변화를 요구하는 언어행위이므로, 내포절의 의미내용은 아직 일어나지 않은 사태를 대상으로 한다. 그런데 앞서 논의한 바에 따르면 보문소 {-음}은 비상태동사와 결합할 때 [+완료상]의 의미특성을 지닌다고 하였다. 이는 <설득하다>의 내포절이 아직 일어나지 않은 일을 나타내므로 [미완료적]인 의미특성을 나타내는 것과 서로 상반된다. 따라서 <설득하다> 구문의 내포절을 보문화시키는 데는 보문소 {-음}이 제약된다.

<바라다>류 동사는 앞으로 기대되는 일에 대한 소망이나 기대를 실현하는 동사이고 내포절에는 이러한 소망이나 기대의 내용이 담아진다. 따라서 내포절은 [미완료적] 양상을 나타낸다. 이는 <설득하다>류 동사와 마찬가지로 {-음}의 고유 의미특성과 배치되는 것으로, {-음}의 결합을 제약한다.

다음은 <나무라다>류 동사의 결합양상을 논의한다.

(20) ㄱ. 어머니는 아이가 밥을 너무 많이 {먹음을, *먹기를) {나무랐
다, 꾸짖었다).

ㄴ. 아이들은 철수가 (*배짱이 없기를, 없음을) (놀렸다, 깔보았
다).

<나무라다>류 동사는 내포된 보문이 상위동사로부터 원인격을 받
고 있는 동 사들이다. 즉, 상위동사의 행위가 이루어지게 되는 원인이
내포절의 내용을 이룬다. 그리고 그러한 내포절의 내용은 이미 존재하
는 사태에 관한 것이므로 이들 내포절은 완료적인 행위성이나 완료적
인 상태성의 의미양상을 띤다. 보문소의 의미특성에 대한 우리의 앞선
정의를 보면, {-기}가 상태동사와 결합할 경우에는 [정도성]의 자질을,
비상태동사와 결합할 경우는 [미완료적] 자질을 나타낸다고 하였다. 따
라서 내포절이 완료적인 행위성과 상태성을 나타내는 <나무라다>유
형에 보문소 {-기}의 결합은 제약된다.
　<후회하다>류 동사의 결합양상을 살펴보자.

(21) ㄱ. 나는 철수를 (*도와주지 않기, 도와주지 않음)를/을 (후회하
였다, 뉘우쳤다).

ㄴ. 학회는 철수가 (*실력이 있기, 있음)를/을 (인정하였다, 부정
하였다).

<후회하다>류 구문에 내포되어 있는 보문은 상위동사의 목적어가
된다. <후회하다>는 이미 지난 일이나 사태를, <인정하다>와 <부정
하다>는 완료된 상황에 대한 판단을 각각 대상으로 한다. 이들 동사의

공통적인 특성은 이미 이루어진 행위나 사태를 대상으로 한다는 점이
다. 따라서 이들 동사의 내포절은 완료적 양상을 띤다. 여기에 보문소
{-기}는 결합이 제약된다.
　　다음은 <보고하다>류 동사의 보문소 결합양상을 살펴보자.

　(22) ㄱ. 철수는 상사에게 재고품이 모두 (*팔리기, 팔림)를/을 (보고
　　　　　하였다, 전하였다}
　　　ㄴ. 학교는 영이에게 그녀의 성적이 (*1등이기를, 1등임을)를/을
　　　　　(통지하였다, 통보하였다)
　　　ㄷ. 영이는 철수에게 그를 (*사랑하기, 사랑함)를/을 고백하였다.

　　<보고하다>류의 내포절은 공통적으로 완료된 사태나 행위를 대상
으로 한다. <보고하다>나 <전하다>는 발화당시에 완료된 사태나 행
위에 대하여 다른 사람들에게 정보를 전달하는 행위이다. 내포절은 완
료적 행위성을 갖거나 상태성을 나타낸다. 마찬가지로 <통지하다>도
통지의 언어행위가 이루어지기 이전에 완료된 사태를 대상으로 하므
로, 내포절은 완료상을 나타낸다. 내포절의 이같은 완료적 속성은 보문
소 {-기}의 결합을 제약한다.
　　다음은 <주장하다>류 동사의 보문소 결합양상을 살펴보도록 하자.

　(23) ㄱ. 영이는 철수가 (*죄가 없기. 죄가 없음)를/을 (주장하였다, 우
　　　　　겼다).
　　　ㄴ. 철수는 자기가 진짜 (*상속자이기, 상속자임)를/을 증명하
　　　　　였다.

ㄷ. 노스트라다무스는 지구에 멸망이 (*닥치기, 닥침)를/을 예언
    하였다.

<주장하다>류 동사는 내포절이 상위동사의 목적어가 되는 성분으로서, 여기에는 주장, 또는 증명, 예언의 의미내용이 나타난다. 주장이나 증명하려고 하는 사실은 사태에 대한 판단의 내용이다. 여기서의 사태는 완료된 행위나 상황이거나 적어도 발화당시에 완료된 것으로 판단되는 상황이다. 이러한 의미구조는 보문소 {-기}의 결합을 억제한다.
  다음은 <생각하다₂>류 동사의 의미구조에 보문소가 어떻게 제약되는지를 살펴보자.

(24) ㄱ. 김노인은 그 젊은이가 좋은 (*사람이기, 사람임)를/을 (생각
        하였다, 판단하였다).
    ㄴ. 영이는 철수가 (*정직하기, 정직함)를/을 (믿었다, 알았다).
    ㄷ. 나는 그가 (*범인이기, 범인임)를/을 (가정하였다, 추측하였
        다).

<생각하다>는 두 개의 어휘구조를 가지는 동사임을 앞서 논의했었다. 명제동사로 쓰일 때 <생각하다₂>가 나타내는 의미는 <판단하다>와 유사하다. (24ㄱ)은 판단의 내용이 보문의 의미구조를 이룬다. 판단은 행위나 상태의 가치에 대해 평가를 내리는 행위이다. 이러한 판단의 내용이 이루어지기 위해서는 행위일 경우는 완료된 것이어야 하고 상태일 경우는 발화시점 당시에 개념화할 수 있는 완료된 상황이어야 한다. 이러한 상위동사의 의미제약은 <알다>나, <믿다>, <가정하다>,

<추측하다>에도 동일하게 적용된다.

<어렵다>구문의 보문소 결합양상을 살펴보자.

(25) ㄱ. 영이가 시험에 (붙기, *붙음)는/은 어렵다

ㄴ. 철수가 유학을 (*떠나기, 떠남)는/은 확실하다

ㄷ. 우리가 한 시까지 목적지에 (도착하기, 도착함)는/은 가능

하다.

<어렵다>구문은 앞의 동사들과는 달리 주격 보문을 이루는 동사들이다. 그런데 이들의 보문소 결합은 개별적인 양상을 나타낸다. <어렵다>는 보문소 {-기}와의 결합이 자연스러우나 <확실하다>는 {-음}과의 결합이 자연스럽고 <가능하다>는 이 두 보문소의 결합이 모두 용인된다. 이러한 결합양상이 이들 동사의 의미구조와 관련이 있는지를 살펴보자.

<어렵다>는 사태의 가능성에 대한 판단을 수행하는데, 여기서 판단의 대상이 되는 것은 행위성에 대한 것으로 한정된다. 따라서 상태동사는 <어렵다>의 내포절 동사로 실현되지 않는다. 그런데 <어렵다> 동사가 내포절에 요구하는 행위성은 완료적인 것이 아니라 미완료적인 것이다. 이러한 동사의 의미특성으로 인하여 완료적인 의미자질을 갖고 있는 보문소 {-음}은 결합이 제한된다.

<확실하다>는 사태에 대한 판단을 대상으로 한다는 점에서는 <어렵다>와 같지만 판단의 대상이 행위만이 아니라 사태의 상황을 대상을 할 수도 있다는 점이 다르다. <확실하다>의 내포절 동사가 상태동사일 경우는 발화시점의 상태를 대상으로 하고 동작동사일 경우는 행

위의 완료성을 대상으로 한다. 그리고 이러한 의미적인 특성은 보문소
{-기}보다는 {-음}과의 결합으로 유도된다.

그런데 <가능하다>의 의미구조는 복합적이다. <어렵다>의 의미구
조처럼 미완료적인 행위에 대한 판단을 수행할 수도 있고, <확실하
다>의 의미구조처럼 완료적인 행위를 대상으로 평가를 수행할 수도
있다. 따라서 이 동사에는 보문소 {-음}과 {-기}가 의미양상에 따라 모
두 선택적으로 결합될 수 있다.15)

보문소 {-음}과 {-기}는 동사결합에 상보적인 분포를 나타낸다.

지금까지 논의된 보문소의 동사와의 결합양상을 표로 나타내면 다
음과 같다.

[표 19:] 보문소 {-음}, {-기}의 동사결합 제약

동사 보문소	설득하-	나무라-	보고하-	주장하-	후회하-	바라-	생각하-	어렵-
-음	−	+	+	+	+	−	+	−
-기	−	−	−	−	−	+	−	+

{-음}과 결합하는 동사를 보면 <나무라다>류, <후회하다>류, <보
고하다>류, <주장하다>류, <생각하다>류가 속하고 {-기}와 결합하
는 동사는 <바라다>류, <어렵다>류가 속한다. {-음} 결합이 {-기} 결

---

15) 이같이 <가능하다>는 복합적인 의미특성을 가지므로 우리는 {-음}과 결합하
   는 경우를<가능하다₁>로 {-기}와 결합이 이루어지는 경우를 <가능하다₂>로
   설정할 수도 있겠다. 하지만 우리의 논의에서는 통사구조의 변화를 가져오는
   경우에만 별개의 어휘항목으로 설정하였다. <가능하다>는 문구조에서는 똑같
   이 보문 구성을 이루는 명제동사구문을 이루므로 별개의 어휘로 설정하지 않
   는다.

합보다 보다 많은 동사에서 보문소로 결합되는 것으로 나타난다.

이와 같은 동사와의 결합 관계를 분석함으로써 보문소 {-음}, {-기}의 의미특성을 다음과 같이 귀납할 수 있다.

{-음}은 [상태성], [대상성], [완료성]의 의미자질을 갖는다. 따라서 상위동사의 의미 특성이 이와 다른 자질을 가지고 있을 때 결합이 제약된다.

{-기}는 [행위성], [기동성], [자발성], [미완성]의 자질을 갖는다. 따라서 상위동사의 의미특성이 이와 다를 때는 결합이 제약된다.

그런데 {-음}과 {-기}의 동사결합 양상을 살펴보면서 생각해야 할 문제는 결합의 정도성(degree)에 관한 것이다. {-음}과 {-기}는 상위동사의 의미특성에 따라 선택적으로 결합된다. 그러나 그 결합의 성립여부는 다분히 정도성의 관점에서 인식해야 할 것이다. {-음}과 {-기}는 자체의 의미특성과 동질적인 의미특성을 나타내는 상위동사와 선택적으로 결합하지만, 그 결합제약이 절대적인 것은 아니다. 위의 도표에서는 상위동사의 유형과 {-음}, {-기} 결합을 +, -로 이분적 표기를 해놓고 있지만 실제적인 용례에서는 결합에 정도성이 개재한다고 할 수 있다. 예를 들면, 똑같이 {-기}를 보문소로 취할 수 없는 것으로 표기된 <주장하다>류와 <후회하다>류를 비교해 보면 <주장하다>류가 경우에 따라서는 {-기} 결합이 이루어지는 예가 있을 수 있기 때문에 <후회하다>류 동사보다는 {-기} 결합에 있어 정도가 더 높은 것으로 볼 수 있다. 한 동사의 보문소 결합이 이루어진다는 것은 다른 것보다는 이 결합이 우리의 직관상 더 자연스러운 것으로 인식됨을 의미하는 것이지 절대적 선택은 아니다. 그러나 이러한 이분 표기를 함으로써 보다 명확하게 {-음}, {-기}의 제약상을 나타낼 수 있을 것이다.

5.3.2 {-음}, {-기}의 통시적 분포

지금까지 보문소 {-음}, {-기}의 의미적 특성과 상위동사의 의미구조가 어떻게 연관되는지를 살펴보았다. 그 결과 {-음}보다는 {-기}가 제약되는 동사가 많이 나타나는 것을 보았다. {-음}과 {-기}는 국어 문법 내에서 동명사형을 구성하는 동일한 통사적 기능을 수행하면서 그들의 대립적인 의미특성에 의해 동사 구문 내에 상보적으로 분포하게 되는 형태소이다.

이 장에서는 보문소 {-음}과 {-기}가 역사적으로는 어떤 분포를 나타내고 있는지 논의하고자 한다. 일반적으로 {-음}, {-기}에 대해서는 {-음} > {-기}의 역사적 교체를 보이는 것으로 인식되어 온 터이다. 이는 문헌에 출현하는 빈도수의 변화를 추적한 결과에 의해 얻어진 것이라고 할 수 있다.[16]

국어자료를 시기별로 비교해 보면 {-음}과 {-기}가 그 빈도수에 있어서 현격한 차이를 보이고 있는 것이 사실이다. 그러나 이 두 형태소는 현대국어에서도 여전히 공존하는 문법 형태들임에는 틀림이 없다. 더구나 두 형태소의 의미적 제약이 비교적 뚜렷하게 존재하고 있음으로 {-음}과 {-기}가 '{-음} > {-기}'로의 단순한 변화를 겪는 현상이라고 일축할 수 없다. 왜냐하면 {-음} >{-기}의 변화는 통시적으로 일률적인 진행을 보이고 있지 않기 때문이다.[17]

---

16) 홍종선(1986)에서는 중기국어와 근대국어에 나타난 {-음} > {-기}의 변화를 문헌에 나타난 {-음}:{-기}의 빈도수로 제시하고 있는데 다음과 같다.
　釋譜詳節(第 六)에 46:2, 月印釋譜(卷 一)에 93:3, 蒙山和尙法語略錄에 117:0으로 나타나던 것이 17, 18세기 문헌인 警民編에는 {-음}:{-기}의 비율이 128:69로 老乞大諺解(上)에는 44:48로, 女四書(卷 三)에는 236:67의 빈도수로 대비되고 있음을 보였다.

본고는 {-음}, {-기}가 문헌상에 나타나는 빈도의 변화가 두 형태소 사이의 의미기능이 교체되었음을 의미한다고 생각하지는 않는다.[18) 현대국어에서도 {-음}, {-기}의 의미적 제약성은 여전히 존재함으로써 동사와의 결합에 제약적으로 적용되고 있다. 더군다나 {-음}의 세력이 쇠퇴하고 {-기}의 세약이 확장되었다고 보는 현대국어에 있어서 자료의 성격에 따라 {-음}이 훨씬 많은 빈도수로 출현하기도 한다.[19)

{-음}과 {-기}는 동일한 통사적인 기능을 수행하면서도 동사결합에 있어서는 미묘한 제약을 보인다. 보다 정확하게 말하면 {-음}보다는 {-기}가 동사결합에 있어서 매우 제약적이다. 실제로 현대국어 명제 동사 중에서 {-기}와 자유로운 결합을 이루는 것은 <기대하다>류 동사와 <어렵다>류 동사만으로 한정된다. 이들 동사는 모두 확정되지 않은 사태를 대상으로 한다는 공통적인 의미특성을 나타낸다. 이러한 동사의 특성과 {-기}의 고유 의미자질과 충돌함이 없으므로 결합이 이루어지는 것으로 설명하였다. 그러나 그 외의 동사부류에서는 {-음}이 선

---

17) 채완(1979:102)에서는 {-음}, {-기}의 변천양상이 {음}>{-기}로의 방향으로만 순조롭게 발달되어 나온 것은 아니라고 하면서 다음과 같은 교체 방향을 제시하고 있다.

    -음　　>　{-음,-기}　>　-기
    <중세>　　<근대>　　<현대>

방향으로의 순조로운 방향을 나타내는 동사가 있는가 하면

    -음　　>　{-음,-기}　>　-음
    <중세>　　<근대>　　<현대>

방향으로의 역진행방향을 나타내는 경우도 있음을 제시하고 있다.

18) 이남순(1988:734)에서는 {-음}과 {-기}의 분포상 변화를 기본적인 문장의 의미를 보전하면서 수반되는 언어형식상의 변이(Variation)라고 하였다.

19) 성경전서(1985), 개역한글판, 대한성서공회.
시편17에는 {-음}이 19번 나오나 {-기}형은 하나도 발견되지 않는다.

호되는 것으로 나타났다. 따라서 공시적인 관점에서 {-음}, {-기}의 분포를 보더라도 {-음}이 훨씬 많은 동사에서 결합이 이루어지나 {-기}는 몇몇 동사 <바라다>와 같은 욕구표현 동사류, <어렵다>와 같은 평가표현 동사류에서만 제약적으로 결합된다. 따라서 {-음}, {-기}의 문헌상의 빈도수를 비교하여 두 형태소의 변화를 {-음} >{-기}로의 변화로 예측하는 것은 무리가 있다. 그보다는 {-음}과 {-기}에 결합되는 동사들의 목록을 중심으로 논의를 진행하는 것이 보다 바람직한 방향으로 {-음}, {-기}의 변화를 설명할 수 있으리라고 본다.

특히 보문소로서 훨씬 제약적인 양상을 나타내는 {-기}를 중심으로 논의를 진행하는 것이 유효할 것이다.

여러 학자들이 지적하였던 것처럼 중세국어 문헌에서 {-기} 보문소는 거의 쓰이지 않은 것 같다. 그런데 몇 개의 {-기}용례가 출현하는데 이를 살펴보면 다음과 같다.

(26) ㄱ. 太子ㅣ 글 비호기 始作ᄒᆞ샤 <석상 3:8>

ㄴ. 須達이 가ᅀᆞ며러 쳔랴이 그지업고 布施ᄒᆞ기를 즐겨 艱難ᄒᆞ며 어엿븐 사ᄅᆞ믈 쥐주어 거리칠ᄊᆞ <석상 6:13>

ㄷ. ᄆᆞ술히 멀면 乞食ᄒᆞ디 어렵고 <석상 6:23>

ㄹ. 胡子 ᄀᆞᆯ오ᄃᆡ 이젯 션비 글지조를 비화 벼슬ᄒᆞ여 나아가기 구ᄒᆞᄂᆞᆫ ᄆᆞᄋᆞᆷ을 옴겨 ᄡᅥ 그 노혼 ᄆᆞᄋᆞᆷ을 거두어(胡子曰 今之儒者 移學文藝干仕進之 以收其放心) <소학 5:103>

ㅁ. 어듸ᄯᅩᆫ 샹급ᄒᆞ시기를 ᄇᆞ라리잇가(豈可望賞) <번박 上 60>

위의 {-기}가 결합되어 나타나는 내포절은 상위동사 <始作ᄒᆞ다>,

<즐기다>, <어렵다>, <구ᄒ다>, <ᄇ라다>의 보문으로 실현되어 있다. 이들 동사들은 현대국어에서도 {-기} 보문을 택하는 동사이다. 이들 동사구문이 중세국어의 {-음}이 확고한 세력을 가지고 있던 시기에도 {-기} 보문으로 실현되었다는 점에 주목한다. 이는 보문소의 결합이 상위동사에 따라 제약적으로 결합된다는 사실을 보여주는 예이며 {-음}, {-기}의 의미적 제약성이 어느 정도 존재하였음을 의미한다.

그런데 (26ㄷ)의 <어렵다> 구문에는 보문소 {-디}가 나타나고 있음이 주목된다. 중세국어 <어렵다>, <됴ᄒ다>는 현대국어로 보면 {-기}가 나타나야 할 자리인데 중세국어에서는 {-디}로 나타나는 예가 자주 있다.

(27) ㄱ. 佛身쑨 ᄒ오ᅀᅡ 알픽 現호미 아니라 네 내이 여러 劫에 勤苦
　　　ᄒ야 이러틋흔 化티 어려본 剛强흔 罪苦衆生올 度脫ᄒ거든
　　　보ᄂ니<월석 21:34>
　　ㄴ. 내 겨지비라 가져가디 어려볼씬 <월석 1:13>
　　ㄷ. ᄀ장 보디 됴ᄒ니라 <박언 上 5>
　　ㄹ. 花鬘瓔珞빗이기 마롬과……시절 아닌 저긔 밥 먹디 마롬과
　　　<석상 6:10>
　　ㅁ. 닙기 됴ᄒ며 먹디 됴ᄒ며 쓰디 됴한 거시 다 허공에셔 난 거
　　　시라<칠법 14>

위의 구문을 현대국어로 옮겨보면 '-화하기가 어렵고', '가져가기가 어렵고', '보기 좋다', '빛나게 하지 말며, 먹지 말며', '이르지 말며'로 해석될 내용들인데도 {-기} 대신에 {-디}가 나타나 있다. 홍종선

(1986:225)에서는 {-디(>-지}를 '-ti'형의 알타이어 공통어의 *-di형에 소급될 수 있는 체언화어미로 인정하고 있다. 이러던 것이 고려시대에 이미 '-디 아니하다' 형의 복문 부정에 쓰이는 형태소로서 굳어졌다고 하였다.[20] 그런데 <어렵다>나 <됴ᄒ다>구문에 나타나는 {-디}는 {-기}의 이형태로 쓰인 것으로 보인다.

국어의 명사화를 담당하는 어미로는 고대국어에 이미 {-음}과 {-기}가 분화되어 있었던 것으로 보이며[21] {-기}와 관련된 용례를 향가에서 몇몇 확인할 수 있다.

 (28) ㄱ. 逢烏支惡知作乎下是 맛보기[22] 엇디 일오아리 (慕竹旨郎歌)
    《現》 만나보기 어찌 이루리

   ㄴ. 窟理叱大肹生以支所音物生 구릿 하ᄂᆞᆯ 살이기 바라몰씨 (安
    民歌)
    《現》 大衆을 살리기에 익숙해져 있기에

   ㄷ. 爲尸知國惡支持以支知右[23]如 ᄒᆞᆯ디 나락 디니기 알고다 (安

---

20) 홍종선(1986:248)에서는 고대국어에서 체언화의 기능을 담당했던 {-디} 고려시대에 이르러서는 복문 부정법으로 제한되어 쓰이기 시작했고, 중기 국어에 와서는 완전히 否定을 나타내는 형태소로 굳어졌다고 하였다.

21) 박병채(1989:86-87)는 비체언적인 요소를 체언으로 형태나 통사를 바꾸는 것을 체언화어미라 하고 고대 국어에 체언화 기능을 담당하던 형태로 {-음},{-기},{-디},{-어/아},{-고}등을 설정해 놓고 있다. 이 중에서 고대국어는 {-음}을 중심으로 한 세력기 였다고 하였다. 이에 대한 용례와 자세한 고찰은 박병채(1989)를 참조하기 바란다.

22) 양주동(1965)에서는 '맛보기'를 '맛보압디'로 '디니기'를 '디니디'로 해석하고 있다.

23) 이는 小倉進平, 梁柱東, 金完鎭 등 거의 대부분의 학자들이 '古'의 誤記로 보고 있다. 그 근거는 같은 安民歌의 넷째 줄 '爲賜尸知民是愛尸知古如'에서 찾을

民歌)

《現》 할진댄 나라 保全할 것을 알리라.

　　위 용례에서 제시된 {-기}는 학자에 따라 {-디}로 해석하기도 하는
데 본고는 김완진(1980)의 해석을 따랐다. (26ㄱ,ㄴ)은 현대국어에서도
{-기}로 나타날 수 있는 것으로 보이나 (26ㄷ)은 현대국어로 해석하면
동사 <알다>에는 {-음}이 적당할 것 같으나 {-기}로 나타나 있다. 아
마도 {-음}이 암시적으로 가지고 있는 현재라는 시제성 때문에 결합이
제약된 듯하다. (26ㄷ)을 현대국어로 해석해 놓은 것을 보면 미래시제
소가 결합된 '-ㄹ것'으로 풀이하고 있다. 따라서 의미적으로 현재성을
가지는 {-음}이 제약되고 {-기}가 결합된 것이다.

　　현대국어에서는 지각동사 <알다>앞에서는 {-기}가 제약되는 것이
보통이다. 그런데 고대국어에서는 오히려 {-기}가 허용되는 것으로 나
타난다. 이러한 차이점은 {-음}, {-기}의 결합을 살펴보는 데 어떤 실마
리를 제공하는 듯 하다. <알다>라는 것은 인간의 인지활동을 나타내
는 동사로서 어떤 일이나 사태에 대한 정보를 외부로부터 습득하는 행
위이다. 대개는 이미 완료된 사태로서 하나의 규정된 지식을 습득하는
것이 일반적이다. 그러나 미래에 일어날 일에 대한 것도 대상으로 삼을
수 있는데 현대국어에서는 일반적으로 {-음}으로 나타나지 못하고 {-
ㄹ것}의 형태로 대상화된다. 그런데 보문소 {것}의 쓰임이 아직 나타
나지 않은 고대국어시기에 미래의 일을 대상화할 수 있는 보문소로는
{-기}가 선택된다. 그리고 이러한 점은 {-기}가 인지동사 구문에 잘 나

수 있다.

타나지 않는 현대국어의 모습과 비교가 된다. 현대국어는 보문소의 결합이 상위동사의 의미특성에 따라 결정됨을 보았다. 그런데 고대국어에서는 내포절의 양태적 의미가 오히려 상위동사보다 우선적으로 작용함을 알 수 있다. {-기}가 가지고 있는 시제적 특성이 (11ㄷ)와 같은 보문소의 결합을 결정하는 요인이 된 것 같다. 그리고 내포절의 {-기} 결합으로 인해 상위동사의 의미가 해석됨을 알 수 있다.[24] (11ㄷ)에서의 '알다'는 '마음속에 새기다, 명심하다'의 뜻으로 풀이된다.

중세국어의 보문소 {-음}, {-기}의 결합은 상위동사의 의미특성과 더불어 내포절의 동사특성, 그리고 문의 양태에 대한 화자의 인식이 적용되어 나타난다. 현대국어에서는 보문소를 결정하는 데 있어서 상위동사의 의미특성이 우선적으로 적용되어 나타나는 것과는 비교가 된다. 이를 살펴보자.

현대국어에서 <바라다>동사는 미래의 사태에 대한 주체의 바람이나 희망을 나타내므로 {-음} 보문소와는 결합이 제약되고 {-기} 보문소와 결합됨을 보았다. 그리고 이런 제약성은 내포절의 동사가 상태동사로 실현되더라도 동일하게 적용된다. 이는 상위동사의 의미특성이 보문소의 결합을 제약하는 우선적인 원리로 작용하고 있음을 말해준다.

그런데 중세국어에서는 <바라다>동사에는 다양한 용례가 나타난다.

(29) ㄱ. 어듸쫀 샹급ᄒ시기를 ᄇ라리잇가(豈可望賞) <번박上 60>

---

24) 여기서 동사의 의미가 결정된다는 것은 동사가 가지는 기본적인 의미 외에 문맥에서 드러나는 의미가 결정됨을 말한다. 한 가지 구분을 요하는 것은 동사의 문맥적 의미라는 것을 언어외적인 환경에서 덧붙여지는 의미와는 구별해야 한다는 점이다. 여기서는 구조의 변환을 통해서 야기되는 의미를 말한다.

ㄴ. 將帥눈 三台ㅅ벼슬호몰 ㅂ라더라(將帥望三台)<두초 21:36)

ㄷ. 그 ㅁㅿㅡ매 줌줌ㅎ야 붓그리과뎌 ㅂ라거늘 <내훈 1:67>

ㄹ. 느즉ㅎ여 도라가시게 ㅂ라닝이다 <첩해 6:5>

(29)은 <바라다>동사에 {-기}, {-음}, {-과뎌}, {-게} 등의 어미가 결합되어 내포절을 이루고 있다. 이들 구문은 내포절의 동사가 모두 비상태동사로 실현되었지만 보문의 구조가 각각 다르다. 이들 내포절의 구조는 화자의 인식에 따라 다르게 나타난다. (29ㄱ)은 내포절 주체의 의지적인 바람을 나타내는 것으로서 {-기}를 결합하고 있는데, {-기}에는 [+자발성]의 자질이 있음을 보았다. 그러나 (29ㄴ)에서는 내포절의 내용이 화자에 의해 간접적으로 전달되고 있는 것으로서 내포절의 행위에 대한 [+자발성]을 확인할 수는 없다. 따라서 보편적인 {-음}을 결합시키고 있다. (29ㄷ)은 중세국어의 <바라다>동사에 잘 나타나는 보문형태인데, 이때의 의미는 주체에게 제 3자가 어떤 일을 해주기를 강하게 욕구로 나타내는 기능을 한다.[25] 이는 반드시 주체와 보문의 행위자가 비동일지시적일 때 나타난다. 3장에서 <바라다>동사가 수의적 주어통제를 나타내는 동사로서 상위절의 주어와 내포절의 주어가 동일지시적일 수도 있고 비동일지시적일 수도 있음을 보았다. 그러나 현대국어에서 이같이 <바라다> 구문이 <-과뎌>로 나타난 구조는 쓰이지 않

---

25) 이현희(1994:450)에서는 <願ㅎ다>에 내포되는 보문의 어미를 {ㅎ고져, ㅎ려}와 {ㅎ과뎌}형으로 분류하고 있다. 前者는 '원ㅎ다'의 주체와 보문 'ㅎ고져'나 'ㅎ려'의 주체가 동일 지시적이지만 'ㅎ과뎌'의 형식에서는 '願ㅎ다'의 주체와 'ㅎ과뎌'의 주체는 비동일지시적이라고 하였다. 원래 '-과뎌'는 제3자가 어떤 일을 했으면 하고 바랄 때에 쓰이는 어미라고 하였다. 이같은 어미 실현은 의미적으로 <願ㅎ다>와 유사한 <ㅂ라다>동사 구문에도 나타난다.

는다. (29ㄹ)은 단순한 바람이 아니라 사역적인 의미를 드러내고 있다.

중기국어의 <바라다>구문은 현대국어에서는 적용되지 않는 점이 많다. 현대국어에서 <바라다>동사는 보문을 취하는 동사로서 <-기를 바라다>형이 기본적인 구조로 정형화된 것을 보이는데 중기국어에서는 기본적인 구조를 정하기가 어렵다. 보문소의 결합이 상위동사의 의미구조에만 의한 것이 아니라 내포절의 동사와 내포절의 의미구조, 화자의 인식태도가 구조적으로 작용하고 있기 때문이다.

<어렵다>동사도 중기국어에서는 보문소의 결합 양상이 다양하게 나타난다.

(30) ㄱ. 하늜 ᄠᅳ든 노파 묻디 어렵거니와(天意高難問) <두초 23:9>

　　 ㄴ. 부톄 羅雲이 ᄃᆞ려 니르샤ᄃᆡ 부텨 맛나미 어려ᄫᅳ며 法 드로미 어려ᄫᅳ니 <석상 6:11>

　　 ㄷ. 이 이리 信호미 어렵도소이다(此事ㅣ 難信이로소이다) (법화 5:115)

　　 ㄹ. 舍利弗이 닐오ᄃᆡ ᄆᆞ술히 멀면 乞食ᄒᆞ디 어렵고 하[26] 갓가ᄫᅵ면 조티 몯ᄒᆞ리니 이 東山이 甚히 맛갑다 <석상 6:23>

　　 ㅁ. 맛당호ᄆᆞᆯ 조차 닐오미 ᄠᅳ디 아로미 어려우니라 <법화 1:14>

　　 ㅂ. 내 겨지비라 가져가디 어려ᄫᅳᆯ씨<월석 1:13>

같은 중세 자료인데도 <어렵다>구문의 내포절에 나타난 보문소는

----

26) [부] 하;많이. 크게. 매우. 대단히. 하도.

유동적이다. (30ㄱ,ㄹ,ㅂ)에는 {-디}로, (30ㄴ,ㄷ,ㅁ)에서는 {-음}으로 나타나 있다. 이같은 현상은 내포절의 동사가 행위성을 띠는가 아니면 상태성을 띠는가에 영향을 받는 것 같다. {-디}가 결합된 (30 ㄱ,ㄹ,ㅂ)에서는 내포절의 동사가 구체적인 행위를 나타낸다. 그러나 {-음}이 결합된 (30ㄴ,ㄷ,ㅁ)은 내포절의 동사가 상태 동사이거나 적어도 관념적인 동작성을 제시하는 것들이다. 따라서 <어렵다>구문에서도 보문소의 제약은 상위동사의 의미특성보다 내포절의 동사에 따른 제약에 따른다고 할 수 있다. 이는 중기국어에서는 {-기}가 보문소로서 확고한 위치를 가지지 못하고 있다는 것을 의미한다. 보문소란 명제동사 구문의 내포절을 상위절에 연결하는 통사 장치로서 그 결합 여부는 상위동사에 의해 제약을 받는 통사적인 접사이다. 그러나 파생접사는 결합하는 용언과의 관계에서 결정되는 것으로서, 결합하는 용언의 의미특성에 따라 결합이 제약된다. 일반적으로 {-기}는 [+동작성]의 동사들과의 결합이 자연스럽다. 이러한 특성이 그대로 내포절의 연결 어미로서의 기능인 보문소 결합에도 그대로 유지되려고 한 것은 아직은 {-기}의 특성이 어휘적 파생에 머무르고 있음을 의미한다.

실제로 15, 16세기 자료에서 {-기}가 결합하고 있는 용례들은 몇몇을 제외하면 내포절의 결합을 상정할 수 없는 어휘적 파생에 머무는 것이 많다.[27]

(31) ㄱ. 져믄 나해 글 스기와 갈 쓰기와 비호니(壯年學書劍)<두초

---

[27] 허웅(1975)에서도 {-기}는 파생의 가지에 오히려 가까운 것으로 보고 있다. 또 홍종선(1986)에서도 {-기}를 어휘적 파생에서 출발하여 점차 통사적 체언화로 기능을 얻었으나 중기국어 당시에는 큰 세력을 얻지 못하였다고 하였다.

　　　　7:23>

ㄴ. 닐거 외오몰 專主ᄒ야 아니ᄒ고 오직 졀ᄒ기를 ᄒ야 四衆을
　　머리셔 보고도 ᄯ 부러가 <석상 19:30>

ㄷ. 차바놀 머거도 自然히 스러 믈보기를 아니ᄒ며 <월석
　　-1:26>

ㄹ. 그 後에ᅀᅡ 놀애 브르며 춤츠며 롱담ᄒ야 남진 어르기를 ᄒ
　　며 <월석 1:44>

ㅁ. 구워렌 태티기 ᄒ며 모ᄎ라기로 노롯ᄒ기 ᄒ며 귓도라미 사
　　홈 브티며 시워렌 대믈ᄐ기 ᄒ며(九月裏打擡 耍鵪鶉 鬪促織
　　兒 十月裏騎竹馬) <번박 상 18>

ㅂ. 가관ᄒ기ᄂ 인사롬의 道ㅣ니(冠者成人之道也) <소학 5:41>

ㅅ. 셋재 ᄀᆯ온 여슷 가짓ᄌᆡ죄니 례졀과 음악과 활ᄡᅩ기와 어거ᄒ
　　기와 글쓰기와 산계홈이니라(三曰 六藝 禮樂射御書數) <소
　　학 1:11>

　이러한 여러 현상에서 볼 때 {-기}는 어휘적 체언에서 오히려 안정
적인 모습을 얻고 있으며 통사적 접사, 즉 보문소로서는 아직 발달단계
에 있다고 해야 할 것이다.

　{-기}가 자주 문헌에 나타나게 된 것은 18세기 무렵부터이다. 이 시
기는 {-기}가 보문소로서 확고한 위치를 점하게된 시기이기도 하면서
동시에 {-음}이 빈도상으로 약화된 시기이기도 하다. 그러나 {-음}의
약화가 결코 {-기}의 세력확대에 의한 것만은 아니다.

　{-음}과 {-기}의 분포상의 변화는 먼저 {-기}가 보문소로서 자기 고
유 영역을 굳혔다는데 있다. 15세기 국어에서는 {-기}가 보문소로서의

얼마간의 자기영역을 가지고 있었으나 파생 접사와의 구별이 모호하여 내포절 구문 속에서도 혼동된 양상을 나타내었다. 예를 들면, <어렵다>와 <바라다>구문과 같은 전형적인 {-기}를 취하는 동사의 영역 안에서도 결합되는 내포절 동사의 특성에 의해 {-음}으로 나타나는 등의 혼란함을 보여주었다. 그러나 18세기에 들어와서는 현대국어에 {-기}로 나타나는 동사들이 거의 대부분 {-기}로 나타나고 있어 {-기}의 보문소로서의 안정된 모습을 보여주고 있다.[28]

(32) ㄱ. 네 以前의 北京 단니기 닉은 사람이어늘 <淸老 4:12b>

    ㄴ. 요시이 풍속을 고치기 어려오믈 불샹이 녀기며 <륜음 10:1b>

    ㄷ. 말과 되 적고 크미 밧고기 쉽고 <륜음 4:2b>

    ㄹ. 삿 질기룰 기드려 다시 옴겨 두리라 <淸老 5:2b>

    ㅁ. 그대로 시힝ᄒ기를 허ᄒ하엿노라 <륜음 7:3b>

    ㅂ. 져위룰 세오기를 청ᄒ올째에 <쳔의 1:29b>

    ㅅ. 반드시 곪기며 더데 짓기 어렵ᄂ니(必難貫膿收靨) <諺解두창집요下>

실제로 18세기에 나타난 {-기}의 용례를 보면 정확한 규칙성을 찾아내기는 힘들다고 해도 그 환경은 어느 정도 편중된 경향을 나타내고 있다. <기드리다>, <청ᄒ다>, <ᄇ라다>, <許ᄒ다>, <그티다>, <니르다>, <못다>, <쉽다>, <어렵다>, <닏다>, <됴ᄒ다> 등의

---

28) 18세기 자료에서의 {-기}용례는 채완(1979)에서 발췌한 것이다.

동사가 {-기}가 출현하던 시기에 자주 쓰이던 동사들로서 현대국어와
같은 모습을 보여준다. 그런데, 이 시기에는 요즘에는 {-기} 결합으로
잘 쓰이지 않던 동사의 내포절에도 {-기}로 나타나고 있어서 설명을
요한다.

(33) ㄱ. ᄆᆞ옴의 알프기를 ᄭᆡ닫디 못ᄒᆞᄂᆞ니 <쳔의 2:2a>
     ㄴ. 비록 숫 ᄠᅩ고 집 ᄑᆞᄂᆞᆫ 괴롭기를 면ᄒᆞ여시나 <류음 4:2a>
     ㄷ. 내 이젼의 사ᄅᆞᆷ의 믈깃기ᄅᆞᆯ 보와시나 <淸老 2:26b>
     ㄹ. 경사를 빗내고 깃브기를 표ᄒᆞᄂᆞᆫ 거스로써 <류음 7:1a>

위의 용례에 나타난 상위동사는 현대국어로 하면 {-음} 전성명사나
아니면 {것}으로 취하여질 것이나 오히려 {-기}로 나타나고 있어 {-기}
의 의미기능을 예측하기 어렵게 하는 듯 하다. 그러나 여기에 쓰인 {-
기}의 용례들은 {-기}가 아직도 보문소로서의 쓰임과 파생접사로서의
쓰임을 구분하지 않고 있다는 것을 보여준다. 현대국어에서 {-기}가 보
문소로서 쓰일 때, 파생접사인 {-기} 결합형과 다른 점은 관형절 수식
을 받을 수 없다는 데 있다. 즉, 완전한 명사로 굳어진 파생명사인 경우
에 관형수식을 받는 것은 자연스러운 일이지만 (예를 들면, '나의 달리
기 인생'과 같은 경우) 통사적 기능을 하는 보문소로서 쓰일 때는 관형
구성을 이루지 못한다. 그런데 위의 (33ㄱ,ㄴ,ㄷ) 용례들은 관형구성을
이루고 있으므로 파생명사로서의 기능을 나타내 주고 있는 듯하다. 그
리고 (33ㄱ,ㄴ,ㄷ)에 대해서는 <아픔>, <어려움>, <괴롬> 등의 파생
명사가 그 시기에 이미 존재하였는데도 {-기}형을 택한 것은 무엇 때
문일까? 여기에는 화자의 사태를 바라보는 인식이 적용된 듯하다. {-

음}이 [상태성]의 의미특성을 나타낸다면 {-기}는 [행위성]의 자질을 나타낸다는 것은 주지의 사실이다. 위 구문에서 내포절은 그러한 상태가 이미 이루어져 나타나는 상태가 아니라 행위성에 보다 의미역점을 둔 표현이다. 예를 들면 (33ㄷ)의 '물깃기'는 물을 깃는 동작에 초점을 둔 표현이라고 할 수 있다. 이러한 점은 보문소 {-기}가 상위동사의 제약보다는 화자의 인식태도에 이끌리고 있음을 말해준다.

{-음}과 {-기}의 분포상의 변화를 이끈 두 번째 원인은 문체의 변화에서 찾을 수 있다. 15세기 문헌은 대개가 관본 한문 번역체의 문헌들이다. 이들 문헌에는 문체상의 어떤 형식성을 나타낸다. 문을 전체적인 구조 체계의 관점에서 표현하는 것이 아니라 특별한 문장 성분을 중심으로 구조화시키고 있다. 특히 목적어에 대한 인식이 대단히 강하게 작용한 것 같다. 이는 한문의 구조를 그대로 번역하려는 데서 나타난 경향에 의한 것으로 생각된다.

(34) ㄱ. 同業은 妄올 感호미 혼가죠몰 니르시니라(同業은 言感妄所
同이니) <능엄 2:79>

ㄴ. 잢간 緒業 기터 오몰 무로니 (乍問緒業餘) <두초 22:45)

ㄷ. 네…如來ㅅ거긔 신주 닐오몰 能히 請ᄒᄂ니 <월석 10:87>

ㄹ. 길오 먼 道롤 두려 小果 取호몰 스랑ᄒ니라 (懼長遠道ᄒ야
思取小果 ᄒ니라) <법화 2:29>

위의 용례들은 내포절이 각각 {-음}보문구조로 나타나 있는데, 이들을 현대국어로 옮기면, 상위동사가 <말하다>, <묻다>, <청하다>, <생각하다>에 해당하는 발화동사 구문들로서 내포절이 발화를 나타

내는 완형보문으로 구조화되는 것이 더 일반적이다. (34ㄱ)은 '-라고 이르다', (34ㄴ)은 '-냐고 묻다', (34ㄷ)은 '-라고 청하다' 또는 '-기를 청하다'로 (34ㄹ)은 '-을까 생각하다'로 구조화될 것이다. 그런데 중기국어에서는 발화동사 구문에서 발화를 그대로 나타내기 보다는 발화된 내용을 더 중시한 것으로 나타난다. 이는 발화된 형식을 그대로 대상화할 때는 서술어와 목적어의 관계가 구조적으로 드러나지는 않는다는 점을 인식한 것 같다. 왜냐하면 발화자체가 내포절의 구조로 대상화되면 격표지의 실현이 없고 서법의 실현이 나타나기 때문이다. 그러나 한문 구조에는 술어와 목적어가 분명히 나타나고 있기 때문에 이를 국어로 옮길 때도 술어와 목적어를 분명히 하려는 인식이 적용한 듯 하다, 따라서 발화성 동사에도 발화형식 자체를 대상으로 하기보다는 발화된 의미내용, 즉 명제 내용을 대상화하여 목적격 표지로 실현하였다고 할 수 있다. 그리고 이 때 내포되는 명제 내용은 {-음}보문소에 의해 명사화되는 것이 가장 보편적이었다고 할 수 있다. 이러한 문체상의 특성은 일반 다른 동사구문들에서도 비슷하게 나타난다.

(35) ㄱ. 예수엔 늘근 히메 나사가몰 둘히 너기노니 <두초 19:8>

　　 ㄴ. 特進의 빗나몰 둘히 너기디 아니ᄒ다소라 <두초 24:30>

　　 ㄷ. 이어 ᄲ러듀믈 江潭올 므던히 너기노라 <두초 11:41>

　　 ㄹ. 앗교몰 錦繡段애 디우 아니 너기노라 <두초 16:25>

중기국어 <너기다>구문은 '[NP를] [부사어] 너기다'의 형식으로 나타나는데, 이때 NP의 자리에는 개체명사가 아닌 경우에도 {-음}을 결합시켜 일률적으로 구문형식을 맞추고 있다.[29]

이러한 중기국어의 문체적인 특성은 근세 국어로 들어오면서 문헌의 성격이 다양해지면서 그 형태가 많이 바뀌게 되었다. 이 시기에는 문어 중심이 아니고 구어를 그대로 반영한 회화책 등도 간행되어 실제 언어생활을 살펴볼 수 있게 한다. 문어체적인 중심의 문장에서 구어체적인 특성이 나타나기 시작했고 형식 중심의 문체에서 얼마간 탈피하는 움직임이 나타나기 시작했다. 그리고 이러한 변화 속에 {-음}은 이전 시기에 비하여 쇠퇴하는 현상을 보이고 있다.

{-음}의 통시적 빈도 변화에 또 하나의 영향을 미쳤던 것은 형식명사 {것}이 {-음}을 대신하여 보문소로 자주 쓰이기 시작했다는 점이다.

{것}은 원래 형식명사로 쓰이던 것으로 향가에서부터 그 용례를 찾을 수 있으나 본격적인 사용은 중세국어에 나타난다.[30]

(36) ㄱ. 보비 보리개옛 것 <법화 1:11>

ㄴ. 衆生온 一切世間앳 사르미며 하늘히며 긔는 거시며 느는 거시며 무렛 거시며 숨톤 거슬 다 衆生이라 ㅎᄂ니라 <월석 1:11>

위의 용례에 나타나 바와 같이 '것'은 원래 '物'이라는 구체적인 사물을 지칭하는 데 쓰이는 형식명사이다. 그런데 후대로 내려오면서 {-음}대신 쓰일 수 있게 되어 개념화된 행위를 나타내기도 한다. 오늘날 {것}이 보문 구조에서 {-음}보다 훨씬 많이 사용되는 것은 이러한 의미구조의 융통성에도 있다고 할 것이다. {것}은 구체물과 추상물을 모

---

29) 이현희(1994:300-301)에서 이같은 점을 언급하였다.

30) {-것}의 용례는 홍종선(1986)과 이숭녕(1975)을 참고로 하였다.

두 나타낼 수 있다는 특성 외에도 {-음}이나 {-기}보다 시상표현에 제약이 없다는 점도 {것}의 보편화를 촉진시키는 요인이라고 할수 있다.

현대국어에서 보문소의 결합 양태를 보면 {-고}와 {것}을 중심으로 한 구조에 {-음}과 {-기}가 부분적으로 참여하고 있다. 특히 {-음}은 중세국어에 가장 보편적인 보문소였던 점을 생각해보면 현대국어에서 그 세력이 매우 위축되었다고 할 수 있다. 이러한 변화에는 {-음}이 가지고 있는 문어체적인 속성, 시제상의 특성이 큰 요인이라고 할 수 있다.31) 이에 비해 {-기}는 중세국어 당시에는 보문소로서 아직 정연한 모습을 보여주지는 못했으나 몇몇 특정동사와 결합된 양상을 보여줌으로써 그 의미기능이 {-음}과는 달랐음을 추축할 수 있다. 근대국어로 오면서 {-기}는 보문소로서 {-음}과 대립되는 자기영역을 확고하게 하였고, 그러한 의미역이 현대국어에도 이어져 나타난다. 시기적으로 {-기}의 용례가 현대국어와 다른 양상을 보여주는 면도 없지 않았는데, 이를 화자의 사태인식에 따른 수의적인 선택에 의한 것으로 해석하였다.

요컨대, 보문소의 변화를 통시적으로 살펴보는 데 있어서 몇 가지 주의할 점을 찾고자 하였다. 그것은 {-음}과 {-기}의 문헌상의 빈도의 변화가 마치 {-음}이 가지고 있는 의미기능을 {-기}가 대신하였다는 것

---

31) 홍종선(1986:274)는 {-음}이 기원적으로 시제성을 가진 체언화 어미에서 발달한 것으로 보고 완전히 체언화 어미로 굳어진 후에도 {-음}이 본래부터 거지고 있던 현재라는 시제성이 부담스러운 잉여적인 요소가 되었을 것이라고 하였다. 즉 {-음}은 현재라는 기원적인 속성을 가지고 있으므로 과거나 미래와의 결합이 근본적으로 무리한 것이라고 한다. 따라서 내포절이 시제를 요구할 때는 {-음}으로 나타나기 보다는 {-은 것, -는 것, -을 것}으로 손쉽게 변화한다고 하였다.

으로 해석되어서는 안 된다는 점이다. {-음}과 {-기}는 중세국어에서부터 현대국어에 이르기까지 의미기능상의 대립성이 존재하는 형태소이다. 이들은 내포절의 결합구조에 있어서 {-음}이 보다 보편적으로 결합되는 양상을 보이고 {-기}는 몇몇 제약적인 동사들과 결합하는 양상을 지속적으로 유지해왔다. 이러한 분포상의 비대등적인 관계가 변화하기 시작한 것은 근대국어에 이르러 보문소로서 확고한 자기영역을 갖추게 된 {-기}에 {-음}이 자리를 내주었고 또 문체상의 변화를 통해 이전에 {-음}으로 결합하던 구문들이 실용적인 구문형태를 갖추기 시작함으로써 자연히 {-음}은 문헌상에서 쇠퇴하는 현상을 보이게 된 것이다. 이에 비해 {-기}는 독자적인 의미역을 근대국어이후 굳히기 시작했고 다른 어떤 보문소로 대체됨이 없이 유지되고 있는 것이다.[32]

6. 명제동사의 구문구조 유형 검증

6.1 명제동사의 범주 설정에 대한 검증

동사를 인간이 사태를 인식하는 양상의 범주에 따라 구분 하는 것은 동사의 기본적인 쓰임이 문장을 구성하는 데 있다고 보기 때문이다. 명

---

32) {-기} 보문구성은 통사론적 구성이지만 어느 정도는 형태론적 구성으로 인지되기도 한다. {-기} 보문은 상위동사와의 결합에서 격조사를 생략하는 경우가 많은데 이로써 보문의 내포동사와 상위동사가 하나의 의미체를 구성하는 역할을 하는 것 같다. 뿐만 아이라 관용적인 표현으로 {-기}를 결합하는 경우가 많이 나타나는 것도 현대국어의 {-기} 세력을 덧붙이는 것으로 인식되기도 한다. -기에, -기로, -기 때문에, -기 나름, -기 마련, -기로는 …등의 {-기} 결합은 {-기}가 상태동사에 결합된다는 제약성이 발견되지 않는 형식들이다. 이들을 본고는 보문소 {-기}와는 구분하여야 할 것이다.

사류가 독립적인 단위개념을 가지고 있는데 반하여 동사는 관계 개념으로 이해된다. 즉, 동사는 그 동사의 의미구조에 의해 형식화된 성분들이 상호 작용하여 이루는 관계 의미를 갖는다. 따라서 한 동사의 의미는 그 동사의 구조화된 문장의 의미에 따른 유형이 된다.

동사의 의미를 단위개념이 아닌 문장의미를 기초로 한 관계 개념으로 인식하는 이러한 입장에서는 동사의 의미와 그의 통사구조는 서로 별개의 것이 아닌 동일한 대상이 될 수 있다. 동사의 기본적인 의미구조에서 통사구조의 틀이 만들어지기 때문이다. 동사의 의미구조가 서로 다른 것들은 그들이 결합하는 문 구조도 다른 양상을 나타낸다.

동사의 연구를 위해서는 그 의미구조를 밝히고 통사구조를 살펴보는 것이 순서이겠으나 여기서는 논의의 편의를 위해 구조화된 문장을 통해 일련의 공통적인 특성을 보이는 동사무리들을 가름하여 그들의 의미적 공통성이 무엇인지를 밝혀 나가는 것으로 논의를 진행하도록 하겠다.

언어연구에 있어서 늘 중요시해야 할 목적은 언어 연구를 통해 언중들이 갖고 있는 언어적 직관을 어떻게 잘 기술해내느냐 하는 것이다. 생성문법을 창시한 촘스키(Chomsky)도 언어학자의 임무는 모국어 화자들이 가지고 있는 내재적 언어체계를 효과적으로 설명할 수 있는 원리의 체계를 구조화하는 데 있다고 하였다.[1] 따라서 언어연구의 대상은 언중들이 인식하고 있는 직관적 언어지식이며 언어학자는 이를 충실하

---

1) 촘스키(1972:29)의 원문을 여기에 제시한다.
The person who has acquired knowledge of a language has internalized a systemof rules that relate sound and meaning in a particular way. The linguist constructing a grammar of a language is in effect proposing a hypothesis concerning the internalized system.

게 반영하여 기술할 의무가 있다.

이 장에서는 앞서 논의된 명제동사의 범주설정의 타당성을 검증하기 위해 실제 화자들의 언어인식을 조사하는 데 목적을 두고 있다. 일반 개체 명사를 취하는 자동사, 타동사들과는 달리, 어떤 일련의 동사들에 대하여 화자들이 필수적으로 내포절을 구조화하는 것을 선택하고 또 이를 관습적으로 인식하고 있다면, 우리는 이를 명제동사로 명명하여 동사의 한 유형으로 설정할 수 있을 것이다.

동사의 구조에 대한 직관을 조사하기 위해 선정된 대상은 대학 1-2년생으로서 우리말에 대해 지식이 이상적이라고 판단되는 사람들이다. 조사시기와 조사방법은 아래와 같다.

학생들의 동사구조에 대한 직관조사는 일정의 동사항목이 선정된 설문지에 적절한 문장을 짓도록 하는 서면조사로 이루어졌다. 조사 대상으로 삼은 동사항목은 총 50개로서 한 설문지에는 10개의 동사항목이 배당되었는데, 이 때 동사는 일반 개체 자동사, 타동사와 명제동사가 혼합되도록 하였다. 각각의 동사 항목에는 모두 30명의 학생들이 응답하도록 하였고 한 학생은 10개의 동사항목을 다루도록 하였으므로 조사에 동원된 학생 수는 모두 150명이다.

조사시기는 강의시간 중 별도의 시간을 할애하여 통일적으로 이루어지도록 하였는데, 소요되는 시간은 10분 내외로 배당하여 빠른 시간 안에 동사에 대한 직관을 나타내도록 하였다. 또 조사자들은 다음과 같은 몇 가지 사항에 유의하여 응답하도록 하였다.

첫째, 문장의 구조를 담화적인 차원에서 설정하지 말고 문장 차원에서만 정보를 충족시킬 것을 요구하였다. 이는 국어의 장면 의존적인 특성을 배제하기 위한 것이다. 국어는 일반적으로 실제 발화상황에서는 웬만한 성분은 생략되어 나타나는 것이 대부분인데,[2] 이런 경우 동사의 기본적인 문 구조를 포착하기가 어렵게 된다. 따라서 해당동사에 필요한 문 정보는 단위 문장 안에서 모두 포화시키도록 지시하였다. 둘째, 가능하면 문을 평서문으로 구조화시키고 해당 동사의 기본형태를 유지하도록 요구하였다. 즉, 해당 동사를 복합동사나 합성동사로 변환하지 말 것을 당부하였다. 단 시제형태소의 결합은 허용하였다. 국어는 동사의 결합이 매우 다양하게 이루어지는 언어이다. 보조동사와 결합하여 복합동사를 이루기도 하고 서로 다른 동사의 결합으로 합성동사를 이루는 양상이 매우 자연스럽다. 그런데 이들 동사의 결합은 문장의 구조와 의미를 변환시키기도 하므로 동사 단독형의 구조를 논의하는 자리에서는 엄격하게 통제되었다.

학생들에게 제시된 동사의 목록은 다음과 같다.

얻다, 믿다, 충고하다, 꺼리다, 보고하다, 경고하다, 나타나다, 우기다, 때리다, 주다, 부정하다, 발표하다, 차지하다, 빠르다, 허락하다, 달리다, 증명하다, 제안하다, 먹다, 다니다,나가다, 기다리다, 노력하다, 명령하다, 기대하다, 찾다, 어렵다, 아름답다, 만들다, 뉘우치다, 나무라다, 약속하다, 낳다, 드러나다, 가정하다, 호소하다, 찾다, 유감이다, 여행하다, 확실하다, 따르다, 생각하다, 주장하다, 울다, 배우다, 바라다, 뽑다, 보류하다, 다르다, 이르다.

---

2) 김종택(1984:26)에서는 국어의 장면적 속성을 다음과 같이 쓰고 있다.
"...한국어는 그 어떤 언어보다도 장면 의존도가 큰 언어이다. 법(mood)이 불분명하고 태(voice)의 구분이 애매하며, 성과 수의 개념이 명확하지 않은 언어이다. 그러나 이 모든 것을 표현하는 장치가 장면 속에 포함되어 있다."

위의 동사들에 대해 응답자들이 만들어 낸 문장의 구조를 분석하였다. 일차적인 분석작업은 문장의 성분 중 명제성을 갖고 있는 논항이 들어있는가 하는 것에 초점을 맞추었다. 논항이 명제성을 갖추기 위한 최적의 형식은 절의 형태이다. 그러나 논항의 명제성은 명사범주로도 실현되기도 하는데, 이 때 범주화되는 명사는 일반 지시물을 대상으로 하는 개체대상지시 명사 범주와는 다른 내용을 가진다. 이들 명사범주는 서술성 명사류이거나 명제명사류에 속하는 명사들이다. 명제명사와 서술성 명사는 의미 해석에 있어서는 내포절의 구조와 등가를 이루므로 논항의 명제성 영역에 이들 명사류 범주를 포함하였다. 명제동사의 범주는 기본적으로 논항의 명제성 요구 자질에 의한 것임을 살펴보았는데 여기서는 일반 자·타동사류와 명제 동사류의 구분이 논항의 명제성 기준으로 분명하게 구분될 수 있다는 것을 보여줄 것이다.

[표 20]으로 나타난 동사 분석은 동사가 취하는 논항의 성격에 대한 것인데, 이는 크게 일반 개체결합이냐 명제결합이냐를 기준으로 구분된다. 자료 중에 해당 동사가 요구하는 기본적인 의미정보를 충족시키지 못하는 문장은 비문으로 처리하였다. 한 동사가 문장으로 구조화하는 정보는 기본적인 논항의 실현으로 이루어진다. 따라서 동사의 필수적인 논항을 결여한 문장은 의미구조의 완전성을 보이지 못한다. 예를 들면, <허락하다>에 대해 '그녀는 나에게 허락하였다'로 구조화된 문장이 그 예이다.[3]

---

[3] 조사에 있어서 학생들에게 해당동사의 논항이 무엇인지는 제시하지 않았다. 동사구조에 대한 언중들의 객관적인 인식을 포착하기 위해서이다. 따라서 학생들이 응답한 자료에는 필자가 보기에 비문으로 판정되는 문장유형도 출현되었다.

다음은 실제 응답 자료를 분석한 결과이다.

[표 20:동사의 구조 유형]

결합유형 동사목록	개체결합	명제결합	비문	총계
얻다	27(90%)	3(10%)		30(100%)
믿다	12(40%)		1(3%)	30(100%)
충고하다		30(100%)		30(100%)
꺼리다	6(20%)	23(77%)	1(3%)	30(100%)
보고하다	3(10%)	27(90%)		30(100%)
경고하다	2(7%)	27(90%)	1(3%)	30(100%)
나타나다	27(90%)	3(10%)		30(100%)
우기다	3(10%)	27(90%)		30(100%)
때리다	29(97%)	1(3%)		30(100%)
주다	27(90%)	3(10%)		30(100%)
부정하다	4(13%)	26(87%)		30(100%)
차지하다	29(97%)	1(3%)		30(100%)
빠르다	29(97%)	1(3%)		30(100%)
허락하다	1(3%)	27(90%)	2(7%)	30(100%)
증명하다	2(7%)	27(90%)	1(3%)	30(100%)
제안하다	2(7%)	28(93%)		30(100%)
먹다	30(100%)			30(100%)
다니다	28(93%)		2(7%)	30(100%)
나가다	29(97%)		1(3%)	30(100%)
기다리다	8(27%)	22(73%)		30(100%)
노력하다		30(100%)		30(100%)
명령하다		30(100%)		30(100%)

결합유형 동사목록	개체결합	명제결합	비문	총계
기대하다	4(13%)	26(87%)		30(100%)
찾다	30(100%)			30(100%)
어렵다	9(30%)	21(70%)		30(100%)
만들다	27(90%)	2(7%)	1(3%)	30(100%)
아름답다	30(100%)			30(100%)
뉘우치다	1(3%)	28(94%)	1(3%)	30(100%)
나무라다	17(57%)	12(40%)	1(3%)	30(100%)
약속하다	3(10%)	27(90%)		30(100%)
낳다	28(93%)	2(7%)		30(100%)
드러나다	8(27%)	20(67%)	2(6%)	30(100%)
가정하다		29(97%)	1(3%)	30(100%)
호소하다	3(10%)	5(84%)	2(6%)	30(100%)
찾다	30(100%)			30(100%)
유감이다	1(3%)	29(97%)		30(100%)
여행하다	30(100%)			30(100%)
확실하다	4(13%)	24(81%)	2(6%)	30(100%)
따르다	24(80%)	6(20%)		30(100%)
달리다	30(100%)			30(100%)
생각하다	11(37%)	19(63%)		30(100%)
주장하다	2(6%)	28(94%)		30(100%)
배우다	25(83%)	4(14%)	1(3%)	30(100%)
바라다	3(10%)	24(87%)	1(3%)	30(100%)
뽑다	30(100%)			30(100%)
보류하다	4(14%)	25(83%)	1(3%)	30(100%)
다르다	27(90%)	3(10%)		30(100%)
이르다	30(100%)			30(100%)

위의 표를 보면 명제 결합의 항목에 높은 빈도를 나타내고 있는 동사들과 개체결합의 항목에 높은 빈도를 보이는 항목들로 동사의 유형이 구분됨을 알 수 있다.

그런데 명제결합에 높은 빈도수를 보이는 동사들 중에는 개체결합에 있어서도 유의적 해석을 할 수 있을 만큼의 지수를 보이고 있다. 이들 동사들의 경우에 있어서 개체결합을 이루는 경우와 명제결합을 이루는 경우를 상세하게 고찰할 필요가 있다. 이 동사들이 수의적으로 개체결합과 명제결합을 구성하는 것인지, 아니면 각각의 경우에 나타나는 구조적인 차이가 동사의 의미적인 차이를 수반하고 있는 것인지를 살펴보아야 할 것이다. 만약 위의 동사들의 경우에 개체결합과 명제결합에서의 동사가 의미적인 차이를 가져온다면 이 경우 각각의 문에 쓰인 동사는 동음이의적인 용례로 보고서 별개의 동사목록으로 구분하여 설정할 필요가 있다. 동사의 구문적인 차이가 의미적인 차이를 유발하지 않는다면 동일한 동사의 용례로 간주할 수 있지만, 동사의 통사적 구조의 차이가 의미의 차이를 유발한다면 이는 곧 별개의 동사항목으로 간주될 수 있다.

명제동사이면서 개체 명사류에 유의적인 결합 빈도를 나타내고 있는 동사는 다음과 같다. 괄호안의 숫자는 조사된 총 합계, 30에서 개체결합의 경우가 차지하는 빈도수와 빈도율이다.

믿다<12,(40%)>, 꺼리다<6(20%)>, 보고하다<3(10%)>, 경고하다<2(7%)>, 우기다<3(10%)>,

부정하다<4(13%)>, 허락하다<1(3%)>, <증명하다<2(7%)>, 제안하다<2(7%)>, 어렵다<9(30%)>, 뉘우치다<1(3%)>, 나무라다<17(57%)>, 약속하다<3(10%)>, 드러나다<8(27%)>, 호소하다<3(10%)>, 유감이다<1(3%)>, 확실하다<2(7%)>, 주장하다<2(7%)>, 바라다<3(10%)>, 보류하다<3(10%)>

위의 동사들의 구조화된 문장을 분석해보면 몇 가지로 방향에서 그 유형을 설명할 수 있다.

첫째는 동사의 기본적인 논항구조에서 필요한 문장 성분이 결여된 구조로 나타난 경우이다.

<보고하다>, <경고하다>, <약속하다>, <허락하다>, <나무라다>의 경우에 있어서 이러한 현상이 나타났다. 이들 동사에 해당하는 구문을 분석해 보면 [행위대상]만 범주화되고 [행위내용]이 나타나지 않은 구조로 실현되어 있다. 앞서서 이러한 동사들의 논항구조 유형에 대해 [행위자], [행위대상], [행위내용]으로 설정하였었다. 본고에서 설정한 동사의 논항구조와 실제 예문 분석에서 논항구조가 동일하지 않은 결과를 나타낸다. 이 동사들에 있어서 논항구조가 왜 다르게 나타나는지를 살펴보기로 하자.

실제 예문에서 [행위내용]이 생략되어 나타난 경우는 대개 다음과 같은 것이다. 예를 들면, '나는 그녀에게 경고했다', '나는 교수님께 보고했다', '나는 동생에게 약속했다', '어머니는 드디어 그녀를 허락하셨다', '어머니는 동생을 나무랐다'의 형식이다. 이들 구조가 행위의 내용이 되는 명제 논항이 생략된 것이라고 추측할 수 있다. 이들 구조에 [행위내용]을 잠정적으로 설정할 수 있는 것은 이들 동사의 기본적인 의미구조에 의한 것이다. 이들 동사들은 모두 [행위자]와 [행위대상] 그

리고 [행위내용]이 통사적으로 실현되어야 완전한 문을 이루는 의미구
조를 갖는다. 또 이러한 의미구조의 설정은 이들 동사의 조사분석에서
우세한 빈도율을 보이는 문 구조에서 사적 구조를 견지하고 있는 사실
로도 방증된다. 이들 동사의 개체 결합을 이루는 이같은 경우의 통사적
구조를 [행위내용]을 나타내는 논항이 잠정적으로 설정되어 있다고 간
주할 때 의미적으로 완전한 해석을 받을 수 있다.

  그런데 문제는 다른 동사들과는 달리 <나무라다>의 경우 [행위내
용]이 실현되지 않은 구조가 상당히 높은 빈도율로 나타나고 있다는
점이다. 대개의 경우 다른 동사들에서는 [행위내용]이 구조적으로 실현
되지 않은 경우는 빈도적으로 완전한 문 구조의 경우보다는 적게 나타
났다.

  <나무라다>의 경우를 실제 분석된 자료를 중심으로 그 원인을 살
펴보기로 하자.

  <나무라다>-(ㄱ). 어머니는 나를 나무라셨다
              (ㄴ). 어머니는 나를 텔레비젼을 많이 본다고 나무라셨다.

  (ㄱ)의 구조는 개체결합구조로 나타나 있는 문장으로서, <나무람>
의 대상만이 범주화되어 있다. (ㄴ)은 명제성을 갖춘 내포절이 범주화
되어 있는 구조이다. (ㄴ)의 구조가 <나무라다>의 정보를 충족시키는
논항구조라고 본다면 (ㄱ)은 논항이 결여되어 있는 성분이다. 그런데
조사 대상자들이 <나무라다>의 동사에 대해 (ㄱ)과 같은 'NP를 나무
라다'로 응답한 것이 무려 17회로 나타났다. 이를 유의하여 볼 필요가
있다. <나무라다>의 명제결합 구조에서 명제 논항은 <나무람>의 원

인이 되는 성분이다. 따라서 언중들의 의식속에 나무람의 원인이 되는 [행위내용] 논항은 문장 구조에 있어서 나무람의 대상이 되는 NP보다 중요도가 낮게 인식된다. 따라서 (ㄴ)의 구조에서 [행위내용]을 생략한 구조인 (ㄱ)으로 나타난다. 즉 설정된 논항의 의미역 관계가 어떠한가 에 따라서도 문의 구조화 양상이 다르게 나타날 수 있음을 보이는 현상이다. 앞서서 <나무라다>의 의미역 관계를 [행위격] [대상격] [원인격]으로 설정한 바 있다. 이같은 의미역 관계의 설정은 실제 예문 분석에서 입증된다고 할 수 있다.

다음은 개체결합을 이루는 경우와 명제결합을 이루는 경우가 동일한 의미로 분석되는 구조를 보이는 동사의 경우이다. <바라다>, <꺼리다>, <기대하다> 동사의 경우, 이러한 구조를 보여준다. 피조사자들이 응답한 예문을 제시하면 다음과 같다.

    <기대하다>- (ㄱ). 나는 이번에 {장학금을, 금메달을, 선물을} 기대
             한다.
          (ㄴ). 영수는 이번 올림픽에서 금메달을 따기를 기대
             했었다.

    <기대하다>의 두 구조에서 의미차이는 포착되지 않는다. 개체결합을 이루는 (ㄱ)과 명제성을 갖춘 (ㄴ)을 비교해 볼 때, (ㄱ)은 서술성이 나타나지 않은 구조이다. 그러나 이 두 구조의 의미해석은 동일하다. (ㄱ)은 {장학금을 타기를}, {금메달을 따기를}, {선물을 받기를}로 해석된다.

    <기대하다>동사가 'NP를 기대하다'의 형식으로 쓰일 때, 이 구조

에 나타날 수 있는 명사류는 '획득행위'의 대상이 될 수 있는 명사류들로 한정된다. 이들 명사는 '얻다, 따다, 타다,'등의 동사와 결합함으로써 완전한 의미해석을 이룰 수 있지만 'NP'만으로 명제의 해석을 유도하기도 한다. 이는 추론적인 의미해석에 따른 것이다. 그런데 NP가 획득성 자질을 나타낼 수 있는 대상이 아닐 때 결코 'NP를 기대하다'의 구조 형식으로 쓰이지 못한다.

<기대하다> (ㄷ).*나는 돌을 기대한다.

위의 문장은 'NP가 v-기를 기대하다'와 결코 동일한 의미구조를 이루지 않는데, 이는 '돌'이 획득의 대상이 될 수 있는 명사범주가 아니기 때문이다.

<바라다>와 <꺼리다>에도 동일한 구조적 설명을 할 수 있다.

요컨대, <기다리다>, <바라다>, <꺼리다>에서 개체결합을 나타내는 경우는 서술어의 축약구조로 쓰일 수 있을 때만 쓰일수 있으며, 이 때 개체결합 구조는 명제 결합 구조와 동일한 의미구조를 나타낸다.

다음은 개체명사 결합의 구조와 명제결합 구조의 경우가 동사의 의미가 다른 경우이다.

<믿다>, <어렵다>, <드러나다>, <생각하다> 동사가 이러한 구조유형을 나타낸다.

먼저 <믿다>에 대해 나타나는 두가지 구조를 살펴보기로 하자.

<믿다>- (ㄱ). 나는 {너를, 신을, 나자신을, 그를} 믿는다.

(ㄴ). 나는 {그녀가 올꺼라고, 그녀의 결백함을} 믿는다.

피조사자들은 <믿다>가 개체를 대상으로 하는 일반 타동사로서 '신뢰하다'의 의미를 나타내는 경우는 (ㄱ)과 같이 일반 타동사 구문으로 범주화시키고 있지만 명제를 취하는 명제동사로서 '사실인 것으로 받아들이다'의 의미를 나타내는 경우 에는 (ㄴ)과 같이 내포절을 범주화시키는 것으로 나타났다. 이 두 구조는 동사구문의 구조적인 차이뿐만 아니라 의미적인 차이를 내포한다. 따라서 <믿다>동사에 대해 일반 타동사 구문인 <믿다$_1$>과 명제동사 구문인 <믿다$_2$>로 구분하여 설정한 것은 타당한 것으로 보인다. 이러한 동음이의적 어휘구조를 이루고 있는 특성은 <어렵다>와 <생각하다> 등에서도 나타난다.[4]

<어렵다>구문의 자료를 분석하면 다음과 같은 두 가지의 어휘구조를 보여준다.

    <어렵다>- (ㄱ). {수학, 영어, 과학}은/는 어렵다.

           (ㄴ). {문장 짓기, 문제 풀기}가 어렵다.

위 (ㄱ)은 개체명사를 취하는 'NP이 어렵다'의 구조를 보이는 것으

---

4) 동사의 의미해석과 관련하여 한 언어형태가 여러의미를 가지고 있을 때, 그 형태를 다의성으로 간주하여 여러 의미를 가지고 있는 하나의 형태소로 볼 것인지, 아니면 동음성으로 간주하여 같은 형태를 갖춘 다른 어소로 볼 것인지는 중요한 문제가 될 수 있다. Kempson(1977:79)은 하나의 어휘항목에 두가지 이상의 해석을 줄 수 있는 환거에서 이 해석들이 동시에 가능한 상황에서만 그 어휘항목의 다의성을 인정했다. 그렇지 않은 경우에는 모두 동음성의 경우로 처리할 것을 제안하였다. 그러므로 그의 어휘적 의미의 특성화는 일반적으로 각각의 어휘항목에 대한 단일 의미표현으로 이루어진다. 본고는 기본적으로는 그의 입장을 따른다. 한 동사가 구조적인 변환을 하더라도 의미가 같은 경우에는 다의어로 인정하고 구조변환이 의미적인 차이를 가져오는 것은 동음성으로 처리하였다.

로서 '난해(難解)'의 의미를 나타내고 (ㄴ)은 명제적 내포절을 취하는 'v-기가 어렵다'의 구조로서 '난행(難行)'의 의미를 나타낸다.[5]

<생각하다>의 의미구조도 두 가지의 의미구조를 나타낸다.

<생각하다>-(ㄱ) 해바라기를 보면서 동그란 엄마 얼굴을 생각했다.
(ㄴ) 나는 한국사회가 고칠 점이 많다고 생각한다.

피조사자들이 응답한 구문을 보면 (ㄱ)은 개체명사를 취하는 일반 타동사 구조로서 '마음 속에 떠올리다'의 의미를 나타내고 (ㄴ)은 명제를 갖춘 논항을 취하는 명제동사의 구조로서 '어떤 사태에 대해 판단하다'의 평가, 판단의 의미를 나타낸다. 본고는 앞서서 <생각하다>동사에 대해 두 가지의 의미구조를 갖는 동음이의적인 동사로 설정하여 각각을 <생각하다₁>, <생각하다₂>로 구분하였었다. 이러한 유형 설정이 피조사자들의 구문분석에서도 드러난다.

그 외에 <우기다>, <부정하다>, <증명하다>, <뉘우치다>, <주장하다>, <확실하다>, <보류하다>의 개체명사 결합이 나타내는 성격에 대해 분석해 보도록 해보자. 이들 동사구문의 예들은 다음과 같은 유형으로 나타났다.

---

5) 이현희(1994:202-205)에서는 중세국어를 대상으로 <어렵다>의 의미기능을 '난행(難行)', '희유(希有)', '험난(險難)'의 세 가지 의미기능으로 구별한다. 그의 설명에 따르면 세 가지의 의미자질은 각각의 적절한 구조 속에서 쓰인 것으로 보인다. 또 중세국어에서는 'NP이-어렵'형식의 구문이 많이 나타나지 않는데, 현대국어에서는 '이 책은 어렵다'와 같은 형식의 '난해(難解)'의 의미를 나타내는 문장이 활발히 쓰이고 있는 점이 대조적이라고 하였다. 현대국어에서는 '희유(稀有)'의 의미기능은 발견되지 않는다. 중세국어의 <어렵다>가 훨씬 다의적인 특성을 지니는 것으로 보인다.

(ㄱ) <우기다>- '우영이는 {자꾸, 가끔} 우긴다.'

(ㄴ) <부정하다>- '나는 {시험성적을, 실수를} 부정했다'

(ㄷ) <증명하다>- '나는 {사랑을, 과거를} 증명했다'

(ㄹ) <뉘우치다>- '나는 그것을 뉘우쳤다'

(ㅁ) <주장하다>- '그 사람은 권리를 주장했다'

(ㅂ) <확실하다>- '그는 시간하나는 확실하다'

(ㅅ) <보류하다>- '나는 {물리숙제를, 서류를} 잠시 보류했다'

위의 구조화된 문장들을 분석해보면, (ㄱ)은 동사의 기본적인 논항을 결여한 구조로 보이며 (ㄴ,ㄷ,ㅂ,ㅅ)은 내포된 논항에 각각 <v-함을>이라는 서술성 구조를 덧붙일 때 완전한 의미구조를 이룰 수 있는 문장들이다. (ㄹ,ㅁ)은 해당 문장만으로는 표현된 명제내용이 무엇인지를 알 수 없다. (ㄹ)의 경우에 있어서 의미는 선행발화를 전제할 때 해석될 수 있는 구조이다. (ㅁ)은 관형절로 의미를 보충했을 때 의미가 완전해질 수 있다.

위의 분석을 통해서 명제동사가 개체명사 결합을 이루는 경우에 완전한 의미해석을 받으려면 수식절이나 추론적인 의미를 보충하여야만 된다는 것을 알 수 있다. 따라서 위의 동사들이 개체결합을 이루는 경우에도 이는 명제동사로서의 문 구조를 상정할 때 완전한 의미로 해석될 수 있는 것으로서 개체결합만으로는 완전한 하나의 문을 이루지 못한다는 것을 알수 있다.[6] 이도 또한 명제동사가 일반 자동사나 타동사

---

[6] 피조사자들의 동사에 대한 직관이 때로는 익숙한 관용적 표현에 의해 혼란을 일으키고 있음을 보였다. 따라서 논항구조에 대한 직관보다는 짧고 함축적인 표현을 선호하고 있음도 조사에서 나타났다. 그래서 그런지 본고의 조사목적

들과는 다른 의미구조를 가지고 있음을 보여주는 예라고 하겠다. 위에서 논의한 몇 가지의 원칙에 의해 조사대상으로 삼았던 동사들 중에서 최종적으로 명제동사로 설정할 수 있는 목록은 아래와 같다.

믿다₂, 충고하다, 꺼리다, 보고하다, 경고하다, 우기다, 부정하다, 허락하다, 증명하다, 제안하다, 노력하다, 명령하다, 기대하다, 어렵다₂, 뉘우치다, 나무라다, 약속하다, 가정하다, 호소하다, 유감이다, 확실하다, 생각하다₂, 주장하다, 바라다, 보류하다

위의 동사목록들은 논항의 성격에 있어서 개체명사들보다는 명제결합을 선호하는 동사들이다. 이들이 동사의 성격상 논항의 명제성을 요구하는 동사들로 보고 이들을 개체결합을 이루는 동사들과 구분하여 '명제동사'라는 범주로서 국어 동사의 하위유형으로 설정할 수 있다.

6.2 명제동사의 구문구조 유형 검증

이 절에서는 위의 설정된 명제 동사 구문에 대해 구조적 특성을 상세화 하여 살펴보도록 하자.

여기에서는 [표 20]의 동사목록 중에서 명제결합을 이루는 명제 동사의 경우를 한정하여 문장의 구조 유형을 상세하게 살펴보도록 하겠다. (문 구조에 명사범주가 나타나는 경우는 '개체명사'(NP)와 '명제명사'pNP(propositional NP)로 구분하여 표시하였다.)

을 분명히 이해하지 못한 경우도 더러 있었다. 그러나 조사 대상자들의 자료를 최대한 반영하면서 유의적인 해석을 내리려고 하였다.

[표 21]: 전형적 명제동사의 기본문형

동사 목록＼문형	1유형 $_p$NP$_1$이 V	2유형 S$_{COMP}$가 V	3유형 NP$_1$이 $_p$NP$_2$를 V	4유형 NP$_1$이 S$_{COMP}$ V	5유형 NP$_1$이NP$_2$를 S$_{COMP}$ V	6유형 NP$_1$이NP$_2$에게 S$_{COMP}$ V	7유형 NPs이PNP$_2$를 NP$_3$에게 V
부정하다			4(13%)	25(84%)	1(3%)		
충고하다				2(6%)		28(93%)	
보고하다			5(17%)	2(6%)		7(23%)	13(43%)
경고하다			4(13%)	2(6%)		23(77%)	
우기다			1(3%)	24(80%)	5(17%)		
허락하다			2(6%)	21(70%)			4(13%)
증명하다			13(43%)	12(40%)			4(13%)
제안하다			9(30%)	11(37%)		6(20%)	4(13%)
노력하다				30(100%)			
명령하다			1(3%)	2(6%)		24(80%)	3(10%)
기대하다				24(80%)		2(6%)	4(13%)
뉘우치다			11(37%)	17(57%)			
*나무라다			17(57%)	7(23%)		4(13%)	
가정하다			2(6%)	18(60%)	9(30%)		
호소하다			4(13%)	2(6%)		12(40%)	10(33%)
유감이다	2(6%)	27(90%)					
확실하다	5(17%)	17(57%)					
바라다			3(6%)	20(67%)		4(13%)	
보류하다			13(43%)	16(53%)			
약속하다			2(6%)	6(20%)		14(47%)	8(27%)
주장하다			5(17%)	19(63%)	4(13%)		

[표 22]: 다의적 명제동사의 기본문형

동사 목록＼문형	1유형 $_p$NP$_1$이 V	2유형 S$_{COMP}$가 V	3유형 NP$_1$이 $_p$NP$_2$ V	4유형 NP$_1$이 S$_{COMP}$ V	5유형 NP$_1$이 NP$_2$를 S$_{COMP}$ V	6유형 NP$_1$이 NP$_2$에게 S$_{COMP}$ V	7유형 NP$_1$이 NP$_2$를 NP$_3$에게 V
믿다$_2$			3(18%)	10(64%)	3(18%)		
드러나다$_2$	2(10%)	18(90%)					
어렵다$_2$	3(14%)	18(86%)					
생각하다$_2$			5(29%)	9(53%)	3(18%)		

[표 23]: 해석적 명제동사

동사 목록 \ 문형	1유형 pNP₁이 V	2유형 S_COMP가 V	3유형 NP₁이 pNP₂를 V	4유형 NP₁이 S_COMP V	5유형 NP₁이 NP₂를 S_COMP V	6유형 NP₁이 NPs에게 S_COMP V	7유형 NP₁이 NP₂를 NP₃에게 V
*기다리다			9(30%)	21(70%)			
*꺼리다			9(30%)	20(67%)			

위 표는 해당 명제동사를 구조화된 문형의 빈도수를 백분율로 나타
낸 것이다, 각 항목의 구조 유형 중 가장 퍼센트가 높게 나온 것은 굵
은 글자로 표기하여 해당 동사가 선호하는 구조 유형임을 나타내었다.
위의 표에서 pNP로 설정된 항목은 개체명사가 아닌 명제성을 갖는 명
사범주를, NP는 개체명사 범주를 표시한다. 이는 명제동사가 논항으로
節을 취하거나 명제성 명사로 범주화되는 구조적 특성이 있음을 표시
하기 위한 것이다.

위의 표를 분석해 본 결과로 몇 가지 사실을 추론할 수 있다.

첫째, 해당 동사마다 적절한 구조적 유형을 선호한다. 그러나 해당
동사의 문형은 논항구조의 범주화를 충족시키는 범위 내에서 유동적인
현상을 보여주기도 한다.

둘째, 해당 동사들은 그들이 선호하고 있는 문구조를 중심으로 몇
개의 하위유형을 이룬다. 각 문형에 최다 빈도로 결합하고 있는 동사들
을 문형별로 살펴보면 다음과 같다.

① <S_comp이 V-다>문형에 최다 결합을 보이는 동사로는 <유감이
다>, <확실하다>, <드러나다₂>, <어렵다₂>가 있다.

② <NP₁이 pNP를 V-다>문형에 최다 결합을 보이는 동사로는 <증

명하다>가 있다.

③ <NP₁이 S_comp V-다>문형에 最多 결합을 보이는 동사로는 <부정
하다>, <우기다>, <허락하다>, <제안하다>, <노력하다>,
<기대하다>, <뉘우치다>,<가정하다>, <바라다>, <보류하
다>, <주장하다>, <믿다₂>, <생각하다₂>,<꺼리다>, <노력하
다> 등이 있다.

④ <NP₁이 NP₂에게 S_comp V-다>에 最多 결합을 보이는 동사로는
<충고하다>, <경고하다>, <명령하다>, <약속하다>, <호소하
다>가 있다.

⑤ <NP₁이 pNP를 NP₂에게 V-다>구조에 결합을 이루는 동사로는
<보고하다>가 있다.

위의 동사부류는 문의 구조적 형식을 중심으로 그 유형을 나누어 본
것으로서 모두 다섯 가지 유형에 걸쳐 동사가 집중되고 있음을 볼 수 있
다. 그런데, 각 동사들은 다른 문 유형으로도 구조화되는 용례를 보여주
고 있어 해당 동사의 기본문 구조를 유형화시키는 데 어려움을 갖게 한
다. 해당 동사의 기본문형을 결정하기에 앞서 위 [표 21]에 설정된 각 문
형들이 서로 통합될 수 있는 것은 아닌지를 먼저 검토해 볼 필요가 있다.
위 [표 21]에 설정된 문형들은 명제성 명사로 범주화하는 경우와 내
포절 결합으로 나타나는 경우를 구분하여 설정한 것이다. 그러나 명제
동사구문에서 명제성 명사 결합을 이루는 구조와 내포절 결합을 이루
는 경우의 문장의 의미해석 구조가 다르지 않다. 예를 들어 <보고하
다>는 모두 네 가지 문형에 결합을 보이고 있는데, 각각의 의미구조를
살펴보자.

(1) ㄱ. 나는 연구결과를 보고했다.

ㄴ. 나는 이번에 연구된 것을 보고했다.

ㄷ. 나는 교수님께 이번에 연구된 것을 보고했다.

ㄹ. 나는 교수님께 연구결과를 보고했다.

위의 예문들은 각각 앞서 [표 21]에서 설정한 문형 3, 4, 6, 7의 구조에 해당한다. 이들 중 (1ㄱ,ㄴ)은 같은 의미구조로서 서로 통합될 가능성이 있고, 마찬가지로 (1ㄷ,ㄹ)도 같은 의미구조로 통합할 수 있을 것이다. 이들이 서로 통합된다는 것은 동사로부터 할당되는 논항의 의미역이 동일하다는 데 있다. 즉 (1ㄱ)의 명제성 명사는 <보고하다>에서 대상격을 받고 있고 (1ㄴ)의 내포절도 내포절 전체에 대상격을 받고 있다. 또한 (1ㄷ)은 도달격과 대상격이 구조화된 문장이고 (1ㄹ)의 구문에도 동일한 의미역 관계가 성립한다. 따라서 위의 명제동사의 문형을 의미구조의 동일한 해석을 바탕으로 하여 문형 1과 문형 2를 통합하고, 문형 3과 문형 4를, 문형 6과 문형 7을 각각 통합유형으로 설정할 수 있다.

이렇듯 의미구조를 중심으로 문형을 통합함으로써 한 동사에 대한 통일적인 구문 구조를 설명할 수 있을 것이다.

그런데 <우기다>, <가정하다>, <주장하다>, <믿다>, <생각하다> 동사들은 문형 3, 4, 5에 걸쳐 결합 양상을 나타낸다. 문형 3, 4는 의미구조의 동일하여 서로 통합될 수 있다고 보았는데, 문형 5, 'NP$_1$이 NP$_2$를 S$_{comp}$ V-다'의 구조를 어떻게 처리할 것인가에 대한 문제가 남는다. 예를 들면 다음과 같은 구조이다.

(2) ㄱ. 나는 영이가 예쁘다고 생각했다.

ㄴ. 나는 영이를 예쁘다고 생각했다.

위 (2ㄱ,ㄴ)의 문장을 동일한 통사구조로 볼 것인가, 아니면 별개의
통사구조로 볼 것인가 하는 점이 고찰의 대상이 된다. 결론부터 말하자
면 [A(Ts$_{comp}$)]의 논항구조를[7] 갖는 <생각하다>동사에서 (2ㄱ,ㄴ)의 두
구조는 동일한 것으로 간주한다. (2ㄱ)의 내포절의 주어 '영이가'는 내
포절의 동사의 성격상 주격보다는 주제어로 실현된 것으로서, CP의
SPEC자리로 이동한 후 상위동사로부터 목적격을 할당받는 것으로 설
명할 수 있다.[8] 일반적으로 서술어가 '-이다'나 상태 동사일 경우 선행
하는 명사구는 주제어적 성격을 갖는다. 그리고 이러한 성격은 격 원리
를 위반하지 않고 '영이를'로 상승 이동할 수 있는 것이다. 따라서 위의
두 구조 (ㄱ), (ㄴ)은 동일한 구조로 설정될 수 있다.

결국 앞에서 설정하였던 명제동사의 문 구조 유형은 최종적으로 다
음의 세 가지 유형으로 압축시킬 수 있다. 각 문형에 최다 결합을 이루
는 동사들을 함께 제시한다.

제1유형-Scomp이 V-다 型

〈확실하다〉, 〈유감이다〉

제2유형-NP$_1$이 Scomp V-다 型

〈부정하다〉, 〈우기다〉, 〈허락하다〉, 〈증명하다〉, 〈제안하다〉, 〈노
력하다〉, 〈기대하다〉, 〈뉘우치다〉, 〈가정하다〉, 〈바라다〉, 〈보류

---

7) [A(Tscomp)]는 행위격(Agent) 대상격(Theme)을 갖춘 동사의 논항구조를 말한다.
   특히 대상격을 받는 논항이 절 구조를 취하는 명제논항인 경우를 말한다.

8) 이에 대한 자세한 논의는 4.2.8에서 논의되었다.

하다〉, 〈주장하다〉, 〈믿다〉, 〈생각하다〉, 〈기다리다〉, 〈꺼리다〉

제3유형-NP₁이 NP₂에게 Scomp V-다 型

〈충고하다〉, 〈보고하다〉, 〈경고하다〉, 〈명령하다〉, 〈호소
하다〉, 〈약속하다〉

다음은 이들 명제동사의 내포절 결합구조 양상에 대해 살펴보기로
한다. 해당 동사에 따라 내포절의 구조가 개별화되어 나타난다. 특히
내포절의 보문소 결합양상은 상위동사 따라 제약현상이 다르다. 보문
소의 결합 관계를 중심으로 명제동사의 내포절 결합구조를 분석한 결
과는 다음과 같다.

[표 24]:명제동사의 내부 결합구조

결합구조 / 동사목록	명제결합											명제성명사결합양상
	내포절결합의 보문소 결합양상											
	-것	-음	-기	-고	-도록	-게	-기로	-기 위해	-을지 -는지	-어 /어서	-으려 고	
믿다₂	2(13%)	3(18%)		8(50%)								3(18%)
충고하다	4(13%)			24(80%)	2(7%)							
꺼리다	8(27%)		13(43%)									9(30%)
보고하다	2(6%)	3(10%)		3(10%)	1(3%)							18(60%)
경고하다	4(13%)			20(67%)	1(3%)							4(13%)
우기다				24(80%)	5(17%)							1(3%)
부정하다	6(53%)	10(33%)										4(13%)
약속하다	3(10%)			5(17%)			12(40%)					10(33%)
허락하다	10(33%)			2(6%)	1(3%)	1(3%)						6(20%)
증명하다	10(33%)			3(10%)								17(57%)
제안하다	10(33%)			7(23%)								13(44%)

결합구조 동사 목록	명제결합											명제성 명사결 합양상
	내포절결합의 보문소 결합양상											
	-것	-음	-기	-고	-도록	-게	-기로	-기 위해	-을지 -는지	-어 /어서	-으려 고	
*기다리다	1(3%)		20(67%)									9(30%)
노력하다				8(27%)				19(63%)			3(10%)	
명령하다	9(30%)			17(57%)								4(13%)
기대하다	9(30%)	1(3%)	14(47%)						1(3%)			4(13%)
어렵다₂	6(29%)		9(43%)									6(29%)
뉘우치다	13(43%)	3(10%)										11(37%)
*나무라다	5(17%)	2(6%)		8(27%)								17(57%)
드러나다₂	3(15%)	9(45%)										8(40%)
가정하다	3(10%)	2(6%)		19(63%)								2(6%)
호소하다	1(6%)	10(30%)		3(10%)								14(54%)
유감이다	10(30%)									17(57%)		2(6%)
확실하다	12(40%)	5(17%)										5(17%)
생각하다₂	1(6%)			9(53%)					2(12%)			5(29%)
바라다	6(20%)		21(70%)									3(10%)
보류하다	12(40%)		4(13%)									10(30%)
주장하다	3(10%)			22(73%)								5(17%)

위의 도표를 분석해본 결과 몇 가지의 사실을 추론할 수 있다.

첫째, 해당 동사마다 적절한 내포절의 구조를 선택한다.

둘째, 내포절을 이루는 경우, 내포절의 연결어미는 다양하게 분포된다. 그러나 주로 보문소 {것}, {-음}, {-기}, {-고}가 대부분의 동사에서 결합 보문소로 나타났다.

셋째, 보문소 {-음}과 {-기}는 결합되는 동사가 서로 상보적인 분포를 나타낸다. 특히 보문소 {-기}와 결합을 이루는 동사는 극히 제약적인 현상을 보여주는데, <꺼리다>, <기대하다>, <기다리다>, <바라다>, <보류하다>동사가 {-기}와 결합한다.

넷째, {것}은 대부분의 동사에서 결합되는 것으로 나타난다.

다섯째, 보문소 {-고}는 대부분의 동사들과 결합을 이루고 있으나, 보문소 {-기}와 결합을 이루는 동사들에는 결합이 제약되는 것으로 나타났다.

7. 결 론

지금까지 국어 동사체계 내에서 명제동사의 설정이 타당함을 논의하였고 설정된 명제동사를 대상으로 구조적인 특성에 따라 하위유형으로 분류하여 그 각각에 대한 통사론적 및 의미론적 관점에서 고찰하였다.

각 장에서 논의하였던 바를 요약하면 다음과 같다.

1장에서는 지금까지의 동사연구에 대한 업적을 소개하면서 그동안의 논의가 의미와 구조를 연관하여 이루어지지 못한 점을 지적하였다. 동사연구는 무엇보다 동사의 의미와 구조를 연계할 수 있는 문법기술이 이루어짐으로써 보다 체계적인 동사연구가 될 수 있다. 그런 의미에서 일반 자, 타동사들과는 다른 의미적 구조를 가지고 있는 명제동사를 통사적인 구조와 함께 논의하는 것은 필요한 일임을 밝혔다.

2장에서는 실제로 화자들의 동사에 대한 구조인식을 검토하여 명제동사가 개체를 대상으로 하는 자, 타동사들과는 달리 명제 논항을 취하고 있으며 이러한 의미적 특성이 구조적인 특성으로 반영됨을 보았다. 명제동사는 필수적으로 내포절을 취하는 동사로서 개체명사를 취할 수 없는 구조적인 특성을 나타내었다.

3장에서는 자료분석을 통해 귀납적으로 설정된 명제동사의 목록을 대상으로 그들이 취하는 논항구조의 특성에 따라 몇가지로 분류될 수 있음을 보았다. 명제동사의 논항은 행위를 하는 [행위자]와 행위가 미치는 대상인 [행위대상] 그리고 대상으로 하는 사태를 나타내는 [행위내용]으로 범주화된다. 그런데, 이러한 논항이 동사의 의미적인 특성에 따라 몇 가지 유형으로 구분할 수 있었다. 3개의 논항을 모두 취하는 동사부류가 있고, [행위자]·[행위대상]으로만 구조화되는 동사부류가 있고, [행위대상]으로만 구조화되는 동사부류가 있었다. 또 이들 동사들은 설정된 논항에 배당되는 의미역 관계에 따라 다시 세분할 수 있는데, 이러한 논항의 의미역 관계는 동사의 기본적인 문 구조를 제약하는 자질로서 설정될 수 있음을 보았다.

4장에서는 보문소의 결합이 상위 명제동사의 의미적 특성에 따라 어떻게 실현되는지를 살펴보았다. 이러한 논의과정 중에 특히 보문소 {-음}과 {-기}는 명제동사의 결합에 상보적인 분포를 갖고 있음을 논의하였다. 보문소 {-음}보다는 {-기}가 동사결합에서는 매우 제약적인 모습을 나타내고 있음을 살폈고 이러한 분포상의 비대칭성은 통시적으로도 존재함을 보았다. 문헌의 빈도 분포에서 나타나는 {-음} >{-기}의 변화양상은 두 형태소의 의미자질의 변화에 의한 것이 아니라 다른 제반 요인이 있음을 고찰하였다.

첫째, 중기국어에서는 아직 확정적인 모습을 보이지 않던 보문소 {-기}가 17, 18세기에 와서는 고유한 의미 영역을 확보하게 되었다.

둘째, 중기국어에 나타나던 번역투의 격식 문체는 근세국어에 들어와서 구어체의 실용 문체가 반영됨으로써 {-음}이 문헌상 많이 쇠퇴하기에 이르렀다.

셋째, 근세국어에서 들어와서 {것}이 보문소로서 활발히 쓰임으로써

{-음}이 차지하던 영역을 대신하였다.

5장에서는 명제동사의 각 유형의 의미구조가 통사적으로 어떻게 반영되는지를 총괄적으로 논의하였다. 이 장에서 논의되었던 것을 표로 제시하면 다음과 같다.

[표 25]: 국어 명제동사의 의미구조 유형

구조유형 \ 동사목록	주장하다 류	후회하다 류	바라다 류	생각하다 류
논항구조	[행위자] [행위내용]			
의미역관계	[행위격] [대상격]			
보문소 결합	-고 -것,-음	-것 -음	-기	-고
내포절 통제	수의적 주어통제	필수적 주어통제	수의적 주어통제	수의적 주어통제
기본문 구조	NP₁이 [v-다고] V-다			

구조유형 \ 동사목록	설득하다 류	나무라다 류	약속하다 류
논항구조	[행위자] [행위대상] [행위내용]		
의미역관계	[행위격] [수행격] [대상격]	[행위격] [대상격] [원인격]	[행위격] [수혜격] [대상격]
보문소 결합	-고 -기	-고 -음,-것	-고 -기로
내포절 통제	필수적 목적어통제	필수적 목적어 통제	필수적 목적어 통제
기본문 구조	NP₁이 NP₂에게 [v-라고] V-다	NP₁이 NP₂를 [v-다고] V-다	NP₁이 NP₂에게 [v-다고] V-다

구조유형 ＼ 동사목록	보고하다 류	어렵다 류	확실하다 류
논항구조	[행위자] [행위대상] [행위내용]	[행위대상]	
의미역관계	[행위격] [도달격] [대상격]	[대상격]	
보문소 결합	-고 -것, -음	-기, -것	-음, -것
내포절 통제	수의적 목적어 통제	총칭통제,　특수통제	
기본문 구조	NP1이 NP2에게 [v-다고] V-다	[v-기는/-음은] V-다	

　지금까지 본고에서 논의하였던 바를 간략하게 살펴보았다. 국어 명제 동사의 범주설정은 두 가지 측면에서 그 의미를 찾을 수 있을 것이다.

　첫째는 문법의 운용적인 측면에서 나타나는 효용성이다. 현재 사용 되고 있는 국어사전들에는 명제동사와 일반 개체 자·타동사들이 구분 되지 않은 채 이분적인 분류를 따르고 있다. 그러나 그러한 정보만으로 는 해당 동사의 적절한 문 구조를 예측할 수가 없다. 명제동사는 반드 시 명제성을 갖춘 절로 구조화되는데 자동사와 타동사의 분류만으로는 언중들에게 정확한 정보를 줄 수 없다. 이러한 점에서 명제 동사의 설 정은 보다 실용적인 역할을 하리라고 본다.

　둘째는 언어를 바라보는 인식에 관련된 측면이다. 언어는 의미와 구 조가 결합되어 개체성을 갖는 대상이다. 그런데 종전의 국어 연구에서 는 언어를 의미와 구조를 해체하여 각각을 별개의 영역에서 고찰하는 분석적인 연구들에 집중되어온 것 같다. 그러한 노력은 각 분야별로 집적되어 왔다. 이제는 그러한 지식을 바탕으로 하여 통합적인 고찰이 필요한 시점이다. 언어의 의미와 구조를 유기적인 관련성 속에서 통합하여 이해하려는 노력을 기울일 필요가 있다. 이런 관점에서 이 책은 동사의 의미구조를 통사구조와 연결하려는 하나의 시도였다.

◘ 국어 명제동사목록 ◘

다음은 명제동사목록들을 선정하여 명제동사의 논항구조와 보문소의 결합관계를 중심으로 가능한 구문구조의 형태로 나타낸 것이다. 보문소는 본고에서 다루었던 {것}, {-음}, {-기}, {-고}를 대상으로 하였다.

◆가능하다 : 영희가 오늘 밤 안으로 서울에 도착하기가 가능하다.
　　　　　　영희가 오늘 밤 안으로 서울에 도착하는 것이 가능하다.
◆가정하다 : 영희는 철수를 범인이라고 가정했다.
　　　　　　영희는 철수가 범인임을 가정했다.
◆간과하다 : 영희는 그 문제의 중요성을 간과하였다.
　　　　　　영희는 그 문제가 중요함을 간과하였다.
　　　　　　영희는 그 문제가 중요한 것을 간과하였다.
◆간주하다 : 영희는 철수를 대학생이라고 간주했다.
　　　　　　영희는 철수를 대학생으로 간주했다.
◆갈망하다 : 영희는 기자가 되기를 갈망했다.
　　　　　　영희는 자신의 출세를 갈망했다.
◆감개무량하다 : 철수는 선생님이 직접 병문안 오신 것이 감개무량하였다.
　　　　　　　　철수는 선생님이 직접 병문안 오심이 감개무량하였다.
◆강조하다 : 이 책은 동사가 중요하다고 강조한다.

이 책은 동사가 중요함을 강조한다.

이 책은 동사의 중요함을 강조한다.

◆거부하다 ： 영희는 철수의 부탁을 거부했다.

영희는 철수가 도와달라는 것을 거부했다.

영희는 철수를 도와주기를 거부했다.

◆거절하다 ： 영희는 철수의 부탁을 거절했다.

영희는 철수가 도와달라는 것을 거절했다.

영희는 철수를 도와주기를 거절했다.

◆걱정하다 ： 어머니는 아들이 몸이 약하다고 걱정하셨다.

어머니는 아들의 몸이 약한 것을 걱정하였다.

◆계시하다 ： 하늘은 새로운 세상이 열림을 계시하였다.

하늘은 새로운 세상이 열릴 것을 계시하였다.

◆계획하다 ： 영희는 아침마다 운동을 하기로 계획했다.

영희는 아침마다 운동을 할 것을 계획했다.

◆결심하다 ： 영희는 아침마다 운동을 하기로 결심했다.

영희는 아침마다 운동을 할 것을 계획했다.

◆결정하다 ： 정부는 쓰레기 종량제 실시를 결정하였다.

정부는 쓰레기 종량제를 실시할 것을 결정하였다.

정부는 쓰레기 종량제를 실시하기로 결정하였다.

◆경고하다 ： 선생님이 학생들에게 부정행위를 경고했다.

선생님이 학생들에게 부정행위를 하지말라고 경고했다.

선생님이 학생들에게 부정행위를 하지 말 것을 경고했다.

◆고발하다 ： 영희가 철수를 수상한 사람으로 고발했다.

영희가 철수가 수상한 사람임을 고발했다.

영희가 철수를 수상한 사람이라고 고발했다.

◆고백하다 ： 철수가 영희에게 사랑한다고 고백했다.

철수가 영희에게 사랑함을 고백했다.

◆고시하다 ： 부녀회에서 일일 장터를 연다고 고시하였다.

부녀회에서 일일 장터를 열 것을 고시하였다.

◆고자질하다 ： 영희는 선생님께 철수가 유리창을 깼다고 고자질하였다.

영희는 선생님께 철수가 유리창을 깬 것을 고자질하였다.

영희는 선생님께 철수가 유리창을 깼음을 고자질하였다.

◆과장하다 : 철수는 판매실적이 두 배나 올랐다고 과장하였다.

◆괴로워하다 : 철수는 영희를 속인 것을 괴로워했다.

철수는 영희를 속였다고 괴로워했다.

◆구박하다 : 배씨는 콩쥐를 게으르다고 구박하였다.

◆권하다 : 영희는 철수에게 운동을 하라고 권했다.

영희는 철수에게 운동하기를 권했다.

영희는 철수에게 운동을 권했다.

◆금지하다 : 조선시대에는 여자가 개가하는 것을 금지하였다.

조선시대에는 여자가 개가함을 금지하였다.

◆기대하다 : 영희는 철수가 우승하기를 기대했다.

영희는 철수가 우승할 것을 기대했다.

영희는 철수의 우승을 기대했다.

◆기다리다 : 견우는 직녀와 만나기를 기다렸다.

견우는 직녀를 기다렸다.

◆기도하다 : 철수는 영희가 행복하기를 기도했다.

철수는 영희의 행복을 기도했다.

철수는 영희가 행복하라고 기도했다.

◆기별하다 : 영희는 오빠에게 어머니가 병이 나셨음을 기별했다.

영희는 오빠에게 어머니가 병이 나셨다고 기별했다.

영희는 오빠에게 어머니가 병이 나신 것을 기별했다.

◆기뻐하다 : 영희는 시험에 합격한 것을 기뻐하였다.

영희는 시험에 합격하였다고 기뻐하였다.

영희는 시험에 합격함을 기뻐하였다.

◆기억하다 : 영희는 철수가 자기를 사랑한 것을 기억했다.

영희는 철수가 자기를 사랑했다고 기억했다.

영희는 철수가 자기를 사랑했음을 기억했다.

◆기원하다 : 어머니는 아이가 잘 되라고 기원하였다.

어머니는 아이가 잘 되기를 기원하였다.

◆깨닫다 ： 영희는 자기의 잘못이 컸음을 깨달았다.
　　　　　영희는 자기의 잘못이 큰 것을 깨달았다.
　　　　　영희는 자기의 잘못을 깨달았다.
◆꾸짖다 ： 어머니는 아이를 버릇이 없다고 꾸짖었다.
　　　　　어머니는 아이의 버릇없음을 꾸짖었다.
◆꺼리다 ： 영희는 외출하기를 꺼렸다.
　　　　　영희는 외출하는 것을 꺼렸다.
◆깔보다 ： 영희는 철수를 가난하다고 깔보았다.
　　　　　영희는 철수가 가난한 것을 깔보았다.
　　　　　영희는 철수의 가난함을 깔보았다.
◆꼬시다 ： 영희가 철수에게 나가 놀자고 꼬셨다.
◆나무라다 ： 선생님은 철수를 불성실하다고 나무랐다.
　　　　　선생님은 철수가 불성실함을 나무랐다
　　　　　선생님은 철수가 불성실한 것을 나무랐다.
◆노력하다 ： 영희는 시험에 합격하기 위하여 노력했다.
◆논박하다 ： 영희는 그의 의견이 현실성이 없다고 논박하였다.
　　　　　영희는 그의 의견이 현실성이 없음을 논박하였다.
◆논평하다 ： 기자는 시민들이 질서의식이 부족하다고 논평했다.
　　　　　기자는 시민들이 질서의식이 부족함을 논평했다.
◆놀리다 ： 영희는 철수를 유행에 뒤진다고 놀렸다.
◆뉘우치다 ： 영희는 성질이 너무 급함을 뉘우쳤다.
　　　　　영희는 성급한 너무 급했던 것을 뉘우쳤다.
◆느끼다 ： 영희는 아이가 매우 영리한 것을 느꼈다.
　　　　　영희는 아이가 매우 영리하다고 느꼈다.
　　　　　영희는 아이가 매우 영리함을 느꼈다.
◆다그치다 ： 영희는 철수에게 사실을 말하라고 다그쳤다.
　　　　　영희는 철수에게 사실을 말할 것을 다그쳤다.
◆단언하다 ： 철수는 곧 통일이 이루어진다고 단언했다.
　　　　　철수는 곧 통일이 이루어짐을 단언했다.
◆당부하다 ： 영희는 철수에게 일찍 돌아오라고 당부했다.

영희는 철수에게 일찍 돌아오기를 당부했다.

영희는 철수에게 일찍 돌아올 것을 당부했다.

◆대답하다 : 영희가 선생님께 유학을 가고 싶다고 대답했다.

영희가 선생님께 유학을 가고 싶음을 대답했다.

◆대비하다 : 농부들은 태풍이 다가올 것을 대비하였다.

◆독려하다 : 감독관은 일꾼들에게 일을 잘하라고 독려하였다.

감독관은 일꾼들에게 일을 잘할 것을 독려하였다.

◆동의하다 : 사람들은 철수가 떠나야 된다는 것에 동의하였다.

◆듣다₂ : 영희는 철수가 고향을 떠났다고 들었다.

영희는 철수가 고향을 떠난 것을 들었다.

◆마감하다 : 학교는 신입생 선발을 마감하였다.

학교는 신입생 선발하는 것을 마감하였다.

◆만류하다 : 영희는 철수가 집을 떠나는 것을 만류했다.

◆말하다 : 영희는 철수에게 여행을 떠나자고 말하였다.

영희는 철수에게 여행을 떠나라고 말하였다.

영희는 철수에게 여행을 떠난다고 말하였다.

영희는 철수에게 여행을 떠나냐고 말하였다.

◆맹세하다 : 영희는 철수와 다시는 만나지 않겠다고 맹세했다.

영희는 철수와 다시는 만나지 않기로 맹세했다.

영희는 철수와 다시는 만나지 않을 것을 맹세했다.

◆명명하다 : 학회는 새로운 컴퓨터 모델을 슈퍼 1000이라고 명명하였다.

◆명령하다 : 소대장은 부하들에게 철수하라고 명령했다.

소대장은 부하들에게 철수할 것을 명령했다.

소대장은 부하들에게 철수하기를 명령했다.

◆명시하다 : 영희는 서류에 약속을 지키겠다고 명시했다.

영희는 서류에 약속을 지키겠음을 명시했다.

영희는 서류에 약속을 지킬 것을 명시했다.

◆모욕하다 : 영희는 철수를 이중인격자라고 모욕하였다.

◆목격하다 : 영희는 화재가 일어난 것을 목격하였다.

영희는 화재가 일어났음을 목격하였다.

◆무시하다 ： 철수는 영희를 공부를 못한다고 무시했다.

◆미안하다 ： 영희는 먼저 일어서 나오기가 미안했다.
　　　　　　영희는 먼저 일어서 나온 것이 미안했다.

◆믿다₂ ： 영희는 철수가 돌아오리라고 믿었다.
　　　　　영희는 철수가 돌아올 것을 믿었다.
　　　　　영희는 철수가 정직함을 믿었다.

◆바라다 ： 영희는 철수가 시험에 합격하기를 바랐다.
　　　　　　영희는 철수의 합격을 바랐다.

◆반대하다 ： 농민들은 마을에 철도가 놓이는 것을 반대했다.

◆발표하다 ： 정부는 기름값을 인상한다고 발표하였다.
　　　　　　정부는 기름값을 인상함을 발표했다.

◆벼르다 ： 철수가 아버지 원수를 꼭 갚겠다고 별렀다.
　　　　　철수가 아버지 원수를 꼭 갚을 것을 별렀다.

◆변경하다 ： 철수는 공연계획을 변경하였다.
　　　　　　철수는 공연을 열려던 것을 변경하였다.

◆변명하다 ： 철수는 자기가 지각한 것은 교통때문이라고 변명하였다.

◆보고하다 ： 철수는 상관에게 적군이 철수했다고 보고했다.
　　　　　　철수는 상관에게 적군이 철수한 것을 보고했다.
　　　　　　철수는 상관에게 적군이 철수함을 보고했다.
　　　　　　철수는 상관에게 적군의 철수를 보고했다.

◆보다₂ ： 영희는 문제가 심각하지 않다고 보았다.

◆보도하다 ： 신문은 일제히 철수의 우승을 보도했다.
　　　　　　신문은 일제히 철수가 우승한 것을 보도했다.
　　　　　　신문은 일제히 철수가 우승함을 보도했다.

◆보류하다 ： 영희는 여행 떠나는 것을 보류했다.

◆부인하다 ： 철수는 자기가 그 곳에 간 것을 부인했다.
　　　　　　철수는 자기가 그 곳에 갔음을 부인했다.

◆부정하다 ： 영희는 자기의 잘못을 부정했다.
　　　　　　영희는 자기가 잘못한 것을 부정했다.
　　　　　　영희는 자기가 잘못함을 부정했다.

◆부탁하다 : 나는 어머니께 아이를 좀 맡아 달라고 부탁했다.
　　　　　　　 나는 어머니께 아이를 좀 맡아 주기를 부탁했다.
◆부추기다 : 영희는 철수에게 수업에 들어가지 말라고 부추겼다.
　　　　　　　 영희는 철수에게 수업에 들어가지 말 것을 부추겼다.
　　　　　　　 영희는 철수에게 수업에 들어가지 말기를 부추겼다.
◆불평하다 : 아이가 반찬이 맛이 없다고 불평했다.
　　　　　　　 아이가 반찬이 맛이 없음을 불평했다.
　　　　　　　 아이가 반찬이 맛이 없는 것을 불평했다.
◆비난하다 : 영희는 철수의 행동을 비난했다.
　　　　　　　 영희는 철수의 행동이 옳지 못함을 비난했다.
　　　　　　　 영희는 철수의 행동이 옳지 못하다고 비난했다.
◆비평하다 : 영희는 작품구성이 좋지 않다고 비평했다.
　　　　　　　 영희는 작품구성이 좋지 않음을 불평했다.
◆빌다 : 영희는 신에게 도와 달라고 빌었다.
　　　　　 영희는 신에게 도와 주기를 빌었다.
◆뽐내다 : 영희는 자기 집이 부자라는 것을 뽐냈다.
　　　　　　 영희는 자기 집이 부자라는 것을 뽐냈다.
◆사실이다 : 영희가 철수를 좋아하는 것은 서실이다.
　　　　　　　 영희가 철수를 좋아함은 사실이다.
◆삼가다 : 영희는 매사에 경거망동하는 것을 삼갔다.
　　　　　　 영희는 경거망동하기를 삼갔다.
◆상고하다 : 영희는 대법원에 억울함을 상고했다.
　　　　　　　 영희는 대법원에 억울하다고 상고했다.
◆상기하다 : 영희는 철수에게 바람맞았던 것을 상기했다.
◆상상하다 : 영희는 자기가 공주가 되는 것을 상상했다.
◆생각하다₂ : 영희는 철수와 놀던 것을 생각했다.
　　　　　　　 영희는 철수와 놀던 것이 아름다웠다고 생각했다.
◆생략하다 : 영희는 겉치레 인사하는 것을 생략하였다.
　　　　　　　 영희는 겉치레 인사하기를 생략하였다.
◆선언하다 : 철수는 이제부터 담배를 끊겠다고 선언했다.

철수는 이제부터 담배를 끊을 것을 선언했다.

◆설득하다 : 철수는 영희에게 자기를 믿으라고 설득했다.
철수는 영희에게 자기를 믿기를 설득했다.

◆설명하다 : 중국 정부는 자기들의 입장이 난처하다고 설명했다.
중국 정부는 자기들의 입장이 난처함을 설명했다.

◆손짓하다 : 할머니가 손자들에게 어서 오라고 손짓했다.

◆수긍하다 : 선생님은 영희가 난처하다는 것을 수긍하셨다.
선생임은 영희가 난처함을 수긍하셨다.

◆쉽다₂ : 문제풀기가 쉽다.
문제 푸는 것이 쉽다.

◆슬퍼하다 : 영희는 철수와 이별한 것을 슬퍼했다.
영희는 철수와 이별함을 슬퍼했다.
영희는 철수와의 이별을 슬퍼했다.

◆시사하다 : 지존파 사건은 사회의 도덕이 극도로 타락했음을 시사한다.
지존파 사건은 사회의 도덕이 극도로 타락한 것을 시사한다.

◆신고하다 : 철수가 김씨를 수상하다고 신고했다.

◆신호하다 : 빨간불이 일단 멈춤을 신호하였다.
빨간 불이 일단 멈추라고 신호했다.

◆심문하다 : 경찰은 범인들에게 사건의 경위를 말하라고 심문하였다.
경찰은 범인들에게 사건의 경위를 심문하였다.

◆알다₂ : 영희는 철수가 범인이라는 것을 알았다.
영희는 철수가 범인임을 알았다.

◆암시하다 : 붉은 색은 사람들에게 위험을 암시한다.
붉은 색은 사람들에게 위험한 것을 암시한다.
붉은 색은 사람들에게 위험함을 암시한다.

◆야유하다 : 관중들은 그 선수에게 경기를 그만두라고 야유했다.

◆약속하다 : 영희는 철수와 만나기로 약속했다.
영희는 철수에게 만나자고 약속했다.
영희는 철수와 만날 것을 약속했다.

◆어렵다₂ : 영희가 시험에 합격하기는 어렵다.

영희가 시험에 합격하는 것은 어렵다.

◆언급하다 ： 판사는 그 사건이 정당임을 언급했다.
　　　　　　　판사는 그 사건이 정당방위였다고 언급했다.
　　　　　　　판사는 그 사건이 정당방위인 것을 언급했다.

◆언약하다 ： 영희는 철수와 결혼하기로 언약하였다.
　　　　　　　영희는 철수와 결혼할 것을 언약하였다.

◆여쭙다 ： 영희는 할아버지께 건강이 어떠시냐고 여쭈었다.
　　　　　　영희는 할아버지의 건강을 여쭈었다.

◆역설하다 ： 김교수는 현장학습이 중요함을 역설하였다.
　　　　　　　김교수는 현장학습이 중요하다고 역설하였다.

◆예상하다 ： 영희는 자기에게 좋은 결과가 돌아오기를 예상했다.
　　　　　　　영희는 자기에게 좋은 결과가 돌아올 것을 예상했다.

◆예언하다 ： 노스트라다무스는 인류에게 종말이 올 것을 예언했다.
　　　　　　　노스트라다무스는 인류에게 종말이 옴을 예언했다.
　　　　　　　노스트라다무스는 인류에게 종말이 올 것이라고 예언했다.

◆예증하다 ： 철수는 자기 논리가 타당함을 예증하였다.
　　　　　　　철수는 자기 논리가 타당하다고 예증하였다.
　　　　　　　철수는 자기 논리의 타당하다는 것을 증명하였다.

◆요구하다 ： 영희는 철수에게 돌아오라고 요구했다.
　　　　　　　영희는 철수에게 돌아오기를 요구했다.

◆요청하다 ： 주민들은 식수환경을 개선하라고 요청했다.
　　　　　　　주민들은 식수환경을 개선할 것을 요청했다.
　　　　　　　주민들은 식수환경을 개선하기를 요청했다.

◆우기다 ： 철수는 자기는 잘못이 없다고 우겼다.

◆유감이다 ： 철수가 모임에서 빠진 것은 유감이다.
　　　　　　　철수가 모임에서 빠짐은 유감이다.

◆원하다 ： 철수는 영희가 행복하기를 원했다.
　　　　　　철수는 영희의 행복을 원했다.

◆의심하다 ： 철수는 영희가 자기를 사랑함을 의심했다.

◆이르다 ： 어머니는 아이에게 연못에 가지 말라고 일렀다.

어머니는 아이에게 연못에 가지 말 것을 일렀다.
◆이야기하다 : 영희는 가수가 되고 싶다고 이야기 하였다.
　　　　　　　　영희는 가수가 되고 싶음을 이야기하였다.
　　　　　　　　영희는 가수가 되고 싶다는 것을 이야기하였다.
◆인식하다 : 영희는 철수의 병이 심각하다고 인식했다.
　　　　　　영희는 철수의 병이 심각함을 인식했다.
◆인정하다 : 우리는 모두 철수가 최고의 실력자라는 것을 인정했다.
　　　　　　우리는 모두 철수가 최고의 실력자임을 인정했다.
◆입증하다 : 영희는 철수가 정직한 사람이라는 것을 입증했다.
　　　　　　영희는 철수가 정직한 사람임을 입증했다.
　　　　　　영희는 철수의 정직함을 입증했다.
◆작정하다 : 영희는 아침에 일찍 일어나기로 작정했다.
◆전하다₂ : 병사는 아테네 시민들에게 아군이 전쟁에서 이겼다고 전했다.
　　　　　　병사는 아테네 시민들에게 아군이 전쟁에서 이겼음을 전했다.
　　　　　　병사는 아테네 시민들에게 전쟁에서 이긴 것을 전했다.
◆제안하다 : 영희는 철수에게 분위기를 바꿔보자고 제안했다.
　　　　　　영희는 철수에게 분위기를 바꿔볼 것을 제안했다.
◆주장하다 : 갈릴레이는 지구가 자전한다고 주장했다.
　　　　　　갈릴레이는 지구가 자전함을 주장했다.
◆증명하다 : 철수는 자기 이론이 독창적이라는 것을 증명했다.
　　　　　　철수는 자기 이론이 독창적임을 증명했다.
◆증언하다 : 철수는 선거에 부정이 있었음을 증언했다.
　　　　　　철수는 선거에 부정이 있었다고 증언했다.
◆지시하다 : 소대장은 부하들에게 신속히 움직이라고 지시했다.
　　　　　　소대장은 부하들에게 신속히 움직일 것을 지시했다.
　　　　　　소대장은 부하들에게 신속히 움직이기를 지시했다.
◆질문하다 : 선생님은 학생들에게 갑오경장 왜 일어났느냐고 질문했다.
◆질책하다 : 선생님은 철수에게 책임감이 없다고 질책하였다.
　　　　　　선생님은 철수에게 책임감이 없음을 질책하였다.
◆추측하다 : 영희는 경기에서 자기 편이 이기리라고 추측하였다.

영희는 자기편의 승리를 추측하였다.
◆충고하다 : 선생님은 아이들에게 교통규칙을 잘 지키라고 충고하였다.
　　　　　　선생님은 아이들에게 교통규칙을 잘 지킬 것을 충고하였다.
　　　　　　선생님은 아이들에게 교통규칙을 잘 지키기를 충고하였다.
◆청하다 : 영희는 선생님께 자기 집을 방문해 주기를 청했다.
　　　　　영희는 선생님께 자기 집을 방문해 줄 것을 청했다.
　　　　　영희는 선생님께 자기집을 방문해 달라고 청했다.
◆취소하다 : 영희는 여행가려던 것을 취소하였다.
◆칭찬하다 : 어머니는 아이를 일찍 일어났다고 칭찬하였다.
　　　　　　어머니는 아이가 일찍 일어난 것을 칭찬하였다.
◆타이르다 : 어머니는 아이에게 게으름을 피우지 말라고 타일렀다.
　　　　　　어머니는 아이에게 게으름을 피우지 말 것을 타일렀다.
　　　　　　어머니는 아이에게 게으름을 피우지 말기를 타일렀다.
◆통지하다 : 학교는 영희에게 성적이 나쁜 것을 통지했다.
　　　　　　학교는 영희에게 성적이 나쁨을 통지했다.
　　　　　　학교는 영희에게 성적이 나쁘다고 통지했다.
◆판단하다 : 영희는 철수가 성실한 사람이라고 판단했다.
　　　　　　영희는 철수가 정직한 사람임을 판단했다.
◆포기하다 : 철수는 미국에 가는 것을 포기하였다.
　　　　　　철수는 미국에 가기를 포기하였다.
◆폭로하다 : 철수는 영희가 그와 함께 도피하려한 것을 폭로했다.
　　　　　　철수는 영희가 그와 함께 도피하려 했다고 폭로했다.
　　　　　　철수는 영희가 그와 함께 도피하려 했음을 폭로했다.
◆허락하다 : 정부는 그의 입국을 허락했다.
　　　　　　정부는 그가 입국하는 것을 허락했다.
◆호소하다 : 구호단체에서는 사람들에게 가난한 이웃을 돕자고 호소했다.
　　　　　　구호단체에서는 사람들에게 가난한 이웃을 돕기를 호소했다.
◆확신하다 : 김감독은 독일과의 경기에서 우리의 승리를 확신했다.
　　　　　　김감독은 독일과의 경기에서 우리가 승리할 것을 확신했다.
　　　　　　김감독은 독일과의 경기에서 우리가 승리하리라고 확신했다.

◆확실하다 ： 그가 시험에 합격하는 것은 확실하다
　　　　　　　　 그가 시험에 합격함은 확실하다.
◆후회하다 ： 그는 집에 일찍 들어간 것을 후회했다.
　　　　　　　　 그는 집에 일찍 들어갔음을 후회했다.
◆희망하다 ： 철수는 제 3국으로의 망명을 희망했다.
　　　　　　　　 철수는 제 3국으로 망명할 것을 희망했다.
　　　　　　　　 철수는 제 3국으로 망명하기를 희망했다.

<자료>

「朴通事諺解」 - 1677년(숙종 3) ┈┈┈┈┈┈┈┈┈┈┈┈┈┈┈┈ <박통>
「朴通事新釋諺解」 - 1765년(영조 41) ┈┈┈┈┈┈┈┈┈┈┈┈ <박통신>
「內訓」 - 1573년(선조 6) ┈┈┈┈┈┈┈┈┈┈┈┈┈┈┈┈┈┈┈ <내훈>
「圓覺經諺解」 - 중간본;1575년(선조 8) ┈┈┈┈┈┈┈┈┈┈┈ <원각>
「小學諺解」 - 1588년(선조 21) ┈┈┈┈┈┈┈┈┈┈┈┈┈┈┈ <소학>
「諺解痘瘡集要」 - 1608년(선조 41년) ┈┈┈┈┈┈┈┈┈┈┈ <언두>
「東國新續三綱行實圖」 - 1617(광해군 9) ┈┈┈┈┈┈┈┈┈ <동삼>
「家禮諺解」 - 1632(인조 10) ┈┈┈┈┈┈┈┈┈┈┈┈┈┈┈┈ <가언>
「捷解新語」 - 1676(숙종 2) ┈┈┈┈┈┈┈┈┈┈┈┈┈┈┈┈┈ <첩신>
「伍倫全備諺解」 - 1720년(숙종 46) ┈┈┈┈┈┈┈┈┈┈┈┈ <오전>
「綸音諺解」 - 1757~1784년(영조 33~정조 8) ┈┈┈┈┈┈┈ <륜음>
「五倫行實圖」 - 1797년(정조 21) ┈┈┈┈┈┈┈┈┈┈┈┈┈┈ <오륜>

<참고문헌>

<논저>

강명윤(1992). 「한국어 통사론의 제문제」 한신문화사.

강범모(1983). "한국어 명제명사 구조의 의미특성."『어학연구』제19권 제1호, 서울
　　　　대학교 어학연구소.

강영세(1986). *Korean Syntax and Universal Grammer*,Ph.D,Harvard Univ. 한신문화사.

강은국(1993). 「조선어 문형 연구」 서광학술자료사.

고영근(1974). 「현대국어의 접미사에 대한 구조적 연구」 광문사.

고영근(1982). "관형사형어미와 서술성어미의 상관관계에 관한연구"『관악어문연
　　　　구』7:31-86.

고영근·남기심(1983). 「국어의 통사·의미론」 탑출판사.

고창수(1985). "어간형성접미사의 설정에 대하여"『한국어학연구』7.

고창수(1992). 「고대국어 구조격 연구」 고려대 박사학위 논문.

구현정(1989). "조건과 주제"『언어』14.

국응도(1968). *Embedding Transformations in Korean Syntax*, The Univ. of Alberta Ph.D.

권재일(1981). "현대국어의 {기} -명사화 내포문 연구"「한글」171호.

권재일(1982). "현대국어의 {음} -명사화 내포문 연구"「한국어문논집」제2집, 대구대학교 한국어문연구소.

권재일(1990).「국어의 복합문 구성연구」집문당.

권재일(1992).「한국어 통사론」민음사.

김경학(1985). "Control Theory와 Binding에 대해"「수원대 논문집」3.

김계곤(1969). "현대국어의 뒷가지(접미사, Suffix)처리에 대한 관견"『한글』144, 95-139.

김광해(1983). "의문사의 의미"『국어학논총』(선암 이을환교수 화갑기념논문집)

김기화(1988). "국어의 격 연구-격중출문과 주어인상 구문을 중심으로-"『한국어연구』제 14호, 한국어연구회.

김기혁(1982). "국어 동사류의 의미구조"『말』6.

김남길(1982). "Subject Raising and the Verb Phrase Constituency in Korean"『말』7.

김미형(1989). "형용사의 의미유형과 구문의 차이"『이용주박사 회갑기념논문집』.

김민수(1983).『신국어학』일조각.

김민수(1971).『국어 문법론』일조각.

김민수(1981).『국어 의미론』일조각.

김민수 외 3인(1991).『국어대사전』금성출판사.

김석득(1981). "우리말의 시상".『애산학보』1(애산학회):25-70.

김석득(1983).『우리말 연구사』정음문화사.

김석득(1988). "구성요소의 뜻과 총합체의 뜻과의 관계".『동방학지』59.

김선호(1988). "한국어의 행위요구월 연구". 건국대 박사학위 논문.

김영희(1977). "단언 서술어의 통사현상".『말』2.

김영희(1978). "삽입절의 의미론과 통사론".『말』3.

김영희(1980). "평가구문의 통사론적 연구".『한국학논집』7, 계명대학 한국학연구소:1-36.

김완진(1980).『향가해독법 연구』, 서울대 출판부.

김유정(1993). "국어 복합술어 구문 연구".-기능동사를 중심으로-고려대 석사 학위 논문.

김응모(1993㉠).『국어이동자동사 낱말밭·평행이동편』서광학술자료사.

김응모(1993㉡).『국어이동자동사 낱말밭·수직이동편』서광학술자료사.

김인성(1971).『현대국어의 인용법 연구』고려대 석사학위논문.

김일웅(1984). "풀이말의 결합가와 격".『한글』제186호.

김일웅(1985). "생략과 그 유형".『부산 한글』4, 한글학회 부산지회.

김정남(1991). "동사와 문장 관련성에 대하여". 서울대 석사학위 논문.

김정대(1990). "'아, 게, 지, 고'가 명사구 보문소인 몇가지 증거".『주시경학보』5, 5-16.

김종택(1982㉠). "국어의미론 연구 30년".『국어국문학』88, 국어국문학회.

김종택(1982㉡).『국어화용론』형설출판사.

김차균(1980). "국어 시제 형태소의 의미".『한글』169, 45-116.

김창섭(1984). "형용사 파생 접미사들의 기능과 의미".『진단학보』58, 147-161.

김홍수(1975). "중세국어의 명사화 연구".『국어연구』제34호.

김홍수(1993).『현대국어 심리동사 구문 연구』국어학회.

나진석(1971).『우리말의 때매김 연구』과학사.

남기심(1978㉠).『국어 완형 보문법』탑출판사.

남기심(1978㉡).『국어문법의 시제문제에 관한 연구』탑출판사.

남기심(1990). "불완전명사 '것'의 쓰임".『김석득교수 회갑기념논문집』.

도영종(1988). "국어 내포주어의 통제 연구". 영남대 석사학위 논문.

도원영(1992). "현대국어 평서법에 대한 화용론적 연구". 고려대 석사학위논문.

류구상(1983). "국어의 주제조사 {는}에 대한 연구". 고려대 박사학위 논문.

박병수(1974). "한국어 명사보문구조의 분석-불완전명사를 중심으로-".『문법연구』1:151-185.

박병수(1976). "양태부사에 대하여".『언어』1:151-167.

박병채(1989). "국어발달사" 세영사.

박선자(1983). "한국어 어찌말 연구". 부산대 박사학위논문.

박선자(1990). "우리말 플이씨 뜻바탕의 설정 근거와 큰 갈래 바탕".『주시경학보』7.

박승빈(1935).『조선어학』조선어학연구회.

박양규(1985). "국어의 재귀동사에 대하여".『국어학』14:361-382.

박영순(1985).『한국어 통사론』집문당.

박영순(1987). "고교 문법에서의 보문처리 문제".『국어학신연구』탑출판사.

박영순(1993).『현대 한국어 통사론』집문당.

박영순(1994㉠).『한국어 의미론』고려대학교 출판부.

박영순(1994㉡). "대다, 가다, 보다, 서다, 들다의 의미에 대하여".『한국어학』 창
간호, 고려대 한국어학연구회.

박영준(1991). "국어 명령문 연구". 고려대 박사학위논문.

박영환(1986). "국어의 대용현상".『국어학 신연구』탑출판사.

박지홍(1987).『우리말의 의미』문성출판사.

배해수(1990).『국어내용연구:성격그림씨를 중심으로』高大민족문화 연구소.

배현숙(1989). " '싶다' 구문의 의미분석". 고려대 석사힉위논문.

배희임(1981). "국어보문의 몇가지 문제".『어문논집』22:265-277.

서정목(1984㉠). "후치사 '서'의 의미에 대하여-'명사구구성의 경우'-".『언어』제9
권 제1호, 한국언어학회.

서정목(1984㉡). "의문사와 WH-의문 보문자의 호응".『국어학』13.

서정목, 이광호, 임홍빈(역)(1984).『변형문법이란 무엇인가』, 을유문화사

서정수(1975).『동사 '하-'의 문법』형설출판사.

서정수(1977). " '겠'에 관하여".『말』2:63-88.

서정수(1978㉡). "변형생성문법의 이론과 국어 동사류어의 하위분류".『국어구문론
연구』탑출판사.

서태룡(1980). "動名詞와 後置詞 {을}, {은}의 基底意味".『진단학보』50:97-120.

성광수(1972), "국어 관형격 구성".『국어국문학』58-60.

성광수(1974), "국어 주어 및 목적어의 중출 현상에 대하여".『문법연구』1.

성광수(1976), " '불완전명사 + {하(다), 이(다)}'에 대한 생성론적 분석".『어문논집
』(고려대) 17.

성광수(1982), "국어 중목적어 구문에 대한 검토".『조규설교수 회갑기념논문집』.

성낙수(1976). "명제명사 '터', '지'의 연구".『문법연구』3:183-213.

성기철(1974). "경험의 형태 {-었-}에 대하여".『문법연구』1:237-270.

시정곤(1993). "국어의 단어형성 원리". 고려대 박사학위논문.

신선경(1986). "인용문의 구조와 유형 분류".『국어연구』73.

신창순(1972). "현대 한국어의 용언보조어간 '겠'의 의미와 용법".『조선학보』65 (日本天理大)(남기심 외 共編 1975:145-163에 재수록).

신현숙(1986).『의미분석의 방법과 실제』한신문화사.

심재기(1980㉠). "명사화의 의미기능".『언어』제5권 제1호.

심재기(1980㉡). "동사화의 의미기능".『한국문화』Ⅰ.

심재기·이기용·이정민(1984).『의미론 서설』집문당.

안명철(1983). "현대국어의 양상 연구".『국어연구』56.

안명철(1989). " '것' 명사문과 '고' 보문에 대하여".『외국어교육연구』4,(대구대).

안명철(1992). "현대국어의 보문연구". 서울대 박사학위논문.

양동휘(1976). "On Complementizers in Korean".『언어』제1권 제2호, 한국언어학회.

양동휘(1982). "Control and binding in Korean".『언어』제7권 2호.

양인석(1972). *Korean Syntax,* 백합출판사.

양인석(1976). "한국어 양상의 화용론(1):제안문과 명령문".『언어』1-1, 한국언어학회.

양정석(1992). "한국어 동사의 어휘구조 연구". 연세대 박사학위논문.

양태식(1984).『국어 구조의미론』태화출판사.

엄정호(1990). "보문자와 완형보문".『강신항교수 회갑기념 국어학 논문집』.

염선모(1977). "국어의 기본문형에 대하여".『어문학』36.

염선모(1985). "국어문장 의미의 연구". 경북대 박사학위논문.

원진숙(1989). "국어 동의문 연구". 고려대 석사학위논문.

유길준(1910). "조선문법".『역대 한국어문법 대계』(1985), 재록. 탑출판사.

이관규(1990). "국어 대등구성에 대한 연구". 고려대 박사학위논문.

이관규(1992). "서술어와 서술 관계".『주시경학보』10.

이광정(1987). "국어 품사분류의 역사적 발전에 관한 연구". 보성문화사.

이기갑(1983). "유추와 의미".『한글』180, 한글학회.

이기동(1977). "동사 〔오다〕 〔가다〕 의 의미분석".『말』2.

이기동(1991). "동사 '하다'의 문법".『국어의 이해와 인식』한국문화사.

이기문(1972).『개정 국어사개설』민중서관.

이기용(1978). "언어와 추정".『국어학』6:29-63.

이남순(1981). " '겠'과 '것' ".『관악어문연구』6.

이남순(1988). "명사화소 '-ㅁ'과 '-기'의 교체".『홍익어문』7.

이맹성(1968). "*Nominalizations in Korean*".『어학연구』4-1(증보).

이상복(1983). "한국어의 인용문 연구". 고영근, 남기심(편);1983.『국어의 통사·의미론』탑출판사.

이수련(1988). "한국어 풀이씨의 공간론적 의미연구". 부산대학교 박사학위논문.

이숭녕(1961).『중세국어문법』을유문화사.

이숭녕(1975). "중세국어 '것'의 연구".『진단학보』39.

이승명(1978).『국어어휘의 의미구조에 대한 연구』형설출판사.

이승명(1991). "전제의 통사론적 양상". 김석득교수 회갑기념논문집.

이원직(1990). "대명사와 공범주".「한국어학신연구」탑출판사

이윤표(1989). "국어 공범주의 연구". 고려대 박사학위논문.

이익섭(1986).『국어학개설』학연사.

이인섭(1986). "연상어휘의 의미구조(3):색채어에 대한 연상어 연구".『국어학신연구』탑출판사.

이익섭·임홍빈(1988).『국어 문법론』학연사.

이익환(1985/1986).『의미론 개론』한신문화사.

이 정(1979). "서법에 관하여".『한글』163.

이정민(1975㉠). "국어 보문화에 대하여".『어학연구』제11권 제2호.

이정민(1975㉡). "의미론에 있어서의 〔전제〕의 문제".『언어와 언어학』3.

이정민(1979). "한국어 조건·원인 구문의 통사론과 의미론". 한국학 국제학술회의 논문집 제1집, 한국정신문화연구원.

이정식(1994). "국어 부정문의 기저구조와 의미해석". 고려대 석사학위논문.

이필영(1993).『국어의 인용구문 연구』탑출판사.

이현희(1994).『중세국어 구문연구』신구문화사.

이홍배(1970).『A study of Korean Syntax』범한서적.

이홍배(1975). "국어의 관계절화에 관하여".『어학연구』제11권 제2호, 서울대학교 어학연구소.

임지룡(1992).『국어의미론』탑출판사.

임홍빈(1974). "명사화의 의미특성에 대하여".『국어학』2:83-104.

임홍빈(1979). " '을/를'조사의 의미와 통사".『한국학논총』제2집,국민대.

임홍빈(1980). "{-겠-}과 대상성".『한글』170:147-190.

장경희(1985). "현대국어의 양태범주에 관한 연구". 서울대 박사학위논문.

장경희(1987). "국어 완형보절의 해석".『국어학』16.

장석진(1966). "Some Remarks on Korean Nominalizations".『어학연구』제19권 제1호:53-73.

장석진(1993).『정보 기반 한국어문법』도서출판 언어와 정보.

전수태(1984). "전제와 그 주변".『어문교육』6, 전북대 어문교육연구회.

전수태(1987).『국어 이동동사의 의미연구』한신문화사.

전은주(1993). "국어 동사결합에 대한 연구". 고려대 석사학위논문.

정교환(1978). "주·술 관계에서 본 문구조 연구". 마산대 논문집 1집.

정렬모(1946). "신편고등문법" 한글문화사『역대 한국어문법 대계』61(1985), 재록. 탑출판사.

정문수(1981). "한국어 풀이씨의 상적 속성에 관한 연구". 서울대 석사학위논문.

정재윤(1981). "국어동사 의미구조 연구". 고려대 석사학위논문.

정주리(1989). "국어 의문문의 의미에 대한 연구". 고려대 석사학위논문.

정주리(1992). "국어의 주제와 주제화".『한국어문교육』제6집.

정진원(1992). "중세국어 어말어미 [i]체의 대우법".『홍익어문』10.

조경임(1993). "국어 주격표지의 기능 연구". 고려대 석사학위논문.

조용상(1990). "15세기 국어 부정법에 대하여-주로 초기문헌을 중심으로".『홍익어문』9.

조일영(1984). "국어 보문소 연구-통사적 의미를 중심으로-". 고려대 석사학위 논문.

주시경(1910).『국어문법』박문서관.

차현실(1981). "중세국어 응축보문 연구-오/우의 통사기능을 중심으로" 이화여대 박사학위논문.

차현실(1984). "'싶다'의 의미와 통사구조".『언어』제9권 제2호.

채 완(1979㉠). "명사화소 '-기'에 대하여".『국어학』제8호.

채 완(1979㉡). "화제의 의미".『관악어문연구』4.

천기석(1984). "국어의 동작동사와 상태동사의 체계연구" 형설출판사.

천시권·김종택(1971).『국어의미론』형설출판사.

최기호(1981). "청자존대법 체계의 변천 양상".『자하어문논집』(상명여대).

최창렬(1980). "국어 의미구조에 관한 연구" 전북대 박사학위논문.

최창렬, 심재기, 성광수(1986). 『國語意味論』 개문사.

최현배(1961). 『우리말본』 정음사.

최호철(1993). "현대국어 서술어의 의미 연구-의소 설정을 중심으로-". 고려대 박사
학위논문.

허 웅(1975). 『우리옛말본』 샘문화사.

허 웅(1980). 『언어학』 (그 대상과 방법), 샘문화사.

허 웅(1983/1991). 『국어학』 -우리말의 오늘 · 어제, 샘문화사.

홍기문(1947). "조선문법"(필사본) 서울신문사 「역대 한국어문법 대계」 1-39(1985),
재록. 탑출판사.

홍사만(1984). "하의 관계와 함의". 『목천 유창균박사 회갑기념논문집』

홍재성(1987). 『현대 한국어 동사구문의 연구』 탑출판사.

홍종선(1986). "국어 체언화구문 연구". 고려대 박사학위논문.

황병순(1987). 『국어상표시 복합동사 연구』 형설출판사.

油谷幸利(1978). "현대 한국어의 동사분류". 『조선학보』 87.

Austin,J.L.(1955). *How to do Things with Words*, London: Oxford University Press.

Bach,K.and R.M.Harnish(1979). *Linguistic Communication and Speech Acts*,The M.I.T.Press.

Bloomfield,L.(1933). *Language*, Holt, Rinehart and Winston, New York.

Bresnan,J.(1970). "On complementizers;toward a syntactic theory of complement type".
Foundations of Language 6:3.

Chafe,W.(1970). *Meaning and the Structure of Language*, The University of Chicago Press.

Chomsky,N.(1965). *Aspects of the Theory of Syntax,* Cambridge Mass: The M.I.T. Press.

Chomsky,N.(1970). "Remarks on nominalization". R.Jacobs and P.Rosenbaum(eds.), (1970)
Readings in English Transformational Grammar, Ginn and Company,
Waltham, Massachusetts.

Chomsky,N.(1981). *Lectures on Government and Binding,* Foris Publication.

Chomsky,N.(1986). *Barriers,* The MIT Press, Cambridge, Mass.

Fillmore,C.(1968). "The Case for Case". in E.Bach and R.Harms(eds.). *Universal in Linguistic
Theory,* 1-88. Hoit, Reinhart & Winston,New York.

Fillmore,C.(1971). "Verbs of Judging: An Exercise in Semantic Description". in Fillmore &
Langendoen(eds.)

Fillmore,C.J.& D.T.Langendoen.(eds.)(1971). *Studies in Linguistic Semantics*,Holt, Rinehart and Winston. Inc.

Givon, Talmy(1979). *On Understanding Grammar*, Academic Press.

Glvon, T(1984). *Syntax V*. John Benjamin's Publishing Co.

Goldberg A.E.(1995). Construetions, A Constructions Grammar Approach to Argument Structure. The University of Chicago Press.

Grimshaw,J.(1990). *Arguement Structure,* Cambridge, Mass. The MIT Press.

Gruber,J.S.(1976). *Lexical Structures in Syntax and Semantics*, North-Holland Linguistic Series 25,Amsterdam: North-Holland Publishing Co.

Haegeman,L.(1991). *Introduction to Government & Binding Theory*. Cambridge: Blackwell Publishers.

Hooper,J.(1975). "On assertive predicates". J.Kimball(ed), (1975) *Syntax and Semantics* 4, Academic Press, New York.

Hooper,P.J.(ed.)(1979). *Tense-aspect between Semantics and Pragmatics*, TSL.1. Amsterdam: John Benjamins Publishing Co.

Hudson,R.(1971). *English Complex Sentences*, North-Holland Publishing Company, Amsterdam.

Jackendoff,Ray S.(1983). *Semantics and Cognition*, Cambridge, Mass: The MIT Press.

Jackendoff,Ray S.(1990). *Semantic Structures*. Cambridge, Messachusetts: The MIT Press.

Karttunen,L.(1971). *The Logic of English Complement Constructions,* Reproduced by the Indiana University Linguistics Club.

Karttunen,L.(1973). 'Presuppositions of Compound Sentences.' *Linguistic Inquiry* 4 · 2,169-93.

Katz,J.J.(1972). *Semantic Theory,* New York: Harper & Row.& Fodor.J.A.(1963). 'The Structure of semantic theory,' *Language* 39.

Kempson,R.M.(1977).*Semantic Theory*.London: D.Reidel Publishing Co.

Kiparsky,P.and C.Kiparsky.(1971). 'Fact.' *Semantics*.Steinberg, D.D/L.A. Jakobovits(eds.). Cambridge: Cambridge Univ. Press.

Kuno,Susumo(1970). *Notes on Japanese Grammar*. Cambridge: Aiken Computation Laboratory, Harvard Univ.

Lakoff,George(1971). "Presupposition and Relative Well-formedness". In Steinberg and Jakobovits.

Langacker,Ronald.(1987). *Foundationo of Cognitive Grammar*. Stanford Univ. Press.

Lasnik,H. and R.Fiengo.(1974). "Complement object deletion". *Linguistic Inquiry* 5-4.

Leech,Geoffrey N.(1971). *Meaning and the English Verb*, Longman.

Leech,G.(1974). *Semantics*, Harmondsworth: Penguin.

Lyons,John(ed.)(1977). *Semantics 1 & 2*. Cambridge: Cambridge Univ.Press.

McCawley,N.A.(1978). "Episteminology and Japanese Syntax: Complement Choice". CLS 14.

Nida,E.A.(1979). *Componential Analysis of Meaning*, The Hague, Paris, New York: Mouton Publishers.

Ogden,C.K. & I.A.Richards.(1923). *The Meaning of Meaning*. New York: Harcourt, Brace & World,Inc.

Partee,B.(1973). "The syntax and semantics of quoted sentence". *A Festschrift for Morris Halle*, Holt, Rinehart and Winston, New York.

Pollock.J.L.(1982). *Languge and Thought*, Princeton: Princeton University, Press.

Postal,P.(1970). "On coreferential complement subject deletion". *Linguistic Inquiry* 1:4.

Radford,A.(1981). *Transformational Syntax:A Student's Guide to Chomsky's Extended Standard Theory*, Cambridge University Press, Cambridge.

Rosenbaum,S.(1967). *The Grammar of English Predicate Complement Constructions*. Cambridge, Mass. The MIT Press.

Saussure,F.de.(1959). *Course in General Linguistics*. New York: McGraw-Hill Book Company.

Searle,J.R.(1979). *Expression and Meaning*, London: Cambridge University Press.

Talmy,L.(1978). "Relations between subordination and coordination". J. Greenberg(ed), (1978) *Universals of Human Language 4; Syntax*, Stanford University Press, Stanford, California.

Ulmann,S.(1962). *An Introduction to the science of Meaning*, Oxford: Basil Blackwell.

Williams,E.(1980). "Predication". *Linguistic Inquiry 11*.

2부

동사의미 연구를 위한 이론 탐구

1. 구문문법(Construction Grammar)의 이론과 적용

1.1 개요

동사 의미 연구를 위한 이론적 모색은 먼저 다음과 같은 기본적인
물음[1])에서 출발된다.

첫째, 어린아이가 한 언어를 습득하는 과정에서 배우는 구체적인 대
상은 무엇인가.
둘째, 동사 의미의 특성은 무엇이며 문장 의미와는 어떤 관계가 있
는가.
셋째, 화자가 새로운 발화를 할 때 그 발화는 이미 배운 발화에 기반

---

1) Adele E. Goldberg(1995)에서 제기한 기본적인 전제와 물음을 인용함.

을 두고 있는 것인지 그렇다면 그 기반이 되는 것은 무엇이며 그 관련성은 어느 정도인가.

이러한 질문들 중에 가장 중요한 것은 동사의미의 특성을 밝히는 것이다. 동사는 문장을 구성하는 핵심적인 언어 범주이다. 이러한 동사에 대한 연구가 실제 언어 자료를 기반으로 이루어져야 하며 또한 그러한 결과가 언어의 현실적 특성을 분명하게 기술할 수 있어야 한다고 생각한다. 언어 자료에 나타난 다양한 문장들은 개별적인 독립 단위로 존재하기보다는 서로 간의 긴밀한 연관성을 나타낸다. 이러한 문장들의 연관 관계가 동사 의미와는 어떤 관련을 가지는지를 살피는 것은 의미 연구의 중요한 과제이다. 동사는 문장을 통하여 의미를 실현하기 때문에 동사 의미에 대한 연구는 문장의 관련성을 살피는 일과 필연적으로 연결된다. 또 이러한 논의가 어린아이의 언어 습득 과정에서 나타나는 경험적인 증거들로 지지받을 수 있다면, 이 논의를 통하여 실제적 의미 기술을 위한 접근 방법을 제시할 수 있을 것이다. 따라서 위의 의문들은 각각 별개의 언어학적 연구 대상이지만 여기서는 서로 긴밀하게 연결되어 논의의 초점으로 작용할 것이다.

일상적 언어생활에서 접하는 개념이나 정보라는 심리적 실체가 언어학적 단위가 되기 위해서는 적절한 언어 형식이 존재해야 한다.[2] 결국 언어연구 개념과 정보라는 언어내용과 이를 나타내는 언어형식과의 관계를 밝히는 것이다. 개념이라는 심리적 실체는 단어의 의미로 표현되고 정보는 형태소나 단어 이상의 발화 차원에 속한다. 발화는 적어도 하나의 주어와 서술어를 갖춘 문장을 요구한다. 우리는 이러한 문장 형

---

2) 장경희(1986), "언어의 형식이 지니는 개념적 의미와 정보", 『언어』 11권 2호.

식의 발화를 통해서 세상과 관련한 정보를 습득한다.

우리가 문장에서 얻는 정보의 상당한 부분은 개별적 어휘 항목의 의미로부터 추출되는 것은 틀림없지만 전적으로 어휘에 기초한 아래에서 위로의(bottom-up) 의미 합성만으로는 풍부한 실제 언어 자료를 모두 설명하기는 어렵다. 어떤 경우는 특정한 문장 구성 방식때문에 결합된 어휘 항목과는 독립된 의미를 나타내기도 한다. 이는 특정한 문장 구성 방식에 내재된 의미가 있다는 가정을 가능하게 하며 이러한 구문의 의미를 포착하여 기술함으로써 문장 의미에 대한 포괄적인 기술을 시도할 수 있다.

특정한 구문(Construction)은 특정한 사태를 연결하는 전형성인 의미를 지닌다. 언어마다 세상의 사태를 범주화하여 나타내는 구체적인 문장 형식이 존재한다. 세상의 사태를 몇 가지의 범주로 나누느냐 하는 문제는 언어학자들뿐만 아니라 철학자들 사이에서도 오랫동안 학문적 테마가 되어 왔다. 범주화(categorization)는 개별화된 대상들 사이에서 공통성과 유사성을 추출하여 보다 원형적인 것과 주변적인 것을 구분하는 인지 과정이다.

범주화의 과정을 거쳐 구분할 수 있는 사태 유형은 누군가가 어떤 행위를 하였거나, 누군가 무엇을 경험한 것이거나, 무엇이 어떤 상태에 놓여 있거나, 누군가 무엇을 소유하고 있거나, 무엇이 상태나 위치의 이동을 겪은 것 등이다. 동사는 이러한 사태를 가장 직접적으로 반영하는 통사 범주이다. 동사의 특정 의미는 이러한 원형적인 사태 유형과 관련을 맺고서 개별적인 의미 차이를 지닌다고 할 수 있다. 본고는 이러한 사태를 표상하는 특정 구문의 존재와 유형을 살피고 동사의 의미가 그러한 구문과 결합되는 양상에 대해서 논의할 것이다. 또한 다양한 구문들이 서로 어떻게 연결되어 있는지도 살필 것이다.

1.2 구문(Construction)의 개념 설정과 그 타당성

지금까지 문법에서 구문의 존재는 설명이 따로 필요 없는 당연한 언어 형식으로 여겨졌다. 구문은 해당 어휘항목이 결합하여 이루어지는 결과물로서, 어휘항목의 유형과 수가 결정되면 자동적으로 생성되는 것으로 보았다. 초기 생성문법에서도(Chomsky 1957, 1958) 구문은 통사론적 원리의 적용 결과로 파생된 부수적인 것으로 간주하여 일반 원리를 우선하고 구문을 부정함으로써 다양한 문장 속에서 일반화를 포착하는 유일한 방법이라고 간주되었다. 그러나 이러한 전(前) 이론적인 구문 분석은 의미론적, 화용론적 자질에 대한 관심이 높아지고 특정한 문의 특이성이 주목받으면서 비판을 받기에 이르렀다.[3] 구문의 독립 원리에 대한 이론적 욕구와 고유의 특성을 인식해야만 하는 경험적 필요성을 수용하기 위해서는 특이한 모든 고유 자질들이 개별 어휘항목에 첨가되었고 이로써 어휘목록은 특이한 것들의 최후의 도피처가 되었다.

거대한 양의 정보가 개별적인 어휘항목으로 표시된다는 생각에는 의문의 여지가 없다. 그러나 문장의 의미가 이런 어휘항목의 결합만으로 의미를 만들어내는 것은 아니다, 문장의 의미가 아래에서 위로의 접근 방식으로는 영어 데이터의 전체 영역을 설명할 수 없다는 것을 인식할 필요가 있다. 특정한 의미구조가 형식 표현에 결합하여 나타나고

---

3) 여기에 제시한 구문 문법의 이론 소개와 이를 제시하게 위한 특정 예문들은 Goldberg(1995)의 내용을 정리하고 인용한 것임을 밝힌다.

또 그 의미가 문장의 어휘항목과는 별도로 존재할 때 이는 구문이라는 독립적인 존재로 인식되어야만 한다.

보어 구조 형상의 차이가 의미의 차이와 연관된다는 사실은 이전부터 관심을 받았다. 예를 들어 이중타동 구문(Ditransitive Construction)의 목표 논항은 반드시 유정물이어야 하지만 이를 'to 바꿔쓰기'한 경우는 이러한 제약이 성립하지 않는다. 이를 설명하기 위해 통사론자들은 이중타동 구문의 유정 목적어 자질 제약을 설정하였다.

(1) 가. I brought Pat a glass of water.

　나.　I brought a glass of water to Pat.

　다.* I brought the table a glass of water.

　라.　I brought the table Pat a glass of water to the table.

위의 구문에서 (1가)는 대상물(theme)인 'a glass of water'가 목표(goal)로 전달되는 전형적인 이중타동 구조이고 (1나)는 이를 'to'전치사구를 갖춘 형식으로 바꿔쓰기 한 구문이다. 같은 원리로 (1다)는 전형적인 이중타동 구문이고 (1라)는 이를 바꿔쓰기 한 구문이다. 그런데 위의 네 구문에서 (1다)는 비문법적이다.

그런데 이러한 제약을 설정하기 전에 주목해야 하는 것은 '이중타동 구문'과 같은 특정 구문이 고유한 의미를 가지고 있기 때문이라는 가정을 해볼 수 있다. 세 개의 어휘적 명사구가 위와 같은 구조로 배열되었을 때 여기에는 <행위자>와 <수용자>, <대상물>의 관계가 설정되며 대상물이 행위자에게서 수용자(recipient)에게로 전달되는 의미를 가진다는 관습적인 예측이 일어난다. 우리는 이 같은 사실을 이중타동

구문의 형식을 한 넌센스한 문장 '순희가 철수에게 무언가를 구루랐다.'라는 문장을 제시하여 이것의 의미를 예측하게 한 실험을 통하여 증명할 수 있다. 조사자 10명 중 6명이 이를 '주다'의 의미로 예측하였다. 이는 조사자들이 이 구문을 전형적인 '주다' 동사의 구문 의미로 받아들인 것으로서 문장의 의미가 직접적인 동사 의미와는 독립하여 구문의 의미에 연유한다는 사실을 보여준다.

Fillmore(1968)에서도 다음과 같은 의미 차이의 문장을 주목하였다.

   (2) a. Bees are swarming in the garden.

      b. The garden is swarming with bees.

(2b)는 정원 전체가 벌떼로 가득찼다는 것을 나타내는 반면 (2a)는 단지 정원의 일부에 벌이 있다는 것을 의미한다.

Anderson(1971)은 또한 다음 문장의 의미차이에 대해 관찰하고 있다.

   (3) a. I looked the hay onto the truck.

      b. I loaded the truck with the hay.

(3b)가 트럭이 전체적으로 건초더미로 가득찼거나 아니면 적어도 상대적으로 건초더미의 영향을 받았다는 암시를 나타낸다면 (3a)에서는 그러한 암시가 들어 있지 않다. Green, Oehrl, Bolinger, Borkin, Wierzbicka,의 연구와 Chomsky, Partee, Jackendoff 와 같은 해석의미론자들은 동일한 어휘 항목을 가지고서 의미의 차이를 나타내는 문장들을 주목하였다. Borkin(1974)는 다음과 같은 예를 보여주었다.

(4) a. When I looked in the files, I found that she was Mexican.

  b. ?When I looked in the files I found her to be Mexican.

  c. *When I looked in the files I found her Mexican.

Borkin의 설명에 따르면 (4c)의 양상은 사실과는 반대의 판단으로 간주되는 판단 동사에만 나타날 수 있다고 하였다. (4b)의 양상은 조금 덜 하긴 하지만 판단을 나타내는 제안을 필요로 하지는 않는다. 그리고 (4a)처럼 보문소 'that'을 완전히 갖춘 절은 판단과 사실 모두에 자유롭게 나타날 수 있다.

의미의 미묘한 차이에 대한 비슷한 고찰을 통해 Bolinger는 "통사적 형식의 차이는 필수적으로 의미의 차이를 수반한다(1968:127)"고 결론 내리고 있다. 이와 비슷한 가설로 Goldberg(1995:96)는 "문법형식의 비동의성 원리"라고 한다.

문장의 형식이 의미를 결정하는 경우는 다음과 같이 문장의 의미가 동사가 가지는 의미[4]만으로는 예측할 수 없는 경우는 더욱 그러하다. 이 경우 우리는 구문의 의미가 관여하고 있다는 예측을 한다.[5]

(5) 가. Bill kicked Bob the football.

---

[4] 여기서의 동사의 의미는 사전에 기술된 해당 동사의 중심적인 의미라고 규정된 것을 말한다.

[5] 구문이 내재한 의미가 실제적인 문장의미에 관여하고 있다는 증거를 국어 자료를 통해 충분히 제시하지 못한 점이 아쉽다. 이는 국어가 통사 구문에서 영어보다는 제약성이 덜하고 또 문법 기능 표시를 접사에 의존하는 특성때문에 구문의 타당성을 보여줄 수 있는 적절한 언어 자료를 제시하기가 어렵다. 그러나 구문문법이 제시하고 있는 이론적 타당성은 국어에도 예외적일 수 없다고 생각한다. 실제로 Goldberg나 구문문법 학자들은 그들의 이론을 모든 언어를 대상으로 새롭게 접근할 수 있는 보편적 언어이론으로 설정하고 있다.

나. John baked Bill cake.

다. Sam sneezed the napkin off the table.

라. Frank clawed his way to the top.

　위의 구문들은 사전에 기술되어 있는 동사의 의미집합 안에서는 의미 해석이 어렵거나 예측되지 않는 것들이다. (5가)는 '빌이 밥에게 공을 주려고 찼다'의 의미를 나타내며 (5나)는 '존이 빌에게 케이크를 주려고 구웠다'는 의미를 나타내고 있다. 이러한 의미는 'kick' 이나 'bake'에 대한 종래의 의미자질 안에서는 설명하기가 어려운 것이다. 동사의 어휘자질만으로 의미의 예측이 어려운 경우는 (5다)와 (5라)에서 더욱 그러하다. 'sneeze'는 '재채기를 하다'의 의미로서 전형적인 자동사 구문을 이루는 동사이다. 그러나 (2 다)에서는 타동구문을 이루고 있고 그 뜻은 '재채기를 하여 냅킨을 테이블 밖으로 떨어뜨리다'로써 대상의 이동이 일어나고 있다. (5라)의 경우도 'claw'가 (손으로 더듬다)의 의미로서 이동의 의미가 없는데도 (5라)는 '프랭크가 정상까지 길을 기어가듯이 나갔다'로 해석된다. 이러한 문제들에 대해 종래에는 예외적인 문법현상이나 중심적인 동사 의미에서 벗어난 것으로 간주했다. 굳이 이를 기존의 동사 의미 틀에 수용하려면 동사의미의 다의적 실현이라는 관점에서 이를 포함하여야 할 것이다. 그러나 그러한 의미의 다의성을 설정하기 전에 이러한 동사 의미의 예측불가능성이 구문과 관련이 있다는 사실을 가정해 보면 동사의미를 기술하는 데 새로운 가능성이 엿보인다.

　위의 (5가)와 (5나)는 전형적인 이중타동 구문이다. 각각의 첫 번째 어휘 항목인 'Bill'과 'John'은 사건을 일으키는 행위자로서, 동사의 바로 다음에 나타나는 어휘 항목 'Bob'과 'Bill'은 이동의 도달 항목으로서, 그리고 세 번째 어휘항목인 'the football'과 'cake'는 이동 대상으로서의 의미역할을 수행한다.6) 따라서 이중타동 구문에 쓰인 (5가)는 '빌이 밥에게 공을 주려고 찼다'로 (5나)는 '존이 빌에게 케이크를 주려고 구웠다'의 의미를 나타내게 된다. 이러한 의미는 'kick' 이나 'bake'의 동사의미가 이중타동의 구문 의미와 결합하여 나타나는 것이다. (5다)는 두 개의 논항과 한 개의 전치사구가 어휘화한 전형적인 '사역이동 구문'(Caused Motion Construction)이다. 우리는 이를 '치다' 동사의 구문에서 그 전형성을 찾을 수 있다.

(6) 가. 철수가 야구공을 담장너머로 쳤다.
　　나. 철수가 영희를 쳤다.

(6가)는 행위자의 행위로 움직임이 유발되는 사역이동 구문의 의미이다. 구문의 구조적인 특성의 차이로 사역이동 구문에 쓰인 (6가)만이 대상의 이동을 함의한다. 그러나 전형적인 타동구문에 쓰인 (6나)에는 대상 이동의 의미가 함의되지 않는다. 이를 수용하기 위한 방법으로는 '치다'동사가 '대상을 쳐서 움직이게 하다'와 '대상을 가격하다'의 의미로 설정해야 할 것이다. 이 같은 설명방식을 취한다면 '치다'의 두 의미는 의미의 유연성을 확보하지 못한 채 동음이의어적인 성격을 가질 수 밖에 없다. 이처럼 문장의 의미가 어휘 항목의 결합으로는 충분히 설명되지 않거나, 예측되지 않을 때 구문의 존재와 그 의미를 설정할 수 있다.7)

---

6) 이중타동 구문의 전형은 소위 수여동사라고 알려진 '주다' 동사의 의미 구조에서 찾을 수 있다.

1.3 구문문법의 체계화

구문에 대한 논의는 형태와 의미의 상관관계를 밝히는 일이 언어의
가장 기본적인 목표라는 전제에서 출발하여 체계적인 이론을 갖춘 구
문문법으로 발전하게 되었다. 구문문법은 언어를 구성하는 구조의 전
체 무리를 모두 동등한 가치로 기술하려는 것인데 여기에는 종래에 통
사적 규칙을 명확하게 반영하는 중심문법(core grammar)의 영역은 물론
이고 비중심적 문법 영역도 포함하고 있다. 이 이론의 출발점이 앞서
살펴본 예들처럼 형태와 의미의 불일치 현상으로 보이는 비중심적인
구문들을 주목하면서 출발한 것이지만 궁극적인 목표는 중심적인 문법
영역에 대해서도 같은 원리로 기술하려는 것이다. 버클리 대학의
Fillmore와 Kay의 1993년 연구[8], Goldberg의 1995년 연구가 그 이론을 체
계화하였고 여기에 Lakoff 1987, Brugman 1988, Lambrecht 1994년의 연구
가 영향을 미쳤다.

구문문법은 기본적으로 어휘사전(Lexicon)과 통사론을 명확하게 분
리하지 않는다. 어휘적 구문과 통사적 구문이 내적인 복잡성에서는
다를지는 몰라도 본질적으로는 모두 의미와 형태의 결합인 구조를 선

---

7) Goldberg(1995) p.4에서는 구문(Constructions)에 대해 다음과 같이 정의하고 있다.
"C is a construction iff C is a from-meaning pair $<F_i \ S_i>$ such that some aspect of F_i
or some aspect of S_i is not strictly predictable from C's component parts or other
previously established constructions.

8) 아직 우리에게는 구문문법이라는 개념이 생소한 편이다. 주로 버클리 대학 언
어분과를 중심으로 연구되고 있는 이 이론은 주로 언어와 인지의 과정을 연구
하는 공학적 성격을 띠고 있다. 자연어의 전산처리 과정에 도입할 수 있도록
의미를 자연스럽게 기술할 수 있는 방법을 모색하고 있다. 관용어적 언어사용
에 관한 연구, 언어 단위에 의미적 주석 붙이기(Tagging), 다양한 장면의 틀 의
미요소 확립 등 연구의 대상이 매우 구체적이다.

언적으로 보여주는 동일한 유형이라는 점에 주목한다. 또 구문문법은 의미론과 화용론의 엄격한 구분을 반대한다. 예를 들면 화용적 영역 이라고 간주한 초점화 성분 문제, 주제화 문제, 언어역(言語域, register) 같은 문제도 의미 정보와 함께 구문의 의미를 결정하는 자질 로 다룬다.

구문문법은 종래의 자율적이고 통사 규칙 중심의 생성문법이 가지 는 몇 가지의 한계를 보완하면서 실제 언어 자료를 충분히 반영할 수 있는 이론적 기술 방법을 모색하고 있다. 구문문법이 가지고 있는 우위 성에 대해 Goldberg는 다음과 같이 제시하였다.

첫째, 구체적인 동사에 대한 어색한 의미 설정을 피할 수 있다. 앞서 고찰한 예를 다시 주목해 보면 'sneeze'라는 동사의 의미에 새로운 통사 구조에서 파생된 새로운 의미를 부가하게 되면 그 동사의 기본 의미와 새로 첨가된 의미 사이에는 의미의 연관성은 희박해지고 모호함이 생 긴다. 이 경우에 파생된 새로운 의미를 첨가하여 동사의미를 기술하기 보다는 동사가 결합하는 특정 구문의 의미 영역 안에서 동사의 의미가 융합된 것으로 기술한다.

둘째는 의미의 순환성을 피할 수 있다. Chomsky(1981)의 GB에서 밝히 고 있는 투사 원리(Projection Principle)와 Bresnan(1982)의 LFG(Lexical Functional grammar : 어휘 기능 문법)에서 설정한 이중 투사 원리 (Bijection Principle), 뿐만 아니라 대부분의 언어이론에서는 동사의 의미 역 배열을 통해 외현적인 통사구조를 예측한다. 이러한 연구이론들에 서는 동사가 문장에서 공기할 수 있는 보어의 수와 종류를 정확하게 결정하는 가장 중요한 통사범주로 생각한다. 그러나 일상적인 한 동사 조차도 뚜렷이 구별되는 다양한 구문으로 실현된다.[9]

(7) 가. 순희가 도서관에 갔다. (NP₁이/가 NP₂에 V)

　　나. 순희가 집으로 갔다. (NP₁이/가 NP₂로 V)

　　다. 순희는 가고 철수만 남았다.(NP이/가 V)

　　라. 순희는 여행을 갔다. (NP이/가 NP을/를 V)

위의 구문들처럼 '가다' 동사는 4 개 이상의 다른 구문으로 실현될 수 있다. 이 예문들은 일상에서 누구나 쉽게 접하는 자연스러운 표현들이다. 동사의 통사구조 예측에 관련해서는 지금까지 논항구조와 서술어의 결합가의 원리가 주도해왔다. 이 원리는 '어떤 동사가 n-자리 서술어이면 그 동사는 n-보어를 가진다. 그리고 그것은 n-보어를 가질 때만 그러하다'라고 요약할 수 있다. 이 설명에는 논리적으로 순환성의 오류가 제기된다. 구문문법에서는 이 같은 설명대신에 각각의 동사는 구문의 의미와 응집된 하나나 그 이상의 기본 의미틀에 연결되어 있다고 설명한다. 구문적 접근에서 중요하게 다루어지는 것은 동사의미와 구문 사이의 상호작용에 대한 것이다.

셋째, 각각의 의미자질에 대해 인색한 설명을 벗어날 수 있다. 위의 (7)에서처럼 한 동사가 다양한 구문형식으로 나타날 수 있다. 이 때 각각의 구문에 나타나는 동사의미는 모두 다르다. 그러나 이 같은 의미 차이가 동사의 의의(sense)의 차이에 반영되지는 않는다. 특정 구문들에

---

9) '가다'동사와 같이 이동을 나타내는 동사들이 자·타동사 구문에 두루 나타난다는 사실은 학자들의 논의 대상이 되어왔다. 이에 대해 구문 형식에 따라 각각의 의미를 동음어적인 입장에서 설정하려는 논의와 추상적인 의미를 설정하고 이에서 각각의 의미가 파생한다는 다의어적 의미로 설명하려는 논의로 구분된다. 이 두 가지 논의는 모두 동사 의미 안에 구조를 어떻게 설정하느냐 하는 관점에서 마련한 설명방법이지만 작위적이라는 느낌이 든다.

나타나는 개별적 의미는 해당 동사의 전체적인 의미 안에서 수용할 수 있다.

넷째, 문장 의미의 합성성[10]을 유지할 수 있다. 다음 예문을 보자.

(8) 가. Volcanic material blasted its way to the surface.

　　나. Frank clawed his way to the top.

Levin & Rappaport(1992)와 Marantz(1992)는 'Way 구문(construction)'이 오직 비능격동사와만 결합 할 수 있다는 점과 직접 행위 동사들은 비대격으로 실현된다는 점을 살폈다. 동사의 어휘적 속성이 문장의 구조로 그대로 투사된다는 입장에서 보면 여기에는 모순성이 존재한다. 위 구문에 쓰인 동사는 <직접 행위>의 의미를 나타낸다. 왜냐하면 이 구문들에서 'way' 표현이 지시된 여정을 따라 이루어지는 행위를 암시하고 있기 때문이다. 더구나 이들 구문에 대해 종래의 통사론적인 제약을 설정하여 그들이 'Way 구문'에 나타났기 때문에 비능격 동사여야 하고 동시에 직접 행위성을 나타내는 동사이기 때문에 비대격 구문이어야 한다. 이처럼 복잡한 제약[11]을 설정하여 이들 구문의 문법성을 설명한다고 설명할 수도 있으나 매우 자연스럽지 못하다. 이러한 문제에 대해 구문의 고유 의미가 있다는 것을 반영하면 문장 의미란 어휘적 의미가

---

10) 합성성에 대한 논의는 Frege의 논의에서 그 개념을 정의해 볼 수 있다. "Semantics need be compositional : the meaning of every expression in a language must be a function of the meanings of its immediate constituents and the syntactic rule used to combine them"

11) 예를 들면 이러한 동사들이 비대격동사로 바뀌는 어휘적 규칙을 적용하기 이전에 동사가 비능격성을 포함해야한다는 제약을 설정하는 것이다.

구문의 의미로 통합하는 결과로서 나타난다고 설명할 수 있다. 이러한 방법으로 합성성의 원리를 보존할 수 있을 것이다.

넷째, 구문문법은 어린아이들의 언어 습득 과정에 나타나는 특성을 통해 이론의 타당성을 보장 받는다. 일반적으로 어린아이들은 동사 의미를 배울 때 그 동사가 쓰이는 문장 구문 방식, 즉 구문에서 그 의미를 자연스럽게 추출하여 배운다. 그런데 앞서 우리가 살펴보았지만 어느 동사라도 특정한 한 구문 형식으로 표현되기보다는 하나 이상의 서로 다른 구문으로 실현되는 경우가 많다. 이 경우 서로 다른 구문에 쓰인 동사의 의미는 실제로 서로 다르다. 성인조차도 이 같은 통사적 묶음에서 해당 동사의 의미를 추출한다는 가능성은 실질적으로 어렵다. 따라서 어린아이들이 이 같은 추출 과정을 거쳐 동사의미를 습득한다고 설명하는 것은 모순이다. 구문문법에서는 동사 의미는 구문마다 항구적인데 모든 표현에서 나타나는 의미의 차이는 직접적으로 동사가 참여하고 있는 구문의 차이에 기인하는 것이라는 관점으로 어린아이들의 언어 습득에 대해 설명한다. 어린아이들이 특정 구문에 쓰인 동사를 들으면 동사 자체가 특정 구문에 결합된 의미를 갖는 것으로 생각하기보다는 그 동사의 의미개념 구조가 관습적으로 특정 구문에 결합할 수 있는 것으로 설명할 수 있다. 이러한 설명은 한 동사가 가지는 다양한 의미 차이를 실제로 특별하게 인식하지 않는 모국어 화자의 인식을 반영할 수 있으며 동시에 언어의 관습성을 잘 반영한다.

이처럼 구문문법은 또한 실제 문장 표현의 모든 의미를 논리 안에서 수용하려고 하는 것이므로 기존의 통사론 위주의 문법에서 예외로 처리하였던 문장 표현들을 설명할 수 있게 되었으며 또한 세계와 분리한 자율적 언어 현상을 배격함으로써 언어와 인간 인지를 좀더 긴밀하게 연결할 수 있는 통합적 관점을 취할 수 있게 되었다. 구문문법이 인지언어학과 동일한 관점을 가지고 있는 것은 바로 이러한 맥락 때문이다. 앞서도 언급하였지만 구문문법의 시작은 종래에 예외적인 문법현상으로 간주한 구문들을 고찰하면서 이루어졌다.[12] 언어에서 예외적인 문법 현상이라고 하는 것은 언어 속성 자체에서 비롯한 예외적인 현상이 아니라 외부에서 주어진 인위적인 이론 틀 안에서 나타나는 예외성이다. 그러나 오랫동안 언어의 예외적 현상은 문법 기술에서 언어 자체가 가지는 속성에서 비롯한 것으로 생각되었다. 마치 예외 없는 규칙은 없다는 논리 안에서 정상적인 많은 현상들을 설명하기 위해 다른 행태를 보이는 구문들은 언어 연구에서 주변적인 것으로 취급되었다. 우리가 언어를 사용할 때 중심적인 것과 예외적인 것의 구분을 두지 않는 것처럼 모든 언어적 표현들은 모국어의 문법적 틀 안에서 동등한 가치를 가지고 충분히 설명되고 기술되어야 한다.

2. 동사 의미와 구문 의미

2.1 개요

동사와 구문과의 관련성을 논의하기 전에 동사의 개념적 실체를 어떻게 규정할 것인가 하는 문제를 먼저 생각해 보아야 한다. 우리는 앞

---

[12] 문법학자들 중에는 구문문법을 결국 관용어에 대한 연구를 하는 것이라며 그 범위와 대상을 축소한다. 그러나 구문문법이 예외적인 언어 현상들을 설명하기 위한 언어 이론이 아니라 예외와 정상을 구별하지 않는 총체적 언어 기술을 시도하고 있다는 점에서 그러한 논박은 타당하지가 않다.

에서 동사의 의미가 다양한 구문에서 다의적으로 쓰이는 것은 해당 동사의 의미가 특정 구문의 내재된 의미에 결합하면서 상승적으로 의미를 파생하기 때문이라고 하였다. 따라서 특정 구문의 존재와 의미 유형, 그리고 동사의 의미실체가 무엇인가 하는 문제는 의미를 탐색하는 연구에서 제일 먼저 면밀히 살펴야 하는 대상이다. 먼저 이 장에서는 한 동사가 가지는 의미자질의 덩어리는 어떻게 구성되는가 하는 점을 살펴보기로 하자. 우리는 동사의 의미를 규정하기 위한 방법으로 틀 의미론적(Frame Semantics)관점을 수용한다.[13] 특히 기본 논항구조를 포함하는 구문들은 세상의 역동적 사태와 연결되어 있다. 예를 들면 누가 의도적으로 무엇을 누구에게 전달하는 것, 누가 무엇을 이동하게 하는 것, 누가 무엇을 경험하는 것, 무엇이 움직이는 것 등등의 사태와 상황을 직접적으로 반영하는 언어 형식이다. 따라서 틀 의미론적 관점에서 언어의 구성성분을 예측하는 것은 그 사태에 대해 우리가 경험한 장면을 떠올리는 행위 속에서 결정된다. 개념 구조 단계에서 결정된 사태의 구성요소들은 언어단계에서 문장의 구성성분으로 연결된다. 틀 의미론에서 선택한 기본적인 공리는 '언어의 지식은 광의의 지식이다'라고 하는 것이다.

우리가 특정 동사의 논항의 수와 형태를 결정하는 바탕은 그 동사에 대해 습득된 개념 구조에 있다. 예를 들어 '사다'라는 동사를 상정했을 때 '사는 사람', '파는 사람', '물건', '금전'이라는 어휘 항목이 필요하다는 생각을 하게 된다. 이는 관습적인 '상업적 교환행위'라는 배경 안

---

13) 틀 의미론에 대한 이론은 John B. Lowe, Collin F. Baker, Charles J. Fillmore, "A Frame-Approach to Semantic Annotation(1997)"의 인터넷에 올린 자료를 참조하여 국어 자료에 수용하였다.

에서 이 동사의 개념구조를 결정하는 것이다.

이처럼 단어의 의미는 그것을 동기화하고 지지하는 개념구조와 관련되어 있기 때문에 한 단어의 개념구조를 상세화 하는 것이 단어의 의미를 가장 잘 이해할 수 있다는 관점이 틀 의미론적 접근이다. 예를 들어 '천정'이나 '지붕'이라는 두 낱말을 잘 해석하려면 이 두 어휘가 기대고 있는 배경에 대한 해석이 중요하다는 것인데 '천정'은 단층 건물의 내부적 관점이라는 배경을 가지고 '건물의 가장 높은 부분'을 지시하는 것이라면 '지붕'은 건물의 외부적 관점에서 건물의 꼭대기를 나타낸다. 마찬가지로 '육지'와 '땅'은 각각 '바다'와 '하늘'이라는 배경을 갖는다고 설명하는 것이 필요하다. 따라서 틀 의미론적 접근에서는 어떤 단어의 의미도 그것을 뒷받침하고 동기화하는 개념구조를 밝히는 일에서부터 단어 의미에 대한 기술을 시작한다.

틀(Frame)은 모국어 화자가 특정한 사건에 대해 예측하고 포함시키는 전형적인 장면이나 상황이 가지는 자질의 결합이다. 그리고 일반적으로 틀은 그러한 사실 세계에 대한 지식을 도식적인 형태로 나타낸다. 그러나 실질적으로 언어학적으로 유용한 지식이 될 수 있게 하려면 얼마나 많은 틀 요소를 상세하게 기술해야 하는지 단언하기는 어렵다. 다만 풍부한 자료를 통해 알게 된 기초 지식에 대하여서는 임시적인 결론을 내릴 수는 있다. 개별적 단어나 구는 특정한 틀을 환기시키거나 그러한 틀의 특정 요소를 보여준다. 예를 들어 '사다'와 같은 상업적 교환행위 장면을 상정했을 때 문장에서 <구매자>, <판매자>, <지불행위>, <상품>과 같은 틀 의미요소를 확인할 필요가 있으며, '사다', '팔다', '지불하다', '고객', '상인', '점원' 등의 단어가 이러한 틀을 야기한다고 예측할 수 있다.

그러나 실제로 '상업적 교환 행위'에 속하는 많은 다양한 장면들 사이에는 차이점과 유사점이 공존한다.

(9) 가. 철수가 빈 병으로 막대 사탕을 샀다.
　　나. 김씨가 30년 장기대여로 새집을 샀다.

모국어 화자는 다양한 형태로 '상업적 교환행위'가 이루어질 수 있다는 것을 안다. 그것은 (9가)에서처럼 물건과 물건의 교환일 수도 있고 (9나)에서 처럼 특별한 형태의 지불 행위일 수도 있다. 이러한 내용은 엄격히 말하면 언어학적 지식이라기보다는 세상사적 지식이다. 하지만 이러한 수준의 세세함도 문장을 정확하게 분석해내는 데는 필요하다. 우리가 여기서 주목하는 것은 틀 사이의 관계가 위계적이라는 점이다. 예를 들면, '상업적 교환행위'에서 틀 의미요소인 <구매자>, <판매자>, <지불>, <상품> 등의 요소는 일반적인 '상업적 교환행위'의 공통요소가 되지만 (9나)와 같은 틀은 일반적인 상업적 교환행위의 의미요소를 상속(inheritance)받고 거기에 더하여 <대출>, 은행과 같은 <돈을 빌려주는 대상> 등의 의미요소가 첨가되기도 한다. 이 두 틀의 위계를 아래 그림과 같이 나타낼 수 있다.

표 1 : 상위 틀과 하위 틀의 의미 요소의 상속 (상업적 교환행위)

틀(상업적 교환행위)
틀-요소(구매자, 판매자, 지불, 물건)
장면(구매자가 상품을 얻고, 판매자가 지불된 것(돈)을 얻는다)
틀(실제부동산 교환행위)
연결(차용인 = 구매자, 대출 = 지불)
틀-요소(차용인, 대출, 대출해주는 사람)
장면(대출은 지불행위를 만들고 구매자는 그로 인한 대출금을 얻는다)

틀 의미론이 실제 자료 뭉치에서 나타나는 모든 문장들을 반례로서 처리하지 않고 풍부한 문장 실현의 가능한 경우들로 수용하려는 관점은 구문문법의 목적과 이론적 지향점과 동일하다. 그러므로 틀 의미론의 관점은 동사 의미의 가능한 의미 요소를 실제적으로 설정할 수 있는 분석 방법을 제공하여 특정 구문의 동사 의미를 분석하는 데 이론적 발판을 마련해준다.

2.2 틀 의미론적 구성 성분

동사의 의미와 특정 구문의 의미를 연결하여 문장 의미를 합성하는 데는 동사의 논항구조를 예견하는 이상의 언어학적 이론 설정이 필요하다. 이를 통해서만이 풍부한 동사의 의미를 포착할 수 있다.

(10) 가. 아이가 방안으로 천천히 걸어들어갔다.

　　 나. ??아이가 방안으로 천천히 뛰어들어갔다.

위 두 구문은 동사에 제시된 의미자질에 의해 출현제약을 보이고 있다. 지금까지는 동사에 의한 태도의 특정 요소들은 통사적으로 보기에 불투명한 것이므로 동사를 기록할 때 태도가 무엇인지는 통사적으로 관련성 있는 동사 의미의 부분이라고 여기지 않았다. 그러나 언어학이 궁극적으로 논항의 통사적 표현보다도 좀더 넓은 영역의 언어를 설명하려고 한다면 우리는 의미구조에 대해 좀더 풍부한 개념에 의거할 필요가 있다.

또 다른 예로 <건강>과 <질병>에 관한 틀 의미론적 설명을 살펴보자.

이들 의미론의 요소는 일상의 건강 관리에 대한 상황과 장면에서 얻어지는 비격식적인 지식에 의해 전형적인 의미요소를 설정해볼 수 있다. 이 과정에는 언어적 직관과 코퍼스의 세심한 자료 조사 사이에 있는 상호작용을 포함한다.

다음은 <질병>과 관련된 실제 구문들을 추출하여 본 것이다.[14]

(11) 가. 환자는 고통을 끝까지 견뎌냈다.

　　나. 개에게 물린 상처가 덧났다.

　　다. 이 약은 두통에 잘 듣는다.

　　라. 손이 부었다.

　　마. 이가 **빠졌다**.

　　바. 미아는 발목을 삐었다.

　　사. 그 사람이 암으로 사망했다.

　　아. 미아가 과로로 쓰러졌다.

　　자. 상처가 아물었다.

　　차. 미아는 병으로 앓고 있다

　　카. 그들이 미아의 팔다리를 주물렀다.

　　타. 미아는 몸살을 앓았다.

　　파. 담배는 건강을 해친다.

---

14) 이 예문들은 서울대학교에서 수행한 "한·영 동사의 하위 범주화에 관한 연구"(1989)에서 <질병>과 관련된 구문으로 판단되는 것들을 임의적으로 추출한 것이다. 여기에 필자의 직관에 따른 몇 개의 구문을 포함하였다. 이러한 가능한 자료들로부터 우리는 <질병>과 관련된 틀 의미요소를 설정해볼 수 있다.

하. 그 약의 약효가 난다.

거. 미아 얼굴에 여드름이 돋았다.

너. 미아가 철수의 병을 치료했다.

더. 의사가 환자의 팔에 주사를 놓았다.

러. 미아는 어지럼증으로 토하고 말았다.

머. 아이는 날마다 코피를 쏟았다.

위 구문들에 쓰인 구체적인 어휘들은 매우 다양하고 개별적이지만 구문 안에서 하는 의미적인 역할 즉, 의미역의 공통성을 묶어 분류할 수 있다. 다음 표는 이러한 분석 과정을 거쳐 <질병>과 관련된 틀 의미의 요소를 설정해 본 것이다.

표 2 : 〈질병〉에 관한 틀 의미요소

이름표	의미
치료자	환자의 상태를 개선시키려고 하는 사람
환자	신체적인 상태가 안 좋은 사람
병	호전되거나 없어져야 할 건강 상태나 아픔
상처	환자 신체의 상피적 손상
신체부위	병이나 상처의 영향을 받은 부분
증상	병이 있다는 것을 보여주는 증거
처치	회복시키기 위한 과정
약	회복시키기 위해 섭취하거나 적용하는 물질

위의 틀 의미요소들은 원활한 의사소통을 이루는 데는 모두 필요한

요인들이지만 어떤 것들은 서로의 관계가 매우 밀접하여 같은 절 안에
서 중복하여 출현하지 않는 것들도 있다. 그런데도 이러한 요소들을 구
분해야만 하는 것은 자료 검색의 결과에 기초하고 있기 때문이며 또
한편으로는 관련된 틀의 다른 요소들과 비교를 하기 위한 목적 때문이
다. 예를 들어 위의 틀 의미요소들 중에 <상처>와 <병>은 의미 가치
가 매우 유사하다. 그런데 이 두 의미요소는 다음과 같이 그 용법에 차
이가 나타난다.

   (12) 가. 무릎 상처 부위가 덧났다.

       나. ??무릎 병 부위가 덧났다.

       다. 상처가 아무는 데는 오랜 시간이 걸렸다.

       라. ??병이 아무는 데는 오랜 시간이 걸렸다.

       마. ??의사가 환자의 상처를 고쳤다.

       바. 의사가 환자의 병을 고쳤다.

       사. ??철수는 상처를 오래 앓았다.

       아. 철수는 병을 오래 앓았다.

   위의 예문을 보면 <병>과 <상처>는 상보적인 분포를 이루며 각각
의 용법을 가지고 있다. <상처>가 '아물다'와 '덧나다'와 결합하는 것
이 자연스러운 반면에 <병>은 '고치다'와 '앓다'와 결합하는 것이 자
연스럽다. 이러한 결합 제약은 은유적 용법에도 관여한다.

   (13) 가. ??한국 사회의 상처를 진단하다.

       나. 한국 사회의 병을 진단하다.

단어에 대한 틀 의미론적 요소를 확인하는 작업은 단어의 완전한 의미 표시를 구성하려는 데만 머무르는 것이 아니라 이론적으로 합리적인 의미 형식화를 위해 필수적인 일이기 때문이다. 틀 의미요소 그룹에 나타나는 목록은 통사적으로 표현되거나 그 절 안에서 암시되는 것들이다. 다음은 틀 의미요소가 실제적인 문장에서 어떻게 관련을 맺고 있는지를 보여준다.[15]

표 3 : 〈질병〉 틀 의미요소의 그룹

틀 의미요소 그룹(약호)	틀 의미 요소 그룹	문장 예
{H, B, T}	치료자, 환부, 처치	의사가 내 무릎을 열로 처치했다.
{H, D}	치료자, 병	의사가 내 병을 고쳤다.
{P}	환자	아기가 회복하였다.
{M, B}	약, 환부	그 연고로 발을 치료했다.
{B}	환부	발이 나았다.
{W}	상처	창상이 빨리 아물었다.

틀 요소의 목록이 적절한가 하는 문제는 이 요소들이 그 영역에 속하는 주요한 어휘항목의 의미론적 결합 자질들을 구분하는 데 꼭 필요

---

15) 여기서 <질병>에 관한 요소를 지시하는 약식 기호는 다음을 의미한다.
H-Healer, B-Bodypart, T-Treatment, D-Disorder, P-Patient, M-Medicine, W-Wound
여기서 D를 Disease가 아닌 Disorder로 설정한 것은 여기에 Symptom 자질을 포함하기 위한 것이다. 병의 증세와 병 자체는 구분이 모호한 점이 있는데 예를 들면, '복통'이라는 의미 안에는 통증과 병 이름을 동시에 지시한다. 또한 '기침'이라는 단어도 병명인 동시에 증세를 의미하기도 한다. 그래서 일상 대화에서 "기침 걸렸어요(병명)" 혹은 "기침이 자꾸 나요(증세)"와 같은 구문이 두루 쓰인다.

한 것인 경우에만 결정될 수 있다. 만약 한 동사가 두 개의 통사형식으로 나타난다면 그 중의 한 요소에 대해 '선택적 부가어'로 설정하여 하나의 공식으로 간략화할 수 있다. 예를 들면 {H, B}를 가진 구문, '[의사가] [내 발을] 치료했다'와 {H, B, T}를 가진 구문, '[의사가] [내 발을] 새로운 [치료방법으로] 치료했다'에서 '치료하다'는 같은 의미로 쓰이고 있다. 이를 하나의 공식으로 응축하여 {H, B, (T)}로 묶을 수 있다. 그러나 구문에서 실현되지 않은 성분에 대한 표시는 좀 더 구별할 필요가 있다. 앞선 예에서 '처치'에 대한 생략은 단순히 언급하지 않은 것이라고 할 수 있지만 다음의 경우는 다르다.

(14) 가. 의사가 나를 치료했다.
     나. 의사가 나의 병을 치료했다.

(14가)의 경우 '병'의 생략은 그 지위가 선택적 부가어의 경우와는 다르다. 이 경우에는 '병'이 화자의 마음속에 있고 또 그것이 문맥 속에 주어진 상황이라는 가정에서 생략이 일어날 수 있다. 틀 의미요소들이 실제 구문으로 연결되는 경우는 이처럼 '생략현상'인 경우도 있고 그와는 대조적으로 하나의 구성성분을 위해 다중의 틀 요소를 부과해야 하는 경우도 있다. 한 의미요소가 두 가지의 의미 역할을 수행하는 경우가 있다.

(15) 가. 의사가 당뇨병자를 고쳤다.
     나. 의사가 나병환자를 고쳤다.

위의 구문에서 '당뇨병자', '나병환자'와 같은 낱말은 첫 번째 틀 속에서 <환자(Patient)>역할을, 두 번째 틀 속에서 <병(Disorder)>의 역할로 나타난다.16) 이 때는 의미요소 표시를 P_d처럼 두 개의 의미구문 역할을 표시해야 하는 경우가 발생한다. 이러한 특별한 경우에 대해 인식하는 것은 중요하다. 왜냐하면 동사의 어휘적 의미는 문맥에서 분명히 회복가능 하거나 혹은 현시될 수 있는 특정 틀 요소를 필요로 하는 경우가 많기 때문이다. '치료하다'에 관한 코퍼스 탐색을 해보면 <환자>이면서 <병>으로 쓰이는 것이 규칙적으로 나타난다는 것을 알 수 있다. 따라서 <환자>의 하부구조에 대한 명확한 부호화를 하지 않으면 위와 같은 문장들은 일반화에 대한 반증자료로 여길 수밖에 없다.

결국 어휘 항목에 대한 의미설정의 최종판은 의미적·통사적으로 조화된 충분한 기술을 담게 되며, 한 동사의 의미에 관련된 각각의 틀 의미요소들이 상세하게 분류자질로 연결될 것이며, 문장 속에서 나타날 수 있는 구문 성분의 선택적인 통사적 자질들을 지시할 수 있을 것이다. 그리고 이러한 의미요소들이 어휘적 의미 기술을 위한 일종의 기초 단계를 구성한다. 이 작업17)을 바탕으로 좀 더 넓고 포용력 있는 어

---

16) <표 3>에서 의미요소 그룹에 {H, P(치료자, 환자)}를 설정하지 않은 것은 일상적인 구문에서 보편적이지 않기 때문이다. 의사가 고치거나 낫게 하는 대상은 '건강하지 않은 상태'이고 이는 의사의 진료행위의 영향으로 회복 상태로 변화한다. 따라서 치료의 대상은 병이다.

17) John B. Lowe, Collin F. Baker, Charles J. Fillmore, "A Frame-Approach to Semantic Annotation(1997)"에서는 각 틀 의미론을 위한 몇 단계의 과정을 다음과 같이 설정하였다.
1. 틀에 속하는 서술어로서 가장 빈도 높은 어휘 항목의 확인
2. 틀 요소의 예비적(기초적) 목록 형성

휘모음(사전)을 구성할 수 있으며 무수한 언어 자료(코퍼스)에 대한 알맞은 의미론적 분류 작업을 해 나갈 수 있을 것이다.

2.3 동사의 논항과 구문 요소 결합

앞서 살펴 본 틀 의미론은 명사뿐만 아니라 동사 의미에도 동일하게 사실 세계에 기반을 둔 다양한 의미요소를 설정할 수 있다. 틀 의미론적 동사 의미 규정은 동사의 논항구조에만 집착함으로써 실제적인 많은 예문을 반례로 처리하였던 종래의 언어 기술 태도를 지양한다. 해묵은 논쟁거리이면서 여전히 분명하게 기준을 제시할 수 없는 문제 중의 하나가 동사의 필수어와 부가어를 구분하는 문제이다. 도대체 동사가 필수적으로 요구하는 어휘 항목은 무엇에 기준을 둔 것이며 또 그러한 필수 항목은 반드시 실현되어야 하는가?, 그리고 필수 항목이 아닌 다른 어휘 항목을 갖춘 구문은 자연어 자료에서 나타나지 않는가? 만약 나타난다면 그러한 어휘 항목의 명목은 무엇인가? 이는 동사 논항과 관련하여 생각해 볼 수 있는 당연한 의문이다.

동사의 필수어와 부가어[18]를 구분하는 기준으로 가장 중심적인 것은 '생략가능성'이다. 이 기준에 따르면 필수어, 즉 보어는 그 문장의

---

3. 코퍼스에서 얻어진 예에 틀의 이름표를 붙이는 작업, 그들의 논항에 틀 의미요소의 이름을 붙이는 과정
4. 틀 기술을 수정하는 단계(공기 제약이나 가능한 통사적 실현을 정밀화하는 것)
5. 수정된 틀에 의해 코퍼스의 예에 재 이름표를 붙이는 작업
또한 마지막 두 단계는 틀 기술의 정밀화를 위해 반복될 수 있다고 하였다.

18) 동사의 논항 설정과 관련하여 용어 사용이 다소 차이가 있다. 필수어 대 부가어, 또는 보어 대 첨어, 보충어 대 부가어의 용어 대립을 보인다.

통사적, 의미적 요건을 충족시키는 것이기 때문에 생략할 수 없으나 부가어는 문장 내에서 생략해도 문법성에 지장을 일으키지 않는다. 그러나 이러한 생략가능성이 다양한 실제 예문들에서 필수어와 부가어의 구분을 할 수 없다는 문제점이 제기되었다. 장석진(1989)[19], 양정석(1992), 정유진(1995)에서는 문법적 용인성에 바탕을 둔 생략 가능성의 기준으로 필수어와 부가어를 구분하는 방법은 다양한 용례들을 설명하는 데 문제가 있음을 지적하고 있다. 특정 동사가 그 어휘 의미의 완전한 실현을 위해서 필요로 하는 필수 성분이라고 하더라도 생략이 가능한 경우가 있기 때문에 의미적인 필수 성분과 통사적인 의미 성분의 구분이 필요하다고 설명한다. 한편으로는 필수적인 성분이라는 보어 개념을 구분하여 '필수적(obligatory) 보어'(순희가 <u>영희를</u> 때렸다)와 '수의적(optional) 보어'(미아가 <u>그에게</u> 사랑을 고백했다)로 설정함으로써 그 경계를 다소 완만히 하려는 의견도 제기되었다.[20] 전자는 문장에서

---

19) 장석진(1989)에서는 보어 설정에 대해 네 가지의 기준을 제시하고 있다. (p.16-17)
   1) 서술어의 통사·의미적 충족성
     보어는 그 서술어가 지니고 있는 통사·의미적 요건을 충족시켜야 한다. 반면 첨어는 그 동사의 통사·의미 구조에 어떠한 영향도 끼치지 못한다.
   2) 보어는 그 문장의 통시적, 의미적 요건을 충족시키는 것이기 때문에 생략할 수 없으나 첨어는 문장 내에서 생략해도 문법성에 지장을 일으키지 않는다.
   3) 반복가능성
     첨어는 상대적으로 다양한 종류의 머리어와 결합할 수 있어서 여러 종류의 첨어들이 반복될 수 있으나 보어는 필요한 것 이외에 다른 보어들이 반복될 수 없다.
   4) 도치 가능성
     어떤 동사의 경우에 보어는 첨어와 달리 그 머리어인 동사의 의미에 밀접하게 가까워야 한다. 따라서 그 순서를 도치시켰을 때 문장이 성립하지 않으면 보어이고 그렇지 않으면 첨어이다.
20) H.L Sommers, 우형식·정유진 옮김(1998), 『격과 결합가, 그리고 전산 언어학』에서는 보어와 부가어로의 전통적인 2가의 척도를 여섯 개의 등급으로 확장하

반드시 나타나야 하는 것으로서 이것이 결여된 문장은 불완전한, 부족
한 문장이 되며 후자는 본래 서술어가 어휘적 의미를 성립시키기 위하
여 꼭 필요한 논항이지만 때때로 실현되지 않을 수도 있는 보어를 말
하는 것이라고 밝히고 있다.

일반적으로 필수 논항에 속하는 의미범주는 행위자<AGENT>, 대상
<OBJECT>, 위치<LOCATIVE), 경험자<EXPERIENCER>, 수혜자
(BENIFICIARY) 자격을 가진 성분으로 한정하는 데 이들의 통사적 지위
는 주어와 목적어이다. 이에 반하여 시간(TEMPORAL), 출처(SOURCE),
목표(GOAL), 수단(INSTRUMENT)등은 양태적인 의미 범주로서 부가어
라고 설정한다. 그러나 주어진 의미격의 지위도 특정 서술어에 크게 의
존한다. 본질적으로 부가어에 해당되는 것으로 생각되었던 모든 격에
대하여 필수적 논항(보어)으로 생각할 수 있는 동사를 제시할 수 있
다.21)

또한 이 시점에서 생각해보아야 하는 것은 동사의 논항을 결정할 때

여 제시하였다.
절대적 보충어 - 의무적 보충어 - 수의적 보충어 - 중간요소 - 부가어 - 극주변어
여기서 절대적 보충어는 pave the way, keep pace, have a chance 등에서 나타나는
어휘적으로 결정되는 관용어적 어휘들이며, 의무적 보충어는 일반적인 의미부
류에서 나타나는 제약적인 어휘 논항들로 설정하고 있다. 다음 예문을 통해
Sommers가 설정한 개념을 알아볼 수 있다.
Nick unexpectedly smashed the vase with a hammer yesterday.
　　　　　　보충어 : Nick, vase
　　　　　　중간요소 : hammer
　　　　　　부가어 : yesterday
　　　　　극- 주변어 : unexpectedly
21) '굴다', '여기다', '행동하다' 등의 동사는 그 의미를 완결하기 위해서는 반드시
　　<태도>와 관련된 의미범주가 요구된다.

우리가 의거하는 의미적 바탕은 무엇인가 하는 점이다. 어떤 한 동사가 의미적으로 완결되기 위해서 필요한 어휘적 논항이란 그 동사가 참여하는 장면이나 사태의 개념구조와 관련된다. 그렇다면 동사의 개념구조 안에서 이루어질 수 있는 모든 참여항들이 통사적으로 연결되어 문장으로 구현될 수 있으며 구현된 모든 문장의 가능성에 대해 설명할 수 있어야 할 것이다. 단순히 필수적인 것과 수의적인 것의 구분에서 벗어나 실제적인 어떤 문장이 발화되었을 때 그 구문이 어떻게 가능한지를 설명할 수 있어야 하며 구문과 구문 사이에 어떠한 관련성이 있는지를 기술하여야 한다.

구문문법이 인지문법과 연관되는 것은 기본적으로 언어를 기술하는 태도가 같기 때문이다.[22] 이 두 문법에서 다루는 학문적 대상은 실제 언어 자료이다. 따라서 코퍼스의 다양한 언어 자료를 설명하기 위해 종래에 화용적인 지식과 언어학적 지식, 혹은 언어내적인 중심 지식과 언어외적인 주변 지식으로 구분했던 이분법적 사고를 배격한다. 이 두 문법에서 기초로 하는 것은 화자의 개념이 관습적인 상징화 과정을 거쳐 언어범주로 실현된다는 것이다. 따라서 그 개념에는 추론이나 암시, 은유와 같은 언어외적 지식으로 여겨졌던 의미 과정도 참여한다. 이 때 이른바 백과사전적 지식으로 표현되는 그 개념들을 문법틀 안에서 어떻게 효율적으로 정제할 수 있겠는가 하는 문제가 제기된다.

동사의 개념에 대한 실제적인 표현은 바로 구문이다. 우리는 코퍼스

---

22) 인지문법에서는 동사의 의미를 정의하는 데는 그 행위가 어떻게 구문되어 있느냐 하는 인지 영역이 필요하다고 한다. 이 인지 영역은 단어의 의미를 찾아낼 때 반드시 전제가 되는 바탕에 속하는 개념 영역이다. Langacker(1987)의 인지 영역은 Lakoff(1987)의 이상적 인지 모델(idealized cognitive model), Goldberg(1995)의 틀 의미론적 지식(Frame Semantic Knowledge)과 동일하다.

자료를 검색함으로써 모국어 화자들이 가지고 있는 동사에 대한 개념
이 무엇인지를 추론할 수 있으며 또 어떻게 언어적으로 실현되는지도
살펴볼 수 있을 것이다. 실제 언어 자료보다 더 이상적인 자료는 없다
는 믿음이 이 두 문법 이론에 깔려있다. 두 문법에서 추구하는 것은 언
어의 절대적인 예측력을 정확하게 기술하는 것이 아니라 일상 언어의
자료에서 동기화유발(Motivation)의 원리를 찾는 것이다.

구문문법에서는 사고의 개념이 언어로 어떻게 실현되는가 하는 양
상을 고찰하려는 것과 그 실현 양상인 구문들 간에는 어떤 연관성이
있는가를 살펴보는 것 또한 중요한 목표이다. 한 언어 내에 존재하는
개념의 구조 방식, 즉 구문은 매우 다양한데, 이들은 각각 개별적인
독립체로서 존재하는 것이 아니라 동기화되어 있는 긴밀한 연관성을
가지고서 서로에게 연결되어 있다. 이는 마치 한 어휘의 다양한 의미
가 서로 유연성을 가지고 다의 관계를 이루는 것과 같다. 다음에서
구문의 존재와 유형 그리고 그들 간의 연결 관계를 생각해 보도록
하자.

3. 구문의 의미적 유형

3.1 개요

언어는 우리의 경험을 기술하는 수단이다. 한 동사가 대상으로 하는
경험은 우리의 개념 구조안에서 범주화되어 구문(Construction)을 통해
언어적으로 실현된다. 구문이라는 개념은 종래의 기본 문형(Sentence

Type)이나 문장(Sentence)의 개념과는 구분할 필요가 있다. 문형이나 문장이 통사적인 관점에서 논항구조의 결합으로 정의된다면 구문은 의미적인 관점에서 동사의 개념구조의 결합이다. 따라서 각 문형이나 문장에서 논의되는 의미는 특정 어휘항목 결합으로서 개별적이고, 결과적 의미해석의 성격을 갖는데 비하여 구문에서 논의되는 의미는 생산적인 의미이다. 왜냐하면 구문은 그 형식 틀 안에 관습적인 고유 의미를 가지고 있으며 여기에 어휘항목이 결합하여 최종적인 의미파생을 할 수 있도록 직접 영향을 미치기 때문이다. 우리가 앞서 구문의 존재는 어떤한 문장이 구체적인 어휘항목의 합성으로 의미 해석이 어려울 때, 또는 동사의 논항구조만으로 문장의 의미를 예측하기 어려운 때에 특별히 그 존재를 확인할 수 있다고 하였다. 그리고 그러한 구문은 서로 관련하지 않은, 구조화되지 않은 모임이 아니라 고도로 구조화되어 내적으로 연결된 정보의 틀로 구성되어 있다고 했다. 구문 사이에 이루어지는 연관 관계는 '동기화(Motivation)'와 '상속(Inheritance)'의 두 원리가 작용한다. 동기화란 한 동사가 적절한 구문으로 만들어질 때 이미 언어 속에 존재하는 관습적인 구문의 형식을 따르도록 유도된다는 원리이다. 이 때 새로 만들어지는 구문은 원형적 구문의 의미자질들을 상속받을 수 있다.[23]

---

23) Paul Kay의 인터넷 강좌에서 관용어구를 언어의 동기화에 의해 구문되는 특정 구문의 방식이라고 규정하면서 관용어구를 생성시키는 것처럼 비-생산적인 과정을 거처 새로운 단어를 만들어내는 능력은 분명히 언어적 능력이라고 하였다. 따라서 한 언어의 문법은 신조어(Coining) 목적을 위해 존재하는 구문을 밝히는 것이 중요하다고 하였다. 그는 "Generate"와 "Coining"의 차이를 설명하면서 전자가 단어 형성과 같은 생산적인 절차를 갖는 반면, 후자는 생산적인 절차를 거치지 않고 새로운 단어를 만들어 내는 것이라고 하였다 이 대표적인 경우가 관용어구 형성인데 여기에는 동기화라는 기제가 작용한다고 하였다.

실제 언어 자료를 검토하면서 구문의 유형과 그들의 연관 관계를 살펴보도록 하겠다.

(16) 가. [순희가] [철수에게] [사탕을] 주었다. (수용성 : Recipient)

　　나. [철수가] [순희에게] [캔 두껑을] 열어주었다. (수혜성 : Benefactive)

　　다. [철수가] [순희에게] [공을] 패스했다. (사역이동 : Caused Motion)

　　라. [순희가] [철수를] [미치도록] 만들었다. (결과성 : Resultative)

　　마. [순희가] [철수를] [방안에] 가두었다. (이동억제 : Immobility)

　　바. [순희가] [외투를] [옷장에] 두었다. (사역배치 : Caused Location)

　　사. [순희가] [박스를] [양초로] 채웠다. (채움 : Fill)

위의 구문들은 Goldberg가 '수용자 구문(Recipient Construction 16(가)의 경우)', '사역이동 구문(Caused Motion Construction: 16(다)의 경우)', '결과 구문(Resultive Construction: 16(라)의 경우)'으로 명명한 것들이다. 이 구문들을 공통적으로 '행위'를 포함한다. 이 행위는 일종의 사건성(eventuality)을 전제하며 이 사건이 충족되기 위해서는 세 개의 논항을 필요로 한다. 이러한 공통점을 반영하여 이들 구문을 잠정적으로 '사건 유발성 ABC 구문'[24)]으로 명명해보자. 그럼 구체적으로 구문 사이에 존재하는 결합과 연결의 모습을 살펴보도록 하자.

고찰에 앞서 결론을 먼저 내리자면 구문 간의 연결은 생성문법의 투

즉 새로이 만들어지는 표현은 기존의 특정 구문과 의미적, 음운론적, 상징적 동기화에 의해 만들어진다고 하였다.
Paul Kay의 구문문법에 관한 인터넷 자료는 다음으로 접속하면 찾을 수 있다.
. http://www.icsi.berkeley.edu/~kay/bcg/lec02.html

24) 이 용어는 Paul Kay 의 견해를 따랐다. ABC는 세 개의 논항이 있음을 의미한다.

사원리(Projection principle)[25]에 따른 확대 양상과 비슷하다는 점이다. 생성 문법의 투사원리는 어휘항목의 속성, 즉, 의미역 정보, 문맥 관련 정보를 포괄한 의미구조에서 통사구조가 생성된다는 것이다. 구문적 접근에서는 언어자료(코퍼스) 분석과 화자의 직관을 통해 얻어진 최소의 구조, 즉 원형적 개념구조로부터 개념적 유사성이 있는 하위구문으로 투사된다고 볼 수 있다. 이 때 가장 일반적인 동사를 상정해서 모형을 제시할 수 있다. 위와 같은 '사건유발성 ABC 구문'에서 가장 일반적인 동사 모형은 '주다' 동사이다.[26] '주다' 동사의 개념구조와 구문 도식을 바탕으로 다른 구문이 어떻게 서로 연관 관계를 맺고 있는지 살펴보기로 하겠다.

---

25) 투사원리(Projection Principle) 통사 표시 [즉 통사 구조]는 어휘 항목의 하위범주화 속성을 지킨다는 점에서, 어휘로부터 투영되어야 한다.(서정목·이광호·임홍빈 옮김『개정 신판 변형문법』(1990), 을유문화사, p.478)
인용 책에서는 '투영원리'라는 용어를 사용하였으나 일반적으로 '투사원리'라는 명칭의 인지도가 높으므로 이에 따른다.

26) 구문은 결국 기본 문형에 해당하는 것으로서 인간 경험의 기본적인 사건 유형을 중심으로 부호화한다. 이는 Fillmore의 보편적 격이론과 Langacker의 개념적 원형(Conceptual archetypes)과 관련된다. 개념적 원형은 기본적인 언어 구조의 원형으로 자리잡는다. 이러한 원형은 끊임없이 확장한다. 왜냐하면 끊임없이 매일 다양한 상황들이 제약된 관습적인 단위에 적용되어야 하는 압박감이 있기 때문이다. Clark(1978)은 어떤 개념의 가장 기본적인 구문을 형성하는 동사를 "보편 의도 동사(General Purpose Verbs)"로 명명하고서 영어에서 'go', 'put', 'make', 'do'와 같은 동사를 설정하고 있다. 이들 동사들은 교차언어학적으로도 어린아이의 언어 습득 과정 중에서 일찍 습득된다는 특징을 지니고 있을 뿐만 아니라 아이들의 발화에서도 가장 평범하게 사용된다고 하였다. 이러한 관점에서 볼 때 'ABC 구문'에서 가장 기본적인 개념을 보여주는 동사를 설정할 수 있는데 이는 '주다'동사이다. 우리는 앞서서 '주다'동사가 'ABC구문'의 원형적 의미를 수행하는 전형적인 동사임을 실험을 통해 살펴보았다.

3.2 구문 유형과 구문 연결

3.2.1 수용자 구문

먼저 '주다' 동사의 의미 개념 구조를 보자. '주다'의 의미가 최대한으로 실현되었을 때 그 의미는 네 개의 사건 과정으로 분석된다. 첫 번째 틀에서는 이 사건 구조가 <행위>(비상태성)임을 지시한다. 이는 광범위하게 펼쳐진, 이 같은 동사 무리들이 최소의 구조로 결합할 수 있는 사건 틀이다. 이 틀에서는 행위자를 의미하는 하나의 논항이 두드러진다. 두번째 틀에서는 '받다'의 사건 구조가 설정된다. 여기에는 받는 대상과 전달되는 대상물이 논항으로 나타난다. 세번째 구조는 행위자가 행위를 함으로써 [사건Ⅱ]가 야기되었음을 나타낸다. 즉 대상물이 대상자에게로 전달된 것은 행위자의 행위에 의한 것이라는 개념 과정을 보이는 것이다. 따라서 [사건구조 Ⅲ]에서는 [사건Ⅰ]의 의미와 [사건 Ⅱ]의 의미구조가 결합한다. 마지막으로 '주다'동사에서 분석되는 개념은 이러한 사건을 행위자가 의도한다는 것이다. 따라서 사건구조 Ⅳ에서는 의도성의 개념을 설정하고 의도를 가지는 행위자와 야기하는 사건 Ⅲ을 논항으로 갖는다고 할 수 있다.27) 이러한 과정을 하나의 도식으로 나타내면 아래와 같다.

---

27) 한 동사의 의미의 개념을 자세하게 하위 과정으로 분석하는 것은 다양한 구문이 존재할 수 있는 가능성을 수용하고 이를 의미적으로 설명하기 위한 것이며 또한 구문 간에 존재하는 개념의 원형성과 차이성을 지시함으로써 통사적 실현체인 구문의 개별 양상이 의미와 관련되어 있음을 보이려는 것이다.

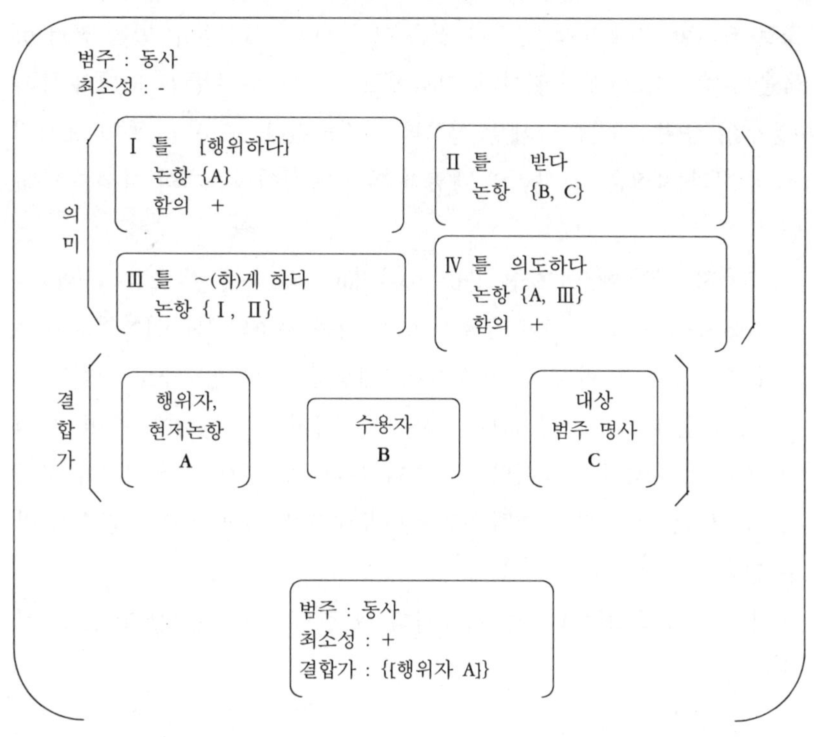

그림 1은 실제 동사 어휘에 대한 구체적인 구문이 아니라 수용자 구문에 가능한 개념과 그 통사 구조를 도식화한 것이다. 각 틀은 이 같은 동사 무리의 최소 틀에서부터 확대 틀에 이르기까지 가능한 의미요소를 제시한다. 최소성 자질은 두 개의 구문을 구분하기 위한 것이다. 작은 박스(자녀 구조) 안에 들어 있는 구문은 구체적 동사가 결합된 구조이므로 최소성 자질 구분에서 +로 나타나고 큰 박스 구문(어머니 구조)은 이 유형 동사들의 확대구조이므로 최소성 자질 구분에서 '-'의 자

질로 설정된다. 이처럼 한 동사의 자녀 구조(최소 구조)에서 어머니 구조로 확대할 수 있도록 설정한 것은 그 동사에 나타날 수 있는 잠재 항목을 설정하려고 하는 것이다. 그림에서 각각의 사건 틀은 의미와 통사(결합가) 층위로 나누어 해당 항목을 설정하였다. 또 사건 틀에 표시된 '함의성'의 자질은 그 사건의 행위와 의도가 함의되는지의 여부를 나타낸다.

'수용자 구문'에서 '수용자'는 비사격(non-oblique), 비-초점 논항(non-disistinguished argument) 명사구로서 이는 타동 구조의 목적어이거나 수동태의 주어 역할을 한다. 이 구문에서 '대상'은 사격 명사구로 실현된다.

구문문법에서 뚜렷한 문법 기능은 세 가지로 구분된다. 주어, 목적어, 그리고 사격이 그것이다. 두 개의 핵기능인 주어와 목적어와 하나의 비 핵기능인 사격을 더함으로써 구문구조에 대한 기술을 단순히 할 수 있다.

이 구문에 속하는 다양한 동사들과 그 함의의 차이를 살펴보도록 하자.

(17) 가. 철수가 순희에게 연필을 주었다.
     나. 순희가 공을 던졌다.

(17가)는 '주다' 동사로서 전형적인 '수용자 구문'의 개념을 갖는다. 이 부류의 동사들은 (넘기다, 건네다, 전달하다 따위) '수용자 구문'의 네 개의 의미 사건들을 모두 포함한다. 따라서 이 부류의 동사들에서 다음과 같은 문장 설정은 적절하지 않은 것이 된다. 즉 전달이 이루어지지 않은 사태는 함의 영역에서 배제된다.

(18)?? 철수가 순희에게 보석을 주었으나 도둑이 가로채었다.

그러나 (17나)와 같은 동사의미인 경우는 행위가 이루어져서 성공적
으로 대상물을 받았다는 함의가 이루어지지 않는다. 따라서 다음과 같
은 사태의 가정도 가능하다.

(19) 철수가 순희에게 공을 던졌으나 상대편이 가로채었다.

이 두 동사 부류를 도식화하여 나타내면 다음과 같다.

그림 2 : 수용자 구문의 하위 부류 : '주다' 류 동사

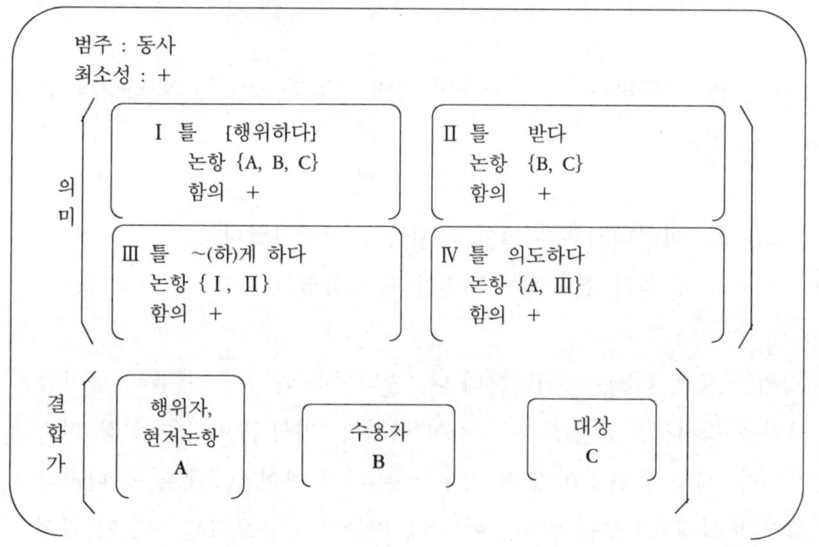

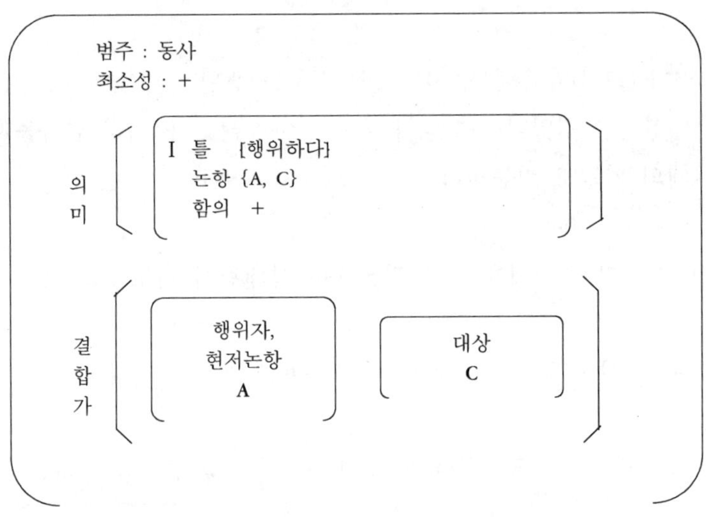

그림 3 : 수용자 구문의 하위 부류 : '던지다' 류 동사

다음은 '허락하다' 류 동사들의 의미 개념과 그 구문의 양상을 살펴보도록 하자.

(20) 가. 어머니가 아이들에게 외출을 허락하셨다.
　　　나. 순희가 철수에게 결혼을 승낙하였다.

위 구문에 나타난 '허락하다'나 '승낙하다'와 같은 부류의 동사들은 사건을 직접적으로 일으키는 것이 아니라 '가능성'이라는 양상 의미를 갖는다. 예를 들면 (20 가)의 경우, 어머니가 아이들에게 밖에 나가라고 했지만 실제적으로는 아이들이 방에 머물러 있음으로써 사건이 일어나지 않을 수 있다. 이 동사의미를 그림으로 나타내면 다음과 같다.

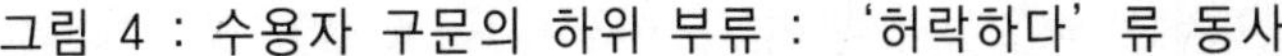

그림 4 : 수용자 구문의 하위 부류 : '허락하다' 류 동사

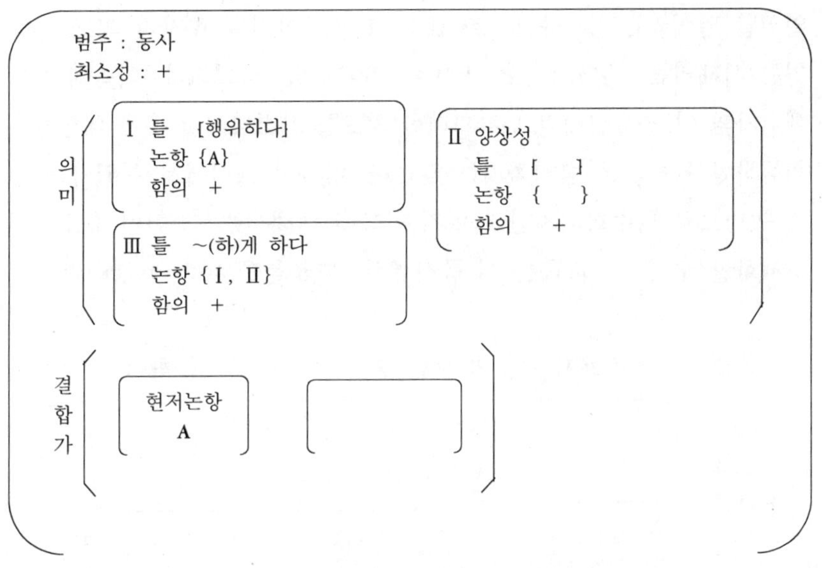

'수용자 구문'에 속하면서 의미론적으로 미래의 의무성을 갖는 '약속하다', '보장하다'류 동사의 의미구조를 살펴보자.

(21) 가. 나는 아이스크림을 사주겠다고 약속했다.

　　　나. 철수가 음악회 공연표를 구해주겠다고 보장했다.

위와 같은 '약속하다'류 동사에서는 <의무수행자>와 <의무수행내용>이라는 두 개의 논항을 갖는다. 이 부류의 대표동사 '약속하다'의 개념을 살펴보면 약속하는 사람(A)이 어떤 행위를 행하고([사건 구조 I]), 그 행위는 어떤 사건을 야기한다([사건구조 III]). 그런데 이러한 사태는 행위자의 의무성과 관련있으며([사건구조 IV]), 또 그것은 미래에 일어날 일이라는 것([사건구조 II]), 그리고 아직은 화자의 의도 안에 있는 사태라는 것([사건구조 V])을 가지고 있다. 그러나 '약속하다'는 행위자의 의도가 실제적으로 그러한 의도를 가졌다거나 혹은 대상물을 획득하였다는 것을 함의하지는 않는다. 따라서 도식에서 행위자는 현저 논항으로 범주화되지만 나머지 항목에 대해서는 그 어떤 요소인지 상세화할 수 없다. 다음은 이 동사류의 개념 틀을 나타낸 것이다.

그림 5 : 수용자 구문의 하위 부류 : '약속하다' 류 동사

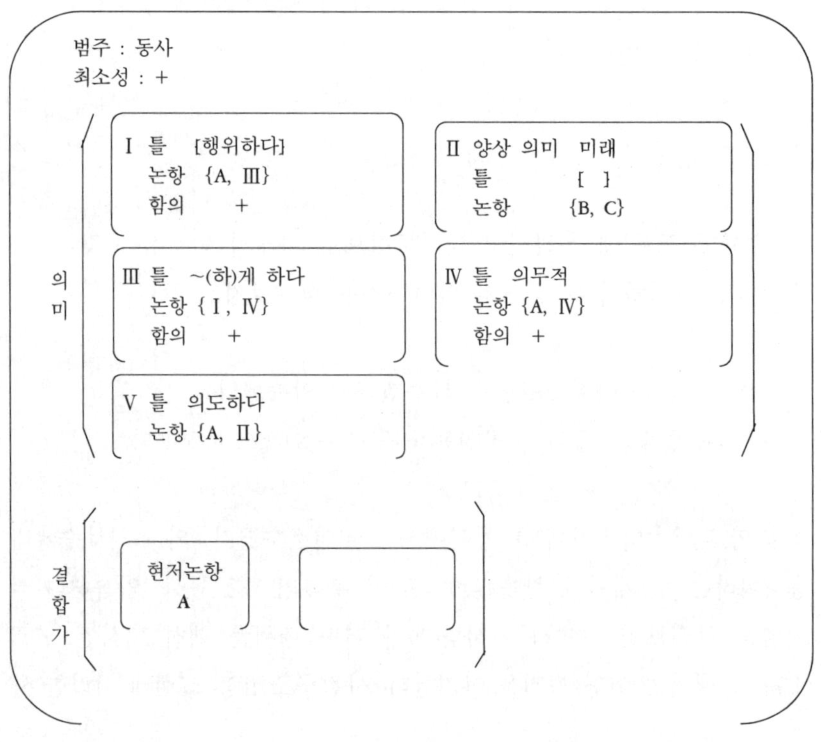

‘거절하다’, ‘부인하다’와 같은 동사 부류는 대상물의 전이가 이루어
지지 않도록 하는 원인을 제공하는 개념 틀을 갖는다.

(22) 가. 철수는 순희에게 입국을 거절했다.
　　　나. 순희는 철수에게 사실을 부인했다.

이들 동사는 ‘주다’동사와 그 개념 틀의 사건 구조가 매우 비슷하면
서도 <받음 틀>에 부정의 자질을 첨가함으로써 차별화된다. 이를 그
림으로 나타내면 다음과 같다.

그림 6 : 수용자 구문의 하위 부류 : ‘거절하다’ 류 동사

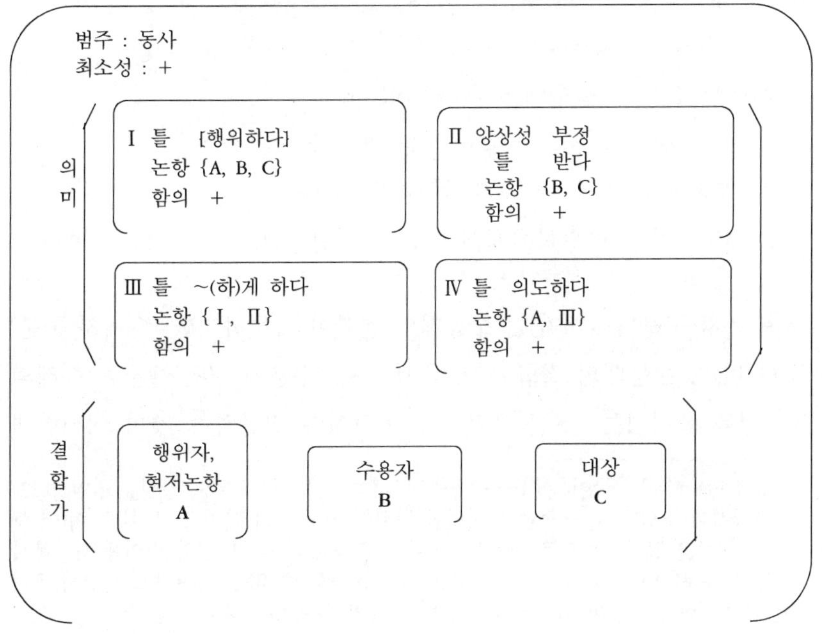

3.2.2 수혜자 구문

다음 구문들을 보자.

(23) 가. 순희가 철수에게 빵을 구워주었다.

　　　나. 나는 아이에게 장난감을 만들어주었다.

이들 동사는 위에서 살펴 본 '수용자 구문'과 관련이 있으나 야기된 사건이 '수용자' 때문에 틀을 유형화하는 것이 아니라 '누구로부터 수혜받음'이라는 의미에 따라 이루어진다는 점이 다르다. 이러한 동사 구문들을 특별히 '수혜자 구문'28)이라고 한다면 이들이 앞서 살펴 본 '수용자 구문'과 구별되는 통사론적 증거가 있다.

(24) 가. 순희가 철수에게 책을 주었다.

　　　나. 　철수가 순희에게서 책을 받았다.

　　　다. 순희가 철수에게 빵을 구워주었다.

　　　라. *철수가 순희에게서 빵을 구워받았다.

'수용자 구문'인 (24가)는 수동태의 결합이 가능하지만 '수혜자 구문'인 (24다)는 수동태의 결합이 어색하다. 또 '수용자 구문'에서는 수혜의 목적성을 표시하는 '~를 위해' 가 목적어와 결합하는 것이 어색한데

---

28) 성광수(1999), "한국어 봉사구문의 특징", 『한국어 문장표현의 양상』, 월인, p.296 본동사와 결합하여 '누구에게 어떠한 행위를 베풀다'의 의미로 쓰이는 '-아/어 주다' 구문을 봉사구문으로 설정한 바 있다. 본동사 '주다/받다'의 의미에서는 봉사 구문에 나타나는 것 같은 '봉사'의 의미를 속단할 수 없는 것이라고 하면서 우리 국어의 봉사 구문이 일본말과는 달리 화자의 의도성이 강한 표현이라고 하였다.

‘수혜자 구문’에서는 자연스럽다.

(25) 가. 철수가 아가씨에게 꽃을 주었다.

→?철수가 아가씨를 위해 꽃을 주었다.

나. 철수가 아가씨에게 꽃을 사주었다.

→철수가 아가씨를 위해 꽃을 사주었다.

따라서 ‘수용자 구문’과는 독립적으로 ’수혜자 구문‘의 의미구조와 그 틀을 설정할 수 있다.

그림 7 : 수혜 구문 : ‘˜어 주다’ 류 동사들

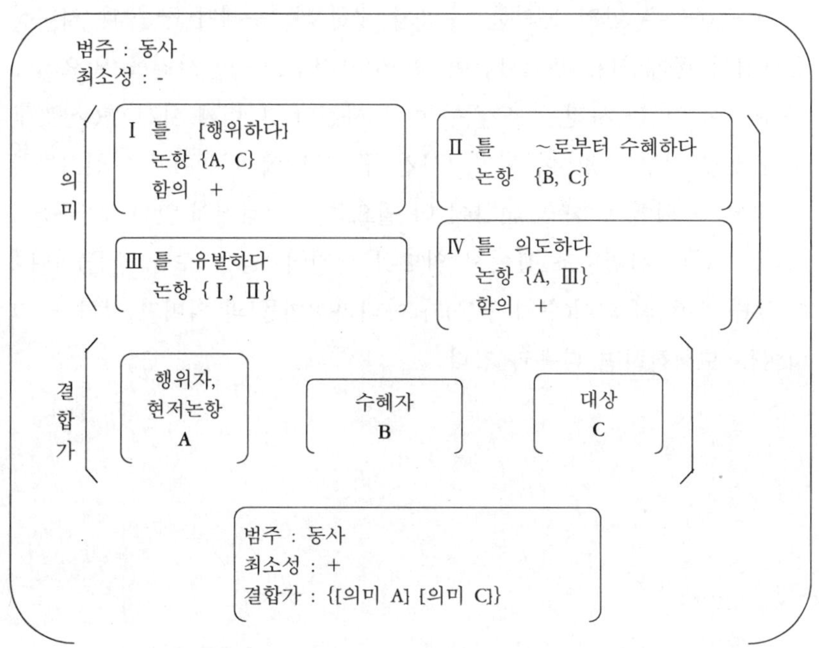

3.2.3 사역 이동 구문

Goldberg(1995)는 사태와 관련된 구문을 분류하면서 '수용 구문'과
'수혜 구문'을 설정하고 이와는 다른 두 개의 구문으로 '사역이동 구
문'(Caused Motion Construction)과 '결과 구문'(Resultative Construction)의
유형을 설정하였다. 여기서는 이 두 구문의 의미적 유형을 분석하여 앞
서 고찰한 두 개의 구문과 서로 어떻게 관련되는지 살펴보기로 하겠다.

(26) 가. 철수가 공을 담장 너머로 쳤다.
　　　나. 순희가 철수에게로 가방을 던졌다.

이 구문들은 앞서 논의한 '수용자 구문'과 '수혜자 구문'과 의미적
유사성이 존재한다. 행위사건이 있고([사건구조 I]), 사건을 일으키는
사람과 야기되는 사건 구조가 두 번째 사건과 세 번째 사건 틀([사건구
조 II], [사건구조 III])이 되며, [사건 구조 I]에서 행위자는 현저논항
이 되고 그 외에 두 개의 논항이 더 필요하다는 점에서 앞선 두 구조와
같다. 그러나 사건구조 II에서 의도된 사건이 '받음'(수용 구문)이나 ,
'~부터 수혜'의 의미(수혜 구문)가 아니라, '이동'의 의미가 강하다. 그
차이를 도식화하면 다음과 같다.

그림 8 : 사역이동 구문

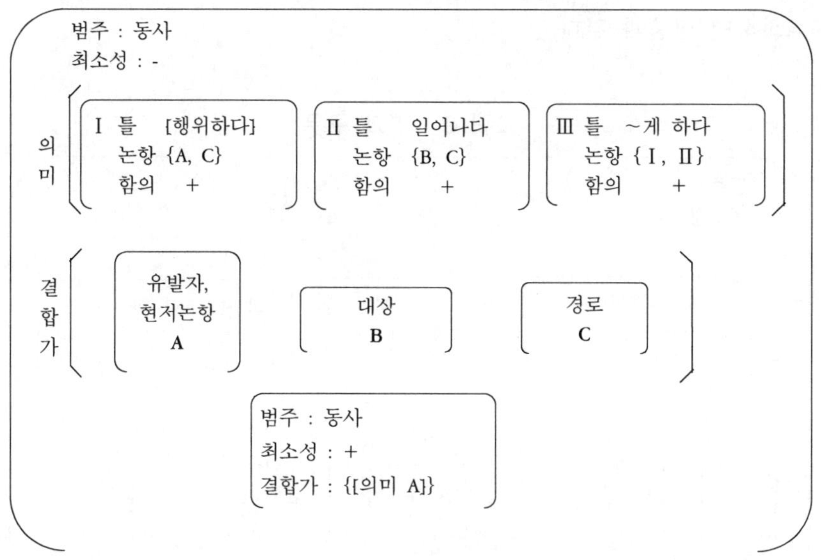

3.2.4 결과 구문

사태를 나타내는 또 하나의 구문인 '결과 구문'에 대해 그 개념과 구문의 양상을 살펴보기로 하자.

(27) 가. 순희가 철수를 미치게 만들었다.
　　　나. 순희가 탁자를 깨끗하게 닦았다.

'결과 구문'은 '사역이동 구문'과 거의 유사하지만 [사건 구조 II]에서 '이동하다'의 의미 대신에 '-(으)로 되다'의 틀이 범주화된다는 점에서 구별된다. 또한 통사 구조에서 논항 A와 B는 '사역이동 구문'과 같

은데, 논항 C는 보문이고 부사범주로 나타난다는 점이 다르다. 이를 도
식화하면 다음과 같다.

그림 9 : 결과 구문

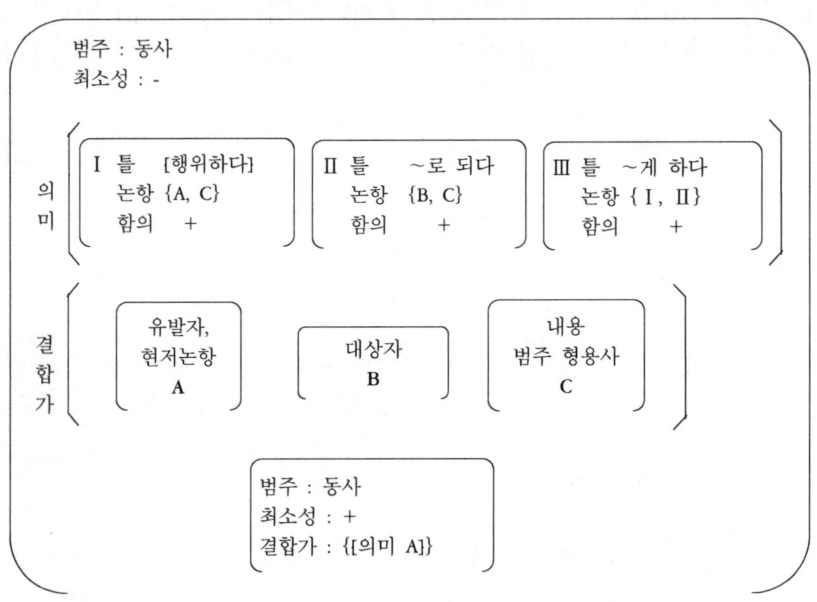

　　지금까지 '수용자 구문', '수혜자 구문', '사역이동 구문', '결과 구문'
의 의미적 유형과 그 틀을 살펴보았다. 그리고 이들 구문의 사건 도식
안에 발견되는 유사점과 차이점에 대해서도 살펴보았다. 이들 구문에
서 나타나는 유사성을 토대로 좀 더 추상적인 구문이 설정될 수 있는
가능성이 보인다. 각각의 구문을 상속시킨 추상적인 구문을 잠정적으
로 'ABC 구문'이라고 명명하기로 하자. 추상적 'ABC 구문'을 설정하여
'ABC 구문'으로부터 각각의 구문으로 상속되는 부분을 제시함으로써

구문들 간의 연계성을 한 눈에 볼 수 있도록 도식을 좀더 간결하게 표시할 수 있고 또 중복된 정보는 억제할 수 있다.

그림 10 : ABC 구문

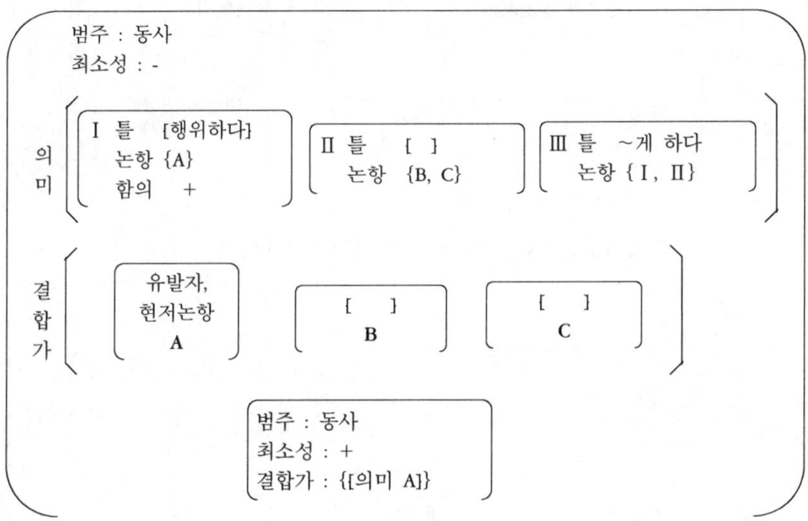

그림 11 : ABC 구문의 상속(1) : 수용자 구문

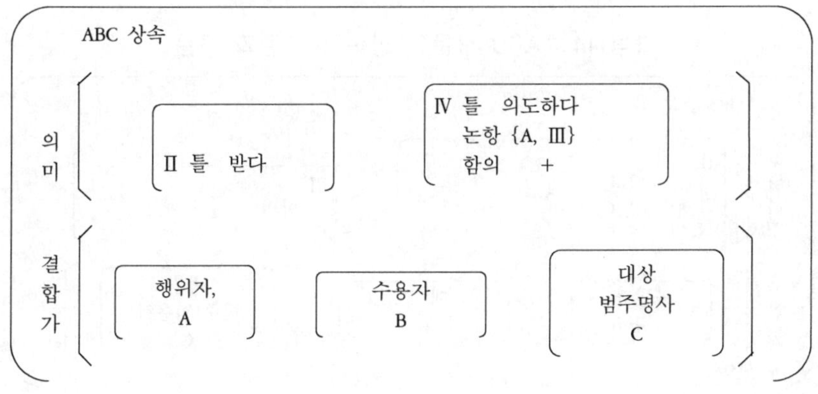

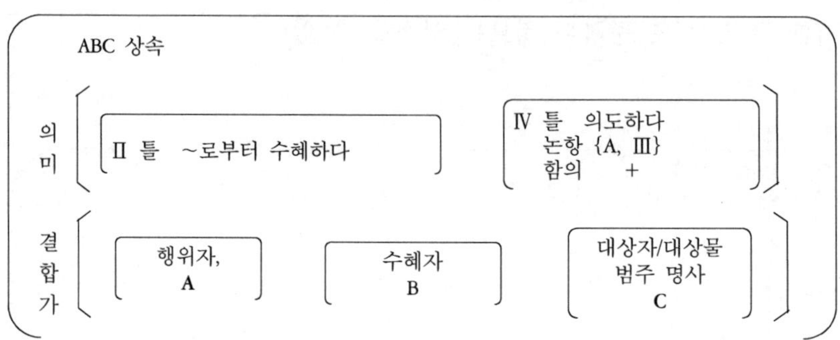

그림 12 : ABC 구문의 상속(2) : 수혜자 구문

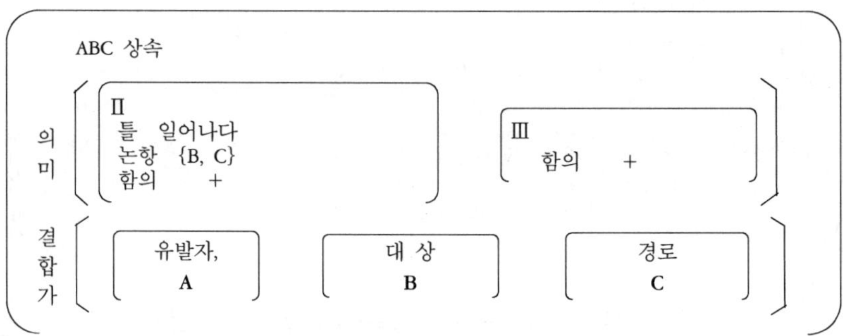

그림 13 : ABC 구문의 상속(3) : 사역이동 구문

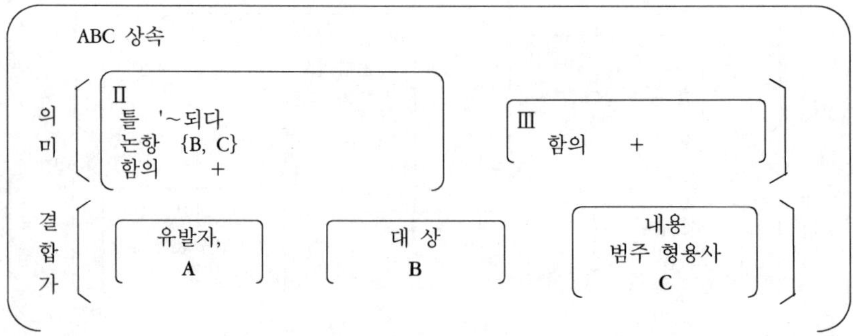

그림 14 : ABC 구문의 상속(4) : 결과 구문

이 같은 'ABC 구문'은 더 많은 구문으로 확장될 수 있다. 예를 들면 다음과 같은 구문들도 'ABC 구문'의 의미를 상속받는다.

(28) 가. 순희가 철수를 벽장에 가두었다.

　　　나. 순희가 외투를 옷장에 넣었다.

　　　다. 철수가 트럭에 건초를 실었다.

(28가)는 잠정적으로 '이동억제 구문'이라는 이름으로 나타내도록 하자. 이 틀은 앞서 살펴본 '사역이동 구문'과 짝을 이룬다. 그림으로 나타내면 다음과 같다.

그림 15 : ABC 구문의 상속(5) : 이동억제 구문

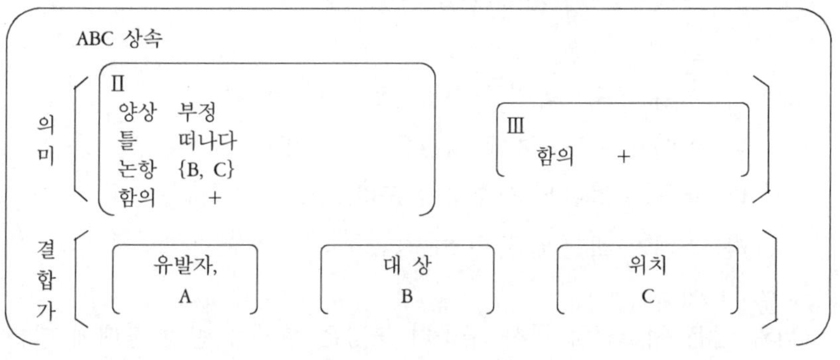

(28나)의 구문은 행위자의 행위를 통하여 대상물이 어떤 위치에 있게 되는 것을 의미하는 구조인데 세 개의 논항이 범주화된다. 잠정적으로 '사역배치 구문'으로 명명할 수 있겠는데 여기에는 행위자(Agent)와 대상(Theme), 위치(Location)가 요구된다. 도식으로 나타내면 다음과 같다.

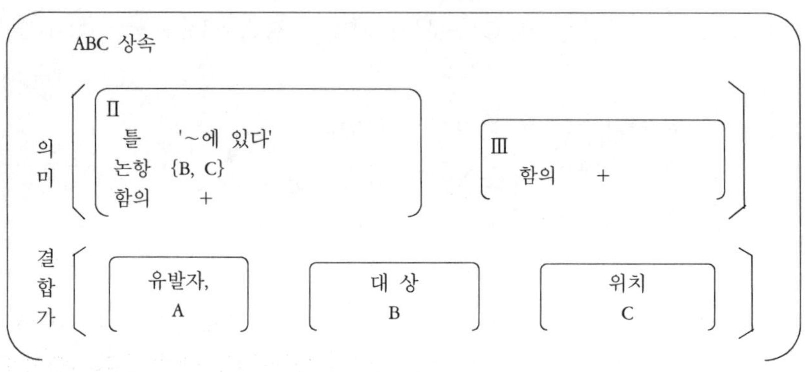

(28다)는 종래에 처소교차동사로 분류되는 동사류 구문이다. 위에 나타난 형식은 '사역배치 구문'과 같다, 그러나 이 구문은 다음과 같이 통사적 변이 형태의 짝이 가능하다.[29]

(29) 가. 아이가 수도꼭지를 헝겊으로 틀어막았다.

나. 아이가 수도꼭지에 헝겊을 틀어막았다.

다. 소녀가 화단을 꽃으로 가꾼다.

라. 소녀가 화단에 꽃을 가꾼다.

위와 같은 처소교차 동사 구문의 특징은 통사적 변이 형태에 따른 의미의 차이가 나타나며 문장 성분의 통사적 지위가 달라진다는 점이다. 일반적으로 처소교차 동사 구문에서는 전체적 해석을 받는 것과 그렇지 않은 것의 함의가 차이가 있다는 점이 논의되어 왔다. 예를 들면

---

29) 처소교차 동사 구문의 예는 양정석(1995), p110에서 인용함.

(29다)는 '화단 전체가 꽃으로 가득하다'는 전체적 해석을 받는 반면에
(29라)는 그러한 함의를 갖지 못한다는 것이다. 그러나 여기서 지적하
여야 할 것은 이러한 해석의 차이를 동반하는 동사의 수는 많지 않으
며 대부분의 동사는 이들 용법 중 하나를 선택한다는 사실이다. 또한
(29다)와 같은 구조인데도 '전체적 관여성'이라는 의미를 추론할 수 없
는 경우도 있다.

(30) 아이들이 크리스마스트리 꼭대기를 은별로 장식했다.

위 문장에서는 크리스마스트리 전체가 은별로 장식되었다는 추론은
성립하지 않는다. 처소교차 동사에서 '전체적 관여성'의 의미 해석은
동사의 개별적 의미 특성에 기반하여 좀더 차별화되어야 할 것이다. 처
소교차 동사 구문을 도식화하면 다음과 같다.

그림 17 : ABC 구문의 상속(7) : 채움 구문

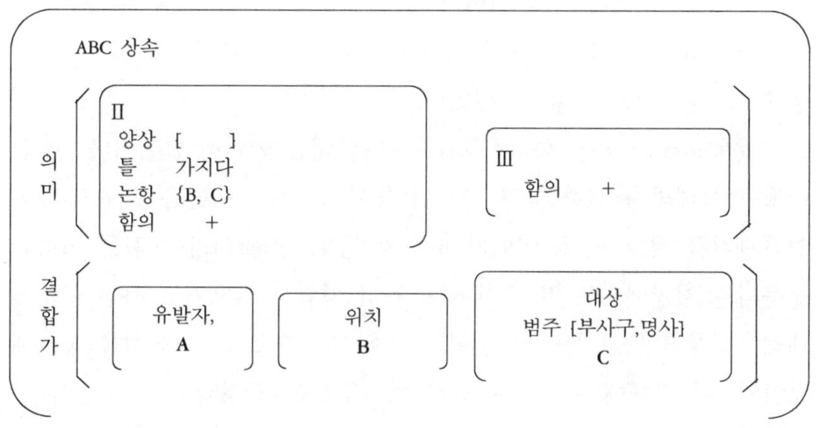

3.2.5 요약

이 논의는 새로운 의미 접근의 시각으로 동사의미와 문장의미의 관련성을 살펴보는 하나의 시론이다. 지금까지는 문장을 해석할 때 아래에서 위로의 순서를 따라 주어진 어휘항목의 합성으로 의미가 이루어지는 것이라고 보았다. 그러나 실제 언어 자료에는 문장의미가 이 같은 어휘항목의 합성으로는 예측하기 어려운 경우가 많다. 이러한 자료들에 대해 지금까지는 문법의 예외적인 현상이나 언어의 주변적인 양상, 또는 관용적인 표현으로 간주하여 학문적 연구 대상에서 소외시켜왔다. 그러나 본고에서는 언어를 중심적인 것과 주변적인 것으로 나누어 연구하는 일은 매우 작위적인 것이며 또한 타당하지도 않다는 점을 주장하였다. 특히 문장의미가 동사의 사전적 의미로는 설명할 수 없는 경우를 주목하여 동사의미에 대한 새로운 관점을 모색하고 또 문장의미와 동사의미가 서로 연결되는 모습에 대해서 살펴보았다. 문장의미가 어휘항목의 합성으로는 예측될 수 없는 의미를 파생시킬 때 거기에는 문장의 구문이 갖는 특정 의미가 내재되어 있다는 가정을 할 수 있다. 특정한 구문이 자체의 의미를 가지고 있다는 사실은 몇 가지의 증거를 통해 그 타당성을 가질 수 있었다.

구문(Construction)은 특정한 사태를 나타내는 언어적 단위이다. 한 언어에는 사태와 관련한 특정 구문 유형이 있고 또 이들은 서로 긴밀한 연관관계를 맺고 있다. 언어가 고도의 정보조직망이라는 점은 이러한 구문의 조직망에서도 잘 드러난다. 특히 행위를 일으키는 사건 구문에 대해 그 개념 틀과 통사적 실현 양상을 중심으로 그 가능성을 모색해 보았다. 이 구문에 속하는 다양한 하위구문은 잠정적으로 '수용자 구문', '수혜자 구문', '사역이동 구문', '사역배치 구문', '이동억제 구문', '채움 구문'으로 나누어지는데 이들은 공통적으로 원형적이고 추상적인 '사역성 ABC 구문'으로부터 자질을 상속받는다. 이를 그림으로 나타내어 각각의 구문에 포함되는 동사들의 성격에 대해서 생각해 보았다. 또한 구문에 참여하는 동사 의미에 대해 논항구조를 결정하는 통사적 자질 외에 출현가능한 잠재항목을 설명할 수 있도록 틀 의미론적 의미요소를 설정하였다. 이로써 실제 언어자료를 반례로 처리하지 않고 충분히 수용할 수 있게 되었다. 언어의 절대적인 예측력을 정확하게 기술하는 것이 아니라 일상 언어의 자료에서 동기화(Motivation)의 원리를 찾는 것이 우리 논의의 목적인데, 이는 인지적인 관점의 언어관점을 수용한 것이다. 언어는 서로 분리된 독립체로서 존재하는 것이 아니라 밀접하게 서로서로 의미적인 관련을 맺고 있으며 또 이러한 의미적 관련성은 구문의 선택에 결정적인 동기를 부여한다.

우리가 이 장에서 생각해 본 'ABC구문'과 그의 '상속 구문' 들은 결론적으로 아래 그림과 같이 나타낼 수 있다.

그림 18 : 추상적 ABC구문과 상속들

ABC 구문						
수용자 구문	수혜자 구문	사역이동 구문	결과 구문	이동억제 구문	사역배치 구문	채움 구문
"받게하다"	"~로부터 수혜하게 하다"	"일어나게 하다"	"~상태에 있게 하다"	"~에 머무르게 하다"	"~에 있게 하다"	"~를 가지게 하다"
/주다/	/사주다,구 워주다/	/밀다/	/만들다/	/두다/	/놓다/	/채우다/

4. 이론의 심화 발전

4.1 개요

구문문법의 이론적 기반을 개괄함으로써 동사의미 연구에 대한 새로운 접근방법을 적용할 수 있었다. 여기서는 이 구문문법이 태동하게 된 미국 버클리대학교의 언어학과를 중심으로 인지 언어학 연구의 새로운 경향과 성과에 대해 좀더 탐구하여 국내 인지언어학 연구의 새로운 주제와 방향을 모색하고자 한다. 여기에 소개하려는 언어학 이론과 수행 중인 프로젝트, 그리고 대표적인 논문들은 나름대로의 참신성과 중요도를 가진 것들로서 이 분야의 연구자들에게는 새로운 시각을 보여줄 수 있을 것으로 본다.

4.2 신체화기반구문 문법(ECG) 이론의 성립과 배경

최근 인지 언어학에서는 구문분법의 분석 모델을 바탕으로 하여 언어의 인지 과정을 도해하려는 연구를 수행하고 있다. 이른바 ECG(Embodied Construction Grammar)로 불리는 신체화기반 구문문법이 바로 그것이다. 이 이론은 구문문법에서 제시하는 음운적 형태와 개념적 표현을 사상하는 데 쓰이는 구문이 신체의 지각과 운동 신경체계에 근거하도록 제한되어 있다고 보며 그러한 체계를 구문문법의 분석과 정신영상(시뮬레이션)으로 제시하려는 것이다. 인지 언어학의 새로운 연구 방향으로 접목된 신경언어학에서 구문문법의 언어 이해에 대한 관점은 인간의 언어 발달 과정을 잘 설명해줄 수 있는 언어학적 기반이 된다.

  언어 심리학과 신경학을 연구하는 학자들에게 인간의 인지 과정에 대한 분석은 실증적으로 혹은 분석적으로 이를 제시할 수 있는 적절한 모델을 찾는 일이 매우 중요하다. 오랜 생성문법적인 전통에서 언어에 대한 연구가 축적되어 왔지만 신경체계는 생성문법에서 만든 형식적 언어체계와는 다르게 움직인다는 사실때문에 생성문법에 기대기는 어려웠다. 신경체계는 형식적인 추상 체계가 아니라 다양한 자극을 활성화(activation)하거나 억제(inhibition)하는 상호작용을 통하여 두뇌에 정보를 전달한다. 신경 단위세포는 외부의 자극을 받아들이는 axon과 이를 외부로 그 자극을 전달하는 dentris라는 두 기능의 단순한 구조로 요약하여 볼 수 있다. 자극이 계속되면 axon은 충격 연쇄를 만들고 이를 전달 받은 말단에서 칼슘이 증가하는 화학 반응이 나타난다. 또한 흥미로운 것은 신경 세포가 외부의 자극에 대해 범주적으로 이를 파악하여 반응한다는 점이다.

  인지 언어학은 이런 신경 언어학의 연구에 긍정적인 응답을 줄 수 있는 관점으로 부각되었다. 인지 언어학은 고전적인 범주 이론의 비현실성을 지적하여 실제적인 원형범주 이론을 성립시켰고 언어 해석에서의 백과사전적 지식이 중요하다는 점을 부각하였고 상황적 요소를 중요하게 다룸으로써 언어가 그를 둘러싼 환경과 상호작용 한다는 이론을 체계화하였다. 이는 심리학이나 신경과학의 주제들과 밀접한 관련을 가질 수 있는 이론 바탕을 제공하는 것이라 할 수 있다. 특히 최근의 구문문법이나 인지문법, 공간문법 등과 같은 구체적인 연구 방법론들은 언어 이해를 실제적으로 도식화하고 설명할 수 있도록 제시한 셈이다. 그 중에서 구문문법은 한 발화를 음운 형태와 의미의 결합체인 구문 단위(원형범주 이론을 따름)[30]로 분석하여 이를 체계적으로 다른 구문 단위들과 연결시키고 그 단계에서 의미가 합성되는 과정을 체계적으로 형식화하며, 또 일상적 개념 도식을 상호 작용하도록 구성함으로써 심리학적인 요소와 신경학적인 관점이 반영될 수 있도록 한 이론이다.

구문문법에서 설정하고 있는 언어 이해의 체계성은 어린아이의 언어 습득 관찰에서도 여실히 증명된다. MacWhinney 1991[31])에서는 어린아이의 언어 습득 과정을 관찰한 후 다음과 같은 몇 가지의 결론을 도출하였다.

① 아이들은 어휘 상세된 구문을 먼저 습득한다.
② 구문은 경험에 바탕을 두고서 추가 성분들을 첨가시키면서 점차적으로 발전하여 습득된다.
③ 구체적 어휘화를 거듭한 후에 일반 도식을 추론해낸다.

---

30) Rosch의 일련의 범주 연구에 관한 이론에서는 어떤 개체의 집단에서 가장 원형성을 가지는 개체는 일상의 사용 빈도가 가장 높은 중간 범주이며 이것이 원형범주라고 하였다. 예를 들면 '가구-의자-흔들의자'라는 단어 위계에서 어린아이는 의자라는 범주를 가장 먼저 익히고, 이를 바탕으로 하여 다음 단계에서 위로 아래로 추상화와 상세화를 거치면서 범주를 넓혀간다. 구문문법에서 발화를 분석할 때 구문 단위를 구체적인 동사 도식에서부터 시작하여 상위의 절 구문 도식으로 연결되도록 하는 것 또한 원형 범주의 관점을 따르고 있는 것이다.

31) 이 연구에서는 Naomi라는 아이의 언어 습득 자료를 시기별로 제시해주고 있다. 제시된 자료를 Namoi는 점차적으로 첨가되는 언어 단위를 증가시키면서 언어를 습득하고 있다는 것이 나타난다.
want-want juice-want get down-I want it-I want it hug-I want get down-I don't want-I don't want Cheerios-I want hot cereal-want suger on-Kangaroo want peanut butter-I want take that-George want the blanket?-I want to do it-I don't want to put it back on the table

④ 언어 습득은 언어 용례와 연결되어 있다.

예를 들어 어린아이는 '철수'라는 한 개체에 대하여 일상의 체험(여기서는 시각이라는 감각 기관을 통해 지각)을 통하여 의미와 형태가 결합된 개념을 습득한다. 같은 원리로 '학교'라는 대상에 대하여서도 체험화 된 형태와 의미의 결합체를 만들고 이에 대한 개념을 형성한다. 개체 대상보다 복잡한 동사구문들은 주위에서 얻은 언어체험을 통하여 형태관계와 의미관계를 분석한 뒤 구조적으로 구문에 사상되게 하고 형성된 구문을 바탕으로 이와 비슷한 관계에 있는 동사 구문들을 일상에서 접하면서 스스로 분석하고 재조직하여 일반화된 구문 도식을 만든다.

이런 과정에 대해 언어신경학의 최근 실험 결과에서는 한 행위를 지각하고 또 이를 실행하기 위해 활성화되는 표상 기관이 그 행위에 대한 언어의 이해 과정에도 동일하게 나타난다는 점을 밝혔다. 이는 지각 체험에서 바탕이 된 개념 형성 과정이 추상적인 언어 개념의 형성에도 동일하게 일어난다는 것을 말한다.

색에 대한 인지언어학적 연구가 이런 점을 더욱 뒷받침하고 있다. Paul. Kay & Chad K. McDaniel(1978)의 색에 대한 연구에 따르면 인간이 색을 인지하는 것은 광선이라는 환경과, 인간의 신경 감각 기관 그리고 문화적인 맥락이 상호작용 한다. 색에 대한 신경학적 연구에서는 시각 감각이 두뇌로 이어지는 경로에는 여섯 유형의 세포가 있는데 이 중 네 가지는 반대되는 표상 체계를 가지고서 색깔을 구분하는 데 쓰이고 또 둘은 밝기를 결정하는 데 사용된다는 것을 보여주었다. 이때 흥미로운 것은 색깔 지각에서 일어나는 신경 조직의 반응 현상이 그 색깔에 대한 언어 인지에서도 동일하게 일어난다는 것이 관찰되었다. 인지·

신경 언어학자들은 이를 언어가 체험화에 기반을 두고 일어나는 인지 현상의 하나임을 보여주는 중요한 실험 결과로 보고 있다. 그러므로 언어의 전체 이해 과정을 설명하기 위해서는 기본적인 체험화에 바탕을 둔 형태와 의미의 결합체인 구문을 설정하고 이의 단계별 형식화를 보이는 구문문법의 분석이 유용하다.

그런데 어떻게 그렇게 수많은 발화가 이해될 수 있는 것일까? 모든 발화가 개별적으로 하나씩 다 구별되어 인식되는 것일까? 전문적이지 않은 일반인들조차도 다양한 상황에서 발화된 모든 언어 자료를 개별적으로 모두 개념화하여 인지한다는 논리는 불가능한 것으로 판단할 것이다. 여기에서 언어 인지과정의 매우 합리적인 작용 원리를 하나 발견하게 된다. 언어의 인지는 범주화의 과정을 거쳐 이루어진다. 마치 신경세포가 외부의 자극에 대해 범주화를 이용하여 도식을 만들어내는 것처럼 다양한 언어 자료는 화자에게 범주화의 과정을 거치 개념으로 인지한다는 것이 실증적으로 관찰되었다.

ECG에서는 실제로 어떠한 단계를 거쳐 언어 이해 작업을 수행하는지 요약해보자.

① 특정한 의사소통 맥락에서 한 발화가 이루어진다.
② 이를 말 연쇄(speech string)로 이루어진 구문의 집단으로 가정한다.(각각의 단위들은 형태와 의미의 연결체로 가정, 분리하여 분석 가능한 개체로 인식)
③ 분석 단계 : 여러 개의 구문 집합에 분석이 놓여진다.(음운과 개념 도식을 연결, 문맥 고려) 이를 통해 의미 상세화(Sementic specificaton) 분석을 함(어떤 도식이 구문으로 나타났고 또 그 구문

들은 발화에 어떻게 연결되어 있는가를 상세하게 분석).

④ 시뮬레이션 단계: 실제적인 사건 행위, 대상, 관계, 상태 등을 그려보는 단계

⑤ 추론 단계: 다음 과정을 결정하고 언어 사용자의 반응을 끌어내는 기반.

이런 이론적 배경위에서 현재 미국 버클리대학교에서 현재 진행하고 있는 언어학 프로젝트는 크게 두 가지로 나누어진다.

첫째, 몸과 마음의 관계를 과학적으로 제시하기 위한 학제간 연구 작업

둘째, 언어 자료의 다양한 정보처리 이론모델을 제시하기 위한 전산 작업

인지 언어학의 제 2세대를 맞이하는 시점에서 언어연구는 인간의 신체가 언어에 연결되는 상관성을 밝히려는 노력이 학제간 프로젝트로 이루어지고 있다. 지금까지 철학, 언어학을 비롯한 인문 과학 전통에서 인간의 몸은 사유 대상에서 당연하게 분리되는 실체였다. 정신과 몸을 분리하는 이분법적인 사유 체계는 서구 문명을 2000년 넘는 철학 전통이기도 하다. 그러나 최근의 많은 언어학자들이 주장하는 것처럼 '마음'과 '몸'은 사실상 유기체와 환경 사이의 지속적인 상호 작용 과정에서 그 무엇인가를 개념화하기 위하여 우리가 구성하는 실체의 대상들이다. 몸은 마음속에 있고 마음은 몸속에 있으며 몸과 마음은 또한 세계의 일부이다(M.존슨/노양진 옮김.(2000), 『마음 속의 몸』 P.13). 문제

는 이러한 철학적 기반의 언어관을 실제 언어 연구에서 어떻게 수행하며 또 어떻게 제시할 수 있는가하는 구체적인 방법론의 어려움에 있다.

버클리 대학을 중심으로 이루어지고 있는 언어와 몸의 학제간 연구는 한마디로 말하면 이러한 방법론에 대한 과학적 분석이며 형식화이다. '몸(body)이란 말은 인지 언어학 분야의 연구자들이 즐겨 쓰는 표현이기는 하지만, 버클리 대학의 프로젝트에서 규정되는 바로는 '신경(neuron)'이나 신경구조(the structure of neuron) 혹은 그 구조망(neuron network)을 지시한다. 언어학, 신경학, 컴퓨터과학의 학제 간 연구로 이루어지고 있는 NTL(Neuron Theory based Language)이 그것이다. 이 이론은 다양하게 인지한 익숙한 인지 기능들에 대해 이를 수행하고 있는 신경계 모형을 제공하려는 시도이다. 우리의 두뇌에서 추상화한 모든 언어활동을 포함한 사유가 신체의 신경 구조와 감각 운동 구조의 활성화(혹은 억제)와 같은 자극-반응의 결과에 관련된다는 것을 형식화하고 궁극적으로는 하나의 영상으로 나타내려는 것이다.

둘째 작업은 어휘부를 전산 처리하여 총체적인 데이터를 구축하려는 것이다. 이는 Fillmore를 중심으로 한 Frame Net의 작업으로 대표된다. Frame Net에서는 언어 자료를 이용자의 다양한 목적에 맞게 전산 처리할 수 있는 이론 개발과 실제 언어 분석처리 모델을 제시하고 있다. 단계적으로 보면 개개의 어휘를 연구하고 이 어휘들을 뒷받침하고 있는 어휘의 틀과 개념구조를 기술하고, 또 이 단어들을 포함하고 있는 대단위의 실제 자료, 즉 문장을 분석하여 틀에 결합되어 있는 정보가 문장으로 구현되는 방법을 기록한다. 현재 Frame Net 1, 2 작업으로 약 20.000개의 어휘 단위들이 분석되었다.

그동안 Frame Net에 대한 연구는 이 분야에 관심을 가지고 있는 연구자들이 많아서 충분한 논의가 이루어지고 또 한국어를 대상으로 한 Frame Net작업도 진행 중이다. 그러나 신경학적 이론 위에서의 언어 연구는 언어 연구자들에게는 아직 생소한 감이 없지 않다. 여기서는 이 분야의 연구 주제를 중심으로 현재 수행중인 단계별 과제, 지금까지의 연구 성과, 앞으로의 연구 진행 방향 등을 일람하기로 하겠다.

4.3 몸과 마음의 관계 : 신경조직과 언어의 관계

NTL프로젝트라고 불리는 이 연구는 언어학의 영역에 신경학의 이론과 방법을 적용하여 언어와 몸, 즉 개념과 신경 조직의 상관관계를 밝히려는 것이다. NTL의 연구는 "어떻게 두뇌가 마음을 연산할 수 있는가"하는 물음에서 시작된다. 다소 추상적인 이 물음은 구체적인 네 가지의 질문으로 다시 구성해 볼 수 있다.

· 어떻게 고도로 구조화된 신경조직망이 사고와 언어를 뒷받침할 수 있는가
· 어떻게 두뇌의 특정한 신경 구조가 사고와 언어의 성격을 특징지을 수 있는가
· 어떻게 언어와 사고가 지각(perception), 운동 조절(motor control), 사회 인지(social cognition)와 같은 다른 신경 체계에 연결될 수 있는가
· 신경 체계의 연산(computation) 속성은 무엇인가

이러한 물음들에 답하기 위해 사용하는 이론적 도구들은 다음과 같은 것이다.

· 종합적 제약(Converging constraints) 컴퓨터 과학, 언어학, 심리학, 인지과학

을 포함하여 공동연구를 진행한다.

· 인지 모델(Cognitive modeling) 언어와 언어 습득에 대한 시뮬레이션을 포함한 인지 모델을 구축한다.

· 환원주의적 조건(Reductionist requirements) 이러한 이론과 모델은 생물학적으로 적절하게 해석되어야 한다.

현재 수행되고 있는 NTL 작업은 다섯 단계로 구성되고 있다.

제 1 단계 : 인지와 언어 단계 : 인지 기제, 언어 현상에 대한 구체적인 연구
　　　　　　(공간 관계, 은유, 상, 기억, 틀, 구문)
제 2 단계 : 연산 단계 : 형식화, 데이터 구조, 연산화 (실행 도식, 자질 구조,
　　　　　　사상, 믿음 망)
제 3 단계 : 구조화된 연결주의 단계 : 단위들에 대한 분포 망 구축(시간적
　　　　　　결속, 학습자원)
제 4 단계 : 연산적 신경생물학 단계 : 신경 구조와 처리 모델 구축
제 5 단계 : 생물학 단계 : 생물학적, 신경물리학적 구조와 처리

현재 이 분야의 연구는 제 1 단계와 제 2 단계의 연구에 상당한 연구 성과물이 축적되어 있고 제 3 단계의 연결주의에 대한 연구도 활발하게 진행되고 있는 것으로 보이며 이 세 단계의 연구 성과물들을 토대로 본격적인 신경학과 생물학의 이론들을 언어 현상에 접목하여 구체적인 영상을 통하여 언어와 신경의 관계 양상을 제시하려는 데 연구의 박차를 기하고 있다. 그런데 이런 연구 과정 중에서 제 2 단계를 넘어서면 그 분야의 용어나 이론이 대개의 언어학자들에게 매우 생소한 부분이 많아진다. 기본적인 신경학 이론서나 생물학적 지식이 없이는

연구 과정을 수행하기가 어렵다.

여기서는 제 1, 2 단계에서 주로 논의되고 있는 핵심적인 주제들, 즉 좀더 언어학적 지식에 관련되어 있는 부분에 대해 주요한 논문에서 언급된 이론들을 중심으로 살펴보기로 한다.

신경과 언어의 관계를 다룬 이 주제의 논문들에서 비중 있게 접하는 어휘는 신체화(Embodid)와 구문문법(Construction Grammar)이다. 이 두 용어 혹은 이론은 이 분야의 연구들의 이론적 바탕을 제공하는 것이기에 정확한 이해를 필요로 한다. '신체화'라는 말은 문자적 의미로는 '몸의 체험으로 이루어진' 어떤 대상이라는 뜻이다. 언어와 관련지었을 때는 언어의 모든 대상이 인간 몸의 구체적인 체험에 기반을 두고 이루어진다는 관점이다. 어린아이가 언어를 습득하는 과정에서 관찰되는 것처럼 인간은 일상의 모든 대상들을 반복적인 지각과 체험으로써 그 개념을 형성하고 이를 추상적인 언어로 실현한다.

어린아이들의 언어나 지식이 그를 둘러싸고 있는 세계와 환경에서 지배받는다는 생각은 인지 언어학의 영역에서 처음으로 도입된 것은 아닐 것이다. 일반적으로 어린아이들의 언어 습득에 관한 연구에서는 적절한 언어 환경이 어린아이들의 언어 발달에 중요한 조건이 된다는 것은 주지의 사실이다. 그러나 이 경우에는 인간의 두뇌에 언어 능력을 담당하는 영역이 독립적으로 생득적으로 형성되어 있는데, 후천적인 언어 수행을 잘 개발하려면 환경적인 요인이 중요하다는 것을 지적한 정도이다. 그러나 신체화기반 구문문법(Embodied Construction Grammar)에서는 어린아이의 언어 습득은 오직 반복적인 일상의 체험에서 만들어지고 그 개념을 기반으로 하여 다음 단계의 구문을 생산할 수 있는 질서를 구성한다고 보는 것이다. 이 용어의 사용에는 공통점도 어느 정도 있으나, 체험의 범위를 일상의 모든 체험으로 확대하느냐. 또 그 체험을 바탕으로 하여 언어 이해의 과정과 습득의 단계를 전제하고 있는가라는 점에서는 분명한 차이가 있다.

새로운 문법의 이론 혹은 언어 접근 방법이라고 할 수 있는 ECG의 이해를 위해서는 구문 문법의 이론과 배경에 대해 먼저 개괄적으로 살펴보는 것이 순서일 것이다.

4.4 이론의 발전과 적용

구문문법은 인지 언어학의 철학적 배경에서 구체적인 구문 연구방법의 하나로 개발된 문법 이론이다.[32] 앞서 언급하였듯이 구문 문법은 Fillmore의 틀의미론(Frame Semantics)에서 출발하였고 그 후에 Kay와 Fillmor의 형식화 작업이 이루어졌고, Goldberg가 논항구조를 중심으로 한 구문문법 이론에 대한 단행본을 출간하였고 현재는 Lakof르와 Sweetser 등을 위시한 버클리 대학 언어학과와 ICSI연구소[33]의 NTL[34] 프로젝트에서 이를 ECG이론으로 발전되고 있다.

---

32) 인지 언어학의 구문에 대한 관심을 구체적으로 체계화 시킨 연구의 다른 하나
는 Langcker의 인지문법(Cognitive Grammar) 이론이다.

33) ICSI(International Computer Science Institute)는 버클리 대학에 소속된 비영리 연구
단체로서 1986년 개원당시에는 컴퓨터 관련 분야의 국제기구로서 출발하였다.
그러나 후에 컴퓨터 개발의 이론적 한 분과인 자연언어 처리와 자연언어 이해
와 관련된 인공지능 프로젝트를 수행하면서 언어학과 연구원들이 대거 이 연
구소에 참여하게 되었다. 현재 Filmore 교수를 비롯하여 Lakoff, Kay, Seeetser,
Goldberg 같은 중견 언어학자들과 언어학과 대학원 학생들이 분과별 과제를 팀
별로 수행하고 있다.

34) NTL(The Neural Theory of Language)은 버클리대학 ICSI연구소의 진행하고 있는
언어학 분과의 연구 작업이다.

구문문법은 한마디로 모든 통사적인 형태는 어휘적 단위와 마찬가지로 그 구문 형태에 특정 의미를 가지고 있고 이는 문장의 전체 의미를 표현하는 데 작용한다는 관점을 바탕으로 음운 형태와 의미가 결합한 구조가 어떻게 개념적 표현을 사상(map)하는 데 쓰이는가를 연구하는 문법이다. 따라서 이 문법의 영역에서는 특정 구문의 습득, 생산, 발달, 포함, 연결 관계 등을 밝히는 것에 천착한다. 물론 구문 문법은 인지 언어학의 철학에서 분기한 것으로서 Fauconnier의 공간문법이나 Langacker의 인지문법과 마찬가지로 인지언어학 연구의 구체적 방법 이론이라고 할 수 있다. 주지하다시피 인지 언어학은 객관주의 또는 이성주의를 배격하는 인지철학을 바탕으로 하여 언어를 총체적인 인간 인지의 하나로 파악하며 인간을 둘러싼 세계, 심지어 인간의 신체적 경험이 언어의 개념 형성에 관련을 맺는다고 본다. 따라서 인지 언어학의 방법론적 모색인 구문문법에서는 의미를 결정하는 요소로서 음운적 요소(운율이나 강세 같은 것), 통사적 요소(어순, 논항구조 등), 화용적 요소(개념, 문맥적 환경)를 모두 하는 것으로 설정한다.

구문(Construction)이라는 용어는 구문문법이 출현하기 이전부터 통사론이나 의미론 영역에서 매우 광범위하게 보편적인 대상을 지칭해왔다. 통사론에서 특정 통사 현상에 대해 언급할 때 그 분석의 대상은 구문으로 표현된다. 그러나 구문문법에서 언급하는 구문이라는 용어는 기존의 용례와는 그 개념이 다르다. 구문문법에서의 구문은 기존의 통사 이론에서 언급된 문장(Sentence)이나 혹은 구조(Structure)와는 구별되는 개념으로서[35] 특정 통사규칙의 적용 대상 이상의 가치를 가지는 역

---

35) 구조(structure)와 구문(construction)이 차이(Fillmore & Kay(1995) Reading Materials for Lecture Linguistics X20)

동적인 요소다. 발화에 참여하는 가능한 모든 단위들을 생성해내는 문법의 부분으로서 문장 단위뿐만이 아니라 부분적 단위들까지도 포함한다. 전통문법적인 관점이라면 구, 절 단어, 문장으로 구분되었을 모든 단위들을 의미를 구성하는 요소들로 본다. 기존의 통사론에서 구문이란 단위는 생성적 의미 작용을 하는 것으로는 인식하지 않았다.[36]

구문문법적 관점을 적용하여 논항구조의 유형과 의미를 기술한 Goldberg(1995)에서는 구문에 대해 "문장의 의미가 문장 요소의 의미 합성이나 기존의 구문 형식이 가지는 의미로 해석되지 않을 때 이를 구문이라고 한다" 고 정의하고 있다. 이 말은 문장이 문장 내의 어휘적 성분의 의미 합성으로는 상황에 맞는 의미로 해석되지 못하는 경우 이는 그 구문이 특정한 의미를 수행하기 때문이라는 보는 것이다. 전체적인 발화 의미는 그 구문의 틀에 실제 동사가 각각의 역할을 충전하면서(filler) 혹은 상술(specify)됨으로써 해석된다. 구문이라는 단위의 생리는 일반적인 한 어휘적 의미 생산 방식과 같다. 예를 들어 한 어휘에는 특

구조란 부분적 혹은 전체적으로 한 구성체의 표현이라고 해석되는 형식적인 대상 또는 그러한 구성체들의 집합표현이라면 구문은 구성체들의 한 부분일 수도 있지만 닫혀지지 않은 구조의 표현으로 생각되는 것이다. 수형도로 생각하면 구조는 교점의 자질을 말단까지 완전히 경유하여 얻어진 자질 복합이라면 구문은 이론의 가설 안에서 무한히 이루어질 수 있는 구조의 가능성이다. 따라서 구문은 구조가 개방되어 있다.

36) 이 같은 통사 위주의 언어 연구에서는 통사 규칙이 설정 가능한 적격한 예상 구문만 생성되는데, 그 가능한 문장이 실제 언어 자료에서는 거의 나타나지 않는 모순적인 상황도 만들어진다. 또는 산재되어 있는 언어 자료들을 처리하는 과정 속에서는 설정된 일반 규칙이나 원리로는 설명할 수 없는 예외성이이라는 것도 인정하지 않을 수 없는 상황에 이른다. 이는 결국 추상적인 통사 중심의 언어 연구에서는 통사적 규칙이나 원리라는 것이 정제된 구문만을 대상으로 한 것이라는 한계와 실제 발화 자료를 중심적인 것과 예외적인 것으로 나누어야 하는 현실적이지 못한 설명을 하게 된다

정 음운 형태 부분이 있고 또 다른 한 쪽에는 의미 부분이 있어서 이 두 부분의 결합으로 하나의 어휘가 되는 것인데, 구문도 마찬가지로 음운적 형태가 있고 연결되는 의미 구조가 있다. 그리고 그 구문 형태들은 어휘들과 마찬가지로 다른 구문들과 결합하여 새로운 의미를 생성한다. 그러므로 구문은 기존의 통사론 연구에서 설정되었던 결과물의 해석만이 아니라 동적인 의미 형성 기능을 수행하는 구조라고 할 수 있다.

이러한 구문문법은 문법의 모든 가능한 형태적 실현을 규칙으로 기술한다. 적형 구조뿐만이 아니라 관용적인 용례, 합성적인 의미 생성으로 의미 해석이 되지 않는 용례를 모두 포함하여 기술한다. 생성문법과는 달리 문법이 자립적 영역(통사론, 의미론, 음운론 화용론)으로 이루어져 있다고 생각지 않는다. 따라서 통사의미론적인 자질 표기로 일원적 영역을 구축한다. 자질 표기 안에 의미역, 문법 기능, 결합가를 동시에 포함시킨다.

다음 예문을 보자.(Benjamin K. Bergen, Nancy C. Chang, Mark A. Paskin(2001) 논의를 중심으로 하였음)

    (30) a. Mary rolled me the ball.

         b. The ball rolled down the hill.

기존의 문법에서는 이 두 구문의 의미 차이를 명시적으로 설명하지 못했다. 위 예문은 'rolled' 구문의 두 가지 가능성 즉, 행위(action)와 동작(motion) 중에서 어느 것이 드러나는가(profile)하는 문제에 연결된다. (30a)는 이중타동 구문(Ditransitive Construction)(행위자agent, 수용자recipient, 대상theme)으로 발화되었다. 이 구문에 대한 일반적인 개념도식은 행위자가 대상물에게 어떤 물리적인 영향을 주어서 대상물이 접수자에게 전달되는 의미 틀을 가진다. 반면에 (30b)는 이동구문(Motion Construction)에 쓰여 전달의 의미보다는 움직임이 부각되고 있다. 이는 동사 'rolled'의 동사적 의미만으로는 명시되지 않으므로 중의성을 해결하기 위해서는 필수적으로 참여하고 있는 특정 논항구조 중심의 구문 의미에 의존해야만 한다. 동사가 제공하는 의미는 순전히 의미론적인 것이므로(여기서는 'rolled'가 동작의 한 방법임을 나타내는 정도) 각각의 상황에 만들어지는 통사적 변환을 상세화할 수 있는 조건은 만족시키지 못한다. 요컨대 발화의 의미 해석에 동사구문의 의미 논항구조 구문의 의미가 상호 작용하도록 의미 해석 과정을 거칠 필요가 있다. 동사와 절의 구문뿐만 아니라 문장의 모호성을 해결하는 데는 때로는 문장에 참여하고 있는 대상자들의 의미자질도 역할을 한다.

구문문법은 형식화의 문법이다. 발화의 의미 해석을 위해 각 언어 단위의 의미 형성 단계를 형식화한다. 따라서 한 발화의 의미 해석이 완성되기까지는 해당 발화에 참여하고 있는 모든 단위의 구문과 개념이 형식적인 틀에 맞추어 제시된다. 이론적으로 이러한 절차로 문장의 의미를 제시하자면 구문문법의 기술은 대단위의 구문과 개념의 분석이 뒤따라야 하는 매우 복잡한 작업이 아닐 수 없다. 더구나 발화마다 화자의 다양한 의도를 담고 있고 상황마다 다른 변항들을 포함하고 있다고 가정하면 이 모든 것을 다 형식화한다는 것은 작업 자체가 불가능하게 보인다. 그러나 실제로 구문문법은 인간 언어의 생리를 정확하게 보여주는 문법이다. 이론적으로 의미 해석을 위해서는 각각의 개별 언어 단위가 모두 형식화할 필요가 있는 것이지만, 이 작업을 최소화할 수 있도록 구문들 간에는 상속(inheritance)과 동기화(motivation)의 원리가 작용한다. 하위의 구문은 보다 상위의 구문에서 의미와 형태의 자질을 상속받는다. 그리고 상황과 문맥에 맞는 여러 개의 발화 가능성 중에서 화자는 의미를 가장 잘 전달할 수 있는 최적의 구문을 발화하려는 동기화의 원리에 따름으로써 해당 구문의 수많은 가능성을 압축시킨다. 그리고 그러한 구문의 도식은 화자의 머리 속에 관습적으로 습득, 저장되어 있다. 따라서 실제로 한 발화의 형식화는 구체적인 동사의 구문 도식과 개념 도식, 그리고 동사를 포함한 절 단위의 구문 도식만을 형식화하여 나타낼 수 있다.

구문문법에서의 의미 분석은 발화의 표면 자질이 포함된 구문이 무엇인지를 결정하는 상향(bottom-up) 분석이 이루어지고 다시 이렇게 만들어진 구문들이 각각의 구문 구성원소에 제약을 미치는 하향(top-down) 분석이 상호 작용한다. 이러한 구문문법의 형식화는 언어 신경학 연구에서 언어의 습득과 이해 과정을 설명하는 데 중요한 기반으로 제공된다.

4.5 구문 습득과 구문 생성

아이들의 언어 습득 과정은 현재 신체화된 구문문법의 단계별 과정을 가장 분석적으로 드러내 보여줄 수 있는 대상이다. 수집된 언어 자료를 통해 귀결되는 사실은 아이들이 언어를 습득하는 데 일련의 규칙성을 보인다는 점이다. 아이들은 구체적인 동사 구문을 먼저 익히고 이와 관련된 유사 구문을 접하면서 구문 형식에 대한 개념을 발달시킨다. 그리고 새로이 접하는 구문들을 기존의 인지된 구문 개념과 비교하여 구문을 첨가하거나 범주화하여 기존의 범주 속에 넣은 분석과 재조직의 작업을 수행한다.

이러한 구문 습득에 대해 연구는 두뇌에 대한 기본 지식과 인지언어학적 지식(범주이론, 이미지 도식, 틀, 은유), 언어 현상을 연산할 수 있는 모델(공간관계 연구, 동작단어들, 상, 은유), 그리고 문법(형식 문법들, 구문 문법, 문법 습득)의 제반 지식과 이론이 필요하다.

어린아이의 구문 습득과 구문 생성에 대한 몇 가지의 가설을 살펴보기로 하자.

가설 1 : 어린아이는 언어의 학습과 사용에 중요한 선행 지식을 이용한다.
　　　　두-단어 시기에 접어든 어린아이는 개념적으로 그리고 화용적으로 이미 복잡한 개념을 형성 하고 있다.
가설 2 : 구문은 경험에 기초하여 점차 증가시키는 방식으로 학습된다.
　　　　상세한 어휘 구문이 일반적인 경우보다 먼저 학습된다.
가설 3 : 언어 학습은 언어 사용에 달려 있다.
　　　　습득은 이해와 생산과 상호 작용한다.

이러한 어린아이의 언어 습득이 신경 이론의 관점에서 설명되어야 할 중요한 안건은 다음과 같은 것이다. 첫째, 언어습득 이전 시기의 아이들도 이미 풍부한 감각 운동 표상 체계를 가지고 있고 복잡한 사회 지식도 가지고 있다. 둘째, 대개 단순 절 구문은 인간 경험의 기본적인 장면들과 직접적으로 관련이 있다. 셋째, 어린아이는 동사 상세 구조의 기반 위에서 초기 구문의 논항이나, 통사적 표지들을 학습한다.

<참고문헌>

강은국(1993). 『조선어 문형 연구』. 서광학술자료사.

권재일(1990). 『국어의 복합문 구문연구』. 집문당.

김기혁(1982). "국어 동사류의 의미구조".『말』6.

김문호(1997). "국어 자타 양용동사 구문의 의미구실 연구".『국어학』30.

김선호(1988). "한국어의 행위요구월 연구". 건국대 박사학위논문.

김영희(1977). "단언 서술어의 통사현상".『말』2.

김영희(1980). "평가구문의 통사론적 연구".『한국학논집』 7, 계명대 한국학연구
　　　　　　소:1-36.

김영희(1993). "의존 동사 구문의 통사 현상".『국어학』23.

김유정(1993). "국어 복합술어 구문 연구-기능동사를 중심으로-". 고려대 석사학위
　　　　　　논문.

김응모(1993㉠). 『국어이동자동사 낱말밭:평행이동편』. 서광학술자료사.

김응모(1993㉡). 『국어이동자동사 낱말밭:수직이동편』. 서광학술자료사.

김일웅(1984). "풀이말의 결합가와 격".『한글』.제186호.

김홍수(1993). 『현대국어 심리동사 구문 연구』. 국어학회.

노양진·나익주(역) (1995). 「삶으로서의 은유」. 서광사.

노양진(역) (2000). 「마음 속의 몸」. 철학과 현실사.

류시종(1995). "한국어 '-주다'구문에 대한 연구".『언어학』17. 한국언어학회.

박선자(1983). "한국어 어찌말 연구". 부산대 박사학위논문.

박영순(1993). 『현대 한국어 통사론』. 집문당.

서정목·이광호·임홍빈(1990).『개정신판 변형문법』. 을유문화사.

서정수(1975). 『동사 '하-'의 문법』. 형설출판사.

성광수(1999). "한국어 봉사 구문의 특징".「한국어 문장 표현의 양상」. 월인.

양정석(1995). 「국어 동사의 연결 이론과 의미 분석」. 박이정.

연재훈(1995). "기능-유형 문법에서의 분석과 설명".『언어학』17. 한국언어학회.

우형식·정유진(역). 1998.「격과 결합가 그리고 전산언어학」. 한국문화사.

이승명(1978). 『국어어휘의 의미구조에 대한 연구』. 형설출판사.

이기동·임지룡 외 8인 공역(1999). 『언어와 언어학:인지적 탐색』. 한국문화사.

임지룡(1997). 『인지의미론』. 탑출판사.

임지룡 · 김동한(1998). 『인지언어학개론』. 태학사.

장경희(1986), "언어의 형식이 지니는 개념적 의미와 정보". 『언어』11권 2호.

장석진(1993). 『정보기반 한국어 문법』. 도서출판 언어와 정보.

전정미(1998). "한국어 이중 타동구문의 인지 언어학적 연구". 상명대 박사학위논문.

정유진(1995). "국어의 보어 연구". 고려대학교 석사학위논문.

정주리(1994). "국어 보문동사의 통사 · 의미론적 연구". 고려대학교 박사학위논문.

채희락(1999). "이동동사의 정의와 분류". 『현대문법연구』15. 현대문법연구회.

최호철(1993). "현대국어 서술어의 의미 연구-의소 설정을 중심으로-". 고려대 박사학위논문.

홍재성(1987). 『현대 한국어 동사구문의 연구』. 탑출판사.

Bailey, David R.(1997). *When Push Comes to Shove: A Computational Model of the Role of Motor Control in the Acquisition of Action Verbs.* Ph. D. University of California at Berkeley.

Bailey, D. R., Feldman, J., Narayanan, S., Lakoff, G.(1997). Modeling embodied lexical development. *In Processing of the 19th Cognitive Science Society Conference.*

Benjamin, K., Nancy,C. & Mark, A(2001)."A Construction Grammar formalism for simulation-based language understanding. ICSI Technical Report.

Bergen, Benjamin K, Chang Nancy., and Mark A.(2000) A constructional grammar formalism for simulation-based language understanding. Technical report, ICSI, Berkeley.

Bergen, Benjamin K, Chang Nancy., and Mark A(2001) Embodied Construction Grammar in Simulation-Based Language Understanding. Technical report, ICSI, Berkeley.

Brugman, Claudia M.(1988). *The Syntax and Semantics of 'have' and Its Comlements.* Ph.D. diss., University of California, Berkeley.

Chafe,W.(1970). *Meaning and the Structure of Language,* The University of Chicago Press.

Claudia M.Brugman(1981). *The story of 'Over' : Polysemy, Semantics, and the Structuredf the Lexicon.* Masters' thesis, University of California, Berkeley.

Fauconnier, Gilles(1985) *Mental Spaces : Aspects of Meaning Construction Natural Language.* Cambridge, Mass. and London: MIT Press

Fillmore, C.(1968). "The Case for Case". in E.Bach and R.Harms(eds.). *Universal in Linguistic Theory,* 1-88. Hoit, Reinhart & Winston,New York.

Fillmore, C.(1971). "Verbs of Judging: An Exercise in Semantic Description". in Fillmore & Langendoen(eds.)

Fillmore, Charles(1988). The mechanisms of construction Grammar. In *Berkeley Linguistics Society,* 14:35-55

Fillmore, C, Lowe John B & Baker(1997). "A Frame-Semantic Approach to Semantic Annotation". http://www.icsci.berkeley.edu/~framenet/docs/ siglex.

Givon, Talmy(1979). *On Understanding Grammar,* Academic Press.

Goldberg, Adele. E(1995). *Constructions : A Constructions Grammar Approach to Argument Structure.* The University of Chicago Press.

Grimshaw, J.(1990). *Argument Structure,* Cambridge, Mass. The MIT Press.

Gruber,J. S.(1976). *Lexical Structures in Syntax and Semantics,* North-Holland Linguistic Series 25, Amsterdam: North-Holland Publishing Co.

Haegeman, L.(1991). *Introduction to Government & Binding Theory. Cambridge:* Blackwell Publishers.

Jackendoff, Ray S.(1983). *Semantics and Cognition,* Cambridge, Mass: The MIT Press.

Jackendoff, Ray S.(1990). *Semantic Structures.* Cambridge, Mess.: The MIT Press.

Kay, Paul and Chad K. McDaniel(1978) The lingiistic significance of the meanings of the basic color terms. *Language* 54:3, 610-646.

Kay, Paul(1996). "ArgumentStructure: Causative ABC Constructions".
http: www.icsci.berkeley.edu/~Kay/bcg/5/lec05.html

Kempson, R. M.(1977). *Semantic Theory.* London: D. Reidel Publishing Co.

Kiparsky,P.and C.Kiparsky.(1971).'Fact.'*Semantics.*Steinberg,D. D/L. .Jakobovits(eds.). Cambridge: Cambridge Univ. Press.

Lakoff, George(1987). *Woman, Fire, and Dangerous Things : What Categories Reveal about the mind.* University of Chicago Press.

Lambrecht, Kund (1994). *Information Structure and Sentence Form*

: *A theory of Topic, Focus, and the Mental Representation of Reference.* Cambridge Studies in Linguistics, Cambridge Univ. Press.

Langacker, Ronald.(1987). *Foundationo of Cognitive Grammar.* Stanford Univ. Press.

Levin & Rappaport(1990). The Lexical Semantics of Verbs of Motion : The Perspective from unaccusativity. In I. M. Roca, ed. *Thematic Structure : Its Role in grammar,* 247-269, Berlin : Mouton de Gruyter.

MacWhinney, Brian. 1991. "Connectionism as a Framework for Language Acquisition Theory". In J. Miller, *Research on Child Language disorders,* 73-104. Austin, Texas: Pro-Ed.

Nancy Chang(2002) Construction Construction : Modeling the Acquisition Grammar, the Lecture note in the Neural Basis of Thought and Language.

Narantz, Alec P(1992). The Way-construction and the Semantics of Direct Arguments in English : A Reply to Jackendoff. In T. Stowell & Wehrli, eds. *Syntax and Semantics 26 : Syntax and the Lexicon,* 179-188. New York: A.cademic Press.

Narayanan, Srini(1997). *Knowledge-based Action Representations for Metaphor and Aspect* Ph.D. University of California at Berkeley

Reiger, Terry(1996) *The Human Semantic Potential.* Cambridge, MIT Press.

Rosch, Eleanor. 1973. "Natural Categories". *Cognitive Psychology* 4: 328-50.

Rosch, Eleanor, and Carlyn Mervis. 1975. "Family Resemblances: Studies in the Internal Structure of Categories". *Cognitive Psychology* 7: 573-605.

Sweetser, Eve(1990). *From Etymology to Pragmatics.* Cambridge:Cambridge Univ.Press.

Talmy, Leonard(1988). Force dynamics in language and cognition. *Cognitive Science* 12:49-100

Tomasello, M. editors(1995). *Beyond Names for Things: Young Children's Acquisition of Verbs* Lawrence Erlbaum Association, Hillsdale, NJ.

Wasow, Thomas(1981). Comments of the Paper by Baker. In C. L. Baker and J. J. McCarthy, eds., *The Logical Problem of Language Acquisition,* 324-329. Cambridge, Mass.: MIT Press

Wierzbicka, Anna(1988). *The Semantics of Grammar.* Amsterdam: John Benjamins.

Williams,E.(1980). "Predication". *Linguistic Inquiry* 11.

(ㄱ)

동사, 구문, 그리고 의미

인쇄일 초판 1쇄 2004년 05월 15일
　　　　　2쇄 2015년 09월 05일
발행일 초판 1쇄 2004년 05월 22일
　　　　　2쇄 2015년 09월 15일

지은이 정 주 리
발행인 정 찬 용
발행처 국학자료원
등록일 1987.12.21, 제17-270호

서울시 강동구 성내동 447-11 현영빌딩 2층
Tel : 442-4623~4 Fax : 442-4625
www.kookhak.co.kr
E- mail : kookhak2001@hanmail.net
ISBN 978-89-541-0206-3 *93710
가 격 17,000원

*저자와의 협의 하에 인지는 생략합니다.